지방교육자치와 대학자치

지방교육자치와 대학자치

충남대학교 교수

주 삼 환 저

 한국학술정보[주]

책머리에

교육행정과 관련하여 글을 썼던 것을 모아 놓기로 하였다. 특히 교육자치와 대학자치에 관한 것을 중심으로 묶었다. 이렇게 책을 세상에 내놓을 때마다 떨리는 마음은 여전하다. 학문세계에 늦게 뛰어들어 뭔가 해야겠다는 자세로 원고 요청과 강의 요청에 응하다 보니 책으로 나오게 되었다. 이제는 놀지 않고 뭔가 하고 있다는 것을 보여주기 위해서라도 의무적으로 생산을 해야 할 입장이 되었다.

이렇게 책을 쌓아 놓고 기백 명의 제자들과 학문을 토론했으나 솔직히 말하여 지금까지 남의 것을 흡수하고 정리하기에 바빴음을 인정하지 않을 수 없다. 간간이 내 목소리를 내었으나 그것은 현장의 체험에서 나온 신념의 덩어리의 일부였고 논리적 사고의 결정체는 못 되었을 것이다. 앞으로 언젠가는 내 자신의 목소리의 결정체를 내놓도록 준비해야 할 텐데 걱정이다.

썼던 글을 편집하여 책으로 내놓다 보니 어쩔 수 없이 비슷한 이야기와 같은 내용, 같은 그림이 반복되고 있으며, 또 체계성이 부족하고, 또 글의 형식도 일관성이 결여되어 있다. 때로는 철 지난 이야기도 있으나 그 당시의 흔적으로 기억할 필요가 있다고 보아 그대로 실어 놓았다. 그래서 제1부는 "교육행정과 교육행정가"라고 하여 교육행정의 발전 과정과 교육행정가와 관련하여 글을 썼던 것을 묶어 보았고, 제2부 "지방교육자치"에서는 교육자치제와 관련하여 썼던 글을 모았는데 특히 필자의 관심인 장학의 문제와 결부시켜 보려고 하였다. 제3부 "교직사회의 갈등문제"는 민주화의 물결과 함께 불어 닥친 갈등의 문제를 의사결정에의 참여와 전문화의 각도에서 썼던 글을 묶었고, 제4부 "평가인정제와 교육의 질 관리"에서는 저자가 한국대학교육협의회 평가관리부장으로 파견근무하면서 집중적으로 관심을 가졌던 문제들을 묶어 놓았다. 주로 고등교육과 교사교육의 평가인정제와 질 관리에 관련된 글들이지만 초·중등교육에도 충분히 응용될 수 있을 것으로 본다. 실지로 미국에서는 초·중등학교도 평가인정을 하고 있다. 그동안 고등교육행정에 관한 책을 내놓지 못했다가 처음으로 하나의 부(部)로 다루어 합쳐 놓았다. 3, 5장과 17, 18장도 제4부와 함께 고등교육행정으로 묶어질 수 있을 것이다.

여기에 실린 24편의 글은 토론의 문제로 열려있는 것들이다. 교육행정가가 어떤 사람이 되어야 하느냐의 문제, 교육자치제의 구조와 형태, 교장임기제와 교육행정에의 참여와 전문화의 문제, 평가인정제의 문제에 대하여 저자와 다른 의견을 가진 사람들도 많을 것으로 믿는다. 모든 사람, 모든 학생이 저자와 똑같은 생각을 가져주기를 기대하지는 않는다. 그렇기 때문에 이 책은 결론이 아니라 문제의 제기라고 본다. 여기에 실린 글들을 놓고 많은 열띤 토론을 할 수 있는 계기가 되기를 바랄 뿐이다. 이러한 학문적 토론을 통하여 조금이라도 더 정련된 한국교육행정이 이루어질 수 있다면 이 책을 세상에 내놓는 의미를 거기서 찾을 수 있을 것이다.

우리가 지도적 입장에서 지식정보사회를 주도하기 위해서는 웰빙의 시대라고는 하지만 앞으로 10년간은 지난 30년(발전의 1960년대, 1970년대, 1980년대)보다 더욱 허리띠를 졸라매고, 휴일과 휴식시간, 밤잠을 줄여야 할 것이다. 교육은 정치·경제·산업·기술과 노동 등 이 모든 것의 출발(start)이자 종점(terminal)이다. 잘 되어도 교육 때문에 잘 되고 망해도 교육 때문에 망하게 될 것이다. 조국이 망한 것도 교육 때문이요(피히테) 전쟁에서 승리하는 것도 교육 때문이다(몰트케). 교육이 잘 되도록 지원해야 할 교육행정 지도자의 방향감각 책임은 막중하다.

2006. 1.

저자 주 삼 환 식

차 례

1.
교육행정과 교육행정가

제 1 장
한국교육행정학의 발전*

1. 교육행정과 교육행정학

주소를 모르는 사람의 주소를 찾는 일도 그리 쉽지 않은 일인데 하물며 하나의 학문의 현주소를 짧은 시간 내에 찾는다는 일이 그리 쉽겠는가? 사람의 주소를 찾는 일은 최근에 컴퓨터 조회의 힘을 빌려 상당히 빨라졌으나 학문의 정체를 밝히는 데 도움을 주는 컴퓨터 프로그램이 개발되었다는 말을 아직 듣지 못했다.

그래서 여기서 필자가 아무리 객관적으로 정확하게 한국교육행정학의 현주소를 과학적으로 밝히려고 해도 어쩔 수 없이 주관적 편견을 배제할 수 없다는 점을 인정하면서 한국교육행정학의 발전과정을 간단히 살펴보고 앞으로의 과제와 발전방향에 대한 일종의 필자의 희망사항을 제시해 보기로 한다.

교육행정이란 "사회적·공공적·조직적 활동으로서의 교육을 대상으로 하여 교육목표를 설정하고, 이 설정된 목표달성을 위하여 인적·물적·재정적 지원조건을 정비 확립하고, 또 설정된 목표달성을 위하여 계획과 정책결정, 집행과 지도, 통제와 평가 등 일련의 집단적 협동의 과정을 거치는 봉사활동"[1]이다.

---

* 새교육, 1991년 10월호, 한국교원단체연합회.

이 정의에서 교육행정은 사회적·공공적 조직활동을 통해서 이루어야 할 교육을 대상으로 한 교육에 관한, 교육을 위한 행정으로서 목표설정으로부터 이의 달성을 위한 모든 지원노력을 포함하는 봉사활동이라는 점을 알 수 있다. 여기에는 행정의 과정이 포함되고, 또 인적·물적·재정적 지원이라는 영역이 들어가고, 특히 봉사활동이라는 점이 강조되고 있다.

이러한 교육행정 현상·활동을 과학적·학문적으로 연구하는 것을 교육행정학이라고 할 수 있다. 그러므로 인간이 교육을 하는 어떤 시대, 어떤 장소에도 교육행정이라는 현상과 활동은 존재해 왔다고 할 수 있다. 다시 말하면 아득한 옛날에도 어디에서나 교육이 존재하는 한 교육행정은 따라다녔다고 할 수 있다. 다만 가르치는 일과 이를 지원하는 일이 미분화되거나 덜 분화되었다가 차차 더 분화되고 전문화되어가고 있을 뿐이다.

이러한 교육행정(현상과 활동, 실제)을 체계적·과학적·학문적으로 연구하는 교육행정학이 성립되기 시작한 것은 불과 얼마 되지 않는다. 즉 교육행정학은 비교적 젊은 청년학문이라고 할 수 있다.

학문이란 한마디로 요약하면 "지식의 체계"라고 할 수 있으며, 학문을 하는 학자란 "지식을 체계적으로 연구하는 사람"이라고 할 수 있다. 그래서 학문을 의미하는 "discipline"이라는 말은 "훈련, 규율, 규칙, 기강"이란 체계성을 요구하는 말과 같은 단어를 쓰고 있는 것이다.

하나의 연구 분야가 학문으로 성립되기 위해서는 몇 개의 요건을 갖추어야 하는데, 첫째는 독자적인 연구영역과 대상을 가져야 한다는 것이다. 교육행정학은 교육행정활동이라는 독자적인 연구영역과 대상을 확보하고 있다.

예를 들면 기획, 조직, 정책, 재정, 시설, 인사 등과 초·중·고등교육행정, 교원교육·해외교육·성인교육행정 등의 고유 연구영역과 대상을 갖고 있다.

둘째는 이러한 연구영역과 대상을 연구해낼 수 있는 독자적인 연구방법이 있어야 하는데 교육행정학은 이러한 연구방법을 갖고 있다. 행동과학적 방

---

1) 김종철, 교육행정학신강(서울: 세영사, 1985), p.33.

법, 체제적 접근, 현상학적인 여러 방법, 다학문적(multidisciplinary), 학제적(interdisciplinary) 접근 등을 통해서 연구하고 있다.

셋째는 학회를 형성하여 학문적 발표와 토론, 비판·대화를 할 수 있어야 하는데 교육행정학도 선진국에서는 물론 우리나라에서도 학회가 형성되어 활발히 활동하고 있어서 이러한 세 번째 요건도 충족시키고 있다. 그래서 교육행정학은 이들 세 요건을 모두 충족시키고 지식을 체계적(disciplinary)으로 축적해 가고 있어 하나의 학문으로 인정받고 있다.

이제 교육행정학이 국내·외에서 어떻게 발전해 왔는지 개관해 보기로 한다.

2. 교육행정학의 발전

외국, 주로 미국에서는 교육행정학이 주로 ① 1900~1930년의 과학적 관리시대, ② 1930~1950년의 인간관계론 시대, ③ 1950~1970년의 행동과학시대, ④ 1970년 이후의 체제론, ⑤ 비판론, 상황의존론, 인간자원론 등제 이론의 각축시대를 거치면서 발전해 온 것으로 말하고 있다.

과학적 관리시대는 Taylor의 시간·동작연구 등을 중심으로 하여 능률과 생산, 과업을 강조하여 위계질서와 노사분리, 합리성이 주요 개념이 되었다.

Getzels와 Guba의 모델로 보면 조직규범적 측면이 강조되고, 지도성 연구로 보면 지도자 개인의 특성을 찾고자 하는 특성론 시대에 해당될 것이며, 지도성의 유형(차원)으로 보면 구조적 측면, 과업, 생산이 강조되었을 것이다. 그러다 보니 인간을 기계의 일부로 다루었다는 비판을 후세에 받게 된다.

아마도 이때의 주요 가치는 전통적 가치로 개인주의, 직업적 출세, 미래지향, 청교도의 도덕성이었을 것이며 교육철학으로는 항존주의가 떠받치고 있

었을 것이다. 타 학문으로는 심리학이 영향을 주고 교육의 다른 분야인 교육
과정으로 보면 교과중심 교육과정이었을 것이고 수업방식은 교사중심 주입
식이었을 것이다. 교육행정에서도 능률지상주의가 강조되고 시학적·관료
적·과학적 행정과 장학으로 나타났다.

이때 우리나라에서는 과학적 관리라는 말도 모른 채, 한일합방으로 나라를
빼앗기고 3·1운동을 하고 일제 식민지에 의한 근대식 학교와 교육이 시작
되던 시기이다. 일제의 식민지로 인한 우연의 일치이지만 일제에 의하여 과
학적 관리 이상의 감사와 감독을 받은 시기이다.

이때에 우리나라는 물론 미국에서도 교육행정이 아직 학문으로 인정되지
는 못하던 때이다. 변증법의 정(正t, hesis)으로 보는 시기이다.

인간관계론 시대는 Follet의 주장과 Mayo와 Hawthorne 연구의 결과로
과학적 관리론을 누르고 불붙듯이 일어나기 시작하였다. 종업원의 인간관계,
사회적·심리적 관계가 강조되어 사기와 만족감·동기, 집단규범, 집단과정,
참여, 갈등관리, 집단역학 등이 주요 개념이 되었다.

Getzels와 Guba의 모델로는 개인특유적 측면이 강조되고, 지도성 연구
로는 상황론(situational approach)에 집중되고 지도성 유형으로는 배려성
(consideration), 관계성, 종업원 중심 차원이 강조되었다. 타 학문으로는
사회학의 영향이 크고, 아마도 진보주의 철학이 뒷받침하여 교육과정에서는
경험중심 교육과정의 시대일 것이며, 수업방식은 아동 중심·흥미 중심이었
을 것이다. 교육행정에서는 민주행정과 장학, 참여행정과 장학, 수평적 장학
으로 나타나게 되었다.

이때에도 우리나라에서는 일제 식민지하에서 바다 건너의 인간관계 물결
을 모른 채 일본으로부터 당하고만 있었을 것이다. 1945년 해방과 1948년
정부수립으로 다음 시대의 본격적인 우리 손에 의한 우리 교육의 채비를 하
던 시기로 보아야 할 것이다.

이때 미국에서도 학문의 요건으로 보아서는 학회가 성립되지 않고 이론이
정립되지 않아 아직 학문으로 인정받지는 못하고 과학적 관리에 대한 하나

의 반(反, antithesis)으로 보는 시기이다. 하여간 인간관계로 민주행정의 사상을 선물로 가져온 것은 사실이다.

행동과학시대는 바나드와 사이몬이 대표자로 꼽히며 각각 치우쳤던 과학적 관리와 인간관계를 조화와 통합으로 끌어내려는 합(合, synthesis)에 해당하여 이로 나타난 겉에 드러난 행동에 초점을 맞추게 되었다. 겟젤스와 구바 모델의 사회적 행동에 초점을 맞추고 지도성 연구에서 지도자행동에 초점이 맞춰지게 되어 지도성 유형에 관한 연구가 활발하였다.

이때는 어떤 특정의 지도성 유형이 모든 상황에 맞는다고 보아 모든 상황에 맞는 최선의 지도성 행위를 찾고자 하였다. 이론화 운동이 활발하여 교육행정학을 하나의 학문으로 성립시키는 시기라고 할 수 있다.

중요한 가치로는 부상적 가치(浮上的 價値)로 순응성, 사회성, 현실지향, 도덕적 상대주의가 나타나서 이때까지 계속되고 이때 떠받치는 철학은 논리실증주의가 중심이 되고 스푸트니크 충격과 함께 구조주의가 득세하게 되었다. 타 학문으로는 사회심리학의 영향이 컸을 것이며 교육과정 개혁운동이 활발하여 학문중심 교육과정이 나타나고 탐구중심 수업이 강조되었을 것이다. 교육행정에서는 행정가의 행위에 초점을 맞추고 연구방법은 논리실증주의에 바탕을 둔 계량적·통계적 방법이 유행을 이루었다.

이때부터 미국 교육행정학이 학문으로 성립되기 시작하였다고 보아야 할 것이다. 미국 교육행정교수협의회(NCPEA)가 1947년에 첫 모임을 가졌지만 학문적 시동을 건 것은 1954년 덴버 대학교 모임으로 보고 있다. 교육행정협동프로그램(CPEA)도 1949~1959년까지 켈로그 재단에 의하여 후원되고, 대학 간 교육행정협의회(UCEA)도 1955년에 탄생되었다. 나중에 CPEA에 의한 이론화 운동 20년(1954~1974)을 결산하는 학회를 오하이오 주립대와 UCEA가 공동주최하게 된다.

한국에서도 이때를 교육행정학이 태동하는 시기로 본다. 1955년 서울대 교육학부과정에 교육행정과가 설치되고(1965년까지 존속했다가 교육학과로 통합됨), 1963년에 서울대 교육대학원에 교육행정 전공과정이 설치되어 이

때부터 학문지향이 시작되고, 1969년에 서울대 사대 부설 교육행정연수원이 설치되어 연수과정도 시작되었다.

1957년 강길수(康吉秀)의 ≪교육행정: 한국 교육행정 민주화의 기초≫란 첫 교과서가 나오기 시작하여, 1958년 백현기(白賢基)의 ≪교육행정학≫, 1965년 김종철(金鍾喆)의 ≪교육행정의 이론과 실제≫가 나오고, ≪장학론≫(백현기, 1961), ≪교육재정≫(백현기, 1963), ≪교장학≫(백현기, 1964), ≪교육정책 연구≫(백현기, 1966), ≪학급경영론≫(김영돈, 1957) 등의 각론적 저서도 나왔다. 우리는 이들 강길수, 백현기, 김종철, 김영돈과 다음에 나올 김영식을 한국 교육행정학의 제1세대라고 부른다. 교육학하면 곧 교육심리학을 연상하던 이 당시에 교육행정학의 씨앗을 뿌려 오늘날의 교육행정학을 만들어놓은 이들의 공로를 높이 평가해야 한다.

1960년대 중앙교육연구소를 통해서 교육행정에 관한 활발한 연구가 시작되고, 1952년부터 교육자치제가 시작되어 형식적으로는 지금까지 계속되게 되었다. 가장 중요한 것은 1967년 3월 15일 한국교육행정연구회가 설립됨으로써 교육행정학이 한국에서 하나의 학문으로서의 요건을 완전히 갖추게 된 셈이다.

1960년대는 우리나라에서도 논리실증주의에 의한 객관적 평가의 시대가 열리고 연구에서 계량적・통계적 방법이 판을 치기 시작하여 지금까지도 연구의 주류를 이루었다.

체제적 접근을 교육행정발전의 제4기로 떼어놓는 사람도 있고 행동과학시대에 포함시키는 사람도 있다. 이는 원래 생물학에서 나온 개념으로 투입-과정-산출의 기본틀을 공학, 사회과학, 천문학에까지 일반화시켜 우리 사고의 폭을 넓히게 되었다. 학교도 체제적 접근으로 설명하고 행정가의 행위도 겟젤스와 구바의 모형에 의하여 사회화 과정[$B=f(R \cdot P)$]으로 설명하게 되었다.

우리나라의 교육행정에서 체제적 접근이 소개되고 강의된 것은 1960년대 말과 1970년대 김영식(金永植)에 의해서이며, ≪교육경영과 체제분석≫(1975, 교육출판사)으로 정리되게 된다. PERT, CPM, PPBS 등이 강의되었으나 많이 현장에 적용되었다고는 볼 수 없다.

인간자원관리와 상황의존론은 1960년대 말과 1970년대 초 신행정학(New Public Administration)의 물결과 비판의식시대(critical consciousness period)와 함께 강력하게 나타난다. 신행정학은 지금까지 가치배제적인 논리실증주의에 바탕을 둔 겉에 드러난 행정행위와 행정기법에 초점을 맞춘 지금까지의 행정학에 미국의 35세 이하의 소장파 학자들이 강력하게 반기를 들고 나온 물결로 행정학에서 가치와 윤리·도덕, 철학·신념을 강조하는 거대한 흐름이다.

역시 비판의식도 지금까지의 사실 위주의 통계적 연구방법에 반기를 들고 나온 것으로 논리실증주의에 근거한 관찰자의 객관적 해석보다는 참여자에 의한 실존적 표현의 의미를 강조하는 것이다. 그래서 현상학, 문화인류학적 민속학, 마르크스주의, 상징적 상호작용론, 급진적 휴머니즘, 신사회학 등이 대두하게 되었다.

인간자원론과 상황의존론도 이들 흐름과 맥을 같이 한다. 인간자원론(Human Resources Management)은 인간(종업원, 교사)을 수단으로 다루지 말고 목적으로 다루고 잠재능력을 개발하고 자아실현을 도와주어 조직구성원을 행복하게 해주자는 인간자원 장학관(奬學官)으로 바뀐 것이다.

상황의존론(Contingency Theory)도 행동과학시대의 고정된 지도성 유형이나 의사결정 유형을 비판하고 상황조건에 따라 지도성 유형과 의사결정 유형을 맞춰야 한다는 논리이다. 1950~1960년대의 고정된 유일의 최선의 이론(one-best-theory)을 부정하고 상황에 능동적으로 맞추는 다양한 이론으로 인간의 사고가 발전된 것이다.

1970~1980년대는 인간의 사고가 다시 확장되어 다방면으로 요동을 치면서 팽창되어 다양한 이론이 제기되고 있다. 그리피스를 중심으로 한 집단은 가설-연역적 방법으로 수학적·계량적 모형을 고수하려 하고, Greenfield를 중심으로 한 영국계는 현상학 등 귀납적 방법으로 비교·분석·해석연구를 주장하는데, 교육행정학에서는 이 두 접근이 모두 필요하다는 것을 인정

해야 할 것이다. 다만 이런 논쟁으로 인해 과거에 논리실증주의로 치우쳤던 생각을 바꿔놓는 계기가 되었다.

이때 주요 가치는 부상후가치(浮上後價値)로 확실성, 사회적 책무성, 생존 지향, 도덕적 절충주의가 되고 철학에서는 낭만주의가 고개를 들게 된다.

한국에서는 1970년에 교육행정학의 많은 석사학위 논문이 쏟아져 나오고 해외(주로 미국)에서 박사학위를 취득한 제2세대 교육행정학자들이 귀국하여 교수 · 연구 · 봉사를 하게 된다. 이때의 연구방법은 말할 것도 없이 거의 논리실증주의에 의한 통계적 방법을 채택하게 된다.

전공서적으로는 《교육계획론》(김종철, 1973), 《교육재정론》(김재범, 1974), 《현대교육행정이론》(한국 교육행정연구회, 1979), 《한국교육정책의 탐색》(한국 교육행정연구회, 1979) 등의 각론이 나왔다. 그리고 연구소로는 한국교육개발원이 활성화되어 여기서 교육행정학 연구물이 쏟아져 나오게 된다.

1980년대는 교육행정학의 폭발적인 발전기라고 할 수 있다. 우선 한국 교육행정연구회가 교육행정학의 정체를 밝히려는 노력을 기울였다.

즉 1981년 12월 19일 "교육행정학연구의 제 접근방법을 모색"하고, 1982년 12월 18일 거듭해서 "교육행정학의 학문적 성격"을 밝히려 했으며, 1987년에는 "2000년대를 향한 교육행정의 전망과 과제"를 통하여 교육행정학의 정체를 확인하려는 활동을 했다. 또 강길수(《교육행정학의 개념》, 1983), 윤형원(《한국교육운영연구의 발전과 전망》, 1985), 이종재(《교육행정학의 연구과제》, 1987)도 교육행정학의 발전과정과 정체, 발전방향을 밝히려는 노력을 하였다.

하여간 이때에 한국 교육행정연구회 창립 20주년을 기하여 한국 교육행정학의 정체를 밝히려는 노력이 두드러졌고, 또 이는 적절한 시기에 가치 있는 일을 했다고 본다.

1980년대에 많은 한국 교육행정학 제2세대 학자들의 활동이 눈에 띄게 나타나기 시작하였다. 그래서 기본서 및 이론서로 《교육행정이론)(남정걸, 1981),

≪현대교육행정학≫(신중식 외, 1982), ≪교육행정: 이론적 접근≫(이형행, 1983), ≪교육행정학≫(김윤태, 1983)이 출판되어 나오고, 분야별 각론에 해당하는 ≪교육조직행위론≫(남정걸, 1984), ≪교육조직론≫(왕기항, 1985), ≪한국의 교육재정≫(윤정일, 1985), ≪특수학교경영≫(남정걸), ≪사회교육행정론≫(남정걸, 1989), ≪한국교육정책연구≫(김종철, 1989), ≪교육정책과 행정≫(하인호, 1982), ≪교육제도의 이념과 현실≫(김영식 외, 1982), ≪교육제도발전론≫(김영식 외, 1988), ≪교육인사행정≫(서정화, 1989), ≪장학론≫(조병효, 1982) 등이 나와 교육행정학의 일대 활성기를 이루었다.

또 하나 특기할 것은 "교육행정 및 교육경영"이 교직과목으로 정해지면서 수많은 교과서들이 쏟아져 나왔다는 점이다.

1980년대 후반에 지금까지의 획일적인 논리실증주의적 한국 교육행정학연구 패러다임에 대하여 비판을 가하는 소리가 나오기 시작(주삼환, "교육행정학의 과제: 한국교육행정학의 연구방향", 1987; 노종희, "교육행정학의 과제: 기본개념과 내용", 1987; 이종재, "교육행정학의 연구과제", 1987)하여 1990년 왕기항에 의하여 본격적으로 제기된다.

1980년대에 교육개혁심의회 활동을 통해서 많은 교육행정학자들이 교육개혁사업에 참여하고, 교육부 중앙교육심의회와 대통령교육정책자문회의 활동을 통하여 교육정책에 이론을 적용시키려고 노력한 점도 특기할 만하다.

1990년대에도 많은 연구와 저작활동, 정책개발 참여의 활동이 활발해 지다가 2000~2005년에 급격하게 저서 출판이 늘어나게 되었다(주삼환, 2005).

3. 한국교육행정학의 현주소

한국교육행정학의 현주소를 학회, 저서, 연구와 논문, 행정의 실제 등의 측면에서 간단히 기술해 보기로 한다. 한국 유일의 한국교육행정학연구회는 25세의 나이로 회원 약 220명의 거대한 학회로 성장하였으며, 회원 중 100명 이상이 박사학위를 획득하고 있다.

그러나 앞으로 현장 교육행정가를 학회에 끌어들여 이론과 실제를 결합시키는 노력이 요구된다. 1년에 대개 네 차례 학술발표회를 갖고 있으며, 학술지 〈교육행정학연구〉를 연 1회 발행하다가 2회로 늘리기 시작하여 현재 9권 1호가 나오고, 지금까지 발행된 학회지를 합본한 영인본이 최근에 나왔다. 그리고 연 3, 4회의 뉴스레터를 발행하여 최근의 학회소식을 나누어 싣고 있다. 학술발표회에서는 신랄한 비판과 토론을 통하여 상호성장을 꾀하려 노력하고 있다는 점이 다른 학회에서 찾아보기 어려운 이 학회만의 특징이라 하겠다.

또 최근에 교육행정학으로 어렵게 박사학위를 취득한 제3세대 학자들 중에 취업의 기회를 갖지 못하는 경우가 늘어나 문제가 되고 있다. 교수와 연구원 자리를 확보하는 일이 앞으로의 과제이다.

교육행정학 분야의 많은 기본서와 전공분야별 전문서적이 출판되었지만 아직도 한 권의 저서나 번역서도 없는 각론 분야가 있다. 김종철의 교육행정학의 내용적 분류에 의한 학문적 계보에 비추어볼 때 다음과 같이 전공서적이 미개발된 부분이 있다. 밑줄 친 부분이 미개발된 과목이다.

① 기초과정: 교육행정원론, 교육행정이론, 교육행정사(조선시대까지 완성), 교육행정제도론, 교육자치행정(필자 추가), 교육행정연구법, 비교교육행정, 교육행정연습, 교육행정철학(필자 추가), 교육조직론(필자 추가)
② 정책과학과정: 교육정책론, 교육정책사례연구, 교육계획론, 교육경제학, 교육정치, 교육법학(필자 추가)
③ 관리과학과정: 교육인사행정, 학생행정, 장학론, 교육인간관계론, 지도론, 교장론(번역서와 참고용도 있음), 학교경영론(부분적), 학급경영론(부분적), 학교건축(교육시설), 교육재정학, 사무관리(필자 추가), 교육과정행정(필자 추가), 교육체제적 접근(필자 추가), 교육정보관리(필자 추가)

④ 현장연구과정: 현장교육행정문제연구, 교육예산회계실무, 감사실무, 현장문
　제 모의 연습, 교육행정실습(필자 추가), 교육홍보(필자 추가)
⑤ 부문별 과정: 초등교육행정, 중등교육행정, 고등교육행정(고등교육연구는 있
　음), 교원교육행정, 실업(직업)교육행정, 유아교육행정, 특수교육행정(특수
　학교경영은 있음), 해외교육행정, 학교 외(사회)교육행정

　한국교육행정학의 연구방법과 연구논문과 관련하여 볼 때 역사적 접근법,
법률학적 접근법, 행동과학적 접근법, 사회학적 접근법, 체제분석 접근법 등
여러 가지 접근법과 연구방법이 있음에도 불구하고 1960년대 이후 지금까지
줄곧 논리실증주의에 의한 행동과학적 방법이 주류를 이루어 왔다는 사실을
부인할 길이 없다.
　최근에는 현상학, 문화인류학에 기반을 둔 질적인 연구의 필요성이 강조되
므로 앞으로의 경향이 주목된다. 영역별로는 LBDQ와 OCDQ 등을 이용한
지도성, 조직풍토와 조직건강에 관한 것이 많고, 정책결정과 의사결정, 직무
만족과 사기·갈등, 장학과 인사에 관련된 것이 많다. 교육대학원 교육행정
전공의 석사학위 논문이 대부분이고 최근에는 국내 박사학위 논문도 많이
나오고 한국 교육행정학 제3세대에 의한 짭짤한 논문들이 발표되고 있다.
　연구와 관련하여 꼭 지적해야 할 또 하나는 표준화된 연구도구가 개발되
지 못하여 한 연구에서 질문지 등 도구도 개발하고 이 도구를 활용한 본 연
구도 동시에 추진하는 일이 많기 때문에 어려움과 부실이 따른다는 점이다.
앞으로 표준화된 교육행정연구도구를 개발하는 일이 급하다고 본다.
　가르치는(교수, teaching) 학문적 수준은 교사 자격증을 획득하려는 교직
과목으로 "교육행정과 교육경영"이 있는데 약간의 이론과 실제가 곁들여진
개론적·입문적 수준이고, 학부의 교육학과에는 개론수준과 약간의 각론 과
목이 강의되고 있다.
　예를 들면 장학론, 학급경영론, 교육법규, 교육제도론, 교육인간관계론,
비교교육학 등이 다루어지고 있는 경우가 많다. 교육대학원과 일반대학원

석·박사 수준에서는 앞에서 언급된 전공서적과 전문논문과 외국의 최신 이론과 연구물들이 다루어지고 있어 상당히 높은 수준인 것으로 생각된다.

그러나 외국 선진국의 교육과정에 비교하여 볼 때 아직도 더 깊은 전공교과목으로 분화되어 있지 못한 실정이다. 예를 들면 가끔 "교장론(Principal- ship)"이 개설되는 것은 눈에 띄나 "초등교장론", "중등교장론"으로까지 분화되지 못한 수준이다. 연구·교수 양 측면에 관련되는 일이지만 앞으로는 외국이론의 전달이나 이식, 외국이론의 검증 수준을 뛰어넘어야 할 단계라고 본다.

교육정책 등 실제와의 연계에 있어서 아직도 이론과 실제, 교육행정교수나 학자와 교육행정가나 실무자·관료 사이에는 많은 갭이 있는 것으로 판단된다. 교수나 학자들이 가르치고 연구하는 것이 행정 일선에 먹혀들지 않고 있는 셈이다. 학자들이 아무리 떠들고 주장해도 행정관료들에게는 먹혀들지 않고 있다. 그 이유는 아마도 행정관료들 중에는 교육행정을 전공으로 공부한 배경을 갖고 있는 사람이 적은 탓도 있고, 이들이 너무나 자주 자리를 이동하고 있는 탓도 있다.

앞에서 말한 것처럼 중앙교육연구소와 교육개발원의 연구와 아이디어가 현장에 자주 제시되고, 또 교육개혁심의회와 중앙교육심의회, 교육정책자문회의를 통해서 약간씩 연구결과나 학자들의 아이디어가 스며들고 있는 실정이다. 한국의 교육행정학은 아직도 현장의 실제와는 거리가 멀다고 할 수 있다.

또 앞으로는 교육행정학이 교육행정가를 전문화시키는 데 기여해야 할 전환기에 서 있다고 본다. 교육행정대학원을 설치하여 지금까지 일반직이라고 하는 사람들이 담당했던 직책을 교육행정을 전공하고 해당분야의 자격증을 획득한 "교육행정직"이 담당할 수 있도록 교육행정가를 별도로 양성해야 한다. 교육의 전문성·독특성 때문에 교육은 별도로 자치제를 해야 한다고 하는 판에 아직도 "일반직"이라는 말 자체가 교육행정계에 남아 있다는 사실이 부끄럽다.

4. 한국교육행정학, 앞으로의 과제

1950년대 말 한국교육행정학이 불과 4, 5명이 관심을 갖기 시작하고 1960년대까지만 해도 교육심리학 등 교육학의 다른 분야에 비하여 뒤떨어졌었는데 1970년대, 특히 1980년대에 비약적으로 발전하여 이제 학위취득자수, 발표되는 논문과 연구물과 학회 참석자수, 출판되는 전공서적의 수와 질, 교육의 실제 현장에의 기여와 공헌도로 볼 때 이제는 교육행정연구회가 교육학의 여러 분과회 중에서 선진적인 분야가 되었다. 그리고 앞으로도 지금까지의 저력과 가속도에 의하여 한국교육행정학은 더욱 발전할 것으로 기대된다.

앞으로의 발전을 위해서는 다음 몇 가지 과제를 해결하고 또 그런 방향을 지향해야 할 것으로 본다. 물론 지금까지 쌓아놓은 토대는 더욱 단단히 다져나가야 할 것을 전제로 한다.

첫째, 교육행정학의 이론을 정립하기 위한 이론적 연구를 강화해야 한다.

이미 알려진 이론을 소개하고 전달하고 가설을 검증하는 수준 이상의 이론 정립을 위한 노력이 요구된다. 아직 한국 학자에 의한 교육행정학이론의 정립에는 뚜렷한 것이 없다. 이론개발과 정립도 중요하지만 이를 외국어로 표현하여 국제학술무대에 발표하고 비판을 받아 발전시켜 나가는 일도 병행해야 한다.

둘째, 교육행정학 내 미개척 학문분야와 세계의 미개척 지역과 나라에 대한 연구(area study)를 강화하고 분담해야 한다.

앞에서 살펴본 것처럼 아직도 한 권의 전공서적, 심지어는 번역서조차 없는 분야가 젊은 교육행정학자의 도전을 기다리고 있다. 예를 들면 교육행정연구법, 비교교육행정, 교육정치학, 학생행정, 교육시설행정, 교육홍보, 교육정보관리, 각 부문별 교육행정은 황무지로 비워져 있다.

동시에 한국 교육행정학자는 이제 세계의 한 지역 또는 한 나라씩 맡아 그 나라의 교육과 교육행정에 정통할 수 있도록 하루빨리 분담·노력해야 한다. 우리보다 발전한 선진국에는 그래도 유학생이 있었으나 우리보다 뒤진 후진국에 대한 연구는 거의 황무지 상태이다. 세계 각 나라의 언어에도 정통해야 한다. 각 나라에 파견되어 적어도 2~3년씩 생활하면서 연구할 수 있는 기회가 마련되어야 한다.

셋째, 행정과 정책의 실제와 밀착되고 현장을 개선하는 교육행정학이 되도록 해야겠다.

그렇게 많은 논문이 쏟아져 나오고 정책연구가 이루어지고 있는데도 한국 교육행정의 현장은 개선되지 않고 아직 갈 길이 막막하기만 하다. 교육행정이 ① 민주화되고 ② 전문화되고 ③ 자치와 분권화가 이루어지고 ④ 정치적 중립성이 보장되고 ⑤ 주민과 교원과 학자가 정책과정에 참여하고 ⑥ 정보체제가 확립되도록 교육행정학이 영향력을 발휘해야 한다. 이론·연구·실제가 삼위일체가 되도록 노력해야 한다.

넷째, 한국 교육행정학의 독자성의 확보와 토착화를 위해서 더욱 노력해야겠다.

지금까지는 남의 것을 받아들이기에 바빴는데 이제는 우리의 것을 만들고 우리의 것으로 걸러 내어 토착화시켜 발전해 나가야 할 것으로 본다. 나아가서는 우리보다 후진의 나라에 우리 것을 알리려는 노력도 해야 할 시점이라고 본다.

다섯째, 교육행정학 패러다임과 연구방법의 다양화가 촉구된다.

획일적이다시피 한 행동과학적·통계적 방법에 치우치지 말고 현상학, 문화인류학, 역사적 접근 등 질적인 연구방법, 다학문적 접근도 많이 개척하고 교육행정학 연구방법의 영역을 하나의 과목으로 서둘러 개발해야겠다.

또 교육행정학 분야에서 표준화된 연구도구도 개발해 나가야 한다. 정책, 제도, 지도성, 조직풍토 등에 치우치지 말고 고른 전문연구인력 분포가 필요하다. 두 번째 과제에서 말한 미개척 분야에도 더 많은 사람의 눈길과 사랑, 도전을 요구한다.

여섯째, 학회에 더 많은 교육행정가, 실천가들이 참여할 수 있도록 하고 이들과 협조·협동할 수 있도록 배려해야 한다.

혼히 학회가 학자와 교수, 연구원들의 독무대가 되기 쉬운데 교육행정학의 응용·실천 지향성의 특성 때문에 현장 행정가와 협동하지 못하면 교육행정학은 학문으로서도 실패하기 쉽다.

연구주제 선정, 발표자·토론자 선정에도 앞으로는 세심한 배려와 주의가 요망된다. 아니면 현장 교육행정가의 모임을 별도로 갖게 될 것이다.

또 교육행정학 박사학위를 갖고도 아직 일자리를 갖지 못한 젊은 학자들의 일자리 개척에도 학회가 앞장서서 노력해야겠다. 앞으로는 한국교육행정학회를 모 학회로 하고 다시 여러 개의 분과학회로 나누어야 할 때가 올지도 모른다.

일곱째, 한국교육행정학은 전문 교육행정가를 양성하기 위하여 교육행정대학원을 설치하여 교수·연구·봉사의 센터로 삼는 길을 모색해야 할 시기라고 본다.

그래서 교육행정학이 교육행정 실제의 전문화에도 기여하게 되고, 여기서 교수·연구하는 속에서 학문적으로도 더욱 성숙하게 될 것이다.

여덟째, 지방교육자치의 실시와 관련하여 교육정치학, 최고의사결정(decision making 이상의 governance)에 관한 이론과 연구가 활성화되어야 할 것이다.

또 교육위원을 위한 연수·훈련 프로그램과 핸드북 개발, 교육감론도 중요시된다. 이들 대상의 수는 적지만 중요하기 때문에 서둘러 이 분야에 노력해야겠다.

아홉째, 한국교육행정학이 교육의 본질, 교육내용, 교육의 질 향상과 우수성 추구(excellence pursuit)에 집중 노력해야겠다. 지금까지 한국교육행정학이 외곽적인 것에 많은 관심을 기울인 결과 근본적이고 본질적인 목표에 너무나 등한시한 것은 부인할 길이 없다. 이제는 한국교육행정학이 질적인 것, 미세한 것도 놓치지 말고 세심하게 챙겨야겠다. 근본적인 것을 놓치고 주변적인 것에 바빠서는 설 자리를 잃게 된다.

결론적으로 한국교육행정학은 25세의 건장한 젊은이로 급성장해 왔지만 아직도 젊은 학자들의 더 많은 도전을 기다리고 있는 상태라고 할 수 있다 (이제는 한국교육행정학은 50대의 장년으로 성장하였다).

참고: 주삼환(2005). 한국교육행정학 관련 발간 저서로 본 지식기반: 그 실상과 과제. 제33차 한국교육행정학회 연차학술대회.

제 2 장
미래사회의 교육행정가 상*

이 장에서는 우선 ① 교육행정가의 철학의 위치와 중요성에 대한 논의로
부터 출발하여, ② 미래사회의 교육행정가가 갖추어야 할 자질에 대하여 열
거해 보고, ③ 보다 수준 높은 교육행정을 위한 교육행정가의 전문성 신장방
안을 모색하고 행정가의 책임과 윤리문제에 대한 새로운 관심을 촉구하고,
④ 이러한 철학과 자질, 전문성에 바탕을 둔 행정기술에는 어떤 것이 있는지
알아보고자 한다.

1. 교육행정가의 철학

교육행정들에게는 잡다한 일이 많고 또 그로 인해 바쁘다. 바쁘게 일을
열심히 하는 것도 중요하지만 무엇을 위하여 왜 이 일을 해야 하는지에 대
하여 일하기 전에 한번 따져보는 일은 더 중요하다. 행정적인 일을 하는 목
적과 이유, 일의 의미를 따져보는 일이 우선되어야 한다. 이것이 행정의 목

---

* 미래사회와 교육행정가(한국교육개발원, 연수자료 TM90-2, 1990.12),
  pp.85~115.

적의식과 방향감에 해당되는 근본적인 문제이다. 덜 중요한 일에 정신없이 몰두하는 것보다는 덜 열심히 일하더라도 더 중요한 일에 우선순위를 두는 것이 나을 것이다. 물론 더 중요한 일에 더 열심히 하면 더욱 좋을 것은 당연한 이치이다. 이것이 행정에 있어서 가치의 문제이다. 행정가들이 가치 있는 일에 그들의 귀중한 시간과 정력을 바칠 수 있어야 행정하는 보람, 삶의 의미를 찾을 수 있을 것이 아닌가?

1) 교육행정의 동향

그런데 1945년 사이몬(Simon)의 ≪행정행위론(Administrative Behavior)≫이 출판되면서 행정에서, 특히 의사결정에서 가치가 배제되고 가치중립적인 경향이 강조되기 시작하여 1950년대 교육행정의 이론화 운동, 과학화운동으로 교육행정이 논리실증주의에 의한 가치배제적, 객관적, 계량적 행위와 잔재주 부리는 테크닉에 치중했던 점이 많다. 그런데 행정에서 어떻게 가치의 문제를 빼어 버릴 수 있겠는가? 더구나 교육을 다루는 교육행정에서 그것이 가능한 일인가? 교육이 가치중립적인, 가치와 상관없는 인간을 기르는 일인가? 교육도 행정도 결국은 가치를 추구하는 일이 아닐 수 없다.

일반 행정이나 공공행정 분야에서도 정신없이 행정행위와 과학주의에 매달리다가 1968년 Minnowbrook 회의를 기점으로 과거의 행정학연구의 동향에 반기를 들고 행정에 있어서 가치전제적, 윤리적, 철학적 측면을 강조하게 되었는데 이를 신행정학(New Public Administration)이라 부르게 되었다. 이들 신행정학파 학자들은 교육행정학자들이 교육행정에서 가치의 문제를 다루고 있을 것으로 생각하여 교육행정학자들을 부러워했던 것이다. 그런데 우리 교육행정학에서는 이런 경향과 동향도 모른 채 과거의 가치배제적 행정행위와 가시적이고 표면적인 행정기법에만 매달려 있었던 것은 안타까운 일이다.

이러한 거대한 물결은 연구방법적 측면에서도 1970년대 초 비판의식시대

(Critical Conscious Period)를 출발로 하여 과거의 논리실증주의에 입각한 객관적이고 계량적인 수학적·통계적 연구에 신물을 느끼고 해석학, 현상학에 바탕을 둔 비교·분석적이고 해석·기술적인 연구의 중요성에 대하여 재인식하여 이를 강조하는 동향이 나타나고 있다.

이러한 경향은 어떻게 보면 Simon 이전의 과거로의 복귀의 성향을 띠지만 진정한 과학이 아닌 과학주의에 대한 반작용으로 나타난 행정의 예술적(art) 측면에 대한 재인식이며, 인간을 객체로만 보지 않고 주체로 보려는 인간화 운동과도 맥을 같이 한다.

그래서 행정에 있어서 철학·신념·가치가 중요하다는 생각을 갖고 "행정"과 "철학"을 접목시켜 "행정철학"을 탄생시키려는 시도를 하고 있다.

미래사회의 행정가에게는 과학성과 객관성도 중요하지만 예술성과 주관성도 똑같이 중요하게 요구된다. 과거 탈가치적인 것을 많이 강조하다 보니 인간성은 메말라지고 비도덕적·비윤리적 행위가 행정가들에게 팽배하게 되었는지 모른다. 21세기의 행정가에게는 행정의 과학화 못지않게 행정의 인간화도 강조해야 할 것이다. 그래서 행정철학과 행정윤리, 행정예술, 행정도덕을 강조하게 된다.

2) 교육행정의 과학성과 예술성, 신념체제

미래사회의 교육행정가에게는 과학적 측면과 예술적·직관적 측면이 동시에 중요시될 뿐만 아니라 나름대로의 올바른 철학과 신념이 있어야 한다. 그래야 올바른 행정을 할 수 있다. 이를 잘 반영한 것이 Sergiovanni와 Carver의 행정효과성 모형[1]이다. 이를 그림으로 나타내면 〈그림 2-1〉과 같다.

---

1) J. Sergiovanni and Fred D. Carver, The New School Executive, 2nd ed.(N. Y.: Harper and Row, Publishers, 1980).

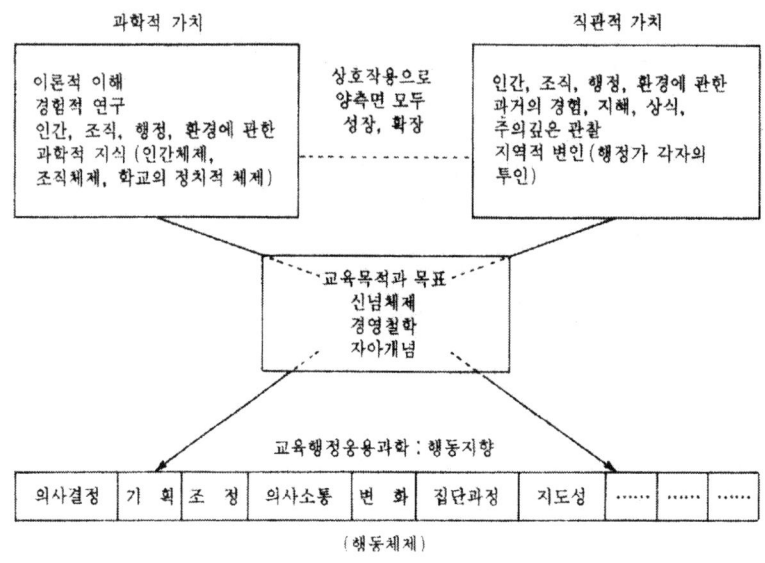

〈그림 2-1〉 행정효과성 모형

효과적인 행정을 하기 위해서는 이론적 이해, 경험적 연구, 인간·조직·행정·환경에 관한 과학적 지식으로 된 "과학적 측면"과 인간·조직·행정·환경에 관한 과거의 경험·지혜·상식·주의 깊은 관찰과, 지역적 변인으로 된 "직관적 측면"이 서로 상호작용하고, 이들을 교육목적과 목표, 행정가의 신념체제, 경영철학, 자아개념으로 된 "평가적 망"으로 걸러 내어 "행정행동"으로 옮길 때 올바르고 효과적인 행정을 할 수 있다는 것이다. 이 모형에서 가운데의 평가적 망이 행정가의 철학과 깊이 관련된다. 이 걸러 내는 망, 비추어 보는 거울이 거칠거나 비뚤어지면 그 다음에 나오는 행정이 잘못될 것은 뻔한 이치이다. Sergiovanni와 Carver는 이 모형에 의하여 ≪The New School Executive≫라는 책을 썼다.

이것은 다른 각도에서 보면 행정은 행위로 나타나게 되는데 결국 행정가의 신념·가치·철학들이 겉으로 튀어나온 것으로 볼 수 있다. 이것을 다시 그림으로 나타내면 〈그림 2-2〉와 같다.

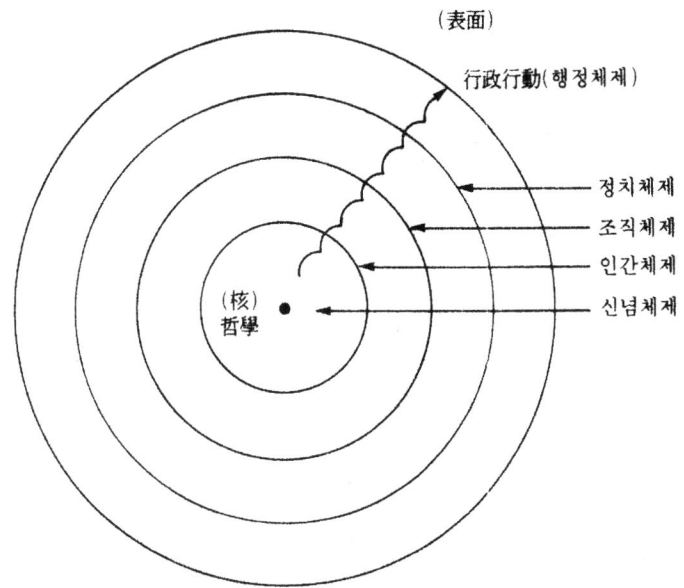

〈그림 2-2〉 행정철학과 행정행동

　행정가가 살아오고, 교육과 훈련을 받고, 행정을 해오는 동안 형성된 "신념체제"의 철학·가치·신념이 인간의 욕구와 동기 등으로 된 "인간체제"와, 행정조직의 여러 변인으로 된 "조직체제"와, 환경의 여러 이익집단의 이해관계와 파워게임·투쟁 등에 의한 "정치체제"를 뚫고 나오는 동안 어느 정도 굴절되어 표출된 것이 "행정행동"이라고 본 것이다. 그래서 행정이라는 것은 결국 행동철학(Philosophy in Action)이라고 할 수 있다. 그런데 교육행정을 전공으로 하는 우리가 행정의 핵이라 할 수 있는 보이지 않는 철학·윤리·도덕·가치·신념 등을 등한시하고 행정행위에 집착했던 것은 행정을 연구하는 올바른 태도라고 할 수 없다. 앞으로는 외적인 면과 동시에 내적인 면까지 조화를 시키고, 계량적인 방법과 동시에 질적인 연구에도 노력을 기울여 균형을 이루는 것이 교육행정의 발전에 도움이 될 것으로 본다.

3) 교육행정에 있어서의 가치문제

우리가 여기서 논의하는 철학은 특정의 무슨 주의의 체계나 세계관이나 인식론·가치론·심미학을 의미한다기보다는 행정에 있어서의 정확한 사고의 과정이나 가치화의 과정, 즉 합리성이나 신념·가치라는 평범한 의미로 사용하고자 한다.

이미 우리는 행정에서 가치를 제외시킬 수 없다고 하였는데 행정의 핵이라 할 수 있는 의사결정은 결국 여러 가지 대안들 중에서 가치 있다고 판단되는 것을 선택하는 가치의 선택이라고 할 수 있다. 그래서 각 대안별로 각 대안을 선택했을 때 어떤 결과가 나올 것인가의 계산(산출 O)은 각 대안이 선택될 확률(P)에다 각 대안의 가치(V)를 곱한 것, 즉 (O=P×V)로 할 수 있다.

가치를 선택하는 행동이 곧 행정에서 가장 주요한 의사결정이다. 이것을 가치개념과 연결지어 〈그림 2-3〉의 가치개념과 의사결정 모형2)으로 나타낼 수 있다. 이에 대하여 간단히 설명할 필요가 있다.

어떤 사람은 자기가 좋아하는 대로(good), 하고 싶은 대로(desired) 행동하는가 하면, 다른 어떤 사람은 옳다고(right) 믿는 바에 의하여 바람직한 일(desirable)을 행하고자 한다. 즉 그림의 왼쪽에 있는 "좋음"과 "옳음"의 연속선상의 어느 지점에서 선택한다. "좋음"을 다루는 것은 가치론(axiology)으로 즐거운 것, 좋아하는 것, 기뻐하는 것이 이에 해당하며, "옳음"을 다루는 것은 도덕적 의무론(deontology)으로 알맞은 것, 도덕, 의무, 당위(ought to be)가 이에 해당한다. ① 좋아하는 대로 행동하는 것은 자신의 "선호(preference)"에 의하여 움직이는 것이고, 선택의 연속선을 따라 위로 올라가면서 ② 소속한 집단과 조직의 "합의(consensus)"대로 행동하는 단계, ③ 집단과 조직이 어떤 "결과(consequences)"를 가져올 것인가를 분석

---

2) 주삼환, "대학의 의사결정 기구와 구성원의 참여", 대학사회의 자기비판과 새로운 지향(한국대학교육협의회, 제25차 대학발전을 위한 세미나, 1989), p.4.

해 보고 행동하는 단계, ④ 인간사회의 "원리원칙(principle)"에 의하여 행동하는 단계를 생각할 수 있다.

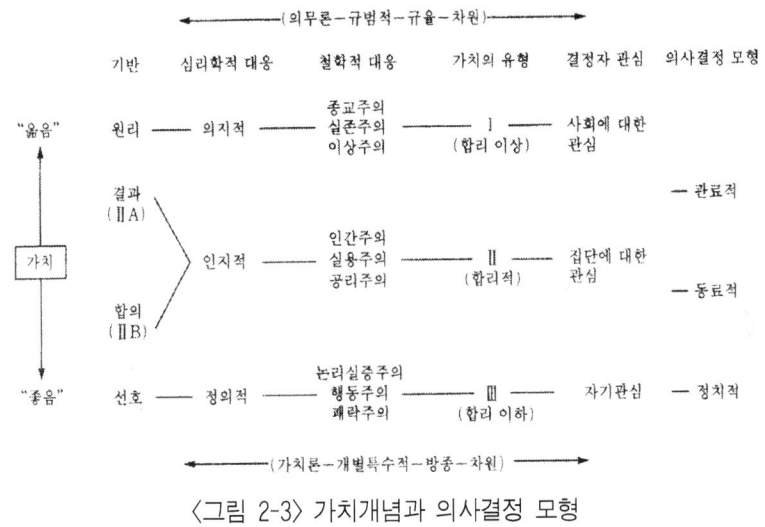

〈그림 2-3〉 가치개념과 의사결정 모형

심리학적 측면에서 보면 연속선의 밑에서부터 ① 감정과 정서가 앞서는 정의적(affective) 행동으로부터 ② 이성에 의한 인지적(cognitive) 행동을 거쳐 ③ 의지적(conative) 행동으로 옮겨가는 것이 해당된다.

철학적 측면에서 보면 ① 자기 "좋음"을 추구하는 쾌락주의, 행동주의, 논리실증주의로부터 ② 조직을 강조하는 공리주의, 실용주의, 인본주의를 거쳐, ③ "옳음"을 추구하는 이상주의, 실존주의, 종교주의가 이에 해당한다.

중간을 "합리적(rational)" 사고라고 한다면 위는 "합리 이상(transrational)"의 사고이고, 아래는 "합리 이하"의 사고이다.

여기서 행정가가 어떤 결정을 할 때 ① 합리 이하의 생각으로 자기를 먼저 챙기면(self-interest) 그림의 가치 Ⅲ수준에서 결정하는 것이고, ② 합리적 사고에 의하여 집단과 조직의 이익(organizational interest)을 먼저 고려하면 가치 Ⅱ수준의 결정이 되고, ③ 합리성으로는 설명할 수 없는 그 이상의 것으로 인류와 사회를 먼저 고려하면(extra-organizational inte-rest) 가치 Ⅰ수준의 결정이 된다.

학교 특히 대학에서의 의사결정 모형을 흔히 ① "합리성"에 바탕을 둔 관료적 모형(bureaucratic model)으로부터, ② "합의"에 의한 전문가집단의 동료적 모형(collegial model)을 거쳐, ③ 이해집단 간의 "갈등"과 권력투쟁에 의한 정치적 모형(political model)으로 변화해 왔으며,3) 대학의 특성에 비추어 ④ 상황조건적인 "쓰레기통 모형"이 맞는다고 한다.4)

우리가 교육을 통해서 추구하려는 중요한 가치는 무엇인가? 국가에 따라 또 시대에 따라 달라질 수 있겠지만 Sergiovanni 외5)는 미국에서 추구하는 중요한 가치로 형평성(equity), 수월성(excellence), 효율성(efficiency), 자유(liberty)의 네 가지를 들고 있다. 그런데 이들 네 가치들이 서로 갈등을 일으킨다. 하나의 가치에 치우치다 보면 다른 가치를 잃기 쉽다는 것이다. 평등과 형평을 추구하다 보면 특히 수월성을 잃기 쉽고, 경제의 원칙과 효율성을 추구하다 보면 선택의 자유를 잃기 쉽다. 결국 이들 경쟁하는 가치들 간에 조화와 균형을 이루는 일이 어려우면서도 중요한 일이다. 이들 가치를 추구하는 일이 정책이 되는데 두 가치가 〈그림 2-4〉와 같이 결합될 때 정책은 더욱 강력한 힘을 갖게 된다.

---

3) J. Victor Baldridge, David V. Curtis, George P. Ecker, and Gary L. Riley "Alternative Models of Governance in Higher Education" in Marvin W. Peterson ed. ASHE Reader on Organization and Governance in Higher Education 3rd ed.(Lexington. Massachusetts: Ginn Press. 1986). pp.11~27.

4) Suzanne E. Estler "Decision Making" in Norman J. Boyan ed. Handbook of Research on Educational Administration(N. Y.: Longman, 1988). pp.305~319.

5) Thomas J. Sergiovanni and Others. Educational Governance and Administration, 2nd.(Englewood Cliffs, N. J.: Prentice Hall. Inc., 1987).

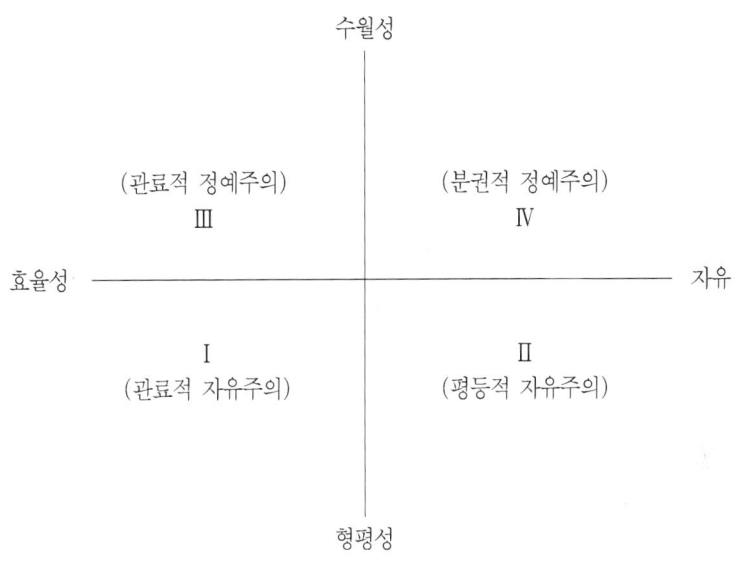

〈그림 2-4〉 경쟁하는 가치와 학교의 이상

우리의 행정가들은 여기서 어떤 가치를 추구하는 교육정책을 채택할 것인가? 교육이 양적으로는 확대되었으나 질적으로 떨어졌기 때문에 수월성을 추구한다면 화살표는 수월성 쪽으로 올라가야 한다. 다음에는 왼쪽으로 관료적 중앙집권주의를 택할 것인가 아니면 오른쪽으로 가서 교육에서 자유시장의 원리를 택하여 선택의 자유라는 정책을 택할 것인가를 선택해야 한다. 우리나라가 지금까지 지나치게 관료적 중앙통제적이었다고 비난을 받아왔다면 오른쪽의 가치를 택하여 Ⅳ상한의 "수월성-자유"의 가치를 동시에 추구하는 "분권적 정예주의" 정책을 택하게 될 것이다.

행정철학에서 메타 밸류(metavalue)라는 말이 있다. 이것을 가치 이상의 가치라고 하여 초가치6)라고 번역한다. 행정가에게 있어서 제1의 법칙이라고 하면 생물체와 마찬가지로 이 세상에 살아남아야(survive) 한다. 이 지구상

---

6) 주삼환 역, 행정철학(서울: 법문사, 1986).

에 행정을 해야 할 조직과 기관이 존재해야 행정을 할 수 있는 것이다. 그래서 행정에서 가장 중요한 가치 중의 가치는 "유지(maintenance)"이다. 다음에 행정가는 조직을 살아남도록 유지만 하고 있어서는 안 된다. "성장(growth)"하고 발전시켜야 한다. 그래서 성장은 제2의 초가치이다. 다음으로 행정가는 조직을 유지하고 성장시키되 효과적, 효율적으로 해야 한다. 그래서 "효율성(efficiency)과 효과성(effectiveness)"은 제3의 초가치가 된다.

어쨌든 가치는 행정과 분리될 수 없다. 특히 정책을 "가치의 권위적 배분"이라고 하여 가치와 정책은 합동이라고까지 한다.

또 행정가, 지도자는 구성원들에게 비전을 제시해야 하기 때문에 올바른 철학을 갖고 있어야 한다. 철학이 없는 사람보다는 좀 틀렸더라도 철학 있는 사람이 났다. 방향 없이 떠 있는 배는 풍랑에 가라앉기 쉬우나 어디론가 가고 있는 배는 가라앉지 않을 뿐만 아니라 가는 동안 희망이 있기 때문에 일할 맛이 난다.

지금까지 교육행정의 동향을 살펴보면서 교육행정에 있어서 철학의 중요성을 강조하고, 앞으로 효과적인 행정을 하기 위해서는 과학과 직관, 신념체제 간에 균형과 조화를 이루어야 하며, 교육행정 특히 의사결정과 정책은 가치선택과 가치추구라는 견지에서 가치의 중요성을 강조하였다. 미래사회의 훌륭한 행정가가 되기 위해서는 올바른 철학을 갖기 위해 노력해야겠다.

2. 교육행정가의 자질

1) 자질의 개념과 중요성 인식

미래사회의 훌륭한 교육행정가는 철학만 가지고 있는 것으로 충분할 수는 없다. 행정가로서의 자질을 갖추어야 한다. 여기서 자질(competence)이라 함은 "직무수행에 요구되는 질(a desired quality of job performance)"[7] 을 말하며 타고난 소질은 물론 후천적인 교육과 훈련에 의하여 습득되는 특성 (traits), 능력(abilities), 질(qualities)을 총칭한다. 질과 관련된 용어이 기 때문에 가시적으로 명확히 정의하기는 어려우나 결국은 패턴으로 형성된 행동으로 나타난다. 영어로 competence를 우리말로 정확하게 번역하기는 어 렵다. 자질이라고만 하면 능력이라는 말이 빠지는 것 같기도 하다. 그래서 어 떤 사람은 "자질·능력"이라고 번역하기도 한다. 그런데 때로는 competence를 일을 수행하는 "올바른 방법(the right way of doing)"으로 사용하기도 한 다. 그러나 "어떤 일을 수행하는 데 요구되는 기준(a desired or required standard) 이상의 질을 보여 줄 때" 자질 있다고 할 수 있다. 그래서 자질은 과업(tasks) 영역과 관련된다.

이 자질을 나타내는 데 어떤 특성을 항목으로 열거하여 나타내기도 하고, 어떤 공식으로 나타내기도 하고 가치와 신념, 이해, 경험, 지식, 기술, 태도의 집단으로 나타내기도 한다. 1950년대에 활발하게 competence 접근을 하다 가 또 한동안은 주춤했다가 최근에 여러 측면에서 자질론의 접근을 하고 있다.

김종철[8]은 다음과 같은 점에서 교육행정가의 자질이 중요하다고 지적하고 있다.

첫째, 교육활동의 중요성에 대한 인식이 고조되고 교육활동의 성패가 교육 행정가의 능력과 자질에 의하여 좌우된다는 인식이 높아지고 있으므로 교육 행정가의 자질의 중요성에 대한 인식도가 심화되고 있다.

둘째, 교육행정가의 자질 역시 얼마든지 계발하고 향상 발전시킬 수 있다 는 생각이야 말로 교육행정가의 자질론이 강조되는 또 하나의 근거라 아니

---

7) Orin B. Groff and Calvin M. Street, Improving Competence in Educational Administration(N. Y.: Harper & Brothers, Publishers, 1956), p.10.
8) 김종철, 교육행정학신강(서울: 세영사, 1985), pp.376~377.

할 수 없다.

셋째, 새로운 과학기술시대의 도래로 급격한 변천과 국제개방사회의 도래와 더불어 교육행정가에게 새로운 자질과 능력을 요청하고 있음이 분명하다.

미래사회의 교육행정가에게 요구되는 자질이 무엇인지를 밝혀 이러한 자질을 갖추기 위한 교육·훈련 프로그램을 개발하고 제도화시키는 일을 서둘러야 할 것이다.

2) 자질의 내용

교육행정가에게 요구되는 자질이 무엇인가를 밝히기 위해서는 특성 (traits)접근법, 종합관찰접근법, 역할수행접근법 등이 있을 수 있다.

특성접근법은 교육행정가에게 요구되는 특성을 열거하는 방법으로 예를 들면 다음과 같은 특성이 제시된다.9)

① 지능과 지식면
  • 합리적 사고능력
  • 지능수준
  • 지식의 깊이와 넓이
② 신체적 특성
  • 정상인으로서의 체위와 체력
  • 건강
③ 사회심리적 특성
  • 통찰력
  • 창의력과 적응력
  • 진취성, 인내력, 야망
  • 판단력과 결단력

---

9) 김종철, 상게서, p.379.

- 책임감, 결백성, 신념, 자신감
- 통솔력
- 덕망, 위신
- 유머감각, 정서적 안정 등의 성향
- 내향성과 외향성의 조화
- 사교성과 적극적 활동성
- 사회경제적 지위
- 언어의 유창성

종합관찰접근법에 의하면 교육행정가는 다음과 같은 자질을 갖추어야 한다.10)

① 자기신조·가치관·인생관 등을 포함하여 자아에 대한 인식을 확고히 정립할 필요가 있다.
② 타인에 대한 이해와 협동의 기술이 필요하다.
③ 행정임무의 수행상 조직구성원의 신체적·정신적·사회심리적·성격적 제 특성을 활용할 수 있는 능력이 있어야 한다.
④ 국민교육제도의 목적과 방법에 대한 이해를 가져야 하며 변화하는 사회의 요구에 따라서 교육의 제도와 운영 방식도 계속 변화하고 있으므로 변화와 개혁의 방향에 대하여도 민감하여야 한다.
⑤ 교육행정의 본질과 성격, 그 과업과 과정 등을 비롯하여 교육행정 전반에 관하여 깊고 넓은 이해가 필요하다.
⑥ 교육과 교육행정을 에워싸고 있는 사회환경, 즉 지역사회·국민 공동사회·인류 공동사회의 동태에 대하여 깊은 이해와 관심을 가질 필요가 있다.
⑦ 교육행정가는 자기만족의 타파와 부단한 향상의 의욕을 견지하고 자기경신의 연찬을 계속함으로써 평생교육을 몸소 실천하는 자세를 바르게 해야 한다.

역할수행접근법은 역할수행 영역별로 또는 과업영역별로 요구되는 자질을

---

10) 김종철, 상게서, pp.380~382에서 항목만 뽑음.

제시하는 방법이다.

미국 플로리다 주는 교장의 자질을 기본적 직무수행과 높은 수준의 직무수행으로 구별하여 제시하고 또 이에 해당하는 구체적인 행위지표(behavioral indicators)까지 제시하고 있어, 나중에 교장의 직무수행평가에 많은 시사가 될 것이다. 중요 영역으로는 ① 목적과 방향 설정, ② 인지적 기술, ③ 합의과정관리, ④ 질 향상, ⑤ 조직, ⑥ 의사소통으로 나누어 보았다.

Lipham과 Hoeh[11]도 교장이 해야 할 과업영역을 설정하고 각 영역별로 교장에게 요구되는 자질을 구체적으로 제시하고 있는데 이는 곧 교장의 양성·연수를 위한 교육·훈련과 평가의 근거가 될 수 있다.

3) 자질근거 교육·훈련과 평가

교사교육에 있어서 최근에 필요한 자질에 근거하여 교사를 양성하고 평가하여 자격증을 부여하는 경향이 미국에서 있었다. 이런 제도를 CBTE (Competency-Based Teacher Education)라고 한다. 예를 들면 미국 미시간주립대 초등교육 모델로 한때 2,700개의 모듈(modules)을 확인하여 교사양성 교육을 했었다.[12]

CBTE에서 자질을 다섯 수준으로 나누어 정의할 수 있다. 첫째, 인지근거 자질로서 지식과 지적 기술과 능력에 해당되는 것으로 얼마나 알고 있느냐 하는 수준이다. 둘째 수행근거 자질로서 알고 있는 수준을 넘어 무엇을 할 수 있느냐를 보여 주는 수준이다. 셋째는 결과근거 자질로서 이것은 다른 사람에게 변화를 주었다는 것을 보여 주는 것으로 무엇을 아느냐, 무엇을 하고

---

11) James M. Lipham and James A. Hoeh, Jr., The Principalship: Foundations and Functions(N. Y.: Harper & Row, 1974).

12) Allan C. Ornstein and Daniel U. Levine, Foundations of Education 2nd ed.(Boston: Houghton Mifflim Co., 1981).

있느냐의 수준을 뛰어넘어 무엇을 달성했느냐 하는 것인데 교사가 가르치는 학생의 성취를 가지고 교사의 자질을 평가할 수 있다. 넷째는 정의적 자질로서 기대되는 태도와 가치에 해당되는데 그만큼 평가하기는 어렵다. 다섯째는 탐사적 자질로서 앞의 네 수준과 달리 구체적 활동을 제시하는 것이다. 예를 들면 지역사회센터에서 주 30시간 공부한다거나 3명의 학부모와 학교교육에 대하여 토의한다거나 교사보조원으로 4주 활동한다거나 하는 식으로 표현하는 자질을 말한다.13)

이렇게 되면 교사교육 프로그램을 짜거나 나중에 이런 자질을 갖추었는지 평가하는 데 도움이 될 것이다.

최근에 미국에서는 행정가양성과 장학사양성에서도 C / PBAE(Competency / Performance-Based Administrator Education)와 CBSE(Competency-Based Supervisor Education)라고 하여 자질에 근거하여 교육행정가를 교육·훈련하기 시작하고 있다.

C / PBAE는 교육행정 역할을 수행하는 데 유능한 준비교육을 〈그림 2-5〉와 같이 ① 필수적 투입의 확인, ② 역할행위 차원의 명세화와 차원에 따른 우선순위 배정, ③ 우수한 질 수행의 측정방법 개발, ④ 개별화된 현실 중심의 학습경험 제공, ⑤ 이해, 기술, 태도의 획득 정도 평가, ⑥ 교육행정가로서의 자질 증명, ⑦ 역할 직무수행의 분석의 과정을 밟도록 하는 것이다.14)

---

13) W. R. Houston, "Competency-based Teacher Education" in Michael J. Dunkin(ed.), The International Encyclopedia of Teaching and Teacher Education(Oxford: Pergamon Press. 1987). pp.86~87에서 발췌.
14) James M. Lipham "C / PBAE: Recent Development in the United States." In M. Hughes(ed.), Administering Education: International Challenge(London: The Athlone Press of the University of London. 1975). pp.264~286.

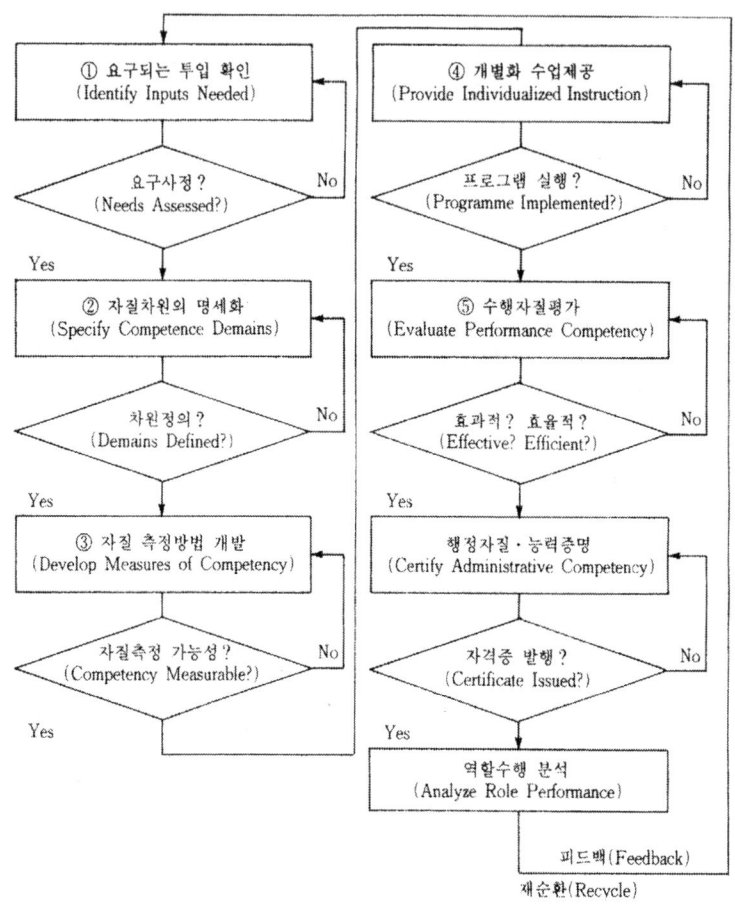

<그림 2-5> C / PBAE의 흐름

Harris[15])도 장학수행을 위한 자질을 진술해 놓고 있는데 좋은 참고가 되고 있다. 그러나 이러한 자질에 근거한 양성교육이 전혀 문제가 없는 것은 아니다. 어떤 면에서는 신과학적 관리의 정신에 바탕을 둔 것으로 인간화의 정신에는 약간 역행하는 점이 있다. 그러나 우리나라와 같이 엉성한 교사교

---

15) Ben M. Harris, Supervisory Behavior in Education 3rd ed.(Englewood Cliffs, N. F.: Prentice-Hall, Inc., 1985), pp.289~298.

육과 교육행정가 연수를 하고 있는 처지에서는 이러한 노력도 어느 정도 필요하다고 본다. 이러한 자질에 근거하여 최저수준의 능력(자질)검사를 할 수 있을 것이다.

3. 교육행정가의 전문성과 책임, 윤리

1) 교육행정직의 전문화

세상이 복잡해지고 기능이 분화되면서 모든 일이 점점 전문화되고 또 많은 직업들이 전문직으로 부상하고 있거나 전문직으로 인정받으려고 노력하고 있다. 교육행정직도 예외가 아니어서 전문직이 되어야 한다는 데(ought to)는 이의가 없으나 전문직이냐(is)에는 아직 문제가 있다. 교육행정가에게 전문성이 요구된다는 사실은 이미 오래전부터 알려진 일이다. 교육행정이 독특성을 갖고 있고, 또 고도의 지성과 기술을 필요로 하기 때문이다.

그러면 먼저 전문직의 특성은 무엇인가? Lieberman[16]은 ① 독특하고, 결정적이며, 본질적인 사회봉사, ② 봉사에 필요한 지성적 기술, ③ 장기간의 특수훈련, ④ 광범한 자율성, ⑤ 전문적 자율성에 따른 책임, ⑥ 실천가에 대한 강조, ⑦ 자율적인 전문직단체, ⑧ 엄격한 윤리강령의 준수를 전문직의 특성으로 지적하고 있다. Greenwood[17]도 압축하여 ① 이론체계, ②

---

16) Myron Lieberman, Education as a Profession(Englewood Cliffs, N. J.: Prentice-Hall, Inc., 1956), pp.1~5.
17) Emest Greenwood "The Elements of Professionalization." In Howard M. Vollmer and Donald L. Mills(eds.), Professionalization(Englewood Cliffs. N. J.: Prentice-Hall, Inc., 1966), pp.9~19.

전문적 권위, ③ 전문사회의 제약, ④ 규제적 윤리강령, ⑤ 전문적 문화를
전문직의 특성으로 내세우고 있다.

그러나 어떤 직업이 단번에 전문직으로 인정받기는 어렵다. 범속직(occupation)
으로부터 반전문직(semiprofession), 부상전문직(emerging profession),
완전전문직(full-profession or recognized profession)으로 성장·발전
하게 되는 것이다.

Caplow[18]는 전문직화의 과정을 ① 무자격자를 제외시키고 회원자격 기
준을 가진 전문직단체 설립, ② 범속직 때의 단체 이름의 변경, ③ 윤리강령
의 제정, ④ 전문직으로 인정받기 위한 정치적 활동의 4단계를 들고 있다.
이에 비하여 Wilensky[19]는 ① 전문직 신분 추구활동, ② 대학의 전문과정
설치, ③ 전국적 전문직단체 설립, ④ 범속직 때의 일에 대한 재정의, ⑤ 범
속직 때의 지도자와 상승된 직업 지도자 간의 내부갈등, ⑥ 유사직업들과의
경쟁, ⑦ 법적 보호를 받기 위한 정치적 활동, ⑧ 윤리강령의 채택의 8단계
로 자세히 제시하고 있다. 아마 교육행정직도 완전한 전문직으로 인정받으려
면 이와 유사한 과정을 밟아야 할 것으로 본다.

일반적으로 교육행정직도 전문화의 과정으로 가고 있는 것은 사실이다. 특
히 외국에서는 전문화의 추세로 가고 있다. 미국에서는 대학원 수준에서 교
육행정가를 양성하고 또 자격증을 부여하고 전문성을 높이고 있다.

한국에서도 한때 학부수준에까지 교육행정학과가 설치되었다가 교육학과
로 통합되고 대학원 수준에 교육행정전공이 개설되어 있으며, 특히 교육대학
원의 교육행정전공에 많은 학생들이 등록하고 있는 것은 교육행정직의 전문
화에 고무적이다.

그러나 우리나라에서는 아직도 교육행정가를 별도로 양성하지 못하고 개

---

18) Theodore Caplow, The Sociology of Work(Minneapolis: U. Minnesota,
   1954), pp.139~140.
19) Harold Wilensky, "The Professionalization of Everyone", Ameri-
   can Journal of Sociology, (Sept., 1964), pp.142~146.

인적으로 대학원에 수강하고 있으며 공식적, 제도적으로 인정해 주고 있지 못한 실정이다. 다만 단기적 연수제도가 주류를 이루고 있는 실정이다. 그것도 교감, 교장자격취득을 위한 180시간씩의 정규적 연수 이외의 다른 연수는 불규칙적인 연수에 그치고 있다. 더구나 교직 출신 이외의 일반 행정가에게는 그러한 정규적 연수마저도 요구하고 있지 못한 실정이다.

장래의 교육행정가는 첫째는 강력한 교양교육의 배경을 갖고 있어야 하며, 둘째는 교육학에 대한 폭 넓은 연구와 연마가 있어야 하며, 셋째는 교육행정 자체에 대한 훈련을 받아야 한다.

교육행정 자체에 관한 훈련을 위해서는 무엇보다도 먼저 엄격한 행정가 후보자의 유치와 선발절차로부터 출발해야 한다. 우선 훌륭한 사람을 뽑아 훈련에 들어가는 일이 중요한 것이다.

둘째, 양성 프로그램의 코스가 일정한 단계적 순서에 의하여 짜여져야 한다. 코스의 과정에는 ① 교육조직과 그 조직 속에서 일하는 사람들에 대하여 이해하고, ② 학교와 교육구를 둘러싼 더 큰 사회와의 관계성에 대하여 이해하고, ③ 교육과정과 수업에 대하여 이해하고, ④ 장학과 수업평가에 대하여 이해하고, ⑤ 학교경영에 대하여 이해하기 위한 내용이 포함되길 기대한다.

셋째, 예비교육행정가는 많은 임상적 경험을 갖도록 프로그램이 짜여져야 한다.[20] 학과목의 코스에서도 많은 관찰과 실험의 경험을 갖도록 하고, 실습과 인턴 수습과정을 많이 요구해야 한다.

교사직도 전문직이라고 하지만 완전한 전문직으로 인정받지 못하고 있다. 미국에서도 초·중등교사는 반전문직 정도로 인정받고 있다. 그런데 우리는 여기서 만족하고 멈출 수는 없다. 더 높은 수준의 전문성을 확보하여야 한다. 교육행정직도 대개 교사직의 배경을 갖고 있지만 교사직에서 기능이 분화되고 또 이들을 지도·조언해야 할 위치이기 때문에 이보다 더 높은 수준의 전문성을 요구해야 한다. 그래서 우리나라에서 교육행정직의 전문화를 위

---

20) 주삼환 역, 교육행정학개론(서울: 박영사, 1986), pp.20~20에서 추출.

한 급선무는 행정가 양성제도를 갖는 일이라고 본다.

장학직, 교육연구직 등 교육전문직 양성과 계속적 발전을 위하여 필자가 제안했던 내용을 압축하면 〈그림 2-6〉과 같다.[21]

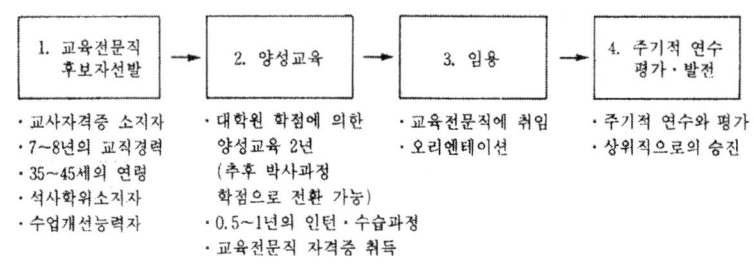

1. 교육전문직 후보자선발	→	2. 양성교육	→	3. 임용	→	4. 주기적 연수 평가 · 발전
· 교사자격증 소지자 · 7~8년의 교직경력 · 35~45세의 연령 · 석사학위소지자 · 수업개선능력자		· 대학원 학점에 의한 양성교육 2년 (추후 박사과정 학점으로 전환 가능) · 0.5~1년의 인턴·수습과정 · 교육전문직 자격증 취득		· 교육전문직에 취임 · 오리엔테이션		· 주기적 연수와 평가 · 상위직으로의 승진

〈그림 2-6〉 교육전문직 양성교육과 계속적 발전

〈그림 2-6〉에서 교육전문직을 교육행정직으로 대체하며 생각하면 된다. 기본적으로는 석사학위와 박사학위의 중간에 각 행정직에 해당하는 특별자격과정으로 2년의 양성교육을 통하여 교육행정직에 취임 출발하게 하고 계속 전문가로 발전·승진하게 하자는 안이다. 현재는 교사직으로, 교육행정직으로 쉽게 전직하게 되어 있는데 전문직으로 분화하여 그 곳에서만 계속 발전하게 하자는 제안이다.

이런 양성과정을 앞에서 언급한 자질근거 교육행정가 양성교육(Competency-Based Administrator Education)을 채택하고 최저자질검사를 하여 평가할 수도 있으나 그럴 경우 갑자기 지나치게 쥐어짠다는 비평을 받기 쉽다. 참고로 미국 미네소타 대학교의 교육행정직 코스의 요구 학점을 제시하면 〈표 2-1〉과 같다.

---

21) 주삼환, 장학론(서울: 한국방송통신대학, 1990), p.431.

〈표 2-1〉 미네소타 대학교 교육행정가 양성 프로그램

미네소타 교육장 자격증 프로그램

a. 학교행정 기초－12학점 이상

행정가 세미나, 의사결정 실험, 교육조직론, 교육행정학, 학교재정, 학교사회 조직 세미나, 관리기법의 계량적 기초, 교육법, 교육정책과 교육법

b. 학교행정의 전문성(technical) 기술영역－12학점 이상

특수학교 장학과 행정, 유아교육 프로그램 행정, 중등교육, 지역사회 학교, 학교예산, 재정자원 관리, 학교관리 정보 시스템, 초등교장론, 초등행정 최신 연구, 프로그램 분석, 연구의 계량적 모형, 의사결정의 계량적 기법, 교육시 설 계획, 교육인사 프로그램, 학교조직 홍보, 중등교장론, 고등학교 프로그램 행정, 교육정책 체제, 교육정책 분석

c. 교육행정 특수 전문분야(specialized)기술－12학점 이상

특수교육 행정·장학 워크숍, post-secondary 행정실습, 학교관리자 정책개 발 워크숍, 교육행정 워크숍, 특수교육 행정 세미나 1, 특수교육 행정 세미나 2, 학교조직 홍보실습, 중학교 행정실습, 초등행정 세미나, 행정행위의 응용 인본주의 세미나 : 고대, 교육재정 세미나, 행정행위의 응용 인본주의 세미나 : 현대, 교육시설계획 세미나, 교육법이론 연구 세미나, 교육행정 임상경험 세미 나, 교육행정 인턴 세미나, 교육인사 프로그램 세미나, 교육위원회 정치세미 나, 대도시 교육위원회 통치 세미나, 초등행정문제, 중등행정문제, 현장연구

d. 교육과정, 수업, 장학영역－12학점 이상(초등 6, 중등 6)

e. 다음 3영역 내에서 12학점 이상

인간행위 심리학, 검사와 측정, 교육철학, 특수아 교육·상담

미네소타 특수교육 장학사 프로그램

a. 특수교육 전공 석사

b. 교육행정과 특수교육 프로그램에 입학 허가

c. 석사 이후 45학점 이상 전문가자격증 과정 학점이수

d. 특수 장학영역 교사자격증 소지

e. 다음 중 6학점을 포함하여 교육행정에서 30학점 이상 이수

특수교육 장학·행정, 특수교육 행정 세미나 1, 특수교육 행정 세미나 2

미네소타 교육청 근무 행정전문가 자격증 프로그램

a. 주 전공분야 코스—최저 42학점, 필수공통 코스—최저 24학점

　　교육조직론 3, 교육정치학 3, 교육재정 3, 학교사회조직 세미나 3, 관리기법
　　의 계량적 기초 3, 교육법 3, 학교예산 3, 재정자원관리 3, 필수 현장연구 6,
　　필수 인턴 9

　　기타 교육행정—최저 42학점

b. 교육과정과 수업—최저 12학점, 필수공통 코스

　　초등교육과정 3, 장학·수업개선 3, 교육과정개발 3, 중등수업장학 3

c. 관련분야—최저 12학점

　　교육심리연구, 사회·심리·철학적 기초 등

d. 관심영역분야—최저 12학점

　　교육대학 이외의 학과에서

총계 90학점 이상

2) 교육행정가의 책임과 윤리

　　앞의 전문직의 특성의 한 지표로 제시된 것처럼 전문직에게는 고도의 자
율성이 주어지는 동시에 이에 상응하는 책임과 윤리성이 요구된다.

　　책임(responsibility)이라는 말의 영어는 반응 또는 대응(response)이라
는 말에서 나왔다. 반응을 보여 주고 대응할 수 있어야 한다는 의미에서 책임
이란 말이 나온 것이다. 흔히 우리나라에서 사용하는 책무성(accounta-
bility)이라는 말은 계산으로(account) 설명할 수(accountable for) 있어
야 한다는 데서 나온 말이다. 책무성은 책임성보다 더 구체적인 숫자나 계산
으로 보여 주는 것이 책무성이라고 본다. 여기서는 넓은 의미, 포괄적인 의미
의 책임성으로 다루고자 한다.

　　교육행정가는 우선 교육 전문가로서 책임을 질 수 있어야 한다. 우선 자신
에 대해서, 학생에 대해서, 사회에 대해서, 교직원에 대해서, 그리고 교육장
과 교육위원회에 대해서 책임을 질 수 있어야 한다.

(1) 자신에 대하여

사람은 자아존중을 할 수 있을 때에야 비로소 타인을 존중할 줄 안다. 교육자들이 자아에 대하여 그리고 일에 대하여 확실한 태도를 가지고 있을 때 전문직으로서의 위치를 누릴 수 있다. 교육자는 타인의 아이디어를 억누르거나 지배하려 하지 않고 편협하게 대하지 않으면서 자신을 존중하고 자신의 아이디어를 존중해야 한다. 그리고 교육자들은 상대적 중요성에 의하여 사물을 볼 수 있어야 한다. 그렇지 않으면 사소하거나 일상적인 일에 귀중한 시간과 정력을 다 바쳐 버리는 위험에 빠지게 될지 모르기 때문이다.

교육자의 개인적인 생활에 대하여도 고려해야 한다. 보통의 생활, 가능하면 풍족한 생활을 할 수 있어야 하며, 원만한 개인생활을 할 수 있어야 효과적인 지도자가 될 수 있다.

(2) 학생에 대하여

학생들이야말로 교육자의 가장 중요한 책임의 대상이다. 평생을 통하여 우리의 생각과 노력을 나누고 바쳐야 할 사람들이다. 교육자들은 자신이 맡은 학교 수준이나 교과에 대해서만 알아서는 안 된다. 일단 공교육의 전 교육 프로그램에 대하여 알고 나서 자기가 맡은 부분과의 연결 관계를 알아야 한다.

아울러 교육자는 수업 프로그램을 개발하는 데 지도력을 제공하기 위하여 모든 가능한 자원을 다 동원해야 한다. 그저 막연하게 아이들에게 헌신하는 것만으로 충분한 것은 못 된다. 이러한 헌신적인 태도라도 실제적인 실천을 통하여 반영되지 않으면 무의미하기 때문이다.

학생들에게 가장 유익한 경험을 제공하기 위하여 교육자들은 학생의 필요와 욕구를 연구하기 위한 장치를 하고 노력해야 한다. 학생들의 현재의 욕구와 미래의 욕구에 항상 최우선순위를 두어야 하며, 교육자는 모든 교육계획을 세울 때 이러한 학생들의 욕구를 고려해야 한다.

(3) 지역사회에 대하여

효과적인 교육자라면 지역사회에 대하여 책임을 진다. 교육자들이 시민의 눈에 신뢰할 수 있는 유능한 사람으로 비치게 되면 학교운영은 성공적이고, 또 원만한 운영은 보장될 수 있다. 공중과 학생, 학부모와 교육자와의 관계성은 정직과 성실, 통합성으로 맺어지지 않으면 안 된다.

(4) 교직원에 대하여

학교에서 교장과 교사와의 관계가 기본적인 민주적 원리에 의하여 이루어져야 하듯 학급 교사도 민주적 태도와 실천에 의하여 학생과의 관계가 이루어져야 한다. 장학지도자는 때로는 개인의 권리나 집단의 권리를 보호하기 위하여 지역사회에서 인기 없는 원리를 지지할 필요가 있다는 것을 알게 된다. 이런 상황에서 장학지도자는 임기응변의 재주를 부려야겠지만 유능한 지도자라면 원인을 밝히고 옹호하는 역할을 잘 수행해 낼 수 있을 것이다.

(5) 교육장과 교육위원회에 대하여

교직원은 자신을 임명한 사람에 대하여 일정한 책임을 져야 한다. 이러한 책임은 전반적으로 교육청 전체의 일반 목적과 복지향상을 위하여 충성하기 위한 것이다. 문제를 다룰 때는 정에 쏠리지 말고, 친근감을 갖게 하되 정직하게, 그리고 올바른 통로를 통해서 해야 한다.

지금까지 일반교육자로서의 책임을 열거했는데 이에 더하여 교육행정가는 자신이 종사하는 업무의 중요성을 인식하고 자부심과 긍지를 가짐은 물론 기관이나 조직체와 관련하여 상하·좌우 등 주변에 있는 여러 사람이나 집단과의 관계에 있어서 올바른 윤리관계를 정립하고 이를 실천해 나갈 것이 절실히 요청된다. 한국의 교육·사회풍토 속에서는 특히 성실성·결백성·공정성·자율성·책임성 등의 의식을 견지하면서 자기 업무에 최선을 다하는 것이 요청되고 있다.22)

좀 오래된 것이기는 하지만(1960. 11. 26) 한국교총의 전신인 대한교련

---

22) 김종철, 전게서, p.393.

이 제정한 교육행정가의 신조 6개 항만 지켜도 교육행정전문가로서 부끄럽지 않으리라 본다.

① 전문적인 교육행정가는 교사가 교육활동의 핵심임을 재확인하고 인사행정의 공정성을 기하며 그 복지 향상에 진력한다.
② 교사의 장점과 창의성을 존중하며 직원회의의 결의사항을 시행한다.
③ 교사의 인격을 존중하며 학원 내의 화협한 기풍을 확립한다.
④ 법규를 준수하며 경리에 공정을 기한다.
⑤ 항구적인 교육계획을 수립하고 과학적으로 이를 추진한다.
⑥ 전임자를 비난하지 아니한다.

우리에게 이런 선언문이 없어서 문제가 되는 것은 아니다. 이를 실천하느냐 못하느냐에 문제가 있는 것이다. 그러나 이런 선언문을 정해 놓고 자주 이에 관한 관심을 촉구할 필요는 있다고 본다.

교육자의 책임 속에 윤리에 관한 사항도 포함되었지만 교육자의 윤리에 대하여는 사도헌장과 사도강령 속에 잘 나타나 있다. 사도헌장은 한국교총의 전신인 대한교육연합회가 제정 공포(1982. 5. 15)한 것으로 기본적인 교사의 길을 밝히고 있으며, 사도강령은 교원 윤리강령(1958. 9. 19)을 1982년 5월 15일에 개칭 수정하여 공포한 것으로 "스승과 제자"관계, "스승의 자질", "스승의 책임", "교직단체", "스승과 사회"로 나누어 지켜야 할 일들을 밝히고 있다.

교육행정가의 윤리에 대하여는 미국 캘리포니아 주의 여러 단체가 제정한 "인사를 다루는 장학자의 윤리"를 보면 상당히 구체적으로 제시하고 있으므로 참고가 될 것으로 생각되어 이를 인용하고자 한다.

[1] 신규 선발·임용에 있어서:
① 전문직의 표준을 유지하고 높이기 위하여 최선의 노력을 기울이고, 유능한 교사와 행정가를 확보하기 위하여 필요한 모든 정보를 활용한다.

② 직원으로 하여금 이동이나 승진에 대하여 알 수 있도록 기회를 제공하고, 또 이들의 희망을 듣도록 한다.

③ 현 직원이 사임하거나 또는 재임용하지 않을 것이라고 알리기 전에 새로운 직원을 채용하지 않을 것을 고려한다.

④ 신규직원 채용 시 봉급표를 엄격하게 지킨다.

⑤ 채용 전에 교육청의 인사정책과 교육철학, 채용후보자에게 고려하는 학년과 교과, 기타 다른 과제, 봉급표 등에 관하여 가능한 한 정확하게 기술해 준다.

⑥ 교육청이 임용하고자 하는 의도를 밝힐 때까지는 일정 기간 동안 채용 의사를 밝히지 않는 것이 좋다.

② 장학과 지도력과 관련하여:

① 한 교사가 성공할 것이냐 실패할 것이냐는 그 직원을 선발하고 장학하고 배치하는 데 달려 있다는 점을 인정하고, 모든 직원의 성공을 북돋아 주는 책임을 져야 한다.

② 교사의 의미 있는 약점이 발견되면 주의를 기울이게 되며, 이를 바로 잡기 위한 조력을 해야 한다는 점을 분명히 한다.

③ 당사자와 우선 토의를 해보지도 않고 상급자나 교육위원회에 직원에 대한 비평을 보고하지 않는다.

④ 그러나 직원의 훌륭한 직무수행이나 공헌에 대하여는 상급자나 교육위원회에 알린다.

⑤ 교육분야의 동료전문가라는 입장에서 교직원의 제안과 비평의 가치를 비싸게 인정한다.

⑥ 교직원으로 하여금 자신의 문제점 또는 불평을 토론할 수 있는 기회를 제공하고, 또 교직원의 문제점과 제안을 말할 수 있고 토의할 수 있는 체계적인 통로를 협동 노력하여 발전시키도록 조력한다.

③ 교직원 재임용 또는 면직 권고에 있어서:

① 수습교사제를 적용할 경우 정기적인 서면평가의 체계적인 절차를 확립한다. 재임용, 종신임기보장, 면직에 영향을 줄 경우 교사의 신분에 대하여 알려 주어야 한다.

② 교직원의 약점에 대하여 경고한 바가 없고, 또 교정을 할 수 있는 시간과 교정을 위한 조력을 주지 않았다면 재임용을 권고하는 것이 좋다.

③ 유쾌하지 못한 면직 상황을 회피하기 위하여 학생을 위한 교육적 복지를

위태롭게 해서는 안 된다.

④ 전직직원에 대한 권고에 대하여:

① 교사에 대한 정직한 평가가 전문 교사와 학생에게 공정하기 위해 필요하다는 점을 인정해야 한다.

② 비밀을 지켜야 할 문서의 내용에 대하여는 비밀을 지켜야 한다.

⑤ 전문직의 책임을 다하기 위하여:

① 전문직은 전문직구성원이 책임져야 할 원리를 보장하고, 또 자신의 행동이 전문직의 질을 나타내는 표본으로 지적될지도 모른다는 점을 이해해야 한다.

② 전문직 생활이 계속적인 성장이 되도록 한다.

③ 교직의 전문성을 위하여 또 교육청을 위하여 공공성을 강화시키는 태도를 가져야 한다.

④ 전문직의 신분을 향상시킨다는 목적을 달성하기 위하여 전문직단체와 활동에 적극적으로 참여한다.

⑤ 학교 방침을 결정하는 민주적 과정에 참여하는 권리를 행사한다.

⑥ 다음 윤리적 절차를 따른다.

• 자리가 빌 때까지는 특정 자리를 공개하거나 지원을 받지 않는다.

• 능력과 경험에 비추어 가장 자질을 잘 갖춘 사람을 임명하거나 승진시키는 작업을 한다.

• 교육청의 기존 통로를 통해서 학교에 관한 일을 처리한다.

⑦ 동료 교사와의 접촉에서 다음을 고려하는 활동을 한다.

• 친절하고 관대하고 충실하며, 사소한 규정의 적용이나 시기 · 원한을 피한다.

• 직원의 성취에 자부심을 가지며, 또 직원의 도움에 감사한다.

• 직원의 자신감을 존중한다.

• 타당한 비평은 교육의 과정을 개선하고자 하는 의욕으로부터 나오며 개인의 인성에 관한 것이 아니라 이슈(issue)에 초점을 맞춰야 한다는 것을 알고 자유롭게 비평한다.

윤리는 지키지 않는다고 해서 강제적인 벌이 가해지는 않으나 그것이 지켜지지 않을 때는 개인이나 사회에 규율보다 더욱 큰 영향을 미치는 힘을 가지고 있다. 더구나 그 일이 개인이나 사회에 영향을 크게 미치는 일일 때는 더욱 큰 힘을 발휘한다.23) 최근에 우리나라 사회가 무질서해지고 점점 산업화, 기계화되면서 도덕과 윤리의 중요성이 강조되고 있다. 더구나 다른 교육자를 이끌어 나가야 하고, 또 방향과 비전을 제시해야 할 교육행정가, 교육지도자의 책임과 윤리는 아무리 강조해도 오히려 부족하다고 본다. 교육 행정가의 책임과 윤리의 확립으로 밝은 사회를 확립하도록 해야겠다.

4. 교육행정가의 행정 기술

우리는 지금까지 이 장에서 미래사회 교육행정가의 철학, 자질, 전문성과 책임·윤리에 대하여 살펴보았다. 이러한 순서는 철학적인 내면으로부터 자질과 전문성을 거쳐 기술이라는 표면으로 나오는 셈이다. 그리고 여기서 다루게 되는 행정·관리의 기술은 제1절 "교육행정가의 철학"에서 인용했던 〈그림 2-1〉의 "행정효과성 모형"의 제일 마지막 단계의 행동을 의미하게 된다. 즉 그 모형에서 의사결정 기술, 기획의 기술, 조정의 기술, 의사소통 기술, 변화와 혁신의 기술, 집단과정의 기술, 지도성의 기술 등에 해당된다. 이러한 행정과정과 행정과업이나 영역별로 필요한 모든 기술을 여기서 다 다룰 수는 없다. 그래서 여기서는 기본적인 안내를 하는 정도로 그치고자 한다.

먼저 행정(administration)과 관리(management)의 개념 구별에 대하여 잠깐 언급하고 넘어갈 필요가 있다. 행정과 관리는 때로는 구별하여 쓰기도 하고, 때로는 거의 동의어와 같이 사용하기도 한다. 특히 "management"를 우리나라 말로 "경영"이라고 번역할 때는 거의 "행정"과 동의어가 된다. 예를 들면 "학교행정"과 "학교경영"은 거의 비슷한 말이 된다. 그러나 "학급경영"이라는 말은 있으나 "학급행정"이라는 말은 거의 사용하지 않는다. 그러나 "management"를 "관

---

23) 윤종건·전하찬, 교사론(서울: 정민사, 1984), p.133.

리"라고 번역할 때는 확실히 행정보다는 낮은 개념, 구체적인 개념으로 쓰인다. 예를 들면 "학급행정"이라는 말이 잘 안 쓰이는 대신 "학급경영", "학급관리"라는 말은 서로 바꾸어 가면서 사용된다. 그리고 인사관리, 시설관리, 재무관리, 사무관리라고 하면 좀 구체적인 가시적인 느낌을 갖는다.

Hodgkinson[24]이 제시한 〈그림 2-7〉을 보면 행정과 관리는 어느 정도 구별될 수 있을 것이다.

행정은 예술성이 강한 데 비하여 관리는 과학성이 강하고, 행정이 정책결정을 하는 반면 관리는 이를 집행하는 쪽이고, 행정에서 가치를 많이 다루는 데 비하여 관리는 사실적인 것을 많이 다루고, 행정이 상위에서 이루어지는 데 비하여 관리는 보다 낮은 수준에서 이루어지고, 행정이 전략적인 데 비하여 관리는 전술적인 일을 많이 하고, 행정이 비교적 질적인 데 비하여 관리는 계량적이고, 행정이 사람을 많이 다루는 데 비하여 관리는 사물을 많이 다루고, 행정이 반성적 사고를 많이 하는 데 비하여 관리는 비교적 활동적이고, 행정이 일반주의 지향인 데 비하여 관리는 특수주의 지향이다. 그러나 이런 복합적인 연속선의 중간 지점에 가까워지면 앞에서 말한 것처럼 행정과 관리는 구별되기 어렵다. 이 책에서도 이들 사이의 개념을 엄격히 구별할 필요는 없을 것이다.

행정

예술(art) ——————— 과학(science)
정책(policy) ——————— 집행(execution)
가치(values) ——————— 사실(facts)
상위(upper) ——————— 하위(lower)
전략(strategy) ——————— 전술(tactics)
질적(qualitative) ——————— 양적(quantitative)
인간적(human) ——————— 물적(material)
반성적(reflective) ——————— 활동적(active)
일반주의(generalism) ——————— 특수주의(specialism)

관리

〈그림 2-7〉 행정과 관리의 연속선

24) 주삼환 역, 행정철학(서울: 법문사, 1986), p.18.

행정가에게 요구되는 기술은 이미 자질이라는 개념 속에 포함되어 다루었다. 자질(competence) 속에는 지식, 기술, 신념, 태도 등이 포함된 것으로 보았기 때문이다. 이런 이유로 인하여 기술에 대해 깊이 다룰 수 없고 Katz와 Kahn의 기본적인 행정의 세 기술만을 소개하는 것으로 그치고자 한다.

Katz와 Kahn은 기본적인 행정기술(critical administrative skill)로 전문적 기술(technical skill)과, 인간적 기술(human skill), 통합적 기술(conceptual skill)을 제시하고 있다.

전문적 기술은 교육행정에 있어서 방법, 과정, 절차, 기법(techniques)에 대한 이해와 숙달에 해당되는 기술이다. 수업 이외의 비수업적 전문적 기술에는 재정, 회계, 스케줄, 구매, 건축, 유지관리에 관한 구체적 지식 등이 이에 포함된다. 이 전문적 기술은 교육행정의 계층으로 볼 때 낮은 수준의 행정가에게 더 중요하고 필요하다. 학교를 예로 들면 교장보다는 학과주임이나 학년주임이 수업과 관련된 전문적 기술을 훨씬 더 가지고 있어야 한다. 서무과장은 교육장보다 회계절차나 컴퓨터 사용에 관한 전문적 기술을 필요로 할 것이다.

인간적 기술은 1 : 1의 관계에서나 집단상황에서 다른 사람과 효과적, 효율적으로 일할 수 있는 교육행정가의 능력을 말한다. 이 인간적 기술을 위해서는 우선 행정가 자신에 대한 자기이해와 자기수용이 필요하고 다른 사람에 대한 인정과 감정이입, 배려성이 요구된다. 이 인간적 기술에 대한 지적바탕에는 지도력의 이해와 능력, 성인 동기유발, 태도개발, 집단역학, 인간욕구, 사기, 갈등관리, 인간자원개발 등이 포함된다. 인간적 기술은 모든 계층의 교육행정가에게 모두 비슷하게 필요하다. 지위와 상관없이 모든 행정가는 다른 사람들과 함께 일하고, 사람 속에서 일해야 하기 때문이다. 행정은 결국 사람을 통해서 목적을 달성하기 때문에 인간적 기술 없이 훌륭한 행정가가 되기는 어렵다.

통합적 기술은 학교와 교육청 교육 프로그램을 하나의 전체로서 볼 수 있는 교육행정가의 능력을 말한다. 이 기술은 하나의 조직으로서의 학교의 각 구성요소와, 수업체제로서의 교육 프로그램과, 인간조직의 기능 간의 상호의존성을 효과적으로 통합하는 것을 말한다. 각 부분들이 훌륭해도 전체로서 기능을 발휘하지 못하면 아무런 의미가 없다. 단단한 모래알도 시멘트와 물로 결합될 때 콘크리트로서 단단한 기능을 발휘하는 것과 같다. 통합적 기술의 개발은 행정이론, 조직과 인간행동에 대한 지식, 교육철학 사이에 균형을 이루어 강조될 때 가능하다. 이 통합적 기술은 조직의 계층에 있어서 상위층에 더 중요하고 필요하다. 예를 들면 교육장은 학습지체아 지도에 관한 전문적 측면은 좀 모르더라도 이 문제가 교육청 운영의 다른 측면과 어떻게 관련되는지에 대하여는 통합이라는 측면에서 알아야 할 것이다.

여러 수준에 따라 필요한 기술을 그림으로 나타내면 〈그림 2-8〉과 같다.

장학분야에서 세 기술을 각각 좀더 구체적으로 예시해 보기로 한다. 인간적 기술을 장학적 측면에서 보면 ① 개인차에 따라 달리 반응하기, ② 개인의 강점 또는 잠재적 진단기술, ③ 가치 명료화기술, ④ 지각 확인기술, ⑤ 목표에 대한 헌신조장기술, ⑥ 집단토의 수행기술, ⑦ 경청 또는 의역 기술, ⑧ 협의기술, ⑨ 협동적 상호작용 수행기술, ⑩ 주장적 상호작용 수행기술, ⑪ 갈등해소기술, ⑫ 협동하도록 자극하는 기술, ⑬ 모형화 기술이 포함된다.

〈그림 2-8〉 여러 수준에 따라 필요한 기술

관리적 기술로는 ① 공동체(community)특성 확인기술, ② 교사의 욕구평가기술, ③ 수업의 우선순위 설정기술, ④ 교육환경 분석기술, ⑤ 기획체제 활용기술, ⑥ 상황조건적 대안(contingency alternative) 설정기술, ⑦ 활동에 대한 청취 또는 통제기술, ⑧ 책임의 위임기술, ⑨ 예산편성기술, ⑩ 자원배분기술, ⑪ 직무상 스트레스 줄이는 기술, ⑫ 조직활동과 수업활동의 기록기술이 요구된다.

전문적 기술에는 ① 수업자원 선택기준의 설정기술, ② 수업관찰체제의 활용기술, ③ 수업관찰 자료의 분석기술, ④ 수업목표의 설정기술, ⑤ 수업목표의 분류기술, ⑥ 연구결과의 적용기술, ⑦ 수업환경의 분석기술, ⑧ 수업전달체제의 개발기술, ⑨ 평가절차의 개발기술, ⑩ 수업과제의 분석기술, ⑪ 수업기술과 수업실제의 시범기술이 포함된다.[25]

이러한 세 기술을 바탕으로 하여 필요한 행정·관리기술을 습득하여 보다 고차적인 행정가가 되기 위해 노력해야겠다. 이러한 전문적 기술, 인간적 기술, 통합적 기술을 바탕으로 하여 더 높은 수준의 교육지도자가 되기를 기대한다. 기술에 의존하는 관리자 수준을 넘어 행정가가 되고 행정가의 수준에 머물지 말고 지도자가 되어야 한다는 것이다. 세 기술의 통합적 기술을 교육조직(기관)에서는 교육적 힘으로 대체하고, 그 위에 지도자로서의 상징성과 문화를 형성하는 힘이 있어야 한다. 최근에 상징적 지도자, 문화적 지도자가 강조되고 있다. 이러한 지도자의 근원을 〈그림 2-9〉와 같이 나타낼 수 있다.[26]

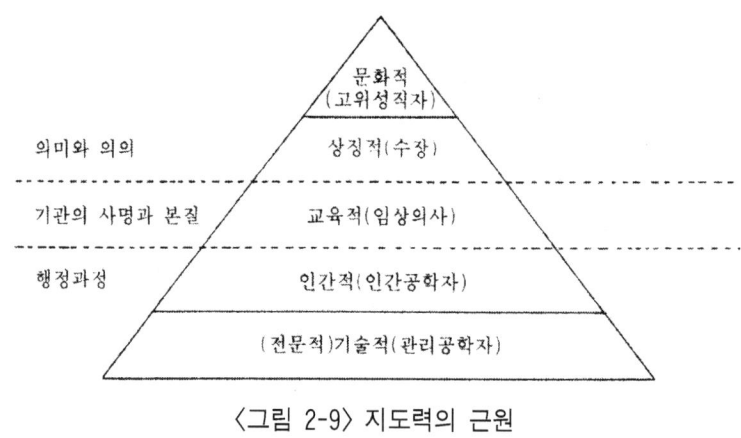

〈그림 2-9〉 지도력의 근원

25) Robert J. Alfonso. Gerald R. Firth and Richard F. Neville. Instructional Supervision: a behavior system, 2nd. ed.(Boston: Allyn And Bacon. Inc., 1981), pp.334~366.

26) 주삼환, "학교장의 민주적 지도력", 새교육, 1990년 11월호(한국교총, 1990), pp.32~42 참고.

(전문직)기술적, 인간적 기술은 행정의 "과정"에 필요한 것이고, 교육적 힘은 교육기관의 "사명과 본질"에 해당되며, 상징적, 문화적 힘은 추종자에게 "의미와 의의를 심어 주는 지도자적 힘"이다. 행정과정에 집착하는 사람은 관리자에 그치고, 사명과 본질에까지 노력하면 행정가 수준이고, 의미와 의의를 심어 주는 사람이 보다 높은 수준의 지도자가 되는 것이다. 그러나 관리나 행정이 지도자에게 넓은 밑바탕이 된다는 것을 잊지 말아야 한다.

제 3 장
한국교육 반세기의 공과(功過)와 앞으로의 방향*

1. 서 론

일제 식민지교육에서 벗어나 우리 손으로 우리의 교육을 하기 시작한 지 약 반세기에 접어들고 있다. 급변하는 세계 속에서 반세기라고 하면 결코 짧은 시간은 아니다. 한 인간으로 생각해도 장년에 해당하는 연령이다. 그동안 한국교육이 착실히 씨를 뿌리고 또 가꾸어 왔다면 지금쯤은 뿌리를 튼튼히 내려 거목으로 자랄 수 있었을 것이고 아무리 회수가 느린 과수나무라도 몇 차례 열매를 거두었을 시간이다. 순전히 우리나라의 교육만 받고 자란 사람들이 50대 장년으로서 우리나라 요소요소에서 지도자로 활동할 나이이다.

그런데 "한국교육"이라고 하면 "조령모개"를 연상하면서 부정적인 면만을 연상하게 하고 비난의 대상으로만 삼는 경우가 많다. 그러나 우리의 교육이 반드시 부정적인 측면만을 가지고 있는 것은 아닐 것이다. 긍정적인 측면도 있고 잘한 일도 있기 때문에 우리의 교육이 이만큼 발전했고, 또 우리의 산업과 경제, 문화가 이만큼 발전할 수 있었을 것이다. 정확한 평가 없이, 아니 비록 주관적으로라도 우리 교육에 대한 신중한 반성적 사고도 없이 우리 교육의 어

---

* 인천직할시 교육과학연구원 교육전문직연수 강의원고(1991. 6. 14, 충남교
  원연수원 방문 중).

두운 면만을 보고 몰아붙이고 비난만 하는 것은 올바른 태도라고 할 수 없다.

그래서 여기서는 그래도 우리 교육 45년을 되돌아보면서 잘된 점, 밝은 면, 공적을 생각해 보고, 반대로 문제점과 어두운 면, 잘못된 점을 요약해 보고 나서, 앞으로의 우리 교육의 방향을 모색해 보기로 한다. 물론 여기에 제시되는 우리 교육의 공과와 방향이 완벽한 것이거나 과학적 사고의 소산이라고는 할 수 없다. 다만 주관적으로라도 과거의 양면을 보려고 하고 또 앞을 내다보고 방향을 찾으려는 노력의 일단이라고 생각해 주어야 할 것이다.

2. 우리 교육의 공적

1950년대, 1960년대까지만 해도 우리나라보다 월등하게 앞섰거나 비슷했던 필리핀이나 말레이시아, 인도네시아, 태국, 인도 등 동남아시아 여러 나라를 제치고 우리가 앞설 수 있게 되고 이들 나라의 부러움의 대상이 된 저력은 바로 교육의 힘에서 나왔다고 평가받고 있다. 그리고 우리 교육이 잘못되었다고 비난받는 부분의 뒷면에는 반드시 교육의 공적이 가려져 있을 것이라는 점을 간과해서는 안 된다. 우선 우리 교육이 잘 해왔다고 판단되는 몇 가지를 생각나는 대로 예시해 보기로 한다.

1) 문맹퇴치운동과 방계교육제도의 개방

우리가 일제로부터 해방되었을 때만 해도 초등학교에도 못 들어가고, 우리의 글, 한글을 읽지 못하는 사람들이 많았다. 한국전쟁 때 군대에 간 사람들 중에도 한글을 모르고 말귀를 못 알아들어 군대교육에 우선하여 한글해득교육을 먼저 해야 할 형편이었다. 공민학교, 성인반, 야학 등을 통하여 짧은 기간 내에 한글에 관한 문맹퇴치를 한 것은 대단한 업적이 아닐 수 없다. 문 맹퇴치로 인하여 국민들이 눈을 뜨고 말귀를 알아듣게 하여 민탁를 한 차원 높인 것은 국가발전의 도약대를 마련해 놓은 셈이다. 이것이 하찮은 일로 생 각될지 모르나 오늘날까지도 60~70%의 심각한 문맹률 문제를 안고 있는 인도, 네팔, 파키스탄, 방글라데시 등의 처지를 생각하면 우리가 초기에 이 문제를 해결한 것은 지금 생각해보면 정말 잘한 일이고 다행한 일이다.

그리고 공민학교, 고등공민학교, 학력을 인정받기 위한 고입검정 · 대입검 정의 제도를 두어 교육기회를 잃은 사람들에게 학력을 인정받을 수 있는 길 을 터주고 또 다른 한편으로는 중학교나 고등학교를 건너뛰거나 재학년한을 단축시킬 수 있는 기회를 제공하는 효과가 있게 한 것도 잘한 점이다. 그리 고 최근에 방송통신고등학교, 방송통신대학, 산업(개방)대학, 산업체부설 중 · 고등학교(반)를 설치한 것도 교육의 기회균등과 기회확대, 기회회복을 위한 방계학제로서 그 공적은 높이 평가받아야 할 것이다. 독학에 의한 학위 인정도 여러 가지 논의가 있을 수 있으나 이에 해당되는 개인들에게는 유용 한 길이라고 본다. 어쨌든 교육기회를 잃었던 사람들에게 교육의 기회를 열 어 준 것은 한국교육 역사상 중요한 하나의 업적이라 하지 않을 수 없다. 그 리고 짧은 기간 내에 문맹퇴치의 높은 산을 넘은 것은 우리 교육의 대단한 소화력이라고 인정해야 할 것이다.

2) 교육기회의 확대에 의한 평등성 실현

앞에서 이미 약간 언급되었으나 방계학제에 의한 교육기회의 제공뿐만 아 니라 초등, 중등, 고등교육의 순서로 교육의 기회를 확충하여 교육기회를 확 대해 나간 것은 잘한 일이라고 본다. 비록 사친회비, 기성회비, 육성회비를 받았을망정 그렇게 많은 교육인구를 의무교육제도를 통하여 교육시켜 내놓은 것은 정말 엄청난 일을 해낸 것이다. 교사도 부족하고 교육시설도 부족한 상태에서 그것도 6·25의 잿더미를 딛고 일어나 전인구를 최소한 초등학교 교육을 마칠 수 있게 한 것은 대단한 저력이고 교육소화력이라고 하지 않을 수 없다. 이제 중학교까지 의무교육이 실시되고, 고등학교까지 거의 모든 사람이 마음만 먹으면 졸업할 수 있게 되고, 해당연령의 40% 가까운 청년들이 고등교육을 받을 수 있게 되었다는 것은 엄청난 교육기회의 확대이고 평등성의 실현이라고 할 수 있다. 철저한 유교사상에 의한 귀속주의와 양반제도의 전통을 뒤엎고 누구에게나 이 정도의 교육기회를 갑자기 열어 놓을 수 있었다는 것은 대단한 변화이고 용기라고 할 수 있다.

교육의 질이 떨어지고, 거친 교육을 했다는 비난과 지적을 뒤에 가서 받겠으나 그것은 차후의 문제이다. 비록 거칠더라도 그 많은 인구를 대학교까지 교육시켜 내놓았다는 데 우리 스스로 놀라지 않을 수 없다.

해방 당시만 해도 여성들이 중등교육의 혜택도 별로 받지 못했었는데 이제 여성들도 거의 똑같이 고등학교까지 마치게 되고, 대학생 중 30% 정도를 여학생이 점유하게 되었다는 사실은 여성에 대한 교육 평등성의 실현이라고 하지 않을 수 없다. 물론 여성에게 고등교육의 기회가 더 주어져야겠지만 과거 우리나라의 전통에 비추어 볼 때는 대단한 발전이라고 할 수 있으며 잘한 일이라고 볼 수 있다.

물론 기회의 확대, 교육의 평등성을 강조하다 보면 질과 우수성의 가치를 잃기 쉬우나 그것은 차후의 문제라고 본다.

3) 초등 기초교육정책으로부터 중등·고등교육정책으로의 이행

많은 성급한 개발도상국가들이 빠른 시간 내에 국가를 개발하기 위하여 고등교육 우선 정책을 써야 한다는 유혹을 받게 되고 또 그렇게 한 나라들이 많다. 고급인력과 지도자들이 배출되어야 국가건설을 할 수 있다는 논리이다.

그러나 우리나라는 부족한 대로 초기에는 초등교육과 의무교육에 집중하는 정책을 쓰다가 1970년대에 중등교육, 1980년대에 고등교육을 확대하고 강조하는 정책을 썼다고 볼 수 있는데 이것은 잘한 일이라고 평가받고 있다. 특히 1960년대 말 중학무시험입학제로 중학교가 팽창되고, 이어서 1970년대 고교평준화정책으로 고등학교가 확대되고, 1980년대에 7·30교육개혁으로 대학교육의 기회가 확장되게 된 것은 결과적으로 밑바닥에서부터 위로 교육기회가 확대된 셈이 되었다. 이러한 순서는 분명 거꾸로 된 우선정책보다는 잘된 교육정책이라고 할 수 있다.

그리고 지금 현재도 교육이 그래도 잘 이루어지고 있는 것은 낮은 단계인 초등학교 교육이고 위로 올라갈수록 엉터리, 거친 교육을 하고 있는 것이다. 물론 어느 단계의 교육도 완전하게 잘 되었다고는 할 수 없으나 밑에서부터 올라온 교육정책은 분명 잘한 정책이라고 평가받을 수 있다.

4) 초기의 중앙집권적 정책

모든 것이 준비가 안 되고 부족하며 혼란된 상태에서는 중앙집권적 행정이 더 효율적일 수 있다. 해방 후, 그리고 한국전쟁 후 법과 제도도 정비가 안 되고 부족한 인력과 재정 시설을 가지고 일시에 많은 교육을 해내야 하는 실정에서 지방분권과 자율을 추구했을 경우 비능률과 비효율 그리고 낭비가 심했을 것으로 추측된다. 특히 요즈음 지방교육자치를 한다고 하면서 벌어지는 현상을 보면 초기에는 어쩔 수 없이 중앙집권체제를 채택하지 않을 수 없었을 것으로 이해가 된다. 그래서 현재는 획일적이라고 비난을 받을지 모르나 그래도 국가수준에서 일정한 교육과정도 확보하고 최저수준의 교육을 유지할 수 있도록 하였다고 자위하게 된다. 그러나 초기에는 어쩔 수 없이 중앙집권을 했었더라도 재빨리 지방분권과 자율로 돌려주지 못한 아쉬움은 남는다.

5) 학교 시설기준령 고수

여러 가지 비현실적이라는 비난이 있기도 하나 그렇게 어려운 속에서도 학교 시설기준령을 정하여 이를 고집스럽게 지키려고 한 점은 잘한 일이라고 본다. 교육재정이 어렵다고 해서 급한 대로 아무렇게나 학교를 설립하고 운영하게 했더라면 오늘날과 같은 체육장과 학교부지도 확보하지 못하고 지금보다도 더 엉망인 학교시설이 되었을 것으로 짐작이 간다. 오히려 최근에 교지를 확보하기 어려우니까 운동장 없는 학교를 만들고 지금까지 지켜온 기준령을 무너뜨리겠다는 발상이 나오는 것만 봐도 우리가 시설기준령을 정하여 이것이라도 고수하려고 한 점은 정말 잘한 업적이라고 하지 않을 수 없다.

6) 도덕 교과의 설정

우리가 초기부터 도덕과 윤리를 하나의 교과목으로 다루어 지도한 점은 잘한 일이라고 할 수 있다. 도덕과 윤리를 하나의 교과로 다루어 지도했는데도 오늘날 도덕과 윤리교육의 필요성은 더욱 강조되고 있으니 이를 학교에서 하나의 교과로 다루지도 않았었더라면 어떻게 되었을 것인가를 상상해 보면 끔찍한 일이다. 세계 모든 나라가 도덕과 윤리를 초등학교에서부터 하나의 독립된 교과로 다루는 것은 아닐 텐데 그래도 우리가 이를 강조해 온 점은 정말 다행한 일이다.

그러나 주요과목, 입시과목에 밀려 도덕교육의 비중이 낮게 다루어지고, 실질적으로 강조하여 다루어지지 못하고 형식에 치우친 도덕교육이 되었다는 지적은 반성하지 않을 수 없다. 전통적으로 우리나라에서 도덕과 윤리를 하나의 교과로 넣어 강조하려고 착안했다는 점은 좋은 출발이었다고 본다. 다만 운영에서 실효를 거두지 못했다는 점은 오늘날과 같이 도덕교육이 강조되는 시점에서 후회와 반성을 하게 된다.

7) 초기의 사범교육

일제의 잔재였는지는 모르지만 해방 후 초기만 해도 우수한 사람들이 사범학교에 몰리고 특차로 교사후보자를 선발함으로써 그래도 우수한 사람을 교사로 확보할 수 있었다. 전원을 기숙사에 수용하여 모든 생활을 통하여 교사의 도를 가르치려고 했었다. 부정적으로 보면 교사를 일정한 틀에 의하여 구어 내려고 했다고 할지 모르나 오늘날 교사의 질이 계속 하락하고 문제를 일으키고 황폐화되는 현실에 비추어 보면 초기의 교원정책은 계속 되었어야 한다. 과거의 교사들은 실력은 어떨는지 몰라도 최소한 열성은 있었다고 본다. 그 열성 어린 교사들이 그래도 오로지 열성만으로 어려운 조건 속에서도 이런 정도의 교육이나마 이룩하고 유지해 왔다.

과거의 교장이 권위주의적이고 무능했다고 비난하는 사람이 있으나 필자의 판단에 의하면 오늘날 우수한 사람들은 모두 의학이나 컴퓨터로 다 빠져버리고 교사 후보자로는 나머지를 받아들여 거친 교사양성교육을 시켜 놓고 나서 아무리 높은 경쟁률의 임용고시로 선발한다 해도 이들이 교장이 되었을 때를 더 우려하게 된다. 게다가 정년 8년을 남겨놓은 사람을 교장 시켜놓고 이들이 교사의 눈치를 보면서 학교운영을 하게 된다면 학생교육이 어떻게 되겠는가?

교사양성교육은 오히려 일제식 교원우대정책에서 나온 초기의 정책이 더 옳았다고 본다.

8) 사회 · 정치 · 경제 · 국가발전에의 교육 기여

교육이 수차례의 경제개발5개년계획의 추진에 기여했다는 것은 많은 사람이 인정하는 바다. 이러한 교육의 공적을 인정하지 않을 사람은 없다. 한국의 발전은 교육의 뒷받침에서 가능했다고 본다.

9) 민주교육의 실현

교육이 기여한 것 중에 가장 중요한 것이 학교에서 민주주의의 이상을 가르쳤다는 점이다. 삼권분리도 가르쳤고 비밀투표도 가르쳤고 평등과 자유라는 개념도 가르쳤다. 그 결과 국민의 민주주의에 대한 열망도 기대도 높아졌고 수준도 높아졌다. 그래서 교과서에서 배운 민주주의와 국민의 피부에 와닿는 민주주의가 다를 때 생명을 내놓고 저항할 수 있는 용기를 낳게 하였다. 문제는 학교에서 교과서로 가르치는 민주주의와 생활과 실천으로서의 민주주의가 다르다는 데 있다. 그래도 학교에서 열심히 민주주의를 가르친 결과 오늘날의 우리나라가 존재할 수 있었다고 본다.

10) 해외로의 진출

오늘날 한국교육을 받고 해외에 나간 사람들이 각 분야에서 두각을 나타내고 있다. 한국교육을 직접은 못 받았더라도 그 부모 밑에서 나온 자녀들이 모두가 남다른 실력을 나타내고 있다. 이것이 바로 한국교육의 저력이라고 보고 싶다.

지금까지 순서 없이 열거한 몇 가지는 분명 한국교육의 밝은 면이고 공적이요 업적이라고 본다. 물론 더 중요한 공을 열거하지 못했을지도 모른다. 이런 좋은 점과 강점을 생각지 않고 우리의 교육을 비난만 하는 것은 올바른 태도라고 볼 수 없다.

3. 우리 교육의 과실(過失)

우리 교육의 공도 다른 측면에서 보면 과로 보일 수 있다. 그래서 공 뒤에는 반드시 과가 있다는 점도 또한 간과해서는 안 된다. 너무나 많은 사람들이 지적한 것이지만 우리 교육의 허점과 단점을 예시로 몇 가지 열거해 보고자 한다.

1) 조령모개의 교육정책과 행정

우리의 교육정책과 행정은 그동안 너무나 자주 바뀌었다. 그래서 한국교육행정이라고 하면 조령모개가 대명사가 되었다. 제도와 법이 너무 자주 바뀌고 행정이 뒤죽박죽이 되었다. 너무나 쉽게 정책을 결정하고 그래서 문제가 터지면 또 너무나 성급하게 처방하였다. 그래서 교육행정은 땜질 행정이 되었다. 현실을 모르는 행정관료들이 너무나 가볍게 중요한 일을 성안하고, 또 책임도 지지 않고 너무나 쉽게 전문성 없이 자리를 옮겨 다닌 결과의 산물로 조령모개를 낳은 것이다. 장관도 너무나 정치눈치를 보고 정치바람을 타고 아무나 앉혀 놓은 결과로 조령모개가 되었다. 장관의 짧은 재임기간에 뭔가 한 건 하자니 결과적으로 조령모개를 낳게 되었을 것이다.

해방 이후 우리 손으로 우리의 교육을 하면서 뭔가 한 가지라도 줄기차게 끝까지, 지금까지 붙들고 늘어진 부분이 있었더라면 최소한 그것만은 지금쯤 세계제일이 되었을 것이다.

2) 교육의 질 보장 실패

앞에서 어려운 조건에서 짧은 기간 내에 많은 인구의 교육을 해내고 교육의 평등성을 실현한 강점을 지적하였는데 이 강점과 업적의 이면에는 한국교육이 질에서 선진국에 비하여 많이 떨어지고 있다는 약점과 과실이 공존·병존하게 된다.

각 학교수준 단계에서 도달하고 가르쳐야 할 것을 제대로 하지 못하고

6-3-3-4년의 기간만 채워서 내보내는 결과가 되고 있다. 어떤 때는 기초교육을 하는 대도시 초등학교에서 한 학급당 100명이 넘는 학생을 100학급이 넘는 학교에서 2부제, 3부제까지 하는 거친 교육을 하기도 했다. 지금도 가장 질 높은 교육을 해야 할 대학교육에서 교수 1인당 40명 이상의 학생수의 비율로 형식적인 거친 교육을 하고 있다.

지금도 교사가 읽는 대로 학생들이 따라 읽거나 불러 주는 것을 받아 적거나 칠판 빽빽이 쓴 것을 베끼면서 귀중한 시간을 낭비하는 교육이 이루어지는 수업 장면이 많이 발견된다. 생활과 유리된 지식의 암기에 어린시절과 젊은 시절을 불사르고 있는 것이 현실이다.

우리가 양적으로는 엄청난 일을 해냈으나 동시에 질적으로 엄청난 실패를 하고 과오를 저지르고 있는 것만큼은 확실하다. 초기에는 양에 눌려 어쩔 수 없었다고 하더라도 지금쯤은 질적 전환을 했어야 할 시기라고 본다.

거친 교육을 한 결과 거친 인간을 길러내 요즈음 거친 사회가 되어 그 거친 교육의 대가를 받고 있다.

3) 교육 관료제의 경직성

관료제는 이상적으로 운영되면 인적·물적·시간적으로 효율적일 수 있다. 원래 이상적인 관료제의 특성 속에는 전문성(specialization, division of labour)이 내재되어 있다. 그러나 우리나라 교육현장에서는 관료제의 역기능으로 나타나 경직성과 획일성과 동시에 비효율성까지 가져왔다. 그래서 초기에는 국가수준에서의 기본적인 틀을 잡는 데 관료제가 기여했을지 모르나 그 후에 전문성을 요구하는 교육현장에 일반직인 교육 관료들이 군림함으로써 현실과 동떨어진 행정실제로 나타나게 되고, 이에 대한 원성의 소리가 나오면 다시 고친다는 것이 앞에서 지적한 조령모개로 악순환 된 것이다.

해방 초기에 중앙집권적 관료제에 의하여 국가교육의 기본적인 틀을 잡았으면 그 후에는 재빨리 어느 정도 지방분권에 의하여 지방과 하부로 자율권을 돌려주고 융통성을 주었어야 더 현장에 맞는 교육을 할 수 있었을 것이다. 어쨌든 교육현장을 지원해야 할 교육행정이 교육일선에 군림하는 관료행정으로 나타나 지금까지도 그 대가를 치르고 있다.

4) 교육의 정치적 예속

교육이 정치적으로 중립성을 유지해야 한다는 것은 하나의 이상론에 의한 말장난에 불과하다.

교육이 정치적 영향을 받는 것은 엄연한 사실이다. 정치가 교육을 통해서 추구하는 가치를 실현하려고 하며 또 반대로 교육이 국민의 정치발전, 정치교육에 영향을 주고 국가발전에 기여하기도 하는 것이 어느 나라에서나 엄연한 사실이다.

그러나 우리나라에서는 이러한 교육과 정치와의 관계성을 인정하더라도 너무나 교육이 정치에 예속되고 교육을 정치에 이용하려고 함으로써 많은 문제를 야기한 것이 사실이다. 더구나 그동안 우리의 정치체제가 불안정했고 이 불안정한 정치체제를 교육을 통해서 무리하게 유지하려고 함으로써 많은 부작용을 낳았다.

정권이 바뀔 때마다 교육의 총수들이 바뀐 것은 말할 것도 없고, 교육과정이 바뀌고, 심지어는 교사들까지도 선거에 동원하려고 지시·명령·확인하기도 하였다. 또 이러한 전략에 대한 반발로 교육현장이 황폐화되는 현상을 빚어내기도 하였다.

이러한 영향으로 교육과 교육행정이 장기적이지 못하고 단기에 그치고 마는 결과도 가져왔다. 정치에 장단 맞춰 춤을 추는 교육행정가들은 학생과 교사들로부터 우려되는 결과를 낳게 되어 교육분열과 심각한 갈등을 야기하기도 하였다. 교육이 정치의 영향을 받지 않을 수 없다고 하더라도 이를 최소화하고 간접적 장기적 영향으로 충격을 줄이려고 노력해야 할 것이다.

5) 입시위주의 교육

우리나라 교육의 최대의 과오와 실패의 화살은 입시위주의 교육, 입시제도의 실패로 돌아가게 된다. 우리나라 교사와 학생, 학부모가 열심히 가르치고 배우고 지원하는 것은 분명한 사실이나 이러한 열심과 열성이 일시적인 입시로 날아가 버리고 마는 데 문제가 있다. 이러한 생사를 건 치열한 입시경쟁의 공부를 창의적인 연구와 아이디어 개발에 쏟아 넣었다면 아마 지금쯤은 세계 어떤 선진국도 이미 따라잡고 남았을 것으로 본다. 입시공부는 입시가 끝나는 날로 모든 것이 사라지고 만다. 그 결과 열심히 공부하고도 머리는 빈털터리로 남게 되는 것이다.

이제 심각한 입시는 대입만 남았지만 그 영향이 초등학교, 유치원에까지 미치고 있다. 이 대학입시제도는 유·초·중·고등학교의 하급학교 교육만 망쳐 놓는 것이 아니라 대학교육 자체까지도 망쳐 놓고 있다. 심각한 대입을 거쳐 올라온 대학생들이 지쳐서인지는 몰라도 대학에 와서는 도대체 공부를 하려고 하지 않기 때문이다. 이제 입시도 교육계만의 문제가 아니라 우리나라 사회 전체의 문제가 되었고 교육적 처방만으로는 이미 효력을 거두기 어렵게 되었다. 시험과목이나 바꾸고 기술적인 잔재주나 부리는 부분적 처방으로는 오히려 부작용만 증가시키는 결과를 가져 왔다. 입시공부 자체를 필요 없게 하는 근본적인 처방을 하지 않으면 효력을 보기 어렵게 되었다. 아예 대학에 갈 필요가 없게 하거나, 누구나 갈 수 있게 하거나, 대학에 가기 위하여 공부할 필요가 없게 하는 근본적인 처방이 되어야 하고 교육계나 학교뿐만 아니라 사회전체, 국가전체가 들고 일어나 처방하지 않으면 안 될 문제가 되었다. 교육부 장관 수준에서는 처방할 수 없는 문제가 되었다.

해방 이후 우리 손으로 우리 교육을 하면서부터 교육을 받고자 하는 사람의 수는 많고 상대적으로 교육기회가 부족하여 입시는 우리나라 고질병이 되어 왔다. 이대로 계속되면 망국병이 되지 않는다는 보장이 없다. 획기적인 근본적인 입시처방으로 정상적인 교육을 할 수 있을 때 우리의 교육은 국제경쟁력을 갖게 된다.

6) 우수교사 양성의 실패

해방 초기에는 일제의 전통의 덕이었는지, 아니면 전통적인 교사존중사상에서 그러했는지 모르지만 비교적 우수한 두뇌들이 교사가 되고자 모여들었었다. 그러다가 차차 다양한 종류의 직업이 생겨나고 또 국가의 교사우대책도 사라지면서 교직은 제일 인기 없는 직업으로 전락하고 말았다. 상대적으로 교사의 보수가 낮아지는 반면 근무조건은 어려워지는 것으로 인식되어 우수 인력은 모두 다른 곳으로 빠져 버리고 나머지 낮은 학력층으로부터 교직에 충당되게 되었다.

다른 곳으로 갈 수 없었던 사람들이 교직을 희망했더라도 4년간 철저한 양성교육을 시키고 또 받았다면 그런대로 우수한 교사가 배출될 수도 있었을 것이다. 그러나 필요한 학점만 채워서 교사 자격증을 발행하고 또 획득하는 현실이 되었다.

국가의 교사양성정책이 일관성이 없고 또 너무나 방만하게 운영한 결과 우수교사 양성에 실패하였다. 중등교사의 경우 국가는 무질서하게 사립사대, 교직과정, 교육대학원을 허가해 주고 또 사립사대는 무책임하게 교사자격증을 부여해 놓고는 최근에 공평하게 임용고시를 치러 교사를 채용하게 하고 있다. 이제 4년간 교사가 되겠다고 교육받은 사람 중에서 과연 몇 퍼센트나 실제 교사로 봉사할 수 있는 기회를 갖겠는가? 교사자격 획득자 중 10% 정도가 교사로 채용될 수 있다면 90%의 낭비는 무엇으로 정당화시킬 수 있겠는가? 우수한 교사를 확보하고 유지하지 못한 대가를 머지않아 반드시 국가가 되돌려 받게 될 것이다. 우수하지 못한 교사에게 국민교육을 맡겨 놓을 때 그 나라의 앞날은 암담하게 되지 않을 수 없다.

교사의 숫자가 많아서 국가가 교원우대책을 강구하기 어렵다고 핑계대고 있는 동안 교육계는 하루하루 황폐화되어 어느 시점에서는 아무리 돈을 써도 더이상 회복하기 어렵게 된다. 그때 가서 후회해도 이미 때는 늦게 된다. 우수교사 양성에 실패하고는 더 이상 어린이와 젊은이에게 희망을 걸 수 없다.

7) 교육재정 투자의 실패

돈이 원래 부족한 것은 어쩔 수 없다. 없는 돈을 교육을 위해서 투자하라고 요구할 수는 없다. 문제는 벌어들인 돈, 있는 돈이 교육계와 학교를 외면하는 데 있다. 다른 곳은 흥청거리고 낭비되고 있는데 어린이와 젊은이가 있는 학교와 교육계에 돈이 들어오지 않고 있는 점이 문제이다. 어른들이 있는 곳은 돈이 들어와 환경과 시설이 개선되는데 반대로 아이들이 있는 곳은 춥고 더우며 환경과 시설은 악화되고 있는 데 문제가 있다.

교육과 기술개발, 과학, 예술과 문화를 외면해 놓고 향락과 과소비에 돈이 쏠리도록 해 놓고 어떻게 선진국을 따라가자는 것인가?

있는 돈, 적은 돈이라도 효율적으로 쓰려는 노력에서도 우리는 실패했다. 그동안 정부 예산의 약 20%를 교육예산으로 사용해 왔는데 이것도 우리는 적은 돈이라고만 할 수 없다. 이것마저도 규모 있게 필요한 곳에 배분하여 효율적으로 쓰지 못했다는 반성을 하지 않을 수 없다. 이런 돈이 아이들이 있는 교실로 가지 못하고 교육부, 교육청 근처에 먼저 떨구어 놓고 나머지 몇 방울의 수돗물이 교실에 떨어지는 격이 되었다.

교육에 재정투자를 하지 못했고 또 이를 효율적으로 사용하는데도 실패했다.

8) 교육과정 운영의 실패

우리나라 교육과정의 개정 과정을 보면 결과적으로 미국의 교육과정의 변화에 약 10년 늦게 쫓아가는 격이 되었다. 미국이 새로운 교육과정의 변화의 싹이 트고, 분위기가 무르익고 있을 때, 그때서야 우리나라에서는 늦게 미국 것을 흉내내며 쫓아가다 보니 항상 10년쯤 늦게 따라가는 격이 되었다.

또 10년 주기로 교육과정을 개정한 것이 공교롭게도 정권의 변화와 맥을 같이 하게 되었다는 사실에 많은 사람들이 의문을 제기하는 것이다. 앞에서 지적된 것처럼 불안한 정권유지를 위해서 교육과정 개정을 이용했다는 것이다.

미국의 교육과정이 바뀌고 정권이 바뀌더라도 무엇인가 우리의 것을 40년, 50년간 지속적으로 줄기차게 끌고 가고 추구하는 것이 있어야 했다. 그때그때 너무나 송두리째 바꿔 놓았던 점이 잘못이다. 지속적인 것이 있었다면 암기식, 주입식, 강의식, 칠판과 백묵, 입시위주의 교육뿐이라고 할 것이다.

우리 교육이 실패한 것을 더 많이 열거할 수 있겠으나 우선 ① 조령모개의 교육정책과 행정, ② 교육의 질 보장 실패, ③ 교육 관료제의 획일성과 경직성, ④ 교육의 정치적 예속화, ⑤ 입시위주의 교육, ⑥ 우수교사 양성의 실패, ⑦ 교육재정 투자의 실패, ⑧ 교육과정 운영의 실패의 여덟 가지를 들고 줄이기로 한다.

4. 앞으로의 교육방향

지금까지 한국교육 45년의 공과를 단편적으로 살펴보았다. 이를 바탕으로 하여 우리 교육이 나아가야 할 방향을 여섯 가지만 제시하고자 한다. ① 최소한의 필수와 최대한의 선택, ② 기초교육의 철저, ③ 철저하고 정확한 교육, ④ 인간적 접촉에 의한 교육, ⑤ 윤리·도덕·가치관 정립, ⑥ 분권과 자율·책임제의 채택의 여섯 가지를 제시하고자 한다.

1) 최소한의 필수와 최대한의 선택

지금까지 우리가 너무나 획일적인 교육을 해왔다. 지역도 고려하지 못하고, 학교에 따른 융통성도 생각지 못하고, 각각 다른 개인의 필요를 신경 쓰지 못했다. 그 결과 국민으로서 갖추어야 할 기본적인 것도 확인해 보지 못하고 개인의 능력을 최고도로 발휘하게 하지도 못했다.

앞으로는 각 학교단계, 각 학년, 각 교과에서 모든 학생이 최소한, 최저수준에서 꼭 갖추어야 할 것을 공동필수로 하여 반드시 통과하게 하고 이를 통과하지 못할 경우는 유급이나 과락을 하게 하여야 한다. 예를 들면 국민생활에 꼭 필요한 것이라든지, 한글, 기본한자, 신문읽기, 3Rs를 최저선으로 하여 일정 학년에서 반드시 통과 여부를 확인하고 유급과 과락을 엄격하게 적용하게 하는 것이다.

대신 각 지역, 학교, 개개 학생에게 최대한의 선택의 기회를 제공하여 취미·소질과 적성·특기를 살리고, 진로·직업을 생각하여 이에 맞는 교육을 하여 개인의 능력을 최대한 발휘하게 해야 한다. 그래야 배우는 재미, 살아가는 의미도 알고 창의성도 살려 선진국을 따라 갈 수도 있게 된다. 교육은 하고 싶은 것을 할 수 있을 때 최대한의 효력을 발휘할 수 있다.

공동필수는 최저선을 유지하고 선택은 최고수준에서 우수성을 발휘하게 하자는 것이다. 공동필수는 최소한으로 하여 하기 싫은 것도, 고통스러운 것도 반드시 통과하게 해야 한다.

2) 기초교육의 철저

앞에서 말한 공동필수를 중심으로 해서 기초교육만큼은 철저를 기해야겠다. 독·서·산은 물론이고 과학에서도 기초과학, 사회에서도 공동생활에 필요한 것, 체육과 예술에서도 기초체력과 기본기를 철저히 넓게 다져 놓은 다음에 그 토대 위에 잔재주와 잔기술, 꾸미는 일을 하도록 해야 할 것이다. 그동안 우리가 이런 기초에 소홀히 한 결과 일찌감치 영어와 수학을 포기한 학생들이 나오고, 또 인간으로서 기본적으로 갖추어야 할 것을 놓치고 엉뚱한 데서 헤매고 있는 경우가 많았다.

기초교육이 제대로 안된 상태에서 급하니까 노벨상에 도전한다고 과학영재·수학영재 교육을 시킨다고 몇몇 선수를 뽑아 특별훈련을 시키는 우를 범하고 있다. 금메달이 탐이나 국민체육·생활체육을 제쳐 두고 소수정예를 위한 선수 마을을 인위적으로 만들고 있다. 교육의 기회균등과 마찬가지로 체육의 기회균등도 생각해야 한다. 학교에서 전원이 선수에 참여하는 체육민주주의, 예술·문화민주주의가 앞으로 강조되어야 한다.

좀더 기초교육에 철저를 기해야 한다.

3) 철저하고 정확한 교육

첫 번째, 두 번째와 일관된 방향이다. 공동필수, 기초교육에 해당되는 것은 철저하고 엄격하며 정확한 교육을 해야 한다. 지금까지 입시교육 이외에는 모두가 데면데면 거친 교육을 해냈다. 철저한 가정교육을 바탕으로 하여 학생 하나하나에 맞는 철저하고 정확한 학교교육을 했어야 했다. 그래서 부모교육이 먼저 제대로 되어야 한다. 우리가 일본교육에서 배울 점은 바로 철저하고 정확하며 치밀하고 세밀한 교육이다. 학생 한 사람 한 사람에 맞는 정확한 교육을 하는 일본교육에서 우리는 배워야 한다.

정의적 영역에서 기본적으로 인간이 되는 교육을 정확하게 하지 못한 것을 이제부터라도 다시 찾아야겠다. 그동안 많은 양을 교육시키다 보니 소화를 제대로 못했다고 인정하더라도 학생의 입장에서 보면 도저히 용납할 수 없는 일이다.

철저한 교육을 하자면 교사들이 철저하고 정확한 교육을 받았어야 한다. 요즈음 부모도 자녀를 통제하지 못하고, 교사도 자기 학생을 통제하지 못하는 무기력한 가정교육, 학교교육이 되고 있는 현실을 보고 우리는 앞날을 우려하지 않을 수 없다.

학교교육을 신뢰하고 맡길 수 있게 품질을 보증할 수 있는 교육이 요구되고 있다. 교육자들이 자신들이 한 교육을 자신들이 믿을 수 없다면 누구 다른 사람들이 우리의 교육을 믿어 주겠는가? 가르치는 시간과 공간, 양을 줄여서라도 철저히 밑바닥을 다지는 교육을 하여 교육을 믿을 수 있게 하고 국민들로 하여금 희망을 갖게 해야 한다.

4) 인간적 접촉에 의한 교육

모두가 점점 더 기계적이고 계산적이며 형식적인 교육으로 흘러가고 있다. 다인수 학급·학교 때문에 가르치는 자와 배우는 자 사이에 인간적인 접촉을 할 겨를이 없다. 선생님의 손때 묻은 교육을 하기가 어렵게 되어가고 있다. 인간적 접촉 없이 인간교육을 하겠다니 이것이 가능한 일인가.

교사도 주어진 시간만, 보수를 받는 만큼만 가르치고 학생도 교사에게서 필요한 지식만 따먹으면 그만이라고 생각한다면 교육력은 발휘되기 어렵다. 거친 교육을 받고 자란 아이들이 자라서 거친 사회를 창출하고 있는 현실이다. 교사도 인격과 인품, 모범과 행동으로 가르치고 학생들도 몸으로 배울 수 있도록 되어야 한다.

인간교육은 인간적 접촉에 의해서만 가능해진다.

5) 윤리·도덕·가치관의 정립

아는 것은 많아도 옳음과 그름을 구별하지 못하고 좋음과 나쁨을 판단하지 못하는 경우가 많은 것 같다. 설사 구별하고 판단한다 하더라도 이를 행동으로 실천하지 못하는 것 같다. 아는 것은 많아져도 윤리·도덕·가치체계가 무너져 점점 더 살기 나쁜 사회가 된다면 문제가 아닐 수 없다. 그래서 앞으로는 인간사회에 필요한 기본적인 윤리·도덕·가치정립을 위한 교육에 힘써야겠다.

우선 인간의 생명을 존중하는 교육을 어려서부터 철저히 해야겠다. 너무나 많은 사람들이 쉽게 죽고 있다. 범죄의 희생이 되고 있는 사람이 많고 교통사고, 산업재해, 안전사고, 공해에 의한 희생이 너무나 많다. 황금존중과 인명경시 사상에서 나온 결과라고 하지 않을 수 없다. 우리가 다 같이 살자고 하는 일인데 사람이 이렇게 많이 쉽게 죽어가게 하고는 그 이외에 더 무엇을 하자는 것인가?

다음은 인권을 서로 존중하는 교육을 더 엄격히 해야겠다. 나이나 학벌, 지위, 금전으로 사람을 누르려는 생각을 철저히 배격해야겠다. 어린이이기 때문에, 여자이기 때문에, 장애자이기 때문에 억울함을 당하는 경우가 많다.

인권존중교육을 위해서는 먼저 교사가 학생의 인권을 존중해 주어야 한다. 여러 학생을 가르치다 보니 어쩔 수 없다든지, 가르치기 위해서는 필연적이라는 핑계로 학생들을 아무렇게나 다루는 일이 습관적으로 전승되어서는 안 된다. 학생들의 인권도 교사의 인권과 똑같이 대접받아야 학생들도 다른 사람의 인권을 존중하는 것을 배우게 된다. 그렇다고 버릇없는 학생을 방치해서는 안 된다.

윤리·도덕교육을 위해서는 지도자의 규범이 올바로 서야 한다. 우리 사회가 자주 무질서해지는 데는 각계각층의 지도자들의 책임이 크다고 본다. 가진 자들의 무규범이 더 문제가 되고 있다. 되는 것과 안 되는 것을 분명히 구별해 주려는 노력이 필요하다. 안된다고 했다가도 졸라대거나 데모를 하면 되게 된다면 우리 사회는 점점 더 무질서해진다. 안 되는 것은 끝까지 안 되어야 하고 될 것은 처음부터 되어야 한다.

살기 위해서라도 윤리·도덕·가치를 회복하는 교육을 해야겠다.

6) 분권과 자율·책임제의 채택

동구에 이어 소련이 무너지는 이유가 무엇인가? 밑으로 갈수록 권한이 없고 자율과 책임이 없기 때문이 아닌가? 공동으로 일해서 국가가 먹여 살려 주기를 기대해 가지고 각박한 경쟁에서 살아남을 수 없다. 미국 500대 기업을 분석해 본 결과 공통점은 도막내기(chunking)라고 한다. 마치 깍두기를 만들기 위해무를 도막내듯이 자주 도막내어 권한과 자율을 주고 대신 책임을 주는 것이다.

1980년대 초 미국에서 주정부가 주도권을 갖고 교육개혁에 노력한 결과 10년 후의 평가는 교육개혁의 실패라는 것이다. 그 이유는 중앙집권이었기 때문이라는 것이다. 중앙인 주정부가 교육개혁에 집중했으나 막상 현장인 학교에서는 변화가 일어나지 않았다는 것이다. 그래서 1990년대 교육개혁의 제2의 물결은 학교의 교장, 교사, 학부모에 초점을 맞추어 학교의 재구조화 (school restructuring)에 노력하고 있다.

학교와 교사에게 자율과 책임을 주고 또 동시에 학부모에게 학교선택권까지 주고 있는 것이 선진국의 새로운 경향이다. 학교단위의 자율경영제(sch-ool site management)를 채택하고 그래서 학교가 다양해지므로 학부모에게 자유로운 학교선택권을 주어 국민의 선택권을 보장해 주는 것이다.

교육에 자유시장경제체제의 물결이 몰아닥쳐 오고 있다. 교육만 독과점 상품으로 남아 있을 수 없다. 자유경쟁과 자유선택의 원리가 적용되기 시작하고 있다. 교육이 더 이상 원격조정(remote control)에 의하여 효율성을 발휘하기 어렵게 되었다.

분권과 자율책임제를 채택하려면 교사와 교육행정가의 고도의 전문성이 확보되어야 한다. 전문성이 없는 사람에게 권한과 자율, 책임을 맡기는 것은 마치 어린이에게 칼을 맡기는 것과 같기 때문이다.

앞으로의 교육은 행하는 자가 권한과 책임을 동시에 지고 중앙은 철학적인 일만 하여 올바른 교육의 방향설정에 집중하는 식으로 분업화되어야 할 것이다.

5. 요약·정리

지금까지 우리 교육의 공과를 살펴보고 이를 바탕으로 우리 교육이 나아가야 할 방향을 예시하였다. 이를 요약하면 〈그림 4-1〉과 같다.

功	過
1. 문맹퇴치운동과 방계교육제도의 개방	1. 조령모개의 교육정책과 행정
2. 교육기회의 확대에 의한 평등성 실현	2. 교육의 질 보장 실패
3. 초등·기초교육정책으로부터 중등·고등 교육정책으로의 이행	3. 입시위주의 교육
4. 초기의 중앙집권적 정책	4. 교육 관료제의 경직성
5. 학교 시설기준령 고수	5. 교육재정 투자의 실패
6. 도덕과목의 교과목 설정	6. 교육과정 운영의 실패
7. 초기의 사범교육	7. 우수교사 양성의 실패
8. 사회·정치·경제·국가발전에의 교육기여	8. 교육의 정치적 예속
9. 민주교육의 실현	
10. 해외로의 진출	

方 向
1. 최소한의 필수와 최대한의 선택
2. 기초교육의 철저
3. 철저하고 심화한 교육
4. 인간적 접촉에 의한 교육
5. 윤리·도덕·가치관 정립
6. 분권과 자율·책임제의 채택

〈그림 4-1〉 한국교육의 공과와 방향

우리 교육의 공과를 뒤돌아보고 앞날의 교육방향을 잡는 데 특히 교육지도자들의 역할이 중요하다. 지도자들은 교육의 방향을 제시하고 철학을 제공해야 한다. 그러기 위해서는 이론과 방법과 기술·능력이 있어야 한다. 전문성이 있어야 한다는 말이다. 그래서 앞으로는 교육지도자를 전문가로 양성하기 위한 프로그램이 개발되어야 한다. 교육행정대학원을 설치하여 양성·발전시키는 방안을 강구할 필요가 있다. 우리의 교육과 교육행정을 전문가에게 맡겨야 한다.

2.
지방교육자치

제 4 장
교육자치의 본질과 현실*

1. 서 론

최근 1, 2년 동안 교육자치의 본질과 현실, 문제점, 개선방향에 관하여는 신문·방송·세미나·학술지에서 너무나 많이 다루어졌기 때문에 본고의 짧은 지면을 통하여 새삼 새롭게 다루어질 만한 것이 별로 없다. 대신 핵심을 잡아 교육자치 본질을 간결하게 소개하고 강조할 것을 강조하는 데 초점을 맞추는 것이 본고의 목적에 맞을 것 같다. 여기서는 교육자치제를 왜 하느냐 하는 근본적인 이유와 목적에 해당하는 교육자치제의 본질을 제시하고, 이 본질에 비추어 보아 현 교육자치제의 문제점을 지적하면서 나름대로 개선 방향을 시사하기로 한다.

2. 교육자치의 본질

본질이라는 말은 "어떤 사물의 개념에 있어서 필연적인 불가결한 속성"으

---

* 충남교육, 제98호, 충남교육연구원, 1991. 12. 31. 법이 바뀌었으나 현재
와 큰 차이는 없다.

로 본성이라는 뜻과 통한다. 교육자치의 본질이라고 하면 교육자치를 하는 근본적인 이유, 목적, 이념, 원리라고 할 수 있다.

그런데 여기서 중요한 사실은 이 교육자치의 본질을 제쳐두고 겉에 드러나는 권력구조, 인사, 재정 등만 붙들고 그동안 떠들어댔다는 점이다. 이러한 표면적인 것은 모두 교육자치의 본질을 위한 것이고, 또 교육자치의 본질은 근본적으로는 학생을 잘 가르쳐 교육의 목적을 달성하기 위한 교육본질을 위한 것이라는 근본적인 것을 잊어서는 안 된다. 지금까지의 표면적 논의들은 모두 본말전도, 목적과 수단의 전도에서 나온 결과이다. 극단적으로 말하면 왜 교육자치를 해야 하느냐 하는 근본적인 것을 잊어버리고 자치를 위한 자치, 교육위원과 교육감·부교육감을 뽑기 위한 자치, 기구개편을 위한 자치로 착각하고 있는 것 같은 느낌을 받는다.

여기서는 근본적인 것으로부터 출발하기로 한다. 교육의 본질→교육자치의 본질→교육자치의 방법·제도·법에 대한 고찰의 순서로 접근해 보고자 한다.

교육자치제는 교육목적 달성을 위한 한 방법과 수단에 불과하다. 교육자치제를 실시하여 교육목적을 잘 달성하지 못하고 학생들을 잘 가르치지 못하면 교육자치제는 무의미하게 된다. 교육자치제를 채택하면 학교교육을 효과적으로 잘할 수 있다는 것을 전제로 하고 있다는 사실을 꿈에도 잊어서는 안 된다. 그러나 교육자치제라는 형식만이 교육의 본질추구를 위한 만병통치약은 아니다.

여기서 하나 재미있는 사실은 미국, 영국 등 선진국에는 "교육자치제"란 용어 자체가 없다는 점이다. 교육자치제라는 말을 영어로 어떻게 번역하겠는가? 어떤 사람은 이것을 "Educational Autonomy System"이라고 번역하는데 이것이야말로 Konglish로 외국 사람들은 이것이 무엇을 의미하는지 잘 모를 것이며, 필자도 이런 용어를 학술서적에서 본 적이 없다. 즉 풀뿌리 민주주의를 하는 미국이나 유럽에서는 교육자치제를 너무나 당연한 것으로 받아들여 "교육자치제"란 용어 자체가 없고 단지 교육(학교)의 "조직과 통제(organization and control)"라는 말을 써서 이를 대신하고 있다. 교육을 위한 조직이 어떻게 되어 있으며 어디서 누가 어떻게 통제하느냐를 가지고 그

나라 교육자치의 정도를 알 수 있는 것이다. 거리에 경찰이 많이 깔려 있는 것을 보고 그 나라의 치안이 불안하다는 것을 알 수 있고, 남녀평등이라는 말이 자주 나오는 것을 보고 남녀평등이 안 된 것을 알 수 있듯이, 교육자치제가 안 된 우리나라에서 요란스럽게 교육자치제라는 말이 자주 오르내리고 있다는 것을 알 수 있다. 그러면 교육자치도 교육의 본질, 교육목적 달성을 위한 하나의 수단에 불과한 것이라고 정리해 놓고 다음으로 넘어가기로 한다.

그러면 교육자치제의 본질은 무엇인가? 우선 헌법과 지방교육자치에 관한 법률에서 교육자치를 하는 근거, 이유, 교육자치를 통해서 달성하고자 하는 근본목적을 찾아 볼 수 있다.

헌법 제31조 4항에서는 "교육의 자주성, 전문성, 정치적 중립성……은 법률이 정하는 바에 의하여 보장된다"고 하여 하위법률 제정의 근거를 마련해 놓고 하위법률인 교육법 제14조에서는 "① 국가와 지방자치단체는 교육의 자주성을 확보하며, 공정한 민의에 따라 각기 실정에 맞는 교육행정을 하기 위하여 필요 적절한 기구와 시책을 수립·실시하여야 한다. ② 국가 또는 지방자치단체는 교육재정의 안정적 확보를 위하여 적절한 시책을 강구하여야 한다"고 해놓고 다시 지방교육자치에 관한 법률 제1조에서 "교육의 자주성·전문성과 지방교육의 특수성을 살리기 위하여" 교육자치를 하는 것으로 되어 있다.

이 세 법에서 교육자치를 하는 근본 이유에 해당하는 주요 용어는 교육의 "자주성", "전문성", "정치적 중립성", "민의", "지방교육의 특수성"이라는 말이다. 여기서 교육자치의 본질을 찾을 수 있는데 먼저 "자주성"과 "정치적 중립성"이라는 말은 서로 비슷한 것으로 묶어서 본질 하나를 찾을 수 있다. 교육이 일반 행정과 정치로부터 분리·독립하여 자주적으로 교육행정을 해야 한다는 것을 의미하는 것으로 이를 교육자치의 본질 중 자주성의 원리, 또는 일반 행정·정치로부터의 분권·독립의 원리라고 할 수 있다. 다음으로는 "전문성"이라는 말도 교육행정을 일반인(직) 아무나 하는 것이 아니라 전문가가 해야 한다는 것으로 많은 사람들이 전문적 관리의 원리라고 따로 이름을 붙이기도 하는데 필자는 자주성의 원리 또는 일반 행정으로의 분리·독립의 원리나 전문적 관리의 원리나 결국 비슷한 말이고 비슷한 뜻이기 때문에 필자는 "전문적 관리"의 원리로 단순화시켜 묶어 놓고자 한다.

다음은 "민의"라는 말과 "지방교육의 특수성"이라는 말에서 중앙으로부터 지방교육행정의 분리와 주민의 교육에 대한 통제권과 주민참여에 의한 교육행정을 해야 한다는 것을 찾아 볼 수 있다. 이것을 다른 학자들은 지방분권의 원리와 주민통제의 원리로 분리하여 설명하고 있는데 지방분권하자는 말은 주민의 참여와 통제권을 높이거나 보장하자는 것이므로 필자는 이를 "주민통제"의 원리라고 묶고자 한다. 결국 교육자치의 본질은 전문적 관리와 주민통제라고 할 수 있다.

그러면 전문적 관리와 주민통제 중 무엇이 우선인가? 말할 것도 없이 주민통제가 우선이다. 민주주의 국가에서 모든 권한은 국민으로부터 나오게 되어 있으므로 교육에 관한 권한도 국민·주민으로부터 나오고 교육에 관한 주인도 국민·주민이고, 교육에 관한 최종결정권·통제권도 국민·주민에게 있다. 주민을 대표하는 것이 교육위원회이고 교육위원회가 정책결정기구이고 의결기관이 된다.

그런데 교육의 주인인 주민과 주민의 대표인 교육위원은 교육에 관한 전문가가 아니기 때문에 주요사항을 결정하여 전문적 관리를 전문가에게 맡기는 것이다. 이 전문가가 바로 교육감이고 교육감은 교육의 전문적 관리자이고 집행기관이 된다. 그래서 교육자치는 주민자치이지 교육자의 자치가 아니며, 더더구나 관료들의 자치가 아니다. 교육자는 전문적 관리자에 불과하고 관료는 전문적 관리자를 도와주는 사람이다.

어쨌든 교육자치의 본질은 주민통제에 의하여 주민의 필요에 의한 교육을 하고, 전문적 관리에 의하여 효과적·효율적인 교육행정을 하여 학생교육·교육목적을 잘 달성하자는 것이다. 주민통제의 원리를 의결기관인 교육위원회가 맡고, 전문적 관리의 원리를 집행기관인 교육감과 그 보조기관, 하부기관의 전문가들이 맡게 된다.

3. 교육자치의 본질에 비추어 본 현실

이러한 교육자치의 근본적인 이념·목적·이유·본질에 비추어 볼 때 현행 지방교육자치제는 많은 문제점을 갖고 있다.

먼저 자주성, 정치적 중립성, 전문성에 바탕을 둔 전문적 관리의 측면에서 문제점을 지적하고자 한다.

첫째, 교육위원회의 자주성·독립성이 보장되지 않고 있다.

우선 인사 면에서 교육위원이 지방의회에 의하여 선출되어 여기에 목을 매달아 놓고 있는 실정이며, 특히 정당추천을 받는 시·도의회가 교육위원을 선출하게 되어 있어서 정치적 중립성을 보장하기 어려운 점이 있고, 재정 면에서 예산·결산권을 갖지 못하고 최종결정권을 지방의회가 갖고 있는 것이 문제이다. 지방의회가 형식적인 도장을 찍는다 해도 문제가 되는데 최근에 보면 지방의회의 교청위, 예결위, 총회를 거치면서 실질적으로 간섭하고 있는 현실이 벌어지고 있다. 이렇게 되면 교위는 유명무실하게 된다. 또 중요한 조례제정권도 지방의회가 가지고 있다는 점이 문제이다. 명색이 자치기구인데 자치할 수 있는 법과 규칙을 정할 수 없게 되어 있으니 이게 무슨 교육자치인가? 교육위원회가 독립 의결기관이 되어야 한다.

둘째, 교육행정 전문가에 의한 관리를 하기 어렵다.

교육감은 겨우 20년 교육경력으로 자격을 정해 놓고, 부교육감은 국가공무원으로만 정해 놓고, 소위 일반직이란 사람들이 전문적 교육행정을 일반적으로 하고 있다는 데 문제가 있다. 교육감·부교육감을 비롯한 교육행정 담당자에게 엄격한 전문자격증을 요구하고, 전문가를 석·박사, 석사와 박사의 중간 수준의 전문가로 양성하여 일반직이라는 용어 자체를 없애고 "교육행정직"으로 고쳐야 할 것이다. 교육감·부교육감은 사전에 양성 할 수 없을 것이므로 선출·임명된 후라도 연수과정을 거쳐 자격증을 부여하게 해야 할 것이다. 지금 흔히 일반직이 당연히 해야 하는 것으로 생각하는 관리·시설·기획·공보·감사·재무 등도 해당 교육행정전문가들이 맡도록 해야 한 단계 더 높은 전문화가 이루어지고 교육의 전문성 때문에 교육자치를 하는 근본취지가 살아나게 된다. 전문가가 행정을 해야 한다고 하면 흔히 교사나 장학계통의 사람이 해야 하는 것으로 오해하는데 여기서의 전문가는 흔히 말하는 일반직과 교육전문직보다 한 단계 더 높은 전문양성교육을 받고 해 당분야 자격증을 딴 한 수준 더 높은 전문가를 말한다.

셋째, 교육재정의 독립적 확보와 운영이 어렵게 되어 있다.

앞에서는 재정 운영의 예·결산권에 대해서 말했는데 재정의 원천, 출처를 독립적으로 확보할 수 없다는 점이 문제이다. 시·도 등 지방재정으로부터 교육재정으로의 전입금이 미미하여 돈 없는 자치를 해야 한다는 모순을 낳고 있다. 교육부의 중앙에서 나오는 돈이 약 85%를 차지하고 지방에서 충당하는 돈이 겨우 15%에 불과하니 "지방"교육자치가 힘들게 되어 있다. 여기서 모순되는 일은 85%의 교육재정을 중앙인 교육부로부터 받아다가 일반행정인 시·도지방의회의 예·결산 승인을 받아서 써야 한다는 점이다. 지방의회가 돈을 대주지는 않으면서 재정권을 행사한다는 모순이다. 지방교육재정을 확보하는 방안을 강구해야 한다.

지방교육자치제의 두 번째 원리인 주민통제의 원리에서 볼 때에도 문제점이 많다.

첫째, 교육자치의 단위가 주인과 멀리 떨어져 있어 주민통제가 어렵다.

자치의 단위가 시·도의 광역단위이어서 오히려 과거보다도(과거는 시·군 단위 교육자치였음) 더 주민과 멀리 떨어져 있어 주민참여와 통제가 어렵게 되어 있다. 그리고 일반 행정은 시·군 기초단위의 자치를 하고 있어서 일반자치와 교육자치 사이에 불균형이 이루어지고 있다. 예를 들면 시·군 기초의회에서 교육과 관련하여 문의나 어떤 건의를 할 때 시·군 교육청에서는 자치권이 없으므로 시·도교육위원회나 시·도 교육청을 상대해야 하는 어려움을 낳게 된다. 앞으로 교육자치는 기초단위로까지 확대되어야 한다.

둘째, 교육위원 선출에 있어서 주민참여가 어렵게 되어 있다.

1991년도에 교육위원 선출에 많은 잡음과 추태를 보여 준 그대로 시·군·구의회 추천에 의한 시·도의회의 선출이라는 간선의 간선으로 주민참여가 형식에 그쳤고 교육위원이 명실상부하게 주민을 대표하지 못하고 있다. 주민직선을 한다고 해도 잡음과 추태를 없앤다는 보장은 없다. 금품수수 등의 문제는 제도적 문제라기보다는 근본적으로 윤리·도덕의 문제라고 보기 때문이다. 그러나 직선을 하면 주민의 참여를 높이고 대표성을 보장할 수 있으며 그렇게 함으로써 교육위원이 주민으로부터 권한을 직접 위임받을 수 있어서 지방의회의 간섭을 배제할 수 있다는 장점을 갖고 있다.

셋째, 교육위원회와 교육감을 각각 독립된 기관으로 놓음으로써 구조적인 문제를 갖고 있다.

교육위원회와 교육감은 두 개의 독립된 기관이 아니라 하나의 지방교육자치정부가 되어야 하는 것이 원칙이다. 다시 말하면 교육감은 교육위원회의 교육감이어야지 시·도의 교육감이어서는 안 된다. 현재는 시·도의 교육감도 아니고 시·도교육위원회의 교육감도 아니다. 예를 들면 충남교육감은 과거와 같이 충남교육위원회의 교육감이어야 한다는 말이다. 하나의 정부로서 교육위원회가 의결한 것을 전문적 관리자인 교육감이 집행해야 하는 것이다. 교육위원회와 교육감을 의회와 행정부처럼 두 개의 독립된 기관으로 보아 견제와 균형의 논리로 보아서는 안 된다는 점이다. 이와 관련하여 하나 제멋대로 된 것이 "시·도 교육청"이라는 간판이다. 법조문 어디에도 시·도에 교육청을 둔다는 문구도 없이 교육청이라고 부르게 하고 그렇게 간판을 붙이게 한 점이다. "교육청"이라는 말이 기관명인지 건물명인지 분간하기 어렵다. 지방교육자치에 관한 법률에도 교육위원회와 교육감을 둔다고 했지 교육청을 둔다는 말이 없고, 동시행령에도 시·군·구 교육청을 둔다는 말은 있어도 시·도 교육청을 둔다는 말은 없다. 그러면 법적 근거 없이 "시·도·교육국"이나 "시·도교육부"라고 기분 내키는 대로 이름 붙여도 되는 것 아닌가? 어쨌든 교육위원회와 교육감이 별개의 기관으로 되어 있으므로 형식상으로도 주민이 교육을 통제하는 것으로 되어 있지 않다는 근본적인 문제를

낳고 교육자치의 본질에도 맞지 않고 있다. 다만 교육감 선출만 주민의 대표
인 교육위원회가 통제하게 되어 있는 셈이다. 그러나 교육위원회와 교육감이
명실상부한 독립기관이 되려면 교육감도 주민을 통해서 교육위원과 동등한
방법으로 선출되어야 한다. 그러니까 상대적으로 전문적 관리가 높아져 주민통
제가 대등하게 되어 "통제(control)"와 "관리(management)"라는 말이 동격이
되는 모순을 낳고 있다.

　셋째, 실질적으로 주민통제보다는 중앙통제를 받게 되어 있는 점이 문제
이다.

　지방분권, 지방교육의 특수성 때문에 지방교육자치를 하게 되어 있는데 인
사 면에서 부교육감을 중앙에서 임명하고, 재정의 85%가 중앙에서 내려오
고, 교육과정을 중앙에서 획일적으로 정하고, 교육부가 지시·감독·감사를
하게 되어 있어 중앙이 계속 지방교육을 통제하게 되어 있어 주민통제에 의
한 지방교육의 특수성을 살리기 어렵게 되어 있다. 더구나 전국 획일의 대학
입시제가 엄존하고 있어 지방교육자치를 하는 의미를 찾기 어렵다.

　앞에서 살펴본 것처럼 현 제도로는 주민통제와 전문적 관리라는 교육자치
의 본질을 살리기에 미흡하고 문제점이 많으며 심지어는 근본적으로 본질에
어긋나기도 한다. 여기서 지적한 것 이외에도 앞으로 많은 모순점이 계속 더
나타날 것이며 자치의 효과가 신통치 않게 나타날 수도 있다.

4. 결론 및 발전방향

　근본적으로 교육자치는 교육목적달성을 위한 하나의 수단이며 교육자치의
본질은 주민통제와 전문적 관리의 두 기둥으로 압축되고 이 본질에 비추어
볼 때 현행 교육자치제는 문제점을 갖고 있다. 그러나 모든 면에서 한번에

처음부터 만족할 수는 없다. 앞으로 시행하면서 계속 손질하고 고쳐나가야
할 것이다.

(1) 교육위원을 주민직선에 의하여 선출하여 주민으로부터 권한을 직접
받아와 주민 대표성을 높이고 주민참여의 정신을 살리는 방향을 고려할 필
요가 있다.

(2) 그렇게 해서 지방의회로부터 분리·독립하여 교육위원회가 최종의결
권을 갖도록 해야 한다.

(3) 대신 지방정부와 지방의회가 지방교육정부를 지원하도록 의무장치를
해야 한다. 일반 행정과 교육행정을 연결시키려면 차라리 지방의회보다는 실
질적 권한을 갖는 시·도지사와 연결시키는 것이 더 도움이 될 것이다.

(4) 교육감, 부교육감, 교육행정직의 자격증을 필수화하고 양성제도를 도
입해야 한다. 교육자치를 해야 하는 판에 "일반직"이라는 말이 존재할 수 없
으므로 앞으로는 교육행정직으로 고쳐 양성하고 현재의 일반직은 연수를 통
하여 전문화시켜야 한다. 일반직은 사무적 서기적인 일을 하는 선에서 그치
게 해야 한다. 그렇게 되면 전문직으로의 직제개편의 문제도 근본적으로 없
어지고 자리싸움도 있을 수 없다.

(5) 지방교육재정의 독립적인 확보와 운영이 보장되도록 장치해야 한다.
지방재정의 일정비율을 의무적으로 교육재정으로 교부하도록 하고 지방 간
의 불균형은 중앙이 조정하게 하면 된다.

(6) 시·군 기초단위 교육자치로 확대하고 고등학교도 중등교육이므로
시·군 교육청 관할로 들어가야 한다.

(7) 교육감은 형식상으로 교육위원회 밑으로 들어가 교육위원회가 주민을
대신하여 교육을 통제하게 되어야 한다. 그래서 형식상으로는 인사·재정·
교육과정의 모든 것을 통제하게 하나 실질적으로는 교육감이 관리하게 하는
것이다. 그러나 교육위원은 주민을 대표하고 교육을 통제하는 최종 권한을
가질 수 있어야 한다.

(8) 교육재정, 인사, 교육과정 등의 교육의 전 영역에 거쳐 실질적인 지방

분권이 확보되게 되어야 한다. 특히 교육내용의 일정 비율을 지방교육청이 자치적으로 결정할 수 있어야 한다.

제 5 장
지방교육자치 운영의 문제와 방향*

1. 서 론

1991년 3월 26일부터 시행되고 있는 새 지방교육자치제의 개요와 문제점
을 간단히 소개하고, 이 제도 운영상의 방향을 제시하고자 한다. 어떤 사람
은 30년 만에 교육자치제가 실시된다고 하면서 새 제도에 큰 기대를 걸고
있는데 앞으로 운영을 어떻게 하느냐에 따라 과거와 크게 달라질 수도 있고,
또 크게 달라질 것이 없거나 성과를 거두지 못할 수도 있을 것이다. 과거에
도 시·도에 교육위원회가 엄연히 존재해 왔고 또 교육위원회가 교육감을
선출하고 있어서 형식적으로는 지방자치를 하고 있었던 것이다. 과거의 그런
제도 속에서도 자치의 의도만 있었다면 운영하기에 따라서는 자치의 효과를
거둘 수도 있었을 것으로 본다. 따라서 30년 만의 교육자치제 부활이라고
말하는 것은 잘못이며(지금까지 교육자치의 형식을 갖추고 있었으므로) 교
육자치제의 개정으로 보아 새 지방교육자치제라고 부르는 것이 옳다고 본다.
그런데 지방교육자치제와 관련하여 계속되는 근본적인 질문과 궁금증은
"왜 지방교육자치를 해야 하며, 어떻게 해야 학생교육을 잘하여 교육의 질

---

* 교육진흥, 1991. 여름호, 제3권 4호 통권 12호(중앙교육진흥연구소). 최근
  의 "지방교육자치에관한법률"을 확인해 비교하여 보면 좋을 것이다.

향상을 효과적으로 달성하느냐?"이다. 이러한 근본적인 질문에 올바른 해답을 주는 제도라면 좋은 교육제도라고 본다. 근본적이고 본질적인 것을 제쳐놓고 주변을 맴돌거나 엉뚱한 세력 다툼, 자리다툼, 형식을 갖추기 위한 교육자치제를 만들어 낸다면 우리의 교육을 망치거나 학생들과 국민들을 희생시키기 위한 제도가 된다는 것을 잊지 말아야 한다.

제도가 바뀔 때마다 중요한 것은 제도 자체도 중요하지만 처음에 어떤 사람들이 어떻게 이 제도를 운영하느냐도 중요하다고 본다. 개정된 제도의 운영 방향을 처음에 올바르게 잡아 새로운 전통을 확립하기 위해 좋은 구상을 해야 할 것이다.

2. 새 지방교육자치제의 개요와 문제

과거에는 교육법 속에 지방교육자치에 관한 내용을 포함시켰고, 이번에는 "지방교육자치에관한법률"을 따로 제정하였는데 제1장 총칙, 제2장 교육위원회, 제3장 교육감, 제4장 교육재정, 제5장 지도와 감독 및 부칙으로 되어 있어, 교육위원회와 교육감을 가지고 시·도 교육자치를 하게 되어 있는 셈이다. 이제 조직과 구조, 인사, 재정, 교육내용의 측면에서 개요를 설명하면서 문제점을 지적하고자 한다.

1) 조직과 구조

새 지방교육자치제의 기본 구조는 교육위원회와 교육감으로 되어 있는데, 주민이 시·도의회 의원과 시·도지사를 직접 선출하고 그중에서 시·도의회가 교육위원을 선출하고 다시 교육위원회가 교육감을 선출하게 되어 있으며(인사), 조례(입법)와 예·결산(재정)의 최종 결정권을 시·도의회가 가지므로 교육에 관한 통제와 권한, 책임을 근본적으로 일반 행정이 가지고 있는 셈이다. 이 관계를 〈그림 7-1〉과 같이 더욱 분명하게 나타낼 수 있다.

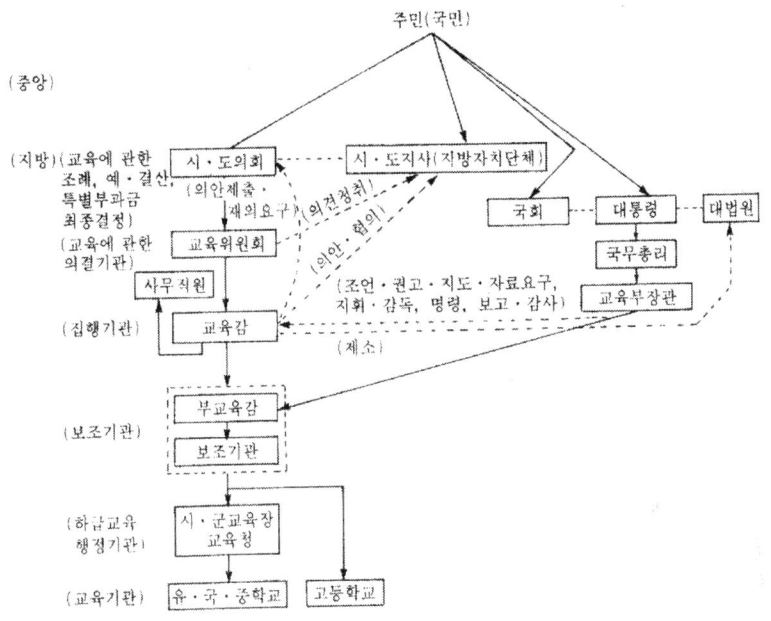

〈그림 7-1〉 새 지방교육자치제의 통제와 권한, 책임관계

일반 행정과 교육행정과의 관계에서 교육행정은 일반 행정에 예속되어 있다. 인사 면에서 교육위원이 지방의회에 예속되어 있고, 예·결산, 특별부과금, 일반 회계에 관한 사항이 지방의회와 지방정부에 예속되어 교육행정에서 독립된 재정권을 행사할 수 없으며, 교육에 관한 중요한 조례제정권을 지방의회가 가지고 있기 때문이다. 또 교육에 관한 자치를 하려면 "교육자치단체"가 있어야 하는데 지방 교육자치단체가 따로 없다. 교육위원회와 교육감의 뿌리는 오로지 시·도의회에 두고 있다. 이런 점에서 볼 때 법률의 이름은

"지방교육자치에 관한 법률"이라고 되어 있지만 근본적으로 교육자치를 할 수 없게 되어 있다. 일반 행정면에서는 입법기관으로 시·도의회가 있고, 사법부는 중앙의 법원을 사용하고, 행정부로는 시·도지사가 있으나, 교육 행정면에서는 의회도 없고 행정부도 없는 셈이다.

교육위원회는 시·도의회의 하나의 특별위원회의 성격을 띠고 있으며, 교육감을 교육에 관한 지방정부로 보기 어렵다. 지방의회의 하나의 특별위원회인 교육위원회가 의결해준 것을 교육감은 단순히 집행만 하게 되어 있다. 교육자치를 할 수 있는 뿌리가 없는데 어떻게 자치를 할 것인가?

일반 행정은 기초 단위 가치를 하는데 교육행정은 광역 단위에 그치는 것도 문제이다. 일반 행정의 기초 단위에서 의회가 교육에 관한 어떤 요구나 협의를 하려면 시·도교육장을 상대할 수 없고 시·도 교육감을 상대로 해야 할 것이다. 왜 교육에서만 광역에서 해야 하는지 모르겠다. 어차피 교육자치의 뿌리를 일반 행정의 지방자치에 둘 바에는 시·군단위에서도 일반 지방자치와 일치시켜야 논리적으로 타당하다.

교육위원회와 교육감과의 관계에 있어서 법률의 조직상으로는 대등한 관계로 착각을 일으키기 쉬우나 "의결기관"과 "집행기관"의 관계는 분명히 종속관계이고 외국에서도 그렇게 도표를 그리고 있다. 우리나라에서 새 교육자치제의 교육위원회와 교육감의 관계를 과거의 "합의제 집행 기관" 시절과 같이 수평으로 도표를 그려 놓은 것은 큰 잘못이다. 입법부와 행정부의 관계가 아니기 때문이다. 교육감의 인사권을 교육위원회가 갖고 있고, 예·결산, 모든 의안을 교육위원회가 의결해 주어야 교육감이 집행할 수 있기 때문에 교육감은 교육위원회에 종속된 기관으로 보아야 한다.

여기에 재미있는 현상이 있다. 지난 3월 26일부터 지방교육자치가 시작되었다고 하면서 "○○시·도 교육청"이라고 간판을 바꿔 달은 사실이다. 이 "청"이라는 것이 건물 이름을 의미하는 것인가 아니면 조직이나 기관, 단체의 이름을 의미하는 것인가? 단순히 건물 이름이라면 좀 이해가 간다. 그러나 "시·도 교육청"의 경우는 단순한 건물 이름은 분명 아니다. 여기에 문제가 있다. 환경청, 산림청, 철도청과 같이 기관명을 의미한다면 "○○시·도 교육위원회 교육청"이라고 해야 옳고, 교육감도 교육위원회의 교육감이지 "○○시·도(에 속해 있는)교육감"이라고 할 수 없다. 기관명으로 시·도 교육청이란 이름을 붙이고 싶으면 법의 어느 조문에 "시·도에 교육청을 둔다"라고 명시하고 그 청의 장을 교육감이라고 부른다고 했어야 한다. 다시 말하면 지방자치에 관한 법률을 교육위원회와 교육감으로 나누지 말고 교육위원회(기관명, 교육위원회 의장이라고 직명을 붙이지 않은 것처럼)와 교육청으로 나누어서 법률을 조직했어야 한다. 교육행정과 관련하여 중앙에 "교육부"를 둔다고 (정부조직법에) 명시했듯이 시·도에 "교육청"을 둔다는 법적 근거를 마련하고 간판을 붙여도 붙였어야 한다. 그리고 이 새로운 지방교육자치제를 하기 전에 오히려 "○○시·도 교육감(교육청)"식으로 이름 붙였어야 했는데, 그러나 과거에도 형식적으로는 교육자치를 하고 있었으므로 달라질 것이 없다. 지방교육자치를 하게 되면 오히려 과거와 같이 "○○시·도교육위원회 교육감(교육청)"이라고 이름 붙이는 것이 옳다. 어쨌든 교육위원회와 교육감의 관계가 종속적이라는 것을 모르는 데서 생기는 혼동인 것 같다. 필히 교육위원회와 교육감은 입법부와 행정부의 관계가 아니다.

중앙교육행정과 지방교육행정과의 관계에 있어서 시·도교육위원회와 교육감은 더 이상 중앙의 교육부의 하급기관이 아니다. 뿌리를 지방주민→지방의회→교육위원회→교육감에 두고 있기 때문이다. 그런데 교육감은 〈그림 7-1〉에 표시된 것처럼 교육부와 협조관계의 점선으로 표시되어 있는데도 교육부의 조언·권고·지도·자료요구, 지휘·감독, 명령, 보고·감사를 받도록 되어 있어 아직은 하급기관 취급을 하고 있는 것이 문제이다. 교육감은 교육위원회에 책임을 지고 교육위원회는 지방의회에 책임을 져야 하는 것이 현행법 체계인데도 구체적인 법조문에는 많은 부분에서 중앙 정부인 교육부에 책임을 지도록 명시해 놓고 있는 것이 문제이다.

그리고 〈그림 7-1〉에서 두드러지게 눈에 거슬리는 실선이 있는데 중앙 정부로부터 부교육감으로 그어진 선이다. 부교육감을 국가 공무원으로 교육감

추천에 의하여 (첫 교육감 임기 만료일까지 〈96년〉는 교육감 추천 없이) 교육부 장관 제청으로 국무총리를 거쳐 대통령이 임명하게 되어 있는 점이다. 부교육감은 형식상으로는 교육감의 보조 기관으로 해놓고 실질적으로는 중앙에서 임명한다면 문제이다. 임명권자에 책임을 지고 충성을 해야 하기 때문이다. 부교육감이 중앙의 하급 기관도 아닌데 이를 중앙에서 임명하는 것은 모순이다.

조직과 구조면에서 교육위원회는 시·도의회에 두고 있으며 교육감은 교육위원회에 종속되어 책임을 지게 되어 있는데 중앙의 교육부의 강한 통제를 받게 되어 있다.

2) 인사

인사와 관련하여 우선 교육위원과 교육감은 선출직이고 부교육감과 나머지 시·군 교육장 등은 모두 임명직이라는 점을 알아야 할 것이다. 그리고 교육위원은 원칙적으로 주민을 대표하는 비전문인(lay people)이고 교육감은 교육 전문가이어야 한다.

교육위원의 자격은 원칙적으로 제한과 조건을 두지 않는 것이 좋다. 주민의 대표성만 확보하면 된다. 이런 면에서 볼 때 각 시·군·구청 교육청에서 1명씩 교육위원을 뽑게 된 것은 잘 되었다. 그런데 교육위원 중 1/2 이상은 반드시 15년 이상의 교육 또는 교육행정 경력을 가진 사람으로 구성하도록 되어 있어서 주민 대표성 외에 교육 전문성까지 갖추려고 노력한 흔적이 있다. 교육위원은 교육청이 설치된 시·군·구의회에서 2인을 추천하여(그 중 1인은 반드시 교육 또 교육행정 경력을 가진 자이어야 한다) 그중에서 시·도의회가 1인을 선출하도록 되어 있다.

이렇게 기왕에 주민 대표성과 교육 전문성을 고려하여 교육위원을 선출하려고 한다면, 시·군 교육청 단위의 지역 대표 교육위원은 교육 경력에 대한 자격 제한을 두지 말고 뽑고, 교육 전문성을 갖춘 교육위원은 지역에 상관없이 전 시·도 내에서 전문가를 추대하거나 뽑는 것이 나을 뻔하였다. 그렇게 되면 지역에 관계없이 교육 전문가를 교육위원으로 확보할 수 있는데 교육위원의 수가 늘어나게 될 것이다. 그러나 원칙적으로 교육위원은 교육 전문성보다 주민 대표성을 강조하는 것이 민주적인 교육자치의 원리이다. 교육은 주민의 것이지 교육 전문가와 교육자의 것이 아니다.

교육위원을 주민이 직선해야 더 잘 대표성을 확보할 수 있다는 주장이 있다. 이에 대해 선거에 어려움이 있다고 방어한다. 또 이에 대해 선거는 시·군의회 의원, 또는 시·도의회 의원을 뽑을 때 동시에 실시하면 어려움이 없다고 방안을 제시한다. 기왕에 교육자치를 하려면 주민의 교육 참여를 확대·강화하여 주민이 직접 뽑는 것이 좋을 것으로 본다. 현재는 주민이 시·군·구의회 의원을 뽑고 이들이 2인을 추천하여 다시 시·도의회 의원이 결정하는 방식이기 때문에 교육위원들이 주민과 멀리 떨어져 있어 주민과 밀착된 의사가 반영되기 어렵다.

교육감의 자격은 교육 경력 또는 교육 전문직 경력(또는 양 경력 합해서) 20년 이상인 자로 되어 있으며, 교육위원회에서 선출하게 되어 있어 선출직이다. 교육감의 자격은 교육감의 역할과 기능을 무엇으로 정의하느냐와 관련되어 있다. 정치적 대외적 활동이 강조되느냐 장학적 기능이 많이 강조되느냐에 따라 그 자격 기준은 달라져야 할 것이다. 만일 전자가 강조되는 것으로 본다면 교육 경력 연수를 높일 필요는 없다.

그러나 앞으로는 시·군 교육장과 합쳐 교육감(장) 자격증제를 고려할 필요가 있다. 사전에 교육감(장) 자격증을 획득하기 위한 코스를 개발하든가 아니면 사후에라도 교육감(장)을 위한 연수프로그램이라도 실시할 필요가 있다. 교육자치제하에서의 교육감은 과거의 교육감과 다른 역할과 기능을 수행해야 하기 때문에 최소한 이에 관한 연수가 요구되는 것이다.

교육감의 선출방식은 현행대로 교육위원회에서 선출하는 것이 원칙이다. 그래서 교육감은 교육위원회의 교육감이 된다.

부교육감을 국가 공무원으로 하여 대통령이 임용하도록 된 것은 잘못된 것이다. 교육감의 경우 교육 경력 20년 이상이라고 못을 박을 필요성이 있었다면 부교육감도 이에 상응하는 자격 기준이 있어야 한다. 주민의 대표성이 원칙인 교육위원의 반 이상을 교육 또는 교육행정 경력 15년 이상을 요구하는 판에 부교육감만 아무런 제한을 두고 있지 않은 것은 모순이다. 그리고 지방 자치에 맞게 국가공무원보다는 지방공무원이어야 하고, 교육감에게 교육 경력이 요구되었다면 부교육감에게도 교육 경력이 요구되어야 한다.

임명 방식도 대통령이 임명할 것이 아니라 교육위원회의 승인을 받아 교육감이 임명하든가, 아니면 교육감과 같은 방식으로 교육위원회에서 선출하도록 했어야 일관성, 논리성에 맞는다고 본다.

어쨌든 부교육감은 교육감에 준하는 자리이고 인물이므로 부교육감의 자격과 임명 또는 선출 방식도 교육감에 준해야 한다.

3) 재정

지방교육재정의 출처는 ① 특별부과금·수수료·사용료 기타 교육·학예에 관한 재산수입과, ② 지방교육재정교부금, ③ 지방교육양여금, ④ 지방자치단체의 일반회계로부터의 전입금, ⑤ 기타 교육·학예에 속하는 수입으로 되어 있다. 이 중에서 의무교육 경비(교원의 보수와 관련 경비)는 지방교육재정교부금법에 의하여 국가가 부담하고, 의무교육 이외의 경비는 국가와 지방자치단체가 부담하게 되어 있다. 그리고 시·도 자치단체는 교육비특별회계를 두도록 되어 있는 것이 주요 골자이다.

여기서 첫째 문제는 중앙교육재정과 지방교육재정의 관계이다. 지방교육자치를 하려면 독립된 재정의 근원과 자율적 운영권이 있어야 하는데 우선 독립된 재원이 없다는 것이 문제이다. 현재 지방교육재정의 약 85%를 국고에 의존하고 겨우 15% 정도를 지방이 부담한다는 것이다. 앞으로 지방교육자

치를 하려면 적어도 50% 이상을 지방이 부담할 수 있는 안정된 재원을 확
보할 수 있어야 할 것이다.

둘째 지방자치와 지방교육자치와의 관계에 있어서 지방교육자치가 자율적
인 재정 운영을 할 수 없게 되어 있다. ① 예산·결산과, ② 특별부과금·사
용료·수수료·분담금 및 가입금의 부과와 징수에 관한 사항은 시·도의회
가 최종 결정권을 갖고 있으며 ① 주민의 재정적 부담이나 의무 부과에 관
한 조례안, ② 지방자치단체의 일반 회계와 관련되는 사항의 의안을 교육감
이 교육위원회에 제출할 때에는 시·도지사와 미리 협의해야 하고, 이를 교
육위원이 발의할 때에도 시·도지사의 의견을 청취하게 되어 있다. 그래서
15%의 지방 부담 재정의 운영에 있어서도 교육위원회와 교육감은 시·도의
회와 시·도지사에 의존해야 하는 실정이다. 결국 중앙의 교육부를 통해서
나오는 85%의 비중을 갖는 국고의 예산·결산도 시·도의회에 의존해야 한
다면 교육재정에 관한 한 과거의 교육자치보다도 더 자치의 폭이 줄어들게
될는지도 모른다. 시·도의회와의 관계가 원만할 경우는 시·도의회가 형식
적인 예·결산 통과를 하게 되겠지만, 그렇지 못한 경우는 교육부의 돈을 타
다가 일반 행정의 허락을 받아서 써야 하는 어려움을 겪게 될 수도 있다.

결국 지방자치의 재정은 중앙에 얽매이고 또 일반 행정에 구속받는 결과
가 되었다. 앞으로 이 문제를 해결하지 못하면 교육자치는 또 다시 형식적이
되거나 과거보다도 더 어렵게 될 수도 있다.

4) 교육내용

지방교육자치에 관한 법률을 보면 교육·학예에 관한 사무를 관장하기 위
해서 교육위원회와 교육감, 보조기관, 하급기관을 두게 되어 있고, 또 주로
조직과 인사, 재정에 관한 규정만을 해놓고 있다. 여기서 받는 인상은 교육
을 사무로 다루고 있다는 점이다. 물론 넓은 의미의 사무 속에다 학생의 교

육활동과 교육과정 등 교육 내용과 방법까지 포함시킨다고 할 것이다. 그래서 실제로 교육감의 관장 사무라는 제목하에(27조) 교육과정의 운영에 관한 사항, 과학·기술 교육의 진흥에 관한 사항, 사회교육, 기타 교육·학예 진흥에 관한 사항, 학교 체육·보건에 관한 사항을 포함시키고 있다. 또 이 몇 개 항 이외는 주로 그야말로 사무적인 내용을 많이 열거해 놓고 있다.

이렇게 될 때 그러면 교육감은 사무장이냐 장학자이냐의 논란이 생길 수 있다. 단순한 사무장이라면 학교를 방문하여 교장처럼(교육법 75조) 학생 교육을 할 수는 없고 장학을 할 수도 없을 것이다.

또 중앙과 지방과의 관계와 관련하여 지방교육자치에서 교육 내용과 방법에 관하여 차지할 수 있는 범위가 잘 나타나 있어야 하는데 사무에 그치고 말았다는 것이 교육자치의 본질에서 어긋난 점이다. 지방교육자치에 관한 법률도 학생 교육을 잘 하여 교육의 질과 효과를 향상시키기 위한 것이라면 교육 내용과 방법, 장학에 관한 것이 법률의 핵심을 이루어야 한다. 지금까지 사무만 관장하는 일반직들이 법조문을 주물러 온 결과 교육을 사무로 다루게 되었는지도 모른다. 앞으로는 교육내용에 관한 사항이 교육자치의 핵심으로 나타나게 되어야 할 것이다. 교육자치, 조직, 인사, 재정도 모두 근본적으로 학생교육활동을 위한 것이란 점을 꿈에라도 잊지 말아야 한다.

3. 지방교육자치의 운영 방향

앞에서 개요를 설명하면서 문제점에 대하여 언급한 대로 모든 면에서 처음부터 만족할 수는 없는 지방교육자치제이다. 그렇더라도 이제는 운영을 잘 하여 효과를 거둘 수 있도록 노력하면서 점진적으로 제도를 바꿔나갈 수밖에 없다.

우선 새로운 법률에 의하여 첫 출발을 하면서 제도를 정착시켜 나갈 교육위원과 교육감을 잘 뽑았어야 한다. 그리고 이제 새로 뽑힌 교육위원과 교육감은 중앙의 눈치를 보지 말고 지방의 특수성을 살려 주민과 학부모, 학생에게 봉사하는 행정을 해나가도록 해야 할 것이다.

교육위원은 지역의 주민을 대표하면서 동시에 교육적으로 의사결정이 이루어지도록 해야 할 것이며, 특히 시·도의회와 시·도지사와의 관계를 잘 유지하고, 이들로 하여금 교육에 관심을 갖고 교육에 관하여 투자하도록 설득하는 일을 잘해야 한다. 주민과 의회, 지방자치단체장을 교육 쪽으로 끌어들이지 못하면 지방교육자치제를 안 하니만 못할 수도 있다.

그러기 위해서는 교육위원에 대한 훈련·연수 프로그램을 개발하여 실시하고 가능하다면 다른 나라의 교육위원회를 참관하는 해외 연수의 기회를 갖도록 하는 것도 좋을 것이다.

교육감의 역량은 더욱 중요시 된다. 이제 교육부의 지시를 받아서 하는 행정이 아니라 그야말로 자치 행정을 해야 하기 때문에 교육적 전문성과 함께 정치적 활동성, 행정력이 요구된다. 특히 비전문가인 교육위원과 시·도의회, 시·도지사를 움직이고 지역사회의 협조를 얻어내야 하기 때문에 과거와 달리 정치적 역량, 대외관계가 강조된다.

이제 교육감은 온실 속에서 상부의 눈치를 보면서 행정하는 것이 아니라 비바람 치는 들판에서 야생적인 행정을 해서 살아남아야 한다. 교육위원들이 반드시 교육적으로만 정책 결정을 해주지는 않을 것이다. 지역의 이익을 강력히 요구하기도 하고 교육을 정치적 흥정의 대상으로 올려놓기도 할 것이다. 여기서 역량 있는 교육감은 교육위원으로 하여금 교육적으로 결정하도록 교육위원회에 대하여 자문을 잘 할 것이다. 교육위원에게 끌려가느냐 그들을 교육 쪽으로 끌어들이느냐는 교육감에게 달려 있다.

이제 교육행정가는 대중에게 교육을 잘 팔 수 있어야 한다. 교육 홍보를 잘 해야 대중들은 교육을 기꺼이 비싸게 사고자 할 것이다.

부교육감을 비롯한 보조기관의 교육행정가와 학교장들은 교육감과 함께 하나의 행정팀을 이루어야 할 것이다. 그래서 교육감의 임기 동안 교육감의 철학을 교육에 심어야 할 것이다. 그래서 부교육감은 교육감이 원하는 사람이 임명되어야 하고, 그렇지 못하고 중앙에서 별 떨어지듯이 떨어져 왔다면 그에게는 권한을 주지 말아야 할 것이다.

이제는 교육과정운영과 교육내용, 교육방법 등 교육의 본질에서도 특수성을 살리도록 해야 할 것이다. 여기에서 장애물은 전국적으로 획일적인 대학입시와 통일된 교과서 내에서의 출제라는 문제인데 이 문제도 차차 다양화될 것으로 본다.

교육자치를 하려면 충분한 재정을 확보해야 한다. 중앙으로부터도 보조금을 따오고 지방정부로부터도 재정을 확보해야 하며 주민으로부터도 재정을 확충해야 한다. 물론 기업체와의 협조도 중요하다. 그런데 문제는 이미 자녀교육을 끝마친 학부모 아닌 주민 인구의 비율이 늘어나고 있다는 사실이다. 그리고 선진국에서도 과거와는 달리 교육을 위해서 기꺼이 세금을 내고자 하지 않는 교육세금반항(tax revolt) 현상이 나타나고 있다는 점이 교육행정가들을 더욱 어렵게 만든다.

교육감이 아무리 유능해도 혼자서는 새로운 사태에 적절하게 대응할 수 없다. 오히려 유능하면 유능할수록 교육감은 그 지방 전문인력의 자문을 잘 활용할 것으로 본다.

이제 새 지방교육자치의 주사위는 던져졌다. 성공할 수 있는 확률은 50 : 50이 아니라 1/6에 불과하다는 확률을 믿고(주사위는 6면이므로) 과거보다 6배 이상의 노력을 해야 할 것으로 본다. 원래 민주주의는 효과 · 효율면에서는 떨어질 수 있다. 그래도 민주주의를 포기할 수는 없다. 이제 교육자와 교육행정가는 민주교육을 위해서 과거보다 6배나 더 골치 아픈 교육자치를 6배 이상의 노력을 더 들여 성공시켜야 한다.

그리고 앞으로 지적한 문제점들은 제도적으로 시급히 보완되어야 한다. 몇 가지 요약하면 다음과 같다.

(1) 교육자치 단위는 기초 단위로 확대하여야 한다. 궁극적으로 학교 단

위 자치로까지 나가야 한다.

(2) 일반 지방자치에 예속시키려면 지방의회와 지방자치단체장이 교육에 대하여 책임을 지게 하고, 교육자치를 독립시키려거든 완전히 독립적인 자치를 할 수 있도록 하고, 지금처럼 일반 자치에 예속시켜 놓고 협조관계를 하려거든 의회와 지방 정부를 교육에 의무적으로 참여하게 하고, 의무적인 협조를 하도록 분명히 규제해두어야 할 것이다. 현재와 같은 애매모호한 관계를 분명하게 할 필요가 있다. 결론적으로는 일반 행정의 간섭을 줄이는 대신 협조를 늘리는 방향이어야 한다.

(3) 교육위원을 교육청 단위로 뽑으면서 동시에 지역에 관계없이 유능한 전문인력을 선출할 수 있는 방안도 강구되어야 한다.

(4) 부교육감도 교육감에 준하는 자격과 선출 방식을 채택하도록 해야 한다.

(5) 중앙의 의존도와 지시·감독을 줄여 나가는 방향으로 이행되어야 한다.

(6) 교육과정과 교육내용의 자치 범위를 확대해 나가야 한다.

(7) 교육위원과 교육감, 교육장 훈련 프로그램과 핸드북 등이 개발되어야 한다(이렇게 발전방향을 제시했으나 현재도 발전하기보다는 오히려 퇴보한 내용이 많은 것을 발견할 것이다).

제 6 장
교육자치에서의 장학, 어떻게 변해야 하나*

1. 교육자치제와 장학

교육자치제를 하면 마치 천지개벽이라도 할 것처럼 떠들썩하고 또 교육위원 입후보와 선출에 관하여 잡음과 혼탁으로 우려의 소리가 높은 이 시점에서 이 글을 쓴다. 그런데 사실은 교육자치제가 30년 만에 부활되었다고 하지만 그동안에도 형식적으로는 교육자치제를 하고 있어서 교육위원도 있었고 지금과 같이 교육감도 있었으며 오히려 지금보다 한 발짝 더 학교와 가까운 수준인 시·군 기초단위까지 교육자치의 형식을 취하고 있었다. 그래서 사실은 다시 새로운 교육자치제를 한다고 해도 별로 달라진 것이 없다. 달라진 것이 있다면 다만 교육부 장관이 임명하던 교육위원을 주민이 뽑은 시·군·구의회의 추천에 의하여 시·도의회가 뽑는다는 의미밖에 별다른 변화가 없는데 무엇 때문에 그렇게 교육위원을 하겠다고 하는 사람들이 많은지 도저히 이해할 수가 없다. 아마 이 글이 세상에 나올 때쯤에는 이미 교육위원들이 선출되었겠지만 교육위원의 기능과 역할을 분명히 알고 출발하기를 기대한다.

교육자치는 요약하면 주민통제(people control, people governing)와

---

* 수도교육, 제125호, 1991년 9월, 서울특별시교육연구원.

전문적 관리(professional management)라고 할 수 있다. 민주주의 국가에서 모든 권한은 국민으로부터 나오게 되어 있으므로 교육에 관한 권한도 국민·주민으로부터 나오며 그래서 교육도 근본적으로는 주민이 통제하게 되어 있다. 그런데 주민은 교육에 관한 전문가가 아닌 비전문가이면서 교육에 관한 통제를 하기 때문에 비전문가통제(lay control)라고도 한다. 그런데 주민 전체가 교육통제에 참여할 수 없기 때문에 대표자를 뽑아서 교육통제를 부탁·위임하는 것이다. 이것이 교육위원회제도이고 교육위원회가 주민통제의 일을 대표하는 것이기 때문에 교육위원회가 교육에 관한 통제를 하게 된다. 이것이 바로 교육자치제의 "민주성", "주민참여", "지방교육의 특수성"의 정신과 원리를 살리는 방법이다.

그래서 교육위원은 주민의 대표성이 중요하지 교육의 전문성이 우선하는 것은 아니다. 우리나라에서 교육위원 1/2 이상을 15년 이상의 교육 또는 교육행정경력자로 구성하도록 한 것은 편법이고 과도적인 조치로 보아야 할 것이다. 또 원칙적으로 주민을 대표하는 교육위원과 같은 선출직에는 가능한 한 자격 제한을 하지 않는 것이 좋다. 교육위원은 주민의 대표자이지 교육자의 대표자는 아니다. 그러나 현재의 교육위원회의 기능은 너무 약해서 교육자치제에서 가장 중요한 주민통제의 기능을 제대로 해낼 수 없게 되어 있는 점이 문제이다.

교육위원이 주민의 대표자이고 교육에 전문가가 아니기 때문에 주민이 원하는 것을 결정해서 교육전문가인 교육감에게 관리를 맡기는 것이다. 이것이 교육자치제의 두 번째 기본원리인 "전문적 관리"이다. 전문적 관리는 교육의 "자주성", "정치적 중립성"을 보장하려는 것이다.

교육위원회는 주민을 대표하는 교육에 관한 정책결정기구, 의사결정 기구이고 교육감은 전문적 관리기구, 집행기구인 것이다. 이렇게 보면 교육감은 교육위원회의 하위기구이다. 다시 말하면 "교육위원회의 교육감"이지 "○○시(도)교육감"이 아니다. 교육위원회와 교육감은 지방의회와 지방정부, 국회와 중앙정부와 같은 대등한 수평적 관계가 아니다. 교육위원회와 교육감을 합쳐서 하나의 "지방교육정부"로 생각하여 교육위원회를 최고의결기관으로 보고 교육감은 이를 집행·관리하는 하위집행기관으로 보아 교육감은 교육위원회에 책임을 져야 한다.

그러면 교육자치는 무엇 때문에 하는 것인가? 주민이 교육을 통제하고 교육전문가가 교육을 집행·관리하기 위해서이다. 그러면 다시 무엇 때문에 교육에 관한 주민통제와 전문적 관리를 하려는가? 이렇게 하면 주민이 원하는 교육을 잘 해낼 수 있다라는 가정에서 출발한 것이다. 다시 말하면 교육을 잘 해내고 교육의 질을 높일 수 있을 것이라는 생각에서 교육자치제를 택하는 것이다. 그런데 지금까지 교육자치제에 관한 세미나나 글, 어떤 논의 등을 보면 교육자치제의 원리, 주민참여, 인사, 재정 등에 관해서만 수없이 다루었지 교육의 질, 교육내용, 장학 등 교육의 본질적인 측면은 관심에서 벗어났었다. 새로 바뀐 교육자치제를 하면 교육의 질이 향상될 것이냐 하는 근본적인 질문이 무엇보다 중요하다. 교육의 질과 교육내용을 전문적으로 관리하는 일을 장학이라고 본다면 장학은 교육자치의 핵심이라고 할 수 있다. 앞에서 말한 교육자치제하의 인사나 재정, 주민참여, 일반자치와 교육자치와의 관계, 중앙과 지방의 관계, 교육위원회와 교육감의 관계 등은 모두 교육을 잘 하기 위한 수단이지 교육의 목적 자체는 아니라고 본다. 자치를 위한 자치가 아니라 교육을 잘 하기 위한 자치라고 생각하면 장학은 교육자치제의 중심 부문이 된다.

주민통제와 전문적 관리라는 교육자치제의 두 기둥에서 장학은 교육감의 전문적 관리에 속한다. 다시 말하면 장학은 교육위원회의 기능이기보다는 교육감의 기능에 속한다. "지방교육자치에 관한 법률" 제13조 교육위원회의 의결사항 9개 항 중에 장학에 관한 것은 거의 없다. 교육위원회가 주민통제의 정신으로 설립되었다면 교육감의 장학적 기능에도 어떤 결정이나 요구를 할 수 있어야 한다. 물론 비교육적인 결정이 안 되도록 교육감이 전문적 자문을 해야 한다.

교육자치법 제27조 교육감의 관장사무 17개 항 중 6~11항이 주로 장학과 관련된다.

즉 6. 교육과정의 운영에 관한 사항

7. 과학·기술교육의 진흥에 관한 사항

8. 사회교육, 기타 교육·학예진흥에 관한 사항

9. 학교체육·보건 및 학교환경쟁화에 관한 사항

10. 학생통학구역에 관한 사항

11. 교육·학예의 시설·설치 및 교구에 관한 사항이다.

이러한 교육감의 장학적 기능이 과거와 달라진 것은 하나도 없다. 결국 교육자치도 장학을 잘하여 교육의 질을 향상시키려는 것이기 때문에 장학이 교육자치제의 중심내용이 되어야 하는데 본질은 제쳐두고 누가 교육위원과 교육감이 되고 돈은 어디서 나서 어디서 어떻게 쓰느냐 등 주변적인 일에 관심을 집중시켰던 점은 잘못이다. 이제부터라도 교육자치제를 통하여 어떻게 질 높은 교육을 시킬 것인가에 관심의 초점을 맞추어야 할 것이다.

2. 새로운 교육자치제 하의 장학, 어떻게 변해야 하나

새로운 교육자치제도하에서 법조문으로 보아서는 현재까지 장학에 있어서 달라진 것은 없다. 그러나 지방교육자치의 정신과 원리에 맞게 앞으로 장학도 달라져야 한다. 교육자치제하의 장학도 근본적으로는 ① 주민통제·주민참여와 ② 전문적 관리의 틀에 맞추어 변화해야 한다는 것은 하나의 철칙이라고 생각해야 할 것이다. 즉 ① 중앙으로부터 지방으로의 분권화와 ② 전문화가 변화의 큰 방향이 된다. 앞으로의 장학이 어떻게 변화해야 하는지 분권화, 전문화의 두 방향에서 각각 몇 가지 항목별로 나누어 생각해 보기로 한다.

1) 장학의 분권화 방향

지방교육자치를 하는 이유의 하나는 주민통제와 주민참여를 보장하기 위한 것이기 때문에 장학도 중앙으로부터 지방으로 분권화되어야 한다. 지금까지 획일적으로 중앙인 교육부에서 교육과정을 통제하던 것을 지방으로 내려보내야 한다. 일정 비율의 기본적이고 공통적인 부분만 전국적으로 통일하고 나머지는 지방교육의 특수성을 살릴 수 있게 지방의 재량권과 융통성을 살릴 수 있도록 하여야 할 것이다. 예를 들면 처음에 70%는 중앙 통제의 공통부분에 주고 30%를 지방 교육과정 운영에 재량권을 주다가 차차 60 : 40, 50 : 50의 비율로 분권화의 폭을 넓혀 가야 할 것이다. 교육과정 운영과 장학의 분권화와 관련하여 구체적으로 제안해 보고자 한다.

첫째, 장학도 다른 부분과 함께 분권화시켜야 한다.

인사, 재정, 대학입시 등이 중앙에 집중되고 국가적으로 획일화되어 있는데, 교육과정 운영과 장학만 지방으로 내려올 수가 없다. 교육과정을 운영하고 장학을 하자면 돈이 들기 때문에 재정도 함께 지방으로 내려와야 한다. 만일에 지방교육재정의 85%를 중앙에 의존하고 15%를 지방정부의 교육재정으로 충당한다면 이와 비슷한 정도로 교육과정 운영의 재량권도 지방으로 내려와야 한다.

둘째, 지방 시·도 교육청은 이제 독립된 장학활동을 해야 한다.

이제 시·도 교육청이 교육부의 하부기관에 머물러 있을 수 없다. 주민통제에 의하여 시·도 교육청은 교육부에도 책임을 다해야겠지만 그보다는 주민과 교육위원회에 책임을 다해야 하기 때문에 지방교육 특성에 맞는 독자적인 교육목표를 설정하고 장학방침과 방향을 정하고 정책을 제시하고 이를 실행·추진해야 한다. 시·도 교육청이 더 이상 교육부의 다리 역할을 하는 행정전달기관의 수준에 머물러 있어서는 안 된다. 물론 국가교육의 방향은 중앙교육심의회의 자문을 받아 교육부가 정하고 지방 간의 조정과 지방에 대한 지원은 교육부가 해야 할 일이지만 지방교육의 책임은 시·도 교육청이 져야 한다. 시·도 교육청은 교육부의 하부기관이 아니라 지방교육정부이 므로 이제는 독립적인 장학활동을 해야 한다. 교육감은 장학의 총수로서 교육부장관의 눈치를 보지 말고 교육위원회와 주민에게 장학적 책임을 다해야 한다.

셋째, 실질적인 주민의 요구 조사를 하여 지방교육과정을 개발해야 한다.

이제 주민이 원하는 교육 서비스를 제공해야 하기 때문에 실지로 주민의 요구조사를 하여 시·도 교육청의 재량권 범위 내에서 지방교육과정에 반영해야 한다. 교육과정개발이 이론상으로는 지역주민의 요구조사, 학생의 흥미와 요구조사를 하여 교육과정을 개발하게 되어 있으나 지금까지의 국가교육과정에서는 이 이론을 제대로 지키지 못했다. 이제 정해진 일정 비율의 범위 내에서 지방교육과정을 개발해야 하는데 이때 주민의 요구 조사를 하여 이를 교육과정에 반영해야 할 것이다. 시·도 수준에서 교육과정이 달라지면 교과서도 시·도 수준에서 개발해야 한다. 아마도 이런 기능은 시·도 교육연구원이 감당해야 하기 때문에 시·도연구원의 기능이 활성화되고 강화되어야 할 것이다.

넷째, 지역특성에 맞는 교육이 전개되어야 한다.

지방교육자치제를 하는 이유의 하나가 지방교육의 특성을 살리기 위한 것이므로 이번 계제에 지방의 특성을 살릴 수 있도록 장학을 해야 한다. 예를 들면 동양화의 전통을 가진 고장에서는 전통미술학교를 설립·운영하고, 판소리나 고전무용의 인간문화재가 있는 곳에서는 이런 예술학교가 있어야 하며, 도자기로 유명한 지방에서는 공예학교나 도자기학교를 세울 수 있고, 산업시설과 공장이 많은 곳에서는 산학협동 교육 프로그램을 운영하여 휴가 중 공장실습을 할 수 있게 해야 한다. 그래서 지방의 현장과 밀착되는 교육을 할 수 있게 되어야 한다. 시·도 단위로 교육이 달라져야 하겠지만 같은 시·도 안에서도 시·군 단위로 특수성이 살아날 수 있도록 권장되어야 할 것이다.

다섯째, 학교단위의 자율경영과 교내장학이 강조되어야 한다.

우리나라에서 학교가 자치의 단위는 아니다. 그러나 경영의 단위는 된다. 우리나라에서 자치의 단위는 시·도교위(청)뿐이다. 그러나 지방교육자치의 정신을 살린다면 학교단위에서 책임지고 자율 경영할 수 있는 폭을 넓혀 주어야 한다. 이것이 최근 미국, 영국, 호주, 캐나다 등지에서 퍼져 나가고 있는 학교단위 자율경영제(school-site management, local management)이다. 학교에 교장, 교사대표, 학부모 대표, 지방교육 당국(지방교위) 대표, 그 외 선출위원으로 구성되는 학교운영협의회(school council, board of governors)를 두어 이 협의회가 거의 모든 인사·재정·학교운영권을 행사하도록 하는 제도이다. 교장과 교사도 학교운영협의회에서 뽑고 재정도 중앙으로부터 학생수에 비례하여 할당된 도급 경비와 같은 돈을 현장을 잘 아는 학교운영협의회에서 마음대로 사용할 수 있게 한다. 물론 교육과정도 학교단위가 기본이다. 최근에 영국에서 국가교육과정(national curriculum)을 형성하기 시작하는 것을 잘못 알고는 학교교육과정(school curriclum)이 없어지는 것으로 오해하고 있는 사람이 있는 데 국가교육과정이 형성된다 해도 비중은 여전히 학교에 있다는 것을 알아야 한다.

이런 경우 인사·재정·교육과정에 관하여 학교에 재량권이 주어지는 현실이기 때문에 장학적 책임도 학교에 있는 것은 너무나 당연하다. 장학의 1차적 책임은 학교장에게 있다. 우리나라 교육법 75조에 교장이 교무를 통할하고 소속직원을 감독하고 학생을 교육하게 되어 있는 것은 교장의 장학적 책임을 의미한다.

교장의 장학적 책임은 구체적으로 수업에 초점을 맞추게 된다. 시·도 교육청이 이제 정책적이고 행정적인 장학에 비중을 두어야 하고 시·군 교육청과 학교장의 장학은 수업 개선에 집중하는 것이 당연하다. 교내장학이 강조되면 될수록 교장의 장학능력과 기술을 향상시켜야 할 필요성은 더욱 절실하게 된다.

학교단위 자율경영제는 학부모와 학생, 교사의 학교운영 참여를 요구하게 된다. 학부모의 입장에서 교육위원회를 통한 주민 참여를 간접적 참여라고 한다면 학부모의 학교운영 참여는 직접적 참여라고 할 수 있다. 지방(교육)정부에 세금을 내는 납세자로서, 교육소비자로서 학부모의 학교운영 참여는 당연한 논리이다.

학부모는 교원의 전문적 영역에까지 끼어들어서는 안 된다고 하나 그런 문제에 대하여도 최소한 요구는 할 수 있어야 한다. 교육과정, 인사, 재정에 대하여도 학부모는 어떤 요구를 할 수 있어야 한다. 교육전문성에 비추어 보아 무리한 요구라면 교육자는 교육적으로 학부모를 설득해야 한다. 설득하지 못하면 학부모의 요구를 들어 주어야 한다.

지방교육자치제의 양대 기둥 중 하나인 주민통제·주민참여에 의한 장학의 분권화 방향에서는 다섯 가지 장학적 변화를 제안하였다.

첫째, 장학의 변화도 인사, 재정, 교육과정 등과 함께 비슷한 비율로 분권화되어야 한다.

둘째, 시·도 교육청은 교육부의 하부기관이 아니므로 이제 독립적인 교육목표, 장학방침을 설정하여 독립적인 장학활동을 전개해 나가야 한다.

셋째, 주민의 요구조사를 하여 시·도 교육과정에 반영해야 한다.

넷째, 지역특성에 맞는 학교를 설립하고 교육내용과 방법에도 지역특성을 살려야 한다.

다섯째, 분권화는 학교 수준까지 내려와 학교단위 자율경영과 교내장학이 강조되어야 한다.

이러한 변화가 없다면 과거와 현재가, 또 미래가 별로 달라질 것도 없고 교육자치제를 하나마나한 결과가 될 것이다.

2) 장학의 전문화 방향

지방교육자치의 양대 기둥 중 다른 하나는 전문적 관리라고 하였는데 전문적 관리가 바로 장학을 의미하며 장학의 전문화가 새로운 지방교육자치제에서 커다란 변화의 한 방향이라고 할 수 있다. 교육의 자주성, 전문성, 독립성, 정치적 중립성을 보장하기 위해서 전문적 관리를 해야 하는 것이 교육자치제의 근본 이유의 하나이다. 전문적 관리를 위해서는 관리자들이 더욱 고도의 전문성을 확보하는 일이 중요하다. 장학의 전문화 방향에서도 구체적으로 몇 가지 변화를 제안하기로 한다.

첫째, 지방교육정부가 교육행정 전문조직으로 강화되어야 한다.

교육의 전문성 때문에 다른 일반 행정과 분리하여 별도로 교육자치를 해야 한다면, 또 이러한 논리가 옳기 때문에 교육자치를 실시하고 있다면 교육이나 교육행정조직에서 교육전문직의 비중이 더 커져야 한다. 또한 교육부와 시·도, 시·군 교육청에서는 일반직을 점진적으로 교육행정직으로 대치하여 교육행정 전문교육을 받고 자격증을 획득한 사람이 행정을 담당하게 해야 일반 행정에서 분리하여 교육자치제를 하는 의미가 살아난다.

물론 현재 일반직으로 근무해 온 사람들의 신분은 보장해 주면서 교육행정대학원 같은 데서 전문교육을 받고 교육행정직으로 전환할 수 있는 기회를 우선적으로 제공해 주어야 하고, 또 교원직에서 교육행정직으로 전환할 때도 똑같은 조건이어야 한다. 한 단계 더 높은 전문성을 요구하는 교육행정직을 만들어 교육자치제의 정신에 맞게 하자는 주장이다.

둘째, 장학중심의 지방교육행정조직이 되어야 한다.

지방교육행정조직이 교육행정 전문가에 의하여 조직된다 해도 여전히 장학이 핵심이 되어야 한다. 장학을 잘하여 교육의 질을 높이는 것이 교육행정과 교육자치의 궁극적 목적이기 때문이다. 과거의 학무국, 학무과, 학교지원, 교실지원 조직이 강화되어야 할 것은 더 이상의 설명을 필요로 하지 않는다.

셋째, 전문인력 양성체제를 변화시켜야 한다.

우수 교사후보생이 모여들고 현장과 밀착되는 교사 양성을 하고 이들이 계속 발전할 수 있는 교육연수와 장학체제가 근본적으로 강구되어야 한다. 현실과 유리된 교사교육을 해놓고 뜬구름 같은 사명감만 부르짖어 보아야 의미가 없다. 우수한 인력을 다른 분야(예를 들면 의학, 법학, 컴퓨터, 첨단 과학분야)에 다 빼앗겨 놓고 교육의 전문성, 특수성 때문에 교육자치제를 한다면 이런 모순이 또 어디 있을 수 있는가?

적성을 고려하지 않은 사람들이 교사가 되기 위해 교사양성기관에 왔더라도 교수, 교육자들이 교사교육에 애착이나 가졌으면 좋겠는데 그렇지도 못하니 더욱 문제이다. 영국에서는 교사를 양성하는 기관의 교수, 교육자는 반드시 교사 경험을 가져야 하고 또 매 5년마다 반드시 1학기 동안 교사로 현장에서 근무해야 한다고 하니 우리와 얼마나 차이가 있는지 짐작할 수 있을 것이다.

앞으로는 교육행정대학원을 설치하여 교육행정가와 장학인력을 양성하여 전문적 관리에 임하도록 해야 한다. 이를 위하여 우선 교사양성대학과 시·도교육청, 시·도연수원, 현장학교 등이 합동체제를 구축해야 한다.

넷째, 교육과정과 수업의 질 향상을 위한 장학적 노력이 경주되어야 한다.

장학의 수준이 정책적, 행정적 수준에 머물러 있지 말고 교사와 학생과 밀착되는 수업과 교육과정 수준으로 내려와야 한다. 그렇게 하려면 시·군 교육청의 장학력이 강화되고 무엇보다도 교장, 교감의 장학력이 제고되어야 한다. 그리고 마침내는 교사들 스스로 수업개선과 교육과정 개선에 노력하는 동료장학, 자기장학을 활성화시키고 동기유발과 사기진작에 노력해야 할 것이다.

그러면 장학의 개념이 수업장학의 방향으로 재정립되고 장학에 관한 연수가 진지하게 이루어질 것이다. 교사 양성과 연수에도 장학론이 들어가야 교사들이 장학 자체를 자신들을 위한 것으로 받아들이게 될 것이며, 교장, 교감, 장학사, 교육행정가 양성과 연수에도 장학론이 강화되어야 실질적으로 교사의 수업력을 향상시키는 장학을 할 수 있는 기술과 능력을 갖게 된다.

다섯째, 자율장학의 풍토를 조성하고 이를 지원하는 체제가 구축되어야 한다.

장학이 감시·감독적이고 상부의 것, 남의 것으로 생각되는 한은 가식과 숨바꼭질을 피할 길이 없고 이로 인한 낭비는 엄청나게 된다. 이제 장학은 전문화되면서 동시에 내 것으로 생각하여 스스로 참여하는 풍토가 조성되어야 한다.

교사 스스로 자기 향상을 위하여 노력하고, 또 동료교사들과 협동적으로 노력하고, 교장, 교감, 장학사의 도움을 요청할 수 있는 풍토로 바뀌어야 한다. 가까운 지역의 교장과 교감이 팀을 구성하여 상호방문과 상호장학을 하고, 교사들이 교과별, 전문영역별로 서클을 만들거나 센터를 만들어 전문적 성장을 위해 노력하도록 하는 것이 장학의 가장 바람직한 상태이다. 이러한 자율장학의 풍토를 조성하기 위하여 행정적·제도적 지원체제가 있어야 한다.

장학의 전문화 방향과 관련하여 우선 다섯 가지를 제안한다.

첫째, 일반직 대신에 교육행정직을 신설하여 전문성에 의한 교육자치제를 하는 그 정신에 맞게 교육행정가를 전문화해야 한다.

둘째, 지방교육행정조직이 장학중심으로 개편되어야 한다.

셋째, 교사, 교육행정가, 장학사 등 전문인력을 양성·연수하기 위한 체제를 재검토하여 강화해야 한다.

넷째, 교육과정과 수업의 질 향상에 초점을 맞춘 장학으로 변화해야 한다.

다섯째, 자율장학의 풍토를 조성하고 이를 지원해야 한다.

3. 제도와 함께 운영의 묘를

"지방교육자치에 관한 법률"만으로 소기의 목표를 달성하기는 어렵다. 이러한 제도와 법률과 함께 운영의 묘를 어떻게 거두느냐도 이에 못지않게 중요하다. 경직된 법의 적용으로는 교육자치제 본래의 목적을 달성하기 어렵게 될지도 모른다.

운영의 묘를 거두기 위해서는 교육위원과 교육감, 교육행정가들이 유능해야 한다. 특히 새로운 교육자치제를 처음으로 운영하여 토대를 잡는 사람들이 누구냐가 중요하다고 본다. 사람을 잘 뽑고 잘 앉혀 놓아야 한다.

그리고 계속적인 제도적 보완이 연구되어야 한다. 예를 들면 지금과 같이 일반 행정과 교육행정의 관계를 어정쩡하게 해놓는 것이 좋은가, 교육행정의 완전 분리·독립이 좋은가, 아니면 완전히 지방정부의 한 부분으로 들어가는 것이 교육의 발전을 가져올 것인가에 대하여 계속적인 연구를 해야 할 것이다. 이러한 연구를 바탕으로 고쳐 나가고 보완해 나가려는 노력을 해야 한다. 처음부터 완벽한 제도는 있을 수 없다.

여기서 장학이 어떻게 변화해야 할 것인가에 대하여 두 개의 커다란 방향과 열 개의 구체적인 방안을 제안하였으나 전국 획일의 대학입시제도가 엄연히 버티고 있는 한 모든 것이 공염불이 될 가능성이 높다. 지금과 같은 입시제도하에서는 교육이 정상적으로 돌아가고 본질로 돌아가기 어렵고 지방교육자치제까지 무의미하고 무력하게 될 수밖에 없다. 전국 획일의 교과서를 만들어 놓고 교과서 내에서 출제를 하여 암기식 교육을 받은 사람이 유리하게 되고, 교육방송까지 암기를 권장하는 현 상태에서는 여기서 제안한 장학적 변화도 기대하기 어렵다.

새로운 교육자치제의 시행과 함께 이 정신에 맞게 우리의 모든 교육적 사고도 같이 변화해야 성과를 거둘 수 있다. 도포를 입고 갓을 쓰고 오토바이를 타는 식으로, 제도는 오토바이로 바꿔 놓고 마음은 도포에 갓을 쓴 채로 남아 있으면 어울리지 않는 교육이 되고 만다. 새로운 교육자치제로 인하여 어린이와 학생들이 얻는 것이 많고 이익을 보아야 한다(장학은 이 당시보다 오히려 퇴보의 방향으로 가고 있어 안타깝게 생각된다).

제 7 장
새로운 지방교육자치제에서의 장학*

1. 서 론

지방교육자치에 관한 법률과 시행령의 제정, 이에 따른 교육위원의 선출과 위원회의 구성, 부교육감의 임명, 시·도, 시·군 교육청직제개편과 직원임명으로 본격적인 새로운 지방교육자치제가 실시되게 되었다. 이러한 변화와 함께 새로운 자리에 임명되거나 승진된 분들도 많을 것으로 생각된다. 이런 분들에게 축하를 보내며, 새로운 제도의 출범과 함께 새로운 제도하에서 교육전문직의 본업인 장학에 대하여 같이 생각하게 되는 것은 의미 있는 일이라고 생각한다. 아무쪼록 새로운 교육자치제하에서 앞서가는 효과적인 각 지방교육과 장학이 되길 비는 마음에서 이 글을 쓴다.

여기서는 ① 새로운 지방교육자치제의 기본원리와 문제점에 대하여 살펴보고, ② 지방교육자치제하에서의 장학이 어떻게 달라져야 하는지에 대하여 언급하고, ③ 각 지방교육 장학의 방향을 예시해 보기로 한다.

---

* 강원교육청 교육전문직연수원고, 1991. 10.

2. 지방교육자치제의 기본원리와 문제점

지방교육자치는 "교육의 자주성과 전문성 및 지방교육의 특수성" 때문에, 또한 이를 살리기 위해서 실시하는 것이다. 여기에는 지방교육자치의 두 가지 이유와 목적이 들어 있는데 첫째, 교육의 자주성과 전문성 때문에 또한 이를 위하여 일반 행정으로부터 분리 독립하여 교육자치를 하자는 것이 광의의 교육자치의 의미이다. 한때 중앙에서 교육을 입법, 사법, 행정과 같은 수준에서 완전히 분리 독립하여 아예 3권 분립이 아닌 4권 분립을 해야 한다는 주장이 우리나라에서 있었는데 이런 것이 광의의 교육자치에 속하는 것이지만 이런 형식을 취하고 있는 나라는 없는 것으로 안다. 형식은 3권 분립으로 해놓고 불문율로 교육의 중립성과 전문성을 지켜 주는 나라는 있을지 모른다. 어쨌든 여기서는 일반보다 "교육"이 강조된다. 둘째, 지방교육의 특수성 때문에 또 특수성을 살리기 위해서 중앙교육행정으로부터 분리·독립하여 지방교육자치를 하자는 것이 협의의 교육자치이며, 교육자치제라고 하면 대부분 이 협의의 지방교육자치를 의미한다. 여기서는 중앙보다 "지방"이 강조되고, 이 두 강조점이 합쳐져서 "지방교육자치"가 된다(〈그림 9-1〉 참조).

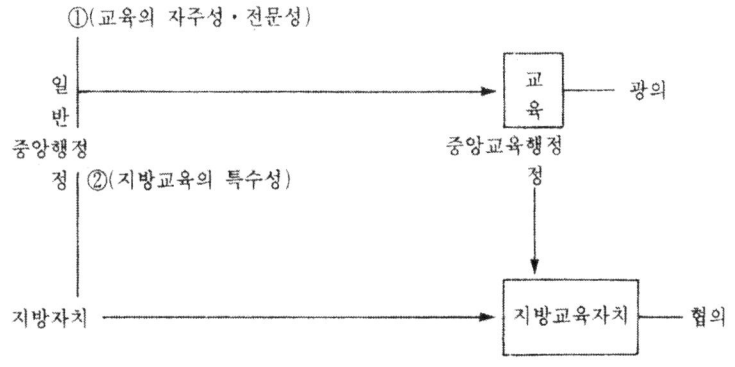

〈그림 9-1〉지방교육자치의 근본이유와 목적

  이러한 지방교육자치의 근본적인 이유와 출발점이며 동시에 궁극적으로 달성해야 할 목적인 "교육의 자주성과 전문성, 지방교육의 특수성"으로부터 지방교육자치제의 원리가 나온다. 많은 사람들이 ① 자주성의 원리, ② 전문적 관리의 원리, ③ 지방분권의 원리, ④ 주민통제의 원리의 네 가지를 지방교육자치의 원리로 제시하고 있는데 첫 번째 두 개(자주적·전문적 관리)는 교육을 정치와 일반 행정으로부터 떼어 놓아 이들의 간섭 없이 전문가에게 맡기자는 것이고, 마지막 두 개(지방분권, 주민통제)는 중앙으로부터 교육을 떼어 내어 주민과 가까운 곳에서 주민의 필요에 의하여 교육을 통제하자는 것이다. 그래서 이것을 요약하면 ① 주민통제(people control)와 ② 전문적 관리(professional management)라고 할 수 있다. 그러면 여기서 주민과 전문가, 통제와 관리 중 무엇이 우선하고 또 무엇이 더 중요한가? 말할 것도 없이 주민이 더 우선하고 통제가 더 근본적인 것이다. 다시 말하면 교육은 주민의 것이다(education belongs to people). 그래서 교육은 주민이 통제하는 것이다. 민주주의 국가에서 모든 권한은 국민으로부터 나오게 되어 있는데 교육에 관한 권한도 주민으로부터 나온다. 그 결과 교육자치는 주민자치, 주민통제가 우선하는 것이므로 교육자치를 교육자의 자치로 오해해서는 안 된다. 교육에 대하여 비전문가인 주민이 통제하고(lay control) 결정해 놓은 것을 교육의 자주성·전문성 때문에 교육전문가들이 받아서 이를 전문적으로 관리하게 되어 있는 것이 지방교육자치제이다.

  현지방교육자치제에서 주민을 대표하는 기관이 시·도교육위원회이고 전문가를 대표하는 기관이 교육감이다. 그래서 주민통제와 전문적 관리라는 말을 여기에 대입하면 교육에 관한 "교육위원회 통제"와 "교육감 관리"라고 바꿔놓을 수가 있다. 주민을 대표하는 비전문가인 교육위원회가 의결하고 정책 결정해 놓은 것을 교육전문가인 교육감이 이를 집행하고 관리하게 되어 있다.

  여기서 현행 교육자치제와 관련하여 몇 가지 문제점을 지적하고자 한다. 교육위원회와 교육감, 직제의 순서로 언급한다. 원칙적으로 교육위원은 주민을 대표하는 선출직이기 때문에 자격제한을 하는 것은 옳지 않다. 자격제한을 두는 것은 국민의 기본권, 참정권을 제한하는 결과가 되기 때문이다. 교육위원의 1/2을 교육경력자로 제한 구성하게 되어 있고 또 최근에 이를 70%로 올려야 한다는 주장도 나오고 있는데 이는 근본적으로는 원칙에 맞지 않는다. 다만 지방교육자치제를 처음 실시하는 입장에서의 과도기적 조치라고 좋게 해석해야 할 것이다.

현재는 주민의 교육에 관한 권한이 지방의회를 거쳐서 교육위원회로 위임되고 있다. 즉 교육에 관한 중요한 최종적 권한이 시·도의회에 있다는 점이다. 예·결산, 특별부과금, 조례제정에 관한 권한이 지방의회에 있고, 또 교육위원 선출권 즉 인사권을 시·도의회가 가지게 된다. 교육에 관한 의결기관이 일반 행정에 얽매이게 되는 셈이다. 이렇게 교육행정이 일반 행정에 얽매일 바에는 차라리 실권을 가지고 있는 시·도지사에 매달리는 게 좋을 뻔했다. 그래서 사실은 교육위원의 주민직선을 주장했던 것이다. 교육에 관한 권한을 시·도의회를 거치지 않고 주민으로부터 직접 받아오면 시·도의회에 의존할 필요가 없기 때문이다. 교육위원 선출시 잡음을 없애기 위하여 직선해야 한다는 주장보다 더 중요한 것이 주민으로부터 권한을 직접 받아오자는 것이다.

교육감의 역할과 기능은 세 가지로 압축할 수 있다. 첫째는 교육위원회에 대한 최고자문관이다. 교육에 관한 비전문가인 교육위원회에 대하여 보고하고 정보제공하고 권고를 하여 교육위원회의 결정이 교육적으로 이루어지도록 전문적 자문을 하는 것이다. 교육위원회는 교육감의 전문성을 믿고 형식적인 고무도장을 찍는 경우가 많다. 둘째는 최고집행관의 기능을 한다. 교육위원회가 의결해 놓은 정책과 규정을 실행으로 옮기고 장학 프로그램을 만들어 실시하고 교육시설을 개선·유지개발하고 정책의 실현을 위하여 필요한 경우 세부규정을 만들고 직원에게 지시하며 정책에 의하여 지출을 한다. 셋째는 교육지도자로서의 역할을 한다. 교육구의 목표달성을 위하여 관내와 국내 교직자와 여러 조직과 기구와 교류하면서 지도력을 발휘하고 지역사회에 교육활동과 성취, 협조와 방향을 제시하여 지도력을 행사하고 교육위원에게 교육의 새로운 경향을 알려 주고 직원들의 지원과 이해를 끄집어내는 지도력을 발휘해야 한다. 형식상으로는 교육위원이 교육을 통제하지만 실질적으로는 교육감이 교육의 방향으로부터 결과에 이르기까지 모든 책임을 지게 되는 것이다.

그래서 형식상으로는 교육감은 교육위원회에 예속되어야 하는 것인데(교육위원회와 교육감을 하나의 지방교육자치정부로 보고 교육위원회가 형식상으로 대표하는 기관통합형) 우리나라에서는 형식상으로도 두 개의 수평적인 독립된 기관으로 떼어 놓고 있다. 즉 교육위원회의 교육감, 교육위원회의 교육청이 아니라 ○○시·도 교육감(교육청)으로 독립시켜 놓고 있다. 다만 교육감의 인사권만 교육위원회에 매달아 놓고 있는 것이다. 이것이 모순이다. 즉 권력은 주민→시·도의회→교육위원회, 교육감으로 타고 내려왔는데 무리하게 논리에도 안 맞게 교육위원회와 교육감을 독립된 두 개의 기관으로 분리시켜 놓고 있는 것이다. 두 개의 대등한 기관으로 놓으려면 주민 → 교육위원회, 교육감 식의 주민직선제나, 주민→시·도의회→교육위원회, 교육감, 또는 주민→시·도지사→교육위원회, 교육감 등의 간선제 형식이 되어야 완전한 기관 분립형이 되는 것이다.

교육감의 기능으로 보아 교육감이 교원 출신의 교육전문직이라면 교육행정 측면을 보완해야 한다. 가능하다면 교육행정에 관한 교육·연수·훈련과정을 거쳐 교육감 자격증이나 이에 상응하는 코스를 요구하여 행정력도 보완해야 한다. 그렇지 못하다면 개인적으로 교육행정력을 기르기 위한 노력을 해야 할 것으로 본다.

부교육감은 교육감을 보좌하는 자리이기 때문에 모든 면에서 교육감에 준해야 논리적으로 맞는다. 그래서 자격도 임명절차도 교육감에 따라야 한다. 다만 임명절차에서 교육감을 믿고 뽑았다면 보조기관인 부교육감을 교육감이 임명하게 하는 방법은 있을 수 있으며 논리적으로도 타당하다.

교육청의 직제를 장학(학무) 중심으로 개편했다는 점은 교육본질로 복귀하려는 노력으로 보아 발전적이라고 본다. 그러나 아직도 장학에 초점을 맞추지 못한 점이 남아 있다.

시·군·구 교육청 직제를 인구 비례하여 기구를 늘린 것은 불합리하다. 인구가 적은 교육청에서도 인구가 많은 교육청과 거의 똑같은 일을 해내야 하기 때문이다.

교육부의 부서는 비대(3실 5국 27담당관 25과)하고 다음으로 시·도 교육청(3국 3담당관 10과), 마지막으로 시·군·구 교육청이 제일 영세(28개 교육청은 2국 6과, 9개 교육청은 4과, 142개 교육청은 2과)하게 되어 있어 역피라미드형태로 되어 있는 것이 문제이다. 기구에 따라 권한도 역피라미드형태로 되어 있어서 더욱 문제이다. 교육행정 서비스를 제대로 하려면 학교, 교사와 학생, 학부모와 주민·국민과 가까이 있는 시·군·구 교육청의 기구가 분화되고 권력 집중되는 정피라미드형태를 이루게 되어야 한다.

교육의 전문성 때문에 교육을 일반 행정에서 따로 떼어내어 자치를 하게 해야 할 정도라면 교육에 "일반직"이라는 말 자체가 존재해서는 안 된다. 일반직을 "교육행정(전문)직"으로 명칭을 바꾸고 또 바뀐 명칭에 맞게 전문성의 수준을 높여 이에 상응하는 전문자격증을 요구해야 한다. 현재의 일반직은 연수를 거쳐 모두 자리를 보장해 주고 앞으로는 교육행정대학원을 설치하여 각 전공영역에서 양성·연수하게 하는 방안을 강구해야 할 것이다. 그래야 공보·기획·관리·재무·시설·건축도 교육에 맞게 할 수 있을 것이다. 물론 현재의 교육전문직도 교육행정대학원에서 양성하는 방향이 될 것이다.

교육위원이 주민과 멀리 떨어져 있고, 지방의회에 의존하고 있으며, 아직도 일반직이라는 말이 존재하고 있으며, 전국 획일의 지방교육자치제로 되어 있어 교육의 자주성과 전문성, 지방교육의 특수성을 살리기 어렵고 주민통제와 전문적 관리에도 미흡하다. 그러나 모든 일이 한꺼번에 만족할 수는 없다. 점진적으로 개선·발전시켜야 할 것으로 본다.

3. 지방교육자치와 장학

교육의 자주성과 전문성, 지방교육의 특수성 "때문에" 또 이것을 "위해서" 지방교육자치제를 한다고 하였다. 그러면 교육의 자주성과 전문성, 특수성을 살리는 것이 교육의 궁극적 목적인가? 그렇지 않다고 해야 할 것이다. 자주성과 전문성, 특수성을 살리면 학생교육을 더 잘 할 수 있을 것이라는 것, 즉 교육의 목적을 더 잘 달성할 수 있을 것이라는 기본가정이 이 속에 깔려 있는 것이다. 다른 말로 바꾸어 말하면 지방교육자치제는 목적이 아니라 교육을 잘하기 위한 수단이라는 점을 잊어서는 안 된다. 교육의 목적과 이에 필연적으로 따라 붙는 내용을 위한 것이라면 장학이라는 말이 자연스럽게 나오게 된다. 장학도 학생을 잘 가르쳐 교육목적을 달성하고 교육내용과 교육과정의 질을 관리하는 일과 직접적으로 관련되기 때문이다. 그러면 지방교육자치와 장학 중에서 교육의 목적, 본질과 더 가까운 것은 무엇인가? 말할 것도 없이 장학이다. 즉 지방교육자치→장학→교육목적 달성의 관계가 성립되는 것이다. 특히 지방교육자치의 양대 기둥 중 하나인 "전문적 관리"는 바로 장학을 위한 것이고 또 그것을 의미한다고도 할 수 있다.

지방교육자치도 전문적 관리에 의한 장학을 잘하여 교육을 잘 하자는 것이라고 할 수 있는데 이번 "지방교육자치에 관한 법률"에서 교육목적, 교육내용, 교육과정, 장학의 측면에서 거의 언급이 없다는 점은 본말이 전도된 감이 있다. 특히 법제정의 목적에서 교육·학예에 관한 "사무"를 관장하는 기관의 설치와 그 조직 및 운영 등에 관한 사항을 규정함으로써 지방교육의 발전에 이바지하기 위한 것이라고 하여 교육을 "사무"로 다루려고 한 점이 본질에서 어긋나는 발상이라고 생각할 수 있다.

그리고 지방교육자치제와 관련하여 수많은 사람들이 수많은 논의를 하면서 기관 간의 관계구조, 인사, 재정 등에만 초점을 맞추었지 교육목적, 내용, 장학에 관하여는 거의 언급이 없었다는 점이 빗나갔던 것이다. 누가 교육위원・교육감・부교육감이 되고, 어디서 힘을 더 갖느냐 덜 갖느냐 하는 문제보다도 이런 제도로 행정과 교육을 더 잘 할 수 있느냐를 먼저 생각했어야 했다. 지나간 일은 할 수 없다고 하더라도 이제부터라도 형식적 외형적인 그릇보다는 그릇 안에 담길 내용물과 질에 관심을 집중시켜야겠다.

교육감의 3대 기능 중 중요한 "교육지도자"와 "최고집행관"의 일부가 장학적 책임을 의미한다. 말할 것도 없이 교육감은 장학의 총수이다. 법률에 명시된 17개 교육감 관장사무 중 비교적 6~11항과 16항의 7개가 장학적 책임과 직접 관련되어 있다. 여기에 인용하면 다음과 같다. 이 중에서 6항이 수업장학, 교육과정장학을 의미하는 것으로 장학의 핵심이 된다.

6. 교육과정의 운영에 관한 사항(장학, 초・중등 장학과)
7. 과학・기술교육의 진흥에 관한 사항(과학기술과)
8. 사회교육 기타 교육・학예진흥에 관한 사항(사회교육체육(국)과)
9. 학교체육・보건 및 학교환경정화에 관한 사항(사회교육체육과)
10. 학생통학구역에 관한 사항
11. 교육・학예의 시설・설비 및 교구에 관한 사항(시설과)
16. 소속 국가공무원 및 지방공무원 인사관리에 관한 사항(인사, 초・중등교직과)

교육위원회의 기능 또는 의결사항에는 장학에 관련된 것은 전혀 제시되지 않아 장학은 전적으로 교육감의 몫이다. 심지어는 인사에 관한 것도 전적으로 교육감에게 맡겨져 철저한 전문적 관리의 정신을 살리고 있다고 해석된다.

어쨌든 지방교육자치도 장학을 잘하여 교육목적을 효과적으로 달성하기 위한 것이라면 지방교육자치제하에서 어떻게 장학을 해야 할 것인가를 생각해야 할 것이다. 교육의 자주성, 전문성, 특수성을 살려 효과적인 장학을 하기 위한 방향과 방안을 같이 생각해 보기로 한다.

첫째, 지방교육의 철학과 교육목표를 정립・설정해야 할 것이다. 이제 시・도 교육청은 형식상으로는 교육부의 하급기관이 아니다. 지방교육자치에 관한 법률에 의하여 권한이 교육부로부터 내려온 것이 아니라 주민으로부터 시·도의회를 거쳐 교육위원회를 통해서 시·도 교육청으로 내려왔기 때문이다. 또 지방교육의 특수성을 살려야 하기 때문에 국가교육목표와 철학에서 벗어나지 않는 범위 내에서 그리고 국가교육목표 실현을 위한 보다 구체적인 지방교육목표를 설정해야 할 것이다. 기존에 설정되어 있는 것이 있더라도 이번 기회에 재검토할 필요가 있다. 이 목표에는 보편적 이념과 고유목적이 체계적으로 포함되고 명료하게 드러날 수 있어야 한다. 목표설정의 과정에서 주민·교육위원·교육감과 직원·교사들의 의견을 수렴하여 합의가 이루어져 공동의 목표라는 의식이 강하게 느껴질 때 그 목표의 실현 가능성은 높아진다. 한번 목표가 설정되면 교육청의 모든 책자에 실어서 계속하여 널리 알려야 하고 또 목표와 실제행동과 일치될 수 있어야 한다. 시·도교육의 목표는 학교교육목표, 개개직원의 목표로 스며들어야 하며, 목표에 비추어 보아 모든 평가가 이루어져야 한다.

둘째, 시·도 교육철학과 목표가 설정되면 이에 의하여 시·도 교육정책(방침)(policy)을 수립해야 한다. 목표실현을 위한 좀더 구체적인 정책으로 표현되는 것이다. 이 정책은 목표보다는 좁고 구체적이지만 아직도 광범하고 일반적인 용어로 진술될 수밖에 없지만 그래도 집행의 방향을 알 수 있고 이해할 수 있도록 비교적 명료하게 진술되어야 한다. 그리고 지역사회가 원하는 것이 무엇인지 이해할 수 있도록 앞에서 말한 철학이 반영되고 또 철학이 밝혀져야 한다. 정책 주체들이 정책목적의 이유를 알 수 있도록, 또 이 정책이 어떻게 실천되어야 할지 방향을 암시할 수 있도록 표현되어야 한다. 이제는 목표나 정책이 미사여구로 남아 있어서는 안 된다. 이번 지방교육자치제를 계기로 교육목표와 정책, 방침이 지방교육에 스며들 수 있는 방안을 강구해야 될 것으로 본다.

셋째, 지방교육과정과 교재 또는 교과서도 개발해야 할 것이다. 앞으로는 국가수준에서 최소한으로 요구되는 과목과 시간기준과 시·도 교육청에서 자유로이 운영할 수 있는 과목과 시간기준의 비율이 정해져야 하겠지만 우선 주어진 학교재량의 범위 내에서라도 운영할 수 있는 지방교육과정을 개발해야 할 것으로 본다. 또 앞으로 지방과 학교재량의 폭이 넓어질 것을 대비하기 위해서라도 지금부터 연구에 발동을 걸어야 한다. 여기서 중요한 것은 지방의 특수성, 지방의 정체를 확인하고 지역사회의 요구를 조사하여 (need assessment) 이를 교육과정에 반영하여 교사와 학생으로 하여금 시·도 교육청의 독특한 교육과정에 애착을 가질 수 있도록 해야 한다. 여기서 문제가 되는 것은 전국 획일의 대학입시제도이다. 국가교육과정의 교과서 내에서 대학입시문제가 출제되고 있는 한 지방교육과정, 학교교육과정의 싹이 자라나기는 극히 어렵다. 그러나 이러한 대학입시제도가 영원히 지속되지는 않을 것으로 본다. 그리고 이런 입시제도하에서라도 입시에 덜 절박감을 느끼는 초등학교와 중학교의 교육과정과 교과서부터 개발해 나가면 덜 영향을 받을 것이다.

넷째, 교육과정 이외의 다른 부분, 다른 분야에서도 지방교육의 특수성을 살릴 수 있는 부분을 연구할 필요가 있다. 예를 들면 행정과 학교운영, 생활지도, 예산과 재정운영, 인사 분야와, 대학, 기업체 등 지역사회(기관)와의 협조관계 등을 통해서 특수성을 살릴 수 있을 것으로 본다. 물론 특수성을 살리는 데는 여러 가지 어려움이 따른다. 재정과 조직, 인원 등의 제약을 받기 때문이다. 현 상황의 어려움 속에서도 특수성을 살리려면 교육감과 교육위원회의 철학과 정책의지, 실무직원의 전문성과 헌신적 노력이 요구된다. 그러나 앞으로 어차피 시·도마다 달라지는 교육이 예상된다면 다른 시·도를 따라가는 교육이 되기보다는 앞서가는 교육이 되어야 할 것으로 본다.

다섯째, 학교단위의 자율권이 확대되는 방향이 되어야 할 것이다. 시·도 광역단위의 지방교육자치는 앞으로 시·군·구 기초단위로 더 분권화되어 나갈 방향이라고 한다면 단위학교까지 자율권과 재량권이 확대되어가야 할 것이다. 형식적으로는 시·도단위의 자치이지만 실질적으로는 인사, 재정, 교육과정운영 등의 재량권을 학교단위에 맡겨 나가는 방향이 되어야 한다. 장학도 시·도나 시·군·구 교육청의 장학으로는 도저히 효과를 거두기 어려운 실정이다. 교내장학·동료장학을 통해서 수업개선을 가져올 수 있는 방향을 제시하고 시·도에서는 이를 제도적으로 지원해 주는 형식으로 장학방법도 개선해 나가야 한다. 최근에 전자제품에는 원격조종(remote control)이 유행이지만 교육에서는 원격조종으로 실패한 경험을 갖고 있다. 미국에서 1983년 "미국교육의 위기"라는 보고서의 발표 이래 주정부가 주도하여 학교교육개혁을 위하여 많은 노력을 기울였으나 약 10년이 지난 현시점에서는 실패하였다는 평가를 받고 있다. 그것은 주정부가 원격조종에 의하여 중앙집권적으로 개혁을 주도하였으나 학교현장이 움직이지 않았기 때문이라는 것이다. 그래서 최근에는 제2의 개혁의 물결(2nd reform wave)이라고 하여 학교교장, 교사, 학생, 학부모의 참여에 의한 현장으로부터의 개혁 물결이 일고 있다. 장학, 특히 수업장학의 효과를 거두려면 교내장학이란 수레바퀴가 잘 굴러가게 해야 한다. 그러려면 교내에서 교사, 교장, 교감이 장학의 필요성을 절실히 인식하고 장학에 대한 동기유발이 되어야 한다. 다음으로는 교장, 교감, 부장교사의 장학능력과 기술이 있어야 한다. 이러한 장학에 대한 동기유발과 기술과 능력을 기르기 위해서는 필연적으로 장학에 관한 연수가 선행되어야 한다.

여섯째, 지방교육자치제에서의 장학수준을 높이기 위해서는 장학담당자를 전문화시키기 위해 더욱 노력해야 할 것이다. 앞에서도 교육의 전문성에 관하여 이미 일반적으로 언급했지만 전문성 때문에 지방교육자치를 하는 것이므로 장학의 전문성을 위해 노력해야 할 것은 너무나 당연하다. 우수한 장학담당자를 선발·임명하고, 계속적인 발전을 위한 노력을 해야 한다. 교육행정대학원 같은 공식적인 기구가 설치되기 전이라도 시·도 나름대로 장학담당자의 자질과 능력을 높이기 위한 노력을 해야 할 것이다. 각 시·도 간의 교육의 질적인 차이는 장학의 질, 더 구체적으로는 장학담당자의 질의 차가 좌우하게 될지도 모른다. 인근 대학이나 연수원과 협조하여 신임장학자 연수 프로그램 또는 직전교육 프로그램을 개발하여 운영하도록 연구해야 할 것이다.

여기서는 지방교육자치제와 장학은 모두 궁극적으로는 교육의 질을 높이고 교육목표를 달성하기 위한 수단이라는 점을 지적하고, 지방교육자치제에서의 장학과 관련하여 여섯 가지를 제시하였다. 즉 ① 시·도 교육청의 철학과 목표를 설정하고, ② 정책과 방침을 수립하고, ③ 지방과 학교교육과정과 교재, 교과서를 개발하고, ④ 교육과정 이외의 다른 특수성을 살리기 위한 노력을 하고, ⑤ 학교단위 자율권 확대 방안을 강구하고, ⑥ 장학의 전문성을 높이기 위한 방안을 찾아야 한다고 하였다.

결국 장학을 통하여 전문적 관리를 못하고 특수성을 살려 교육목표를 달성하지 못하면 지방교육자치의 존재이유가 전연 없어진다고는 할 수 없겠지만 최소한 그 의미는 줄어들지 않을 수 없다.

4. 각 시·도 교육청 장학의 반영 예시

각 지방교육의 특수성을 살리기 위한 장학에 깊이 연구하거나 생각하지는 못하였으나 평소에 생각하던 점과 떠오르는 몇 가지를 하나의 예시로서 제안하고자 한다. 물론 여기에는 앞으로 설정하게 될 각 지방교육의 목표와 정책, 방침과 일치되어야 한다는 조건이 붙는다.

첫째, 윤리·도덕, 가치를 강조하는 교육이다. 학생들이 바쁘게 배우는 것은 많은데 인간으로서 기본적으로 갖추어야 할 윤리·도덕·가치는 갖추지 못하고 오히려 있던 것마저도 허물어져 가고 있는 느낌이다. 가치·규범을 보존하고 지켜야 할 학교가 앞장서서 허물거나 이를 방조하고 있는지도 모른다. 입시와 지식교육의 절박성이라는 핑계로 말이다. 보수성이 강한 각 시·도에서는 전 교육자와 시·도민이 하나가 되어 우리의 아름다운 윤리·도덕·가치를 고집스럽게 붙들고 늘어져 믿을 수 있는 시·도민을 길러내고 이러한 신뢰가 전국으로 퍼져 나갔으면 한다. 동방예의지국이라는 말이 그렇게 고리타분하고 나쁘게만 들리는가? 서양사람들이 부러워하는 우리의 아름다운 가족제도를 선진국을 따라가기 위해서 무참히 버리고 나서 후회해야 하는가? 순박하던 한국민이 어쩌다 끝도 없는 범죄와의 전쟁을 1차, 2차에 거쳐 자꾸만 선포해야 하는가? 우리는 아직도 더 부지런하고 더 아끼고 더 허리띠를 졸라매야 한다. 지금 이 시점에서 윤리도덕의 바탕을 다지지 못하면 잘 먹고 잘 입어도 영원히 살기 나쁜 나라가 되고 만다.

윤리도덕을 위해서는 많은 지식이 필요 없다. 유치원이나 초등학교 1, 2학년에서 가르치는 것만 내면화되어 몸에 배어 행동으로, 실천으로 옮기면 되는 것이다. "우리가 정말 알아야 할 것은 유치원에서 다 배웠다"는 것이다. 우리가 유치원에서 가르친 대로, 배운 대로 살아가기만 해도 세상은 이렇게 나빠지지는 않았을 것이다. 말 못하는 지식인은 못 봤다. 말하는 것과 행동하는 것이 다른 것이 문제이다. 시험답안지에 쓰는 것과 매일매일 살아가는 것이 다른 점이 문제이다. 학교에서는 시험답안용으로만 가르치고 배우고, 집과 사회에서 살아가는 것은 생활용으로 또 따로 가르치고 배워야 하는 것이 문제이다.

학교에서는 너무나 대량으로 거친 교육을 해서 학생들을 내보내고 있다. 교사와 학생, 학생들 간에 직접적인 인간적인 접촉을 하지 못하고 교과서와 시험지 종이를 통해서 간접적인 기계적인 접촉만을 경험하고 학생들이 학교를 떠나기 때문에 사회가 거칠어지고 있는지도 모른다. 학생수가 적은 소규모학교가 많은 시·도 교육에서는 스승의 손때 묻은 제자가 길러지기를 기대한다. 윤리도덕교육은 인간적 접촉을 필요로 한다.

윤리도덕의 바탕을 다지기 위해서는 여유가 있어야 하고 기다릴 줄도 알아야 한다. 조급한 입시를 겁내서는 윤리도덕교육은 불가능하다. 그렇기 때문에 모험을 걸어야 한다. 모험을 걸고도 할 만한 가치가 있다면 그것은 마땅히 해야 한다.

둘째, 기초교육과 철저한 교육, 끝내주는 교육을 제안한다. 독·서·산, 기본예절, 기본적 생활습관, 예·체능의 기본기, 기초체력, 기본자세와 태도, 기초과학지식을 정해 놓고 이것만큼은 모든 어린이와 학생이 통과하게 하는 것이다. 전원이 통과하는지 확인하는 장치를 하면 좋을 것이다. 기초가 튼튼하지 못한 상태에서 4지선다형의 잔재주만 부리는 연습만 하면서 귀중한 시간과 정력을 낭비해 놓고는 선진국과 노벨상에 도전한다니 걱정이 안 될 수 없다.

각 학년과 단계에서 최소한으로 달성해야 할 과제는 그 단계에서 완전히 끝내줘야 한다. 예를 들면 한글해득은 초등학교 1학년에서 끝내주고, 소위 구구단이라고 하는 것은 2학년이면 2학년, 3학년이면 3학년에서 끝내주고, 영어의 기본문장형식은 몇 학년에서 완전히 마스터해야 한다는 식으로 그때그때 해야 할 과제를 끝내줘야지 다음 학년, 다음 학교수준으로 밀려나가거나 넘겨줘서는 안 되도록 책임교육을 해야 할 것이다. 물론 반드시 도달해야 할 과제는 최소한으로 하고 통과여부를 확인하여 책임지도록 철저히 관리해야 한다. 그래서 각 시·도의 교육을 받은 사람은 품질을 보증한다고 할 수 있어야 한다.

셋째, 환경교육의 강조를 제안한다. 모든 지역과 전세계적으로 환경교육이 강조되고 있지만 우리나라에서는 아직 이에 철저하지 못하고 있다. 특히 아름다운 경치와 환경을 가지고 있고 그래도 덜 개발되고 덜 오염되었다고 생각되는 시·도에서는 더 늦기 전에 환경교육을 강조하여 아름다움을 보존하고 더욱 살기 좋은 지방으로 가꾸기를 권고한다. 아름다운 환경을 가지고 있는 시·도는 동시에 아름다운 관광지를 많이 갖고 있어 그만큼 관광객이 많이 방문하게 된다. 그래서 환경교육과 함께 관광교육 프로그램도 개발하여 특수성을 살릴 수 있을 것으로 본다.

넷째, 통일교육에 강조를 두는 방안도 고려할 수 있다. 휴전선과 민통선, 38선을 갖고 있는 시·도는 이에 알맞은 통일교육프로그램을 한번 고려할 만도 하다.

다섯째, 교사들이 신나서 가르치게 하는 방안을 찾았으면 한다. 교사들로 하여금 학생들과 교실에서 행복할 수 있도록 해주는 방안을 강구했으면 한다. 잘 가르치는 교사를 격려해 주고 인정해 주었으면 한다. 어려운 곳에서 사명감을 갖고 오래 근무하는 교사를 기억해주는 방안도 있을 것이다. 교사를 모두 점수벌레로 만들지 말고, 교실을 지키면서 학생들로부터 존경받는 교사를 격려하기 위하여 탑을 세워줄 수는 없을까? 정년퇴직 때 평교사에게 더 높은 훈장을 달아주면 안 되게 되어 있는가? 그렇지 못한 현 상황에서 무명교사를 예찬하라면 위선이 아닌가? 교사로 하여금 교실에서 신나게 가르칠 수 있게 해주는 장학방안을 찾아낼 수만 있다면 그보다 더 좋은 장학방법은 없을 것 같다.

  마지막으로 여섯째, 시・도내 전 교육자와 직원 시・도민이 교육에 관하여 의사소통할 수 있는 채널이 마련되었으면 한다. 일간・주간신문도 좋고 월간지도 좋고 라디오와 TV라도 좋다. 이런 매체를 통하여 교육의 방향과 합의점, 공감대를 형성할 수 있으면 좋을 것이다. 행정가와 교사, 시・도민과 교육자 사이에 끼어들 수 있는 오해를 이 매체를 통하여 풀고, 협조와 협동을 끌어낼 수 있을 것이다. 이 매체를 통하여 교육환경의 어려움과 교원들이 애쓰는 점을 충분히 알릴 수 있다면 시・도민으로부터 틀림없이 협조를 얻을 수 있으리라 믿는다. 이 매체를 통하여 시・도민의 교육에 대하여 바라는 점이 무엇인지 교육자들에게 알릴 수 있다면 훨씬 교원과 교육행정가들이 교육과 교육행정의 방향과 방법을 선택하는 데 도움이 될 것이다. 여기서 각 시・도교육의 특수성을 살리기 위한 구체적인 장학방향과 방안의 예시 여섯 가지를 제안하였다. ① 윤리・도덕교육의 강조, ② 기초교육과 완성교육, ③ 환경교육과 관광교육, ④ 통일교육의 어떤 방안의 네 가지는 장학의 방향 또는 내용과 관련되고, ⑤ 교사를 신나게 하는 방안의 강구와, ⑥ 교육의사소통 매체의 개발 암시의 마지막 두 가지는 장학방법적 측면과 관련된다. 한 가지 주의할 것은 여기서 제안한 여러 가지에 모두 욕심을 내면 지방교육의 특수성을 살리기는 어렵게 되니 필요한 것이 있다면 한두 가지에 집중해야 한다는 점이다. 그리고 수업 장학이나 동료장학 등의 강조는 일반적으로 다른 곳에서 많이 열거하였으므로 오늘 여기서는 생략하기로 한다.

5. 결 론

지금까지 ① 새로운 지방교육자치제의 기본원리와 문제점 몇 가지를 지적하고, ② 지방교육자치와 장학을 관련시켜 지방교육자치에 따른 장학방향을 제시해 보고, ③ 구체적으로 지방교육의 특수성을 살리기 위한 장학방안을 제안하여 보았다.

여기서 논의된 것은 깊은 연구의 결과가 아니라 관념적인 사고와 생각의 일단에 불과하다. 일종의 주장에 불과하여 모두가 "해야 한다", "해야 할 것이다"로 표현되었다. 그러나 분명한 것은 지방교육자치 시대에 맞는 장학의 방향과 방안을 각 시·도 교육청 나름대로 강구해내야 한다는 사실이다. 그렇지 못한다면 요란스럽게 교육위원을 뽑고, 직제가 학무 중심이 되어야 한다고 목청 높이며 갈등 속에서 직제개편을 하고, 대인사이동을 하면서 지방교육자치를 한 근본적인 의미를 상실하게 된다. 새로운 지방교육자치제의 시발로 하여 장학에 더 관심을 갖고 연구하여 지방교육자치시대에 맞는 교육과 장학 프로그램을 개발하여 더욱 발전하는 지방교육이 되기를 기대한다.

제 8 장
교육위원, 누구를 어떻게 뽑을 것인가*

1. 지방교육자치제의 정신

교육위원으로 누구를 어떻게 뽑을 것인가에 대하여 관심과 잡음이 고조되고 있다. 교육위원 희망자가 많다는 것은 좋은 현상이나 적격자를 뽑는 일이 중요하다. 교육위원을 올바로 뽑으려면 지방교육자치의 근본정신을 먼저 이해하고 이에 맞는 사람을 뽑아야 한다. 지방교육자치의 근본정신은 "주민통제"와 "전문적 관리"로 압축된다. 교육을 주민의 결정에 의하여 그들이 원하는 대로 하게 하자는 것이 "주민통제", "주민차지", "주민참여"이다. 교육에 관한 권한이 주민에게 있고 교육의 주인은 주민이다. 주민이 모두 교육에 참여할 수 없기 때문에 대표자를 뽑아서 주민 대신 교육에 관한 결정을 하도록 위임받은 사람들이 우리가 지금 뽑으려는 교육위원들이다. 그러므로 결국 교육위원이 주민통제의 교육통제자가 된다.

다음은 교육의 특수성, 독립성, 중립성, 전문성 때문에 아무에게나 교육을 맡기지 않고 전문가에게 맡겨 관리하도록 하는 것이 두 번째의 "전문적 관리"이고 그 최고책임자가 교육감이며 그 이하 전문가들이 교원이다.

그래서 주민통제정신에 의하여 주민을 대표하는 교육위원회가 의결기관이

---

* 대전일보, 1991년 7월, 20일, 시론.

고 교육전문가를 대표하는 교육감은 최고집행기관이 된다.

2. 교육위원의 기능

교육위원은 주민을 대표하여 교육을 통제하고 중요한 정책을 결정하기 때문에 아주 중요하다. 원칙적으로 교육위원회가 결정해 주어야 교육감이 집행할 수 있는 것이다. 교육위원은 그들의 정책을 잘 수행하리라 믿을 수 있는 교육감을 뽑을 권한을 갖고 있다. 그리고 조례안, 예·결산, 주요 재정과 재산, 시설, 의무부담, 청원수리 등을 결정한다. 또 하나 중요한 일은 교육기관에 대하여 감사·조사를 할 수 있는 권한을 갖고 있다.

결국 교육위원은 주민이 원하는 교육을 할 수 있도록 결정하여 전문가인 교육감에게 다시 위임하게 된다. 그런데 지금까지 교육에 관한 한 주민과 교육위원의 목소리는 없었고 국가와 교육자들이 교육을 독점했던 것이다. 이제는 주민의 입맛에 맞는 교육을 해달라고 교육전문가들에게 최소한 요구는 할 수 있는 목소리를 내야 할 판이다. 교육자치는 교육자의 자치가 아니라 주민자치가 우선이고 교육자는 일정한 범위 내에서 전문적 관리자의 위치에 서게 된다. 전문가를 부려 먹어야 할 교육위원의 기능과 역할은 막중하다.

3. 누구를 뽑아야 하나

이러한 중요한 기능을 하는 교육위원은 무보수의 명예직이고 1년 중 일할 수 있는 날짜는 불과 40일밖에 안된다. 그래서 적격자를 잘 뽑지 않으면 우리의 교육을 망칠 수도 있고, 지방교육자치를 안 하니만 못할 수도 있다.

교육위원은 첫째, 그 지역 주민을 대표할 수 있는 사람이어야 한다. 원칙적으로 교육자보다 주민의 대표성이 우선한다. 사실은 선출직은 자격제한이 없을수록 좋고 보통사람이면 된다. 학식과 덕망이 높으면 더욱 좋다. 피선거권과 비정당원은 필수조건이다. 초·중·고 학부모이면 아무래도 애착이 더 있을 것 같다. 민주적인 사고를 하고 국민의 세금을 잘 챙겨줬으면 좋겠다.

둘째, 교육적 소신과 철학이 있고 국가와 국민의 앞날을 내다볼 수 있는 사람이면 좋겠다. 교육의 주인이라고 하여 교육전문가 교원들에게 무리한 요구를 하지 않을 것이기 때문이다.

셋째, 깨끗하고 정직한 사람을 골라낼 수 있었으면 좋겠다. 우리들의 아이들에게까지 혼탁한 불순물을 먹여서 키울 수 없기 때문이다. 교육에서만큼은 술수가 통해서는 자식들을 망친다.

넷째, 봉사정신이 강하고 명예와 정의를 소중히 여길 사람을 찾아야 할 것이다. 원만한 봉사정신과 명예심, 정의감이 없으면 이 각박한 세상에 주민을 위해서 무보수로 일할 수는 없을 것이기 때문이다. 중요한 결정이 위원 과반수의 출석에 과반수의 찬성으로 이루어질 텐데(4명 또는 7명) 봉사정신이 적어 회의에 불참이나 지각을 하는 날이면 큰일이다.

다섯째, 개혁의지가 있고 개방적 사고를 하는 사람을 뽑아야 할 것이다. 산적한 교육문제를 풀어 나가야 하기 때문이다.

4. 안 될 사람들

훌륭한 사람을 뽑으려면 부적격자를 제외시켜 나가는 것도 한 방법이다.

우선 부정한 돈 가지고 교육계에 얼씬거리는 사람을 먼저 제외시켜야 한다. 기초의원선거 시 돈이 통하지 않았던 본보기를 이번에 바로 그 기초의원들이 보여 주기 바란다. 이번에 돈이 통하면 초등학교에서 반장선거에도 돈이 통할 것을 각오해야 한다. 교육계만큼은 돈으로 통하지 않는다는 것을 우리의 선량들이 보여 주기 바란다.

둘째, 정치바람을 막아야 한다. 광역의원선거 시 지령에 반발했던 그 양식을 교육위원 선출 시에도 보여 주기 바란다. 교육의 정치적 중립성 때문에 교육자치를 한다고 하는데 정당바람을 타면 이 나라 교육이 어떻게 되겠는가? 호남은 민주당교육을, 영남은 민자당교육을 하자는 말인가?

셋째, 부정, 청탁으로 교육기관을 괴롭힐 소지가 있는 사람을 미리 제쳐놓아야 한다. 과거에 그런 일이 많았고 앞으로도 그럴 우려가 있기 때문이다. 이윤추구, 이권 때문에 교육위원이 되려는 사람은 의원들의 고려대상에서 일찍이 탈락되어야 한다.

5. 어떻게 고를 것인가

먼저 면접을 통해서 앞에서 말한 "될 사람"과 "안 될 사람"을 판단하라. 서류만 가지고 남의 이야기만 들어서는 판단을 잘 못할 수 있다. 이미 만났던 사람도 앞에 말한 기준에 맞춰 회상해 보아 정확한 판단을 해야 한다.

둘째, 생장사, 과거사를 반드시 조회해 보기 바란다. 과거와 생활주변을 찬찬히 살펴보면 판단이 서게 될 것이다.

셋째, 먼저 안 될 사람을 떨구어 나가다가 더 이상 제외시킬 수 없을 때는 나머지 사람 중에서 이제 제일 훌륭한 사람부터 뽑아내기 시작하라.

열길 물 속은 알아도 한길 사람 속은 모른다고 했다. 잘 뽑으려 해도 잘못

고르기 쉬운데 처음부터 잘못 고르려고 작정하지 말라. 온 국민이 주시하는
의회의 첫 작품인 교육위원 선출을 바르게 하여 의원 여러분의 명예를 지키
고, 교육자치의 첫 단추를 잘 꿰기를 갈망하고 있다. 우리의 어린 눈망울도
당신의 결정을 지켜보고 있을 것이다.

제 9 장
지방교육행정조직

　최근 소위 "시·도교위직제" 개편안이 대두되면서 또다시 교육계 내부에서 첨예하게 대립현상이 나타나고 한차례 또 혼란이 야기될 불씨가 되고 있다. 특히 인사권을 일반직이 행사하고 또 일반직이 담당하는 기구를 확대하려는 의도가 엿보인다고 하면서 교원들은 흥분하기 시작하고 있다. 이런 현상들은 모두 교육의 본질과 지방교육자치의 근본정신을 무시한 발상 자체에서부터 문제가 되고 있다. 중앙집권이 되었든 지방교육자치가 되었든 교육행정은 근본적으로 학생교육을 잘 할 수 있도록 교사와 수업을 돕는 지원활동이라는 것을 잊어서는 안 된다. 그런데 지금까지 이 말이 전도된 행정을 해왔고 또 앞으로도 그런 행정을 구태의연하게 하려는 데 문제가 있다.

　여기서 지방교육자치와 관련해 몇 가지 문제점을 지적할 수 있다.

　첫째, 용어 자체도 모르면서 법을 만들고 있으니 문제이다. "교육위원회"라는 것은 주민을 대표하는 의결기관으로서 교육위원들의 모임이며 국회, 시의회와 같은 성격이다. 교육위원회의 조직에 대하여는 "지방교육자치에 관한 법률" 제2장 1절(3조~6조)에 이미 밝혀져 있고 더 이상 대통령령으로 정한다는 조항도 없어 건드릴 것이 없다. 지금까지 우리가 흔히 "시·도교육직제"라고 한 것은 잘못 쓰인 말이고 사실은 "시·도 교육감보조기관직제"라고 했어야 했다. 지방교육자치에 관한 법률 제3장 교육감 부분의 제2절 보조기관 및 소속교육기관의 제40조(보조기관)의 ④ 항에 "교육감 밑에 필요한 경우

보조기관을 두되, 그 설치·운영에 관하여 필요한 사항은 대통령령으로 정한다"고 하여 교육감의 보조기관을 두는 것을 "교육위원회 직제"라고 잘못 표시했던 것이다. 법률에 보면 교육위원회가 따로 있고 또 분명히 교육감이 따로 있는데 어떻게 교육감보조기관을 교육위원회직제라고 할 수 있는가?

둘째, 지방교육위원회를 두는 근본적인 이유를 모르고 교육자치를 교육자의 자치나 일반직의 자치로 착각하고 있는 것 같다. 교육자치는 주민자치가 우선이며 주민대표인 교육위원이 교육에 관한 모든 통제를 하게 되어 있다는 것을 알아야 한다. 근본적으로 교육에 관한 최종결정권과 통제권은 중앙이나 교육자, 일반직이 아닌 주민대표인 교육위원회가 갖는다.

셋째, 교육감은 교육위원회에서 결정(의결)해 준 사항을 교육전문가의 입장에서 집행·관리하기 위해서 임명된 자리이다. 그래서 교육자치의 원리는 주민(교위)통제와 전문적(교육감) 관리이다. 교육감은 교육위원회의 결정을 집행·관리만 하면 된다. 다만 교육위원회의 결정이 교육적으로 이루어질 수 있도록 교육위원회에 자문을 해야 한다. 지금까지 시·도교위에서 교육위원은 안 보이고 교육감만 보였고, 그러면서도 청사의 간판은 교육위원회라고 붙여 놓았던 것은 잘못이다.

넷째, 교육감의 보조기관은 글자 그대로 교육감의 전문적 관리를 보조하기 위해서 존재하는 기관이다. 교육감이 학생교육을 위해서 존재한다면 교육감 보조기관도 당연히 수업, 교육과정, 연구, 장학 또는 학무가 중심이 되어야 한다. 교육감의 전문적 관리를 보조하려면 전문가가 해야지 일반직(인)이 할 수 없는 것은 당연하다. 일반직은 전문가의 사무만 도와주면 되는 것이다. 이제 종래에 가졌던 학무국은 전문직, 관리국은 일반직이라는 통념은 깨어져야 한다. 관리는 학무를 지원하기 위한 작은 기구이어야 한다. 본말이 전도되거나 대등한 기구로 보아서는 안 된다.

참고로 미국의 주교육국 조직표와 일본의 현 교위사무국 기구표를 제시한다(〈그림 11-1〉, 〈그림 11-2〉 참조). 사실 미국의 주 교육국은 우리나라 교육부 수준에 해당되고 이들은 일반직과 전문직의 구별 없이 교육행정을 전공한 전문가가 직무를 담당한다는 점을 고려해야 한다.

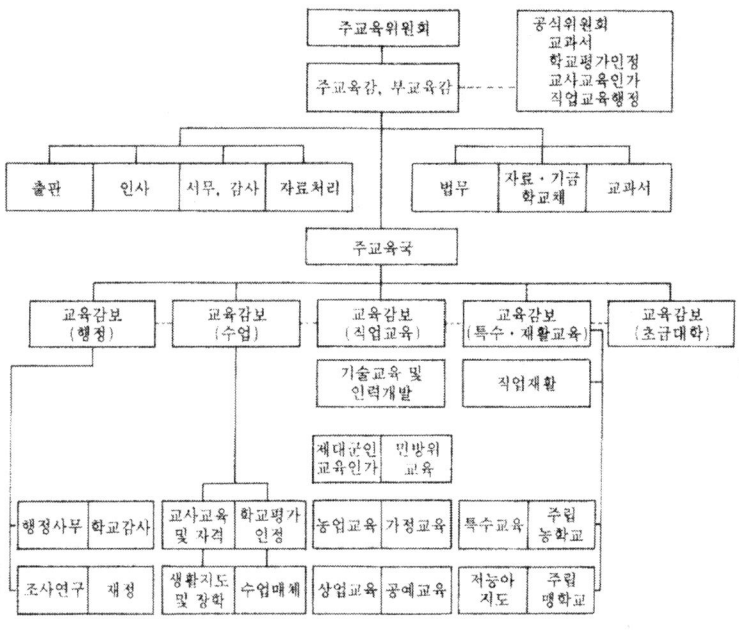

〈그림 11-1〉 미국 주 교육국의 조직

　앞으로 교육감 보조기관을 어떻게 해야 바람직한가.

　첫째, 교육감 보조기관은 원칙적으로 각 지방교육위원회에 맡겨야 한다. 대통령령에 의하여 획일적인 기구를 두어 전국적인 통제를 하려고 하지 말고 지방자치를 할 의도가 있거든 각 지방이 조례에 의하여 자율적으로 결정하도록 해야 할 것이다(지방교육자치에 관한 법률 제40조 ④ 항을 개정해야 한다).

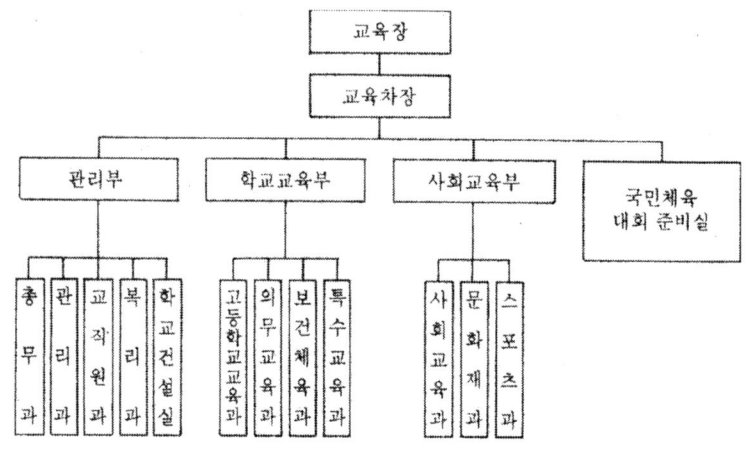

〈그림 11-2〉 일본 애지현교위 사무국 기구

둘째, 지방교위 교육감 보조기관은 가능한 한 기구를 축소하고 대신 학교
와 교사, 수업과 가까이 있는 시·군 교육청의 기구를 확충하는 것이 현장을
지원하기에 좋을 것이다. 이제는 학교 이외의 기관과 기구만 자꾸 늘려 일반
직의 자리만 만들어 교육재정을 축내는 일은 없어야겠다.

셋째, 말할 것도 없이 지방교육기구도 장학·학무 중심으로 하고 인적구성
도 교육행정 전문가 중심의 전문조직이 되어야 한다. 예를 들면 장학실장 밑
에 초·중등, 각 교육청담당 장학사와 장학관, 그리고 특수영역 장학사와 장
학관을 두고 지금의 서무·관리·시설 등은 하나의 과 정도로 하여 부교육
감 직할로 할 수도 있을 것이다. 인사와 사무 등은 장학실의 행정지원부서에
서 담당한다(〈그림 11-3〉 참조).

넷째, 앞으로는 전문직, 일반직의 구분을 없애고 교육행정 전문가를 별도
로 양성하여 직무에 보해야 할 것이다. 보조기관에 근무하는 장학사와 교육
행정직원은 교직경험을 갖고 최소한 석사학위를 마친 사람 중에서 전문가로
별도로 양성하여 각 전문분야의 자격증을 부여한 다음 임용케 하는 방향으
로 나아가야 할 것이다. 그래서 장학사를 수업장학사, 교육행정장학사(전문

가), 특수(연구)장학사로 전문화하고 이 중 교육행정장학사(전문가)로 하여금 기획·예산·회계·시설·관리도 맡게 하고 일반직은 말 그대로 일반적 사무보조만 하게 해야 한다. 물론 현재의 일반직은 교육행정장학사(전문가)로 갈 수 있는 길을 터줘야 한다.

　교육감 보조기관의 개편을 전문직 대 일반직의 갈등상황으로 다루지 말고 우리 교육의 질을 높이려는 데 초점을 맞추고 모두가 패자가 되지 말고 모두가 발전하는 계기가 될 수 있어야 한다. 이제는 전문직도 일반직도 한 수준 더 높은 교육행정전문가로 도약해야 한다.

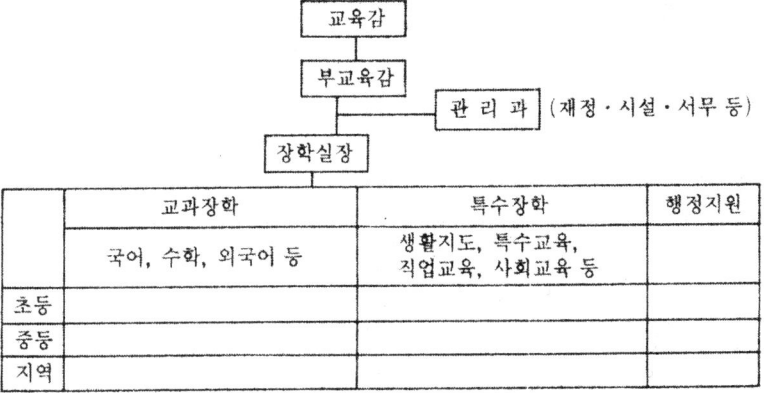

〈그림 11-3〉 교육감 보조기관

3.
교직사회의 갈등문제

제 10 장
교직사회의 갈등관리 :
모두가 승자가 되는 길*

1. 교직사회의 갈등

교직사회의 갈등문제에 들어가기 전에 먼저 갈등론에 관한 일반적인 이야기를 먼저 해야 할 것 같다. 갈등이란 "양립할 수 없는 심리상태"를 말하는 것으로 지금까지는 갈등상태를 부정적인 것, 나쁜 것으로만 보아왔는데, 최근에는 긍정적으로 보기 시작하였다는 점을 먼저 강조하고 싶다. 즉 어느 정도의 갈등은 조직이나 기관, 또는 개인이 살아 있고 또 발전적이라는 증거로 본다는 것이다. 그래서 갈등이 없는 무기력한 정체된 조직보다 감내할 수 있는 어느 정도의 갈등이 있다는 것은 교육계의 좋은 징조라고 본다.

그래서 최근에는 갈등을 없애는 갈등해소, 갈등축소, 갈등처리라는 말보다는 갈등관리(conflict management)라는 말을 쓰게 된다. 갈등을 관리하기에 따라서는 조직이나 개인이 발전할 수도 있고 퇴보할 수도 있다.

민주화 이전의 독재상태에서는 갈등이 있을 수도 없고 감히 표출될 수도 없었다. 교육계에 갈등이 표출되었다는 것은 발전했다는 것을 의미한다. 최근 몇 년간의 전교조 문제 등 교육계의 갈등현상은 발전했다는 증거이고, 또 우리의

* 새교육, 1991년 5월, 한국교원단체연합회.

젊은 교사들이 살아 있다는 좋은 증거로 보고 싶다. 또 실지로 이로 인해 교육계에 많은 발전을 가져온 것은 사실이다. 다만 갈등의 표현과 관리를 잘못함으로써 교육의 황폐화를 가져오는 측면이 있는 것도 또한 사실이다. 갈등을 막으려고 하지 말고 갈등을 발전적으로 이용하려고 해야 할 때라고 본다.

2. 교육행정기관과의 갈등

교육부, 교육청 등 교육행정기관은 도대체 무엇 때문에 존재하는가? 학교나 교사에게 지시하고 명령하기 위해서 존재하는가? 아니면 학교나 교사를 "돕기 위해서, 봉사하기 위해서" 존재하는 기관인가? 근본적인 출발점이 잘못된 데서부터 문제가 되고 있다고 생각한다.

교과서로 우리가 배우고 가르치는 것과 너무나 다르게 교육행정기관이 지시·명령을 하는 데 문제가 있는 것이다. 헌법 조문에 있는 민주주의와 교사들의 살갖에 와닿는 민주주의가 달라 심한 갈등을 경험한다고 할 수 있다.

총으로 대통령이 된 사람을 찬양하도록 가르치고 우상화하라고 하며, 선거철에 가정방문을 하라 하거나, 또 반장을 선거나 투표하지 말고 임명하라 하면서 한편으로 북한이 잘못됐다고 반공·멸공을 가르치라니 교사들은 갈등을 일으키지 않을 수 없었던 점도 있다.

이제는 더 이상 본말이 전도된 어리석은 짓은 그만 해야 할 때이다. 모두가 제자리로 돌아가야 할 때라고 본다. 학교·교사·학생·수업을 위한 교육행정이라는 것을 잊지 않도록 해야 한다. 아이들은 교사가 가르치고, 휘두르는 것은 일반직과 행정가라면 그 판이 제대로 되겠는가? 교육행정을 전공하는 입장에서 보면, 행정과 현실 사이의 괴리가 너무나 큰 것을 느낀다.

3. 교장·교감과 교사의 갈등

한마디로 가르치는 일과 가르치는 일을 도와주고 지원하는 행정이 제대로 전문화되지 못한 데서 생기는 갈등이 크다고 본다. 교장·교감이 가르치는 전문가로부터 행정하는 전문가로 제대로 변신하지 못한 데서 원인이 발생한다.

연출자와 배우가 제각각 역할과 기능을 제대로 못하는 데서 연극은 뒤죽박죽이 되고 손해보는 것은 관객과 손님인 아이들과 학부모이며 마침내 연출자, 배우까지도 모두 손해를 보게 된다.

4년제 대학을 나오면 모두 전문가인가? 전문가이니까 내 교실에는 얼씬도 하지 말라고 하는 전문가(?)가 더 높은 수준의 전문가가 되겠는가? 의사나 변호사 수준의 전문성을 확보하기 위해서 교장·교사가 하나가 되어야 할 것이다.

전교조 문제가 터졌을 때 교장·교감은 다독거리고 감싸야 했고, 교장 선출제·임기제가 나왔을 때 교사들은 같이 힘을 합쳐 막아주어야 했다고 생각한다. 교사를 희생시켜 놓고 아이들을 누구의 힘으로 가르칠 것이며, 권위 없는 교장 밑에서 근무하는 교사의 권위는 무엇이 될 것인가를 같이 생각했어야 했다고 본다.

교장의 전문성과 권위를 떨어뜨리면 교사의 권위가 올라갈 것이라고 본 계산기는 분명 고장 난 계산기였다. 또 투표자수를 계산하여 이익을 보려고 교장임기제를 들고 나온 정치가들의 계산기도 고장 난 것이었다.

학교 내부가 똘똘 뭉쳐 전교조나 교장임기제 문제를 이용하려는 정치바람을 막았어야 했다고 본다.

4. 학부모와 교사 간의 갈등

학부모와 교사 간의 갈등은 학교나 교사가 학부모에게 너무나 무리한 요구를 하는 데 문제가 있다. 과도한 학습준비와 숙제지도, 학교에 대한 협조 등에 무리가 따르는 경우가 있다. 가정교육이 주가 되고 학교교육이 부가 되어야 하는데, 우리는 지나치게 학교교육에 의존하다 보니 학교와 교사에게 너무나 무리한 요구를 하는 경우도 있다.

학부모들이 내 자식을 선생님께 맡긴다는 말을 흔히 하는데 도대체 뭘 믿고 사람을 물건 맡기듯이 맡긴다는 것인지 모르겠다. 요즈음에는 과도하게 믿고 맡겼다가 되돌아오는 학교에 대한 실망과 불신이 커지는 것 같다.

반대로 학부모가 교사에게 지나친 요구와 간섭을 하는 경우가 또 있다. 똑같은 학생이고 제자인데 내 자식만 더 사랑해 달라는 무리한 요구도 있다. 무슨 수단을 써서라도 환심을 사려고 하고 매수하려는 듯한 태도를 볼 때 교사는 심한 불쾌감을 느끼고 교직에 대한 자존심을 상하게 되는 경우도 있다.

교사는 존경이란 이슬을 먹고 산다. 물질적 존경을 못해 주려거든 정신적·심리적 존경이라도 해주어야 한다.

이런 상황에서 교사들은 물질과 정신이라는 두 마리 토끼를 다 놓치고 있다는 생각이 든다.

5. 교사 간의 갈등

학교에는 최소한 3세대의 문화가 공존하고 있다. 청소년의 학생문화와 젊은 교사의 문화, 장·노년교사의 문화가 한 학교 내에 공존하고 있는 것이다.

그런데 세대 차를 느끼는 기간이 더욱 짧아지고 심해지는 것이 현대의 특징이다. 웃기는 말로 쌍둥이 사이에서도 세대 차를 느낀다는 이야기가 있다. 젊은 층은 자기이익 중심의 "me generation"이라고 하는 반면, 나이들은 층은 구태를 벗지 못했다고 서로 상대조차 하지 않으려고 하는 데서 갈등이 생긴다.

급격한 산업화와 현대화라는 것이 이러한 세대 차·가치관의 차를 가져와 갈등을 야기하고 있다. 이제 무조건적인 존경은 사라졌다고 본다. 나이 때문에, 지위 때문에 무조건 존경 해주는 일은 없어졌다는 것이다. 그런데 나이 들은 층은 그걸 기대하는 데서 갈등이 생길 수 있다.

이제 서로를 존중하고 인정하지 않으면 안 된다는 것을 느낄 때가 아닌가 한다. 나의 가치가 중요하면 남의 가치도 중요한 것을 알게 되고 그래서 다양한 가치가 공존한다는 사실을 받아들여야 한다고 본다.

학교에서 남녀 교사 간에 갈등이 존재하는 것은 사실이다. 여교사 숫자는 많은데, 여자 행정가는 적다는 데서도 갈등이 생길 것이다. 또 여교사들은 중요하고 어려운 일은 피하고 필요한 때만 자기 몫을 요구한다고 남교사들의 불평하는 소리를 듣곤 한다. 여자의 신체적·생리적 특성은 당연히 인정되고 존중되어야 하며 또 보호되어야 한다. 그러나 여자들의 입장에서도 남자와 똑같이 일한다는 태도를 가져야 한다. 똑같이 징집당해서 군대에도 갈 수 있도록 해달라고 요구할 정도의 정신을 가져야 한다고 본다.

6. 일반직과 전문직의 갈등

직급 간의 갈등보다도 더 심한 것이 일반직과 전문직 간의 직렬 간 갈등과, 초등과 중등의 학교수준 간 갈등이라고 본다. 아버지 나이의 전문직과 아들 나이와 경력의 일반직을 같은 계장이라고 맞먹도록 만들어 놓은 제도와 분위기가 더 큰 문제이다.

같은 4년제 사범교육을 받고도 초등은 2~3배의 수업시간을 부담하면서 보수는 덜 받고, 또 교육전문직의 숫자는 적고, 교육감과 학무국장 자리는 앉을 꿈도 못 꾸는 모순을 언제까지 두고 볼 것인지 모르겠다. 산부인과 의사가 소아과 의사보다 높은 사람이라고 생각하는가? 병원의 서무과·원무과에 있는 사람이 의사보다 더 높은 사람이라고 보는가? 해도 너무 한 것 같다.

교육자들은 염치를 떼놓고 사는 사람들인가 하는 생각을 할 때도 있다.

상·하 관계는 분명해야 하지만 동시에 역할도 분명해야 하고, 특히 현대 조직은 수평적 전문화를 강조하고 계층보다는 네트워크의 협조를 강조하고 있다는 점을 감안하여 직급 간의 갈등을 해결해야 한다.

예를 들면 교장은 교감에게 전문 역할을 맡기고, 부장 교사에게는 반행정가·반학급수업자로 법적·제도적 장치를 마련해 주어야 한다.

7. 사회·경제적 갈등

이 문제는 교사들 너나없이 가장 심각하게 받아들이는 문제라고 본다. 아주 간단한 예로 낙후된 교육환경이 더 큰 문제이지만 대졸사원만 모여 근무하는 근무처 중 교무실처럼 열악한 조건도 없을 뿐더러 급료와 승진제도가 미비하기 때문에 교사들의 상대적 빈곤감은 더욱 심하게 받아들여지는 듯싶다.

연로한 교사들은 예전 교사들의 급료 수준과 사회적 우대 등이 향수로 받아들여질 때 때때로 무력해지고 패배감마저 느끼게 될 것이다. 이것은 스승이라는 허울뿐인 명예로 책임과 의무만 강요해 왔을 뿐 가르치는 일을 하는 사람으로서 일할 수 있는 여건의 개선이나 일의 대가를 제대로 따져 받는 일이 전혀 이루어지지 못했던 까닭이다. 희생만 강요해서도 안 되며 하나의 직업인으로서 일의 가치를 인정해 주고 삶의 질을 보장받을 수 있도록 해주어야 할 것이다.

교사는 국민의 지도자로서 높은 사회적·경제적 신분을 누려야 하는데 현실적으로는 그렇지 못하다.

젊은 교사들이 근검·절약하여 몇십 년쯤 저축하면 조그만 집 한 채라도 마련하여 안락하게 살아갈 수 있다는 희망을 가져야 하는데 현실은 너무나 절망적이다. 그렇다고 승진하여 직장에서 발전할 수 있다는 희망도 교사들에게는 없다. 잘 가르쳐도 못 가르쳐도 별 차이가 없는 것 같이 보인다. 그렇다고 누가 존경해 주지도 않는 것 같이 보인다. 여기서 교직은 매력을 잃게 된다.

교사로 하여금 학생들에게 가르치는 대로 살 수 있도록 해주어야 한다. 엊그제 졸업시킨 제자보다 낮은 봉급을 받는 자신의 처지를 자학하는 교사가 무슨 자부심을 갖고 교단을 지킬 수 있겠는가? 교사에게 사명감도 강조해야 겠지만 국가와 사회는 적절한 대우를 해주어야 우수한 교사들이 모여들고 우리의 교육경쟁력은 제고될 것이다. 교육을 등한시한 나라는 얼마 안 가서 반드시 후회하게 된다는 진리를 곰곰이 씹어볼 때이다.

그러나 이런 갈등을 해소하기 위한 방안을 찾기는 어려운 일이라 여기며 여기서 논의된 것도 한 방안이 될지 모르겠다.

8. 모두가 승자되는 갈등전략 필요

어느 정도의 갈등은 학교와 교육계의 발전에 긍정적 측면을 갖는다고 하였다. 그러나 과도한 갈등은 모두를 파멸로 이끈다고 본다.

갈등해소를 위해서 첫째, 교육행정가와 지도자는 갈등을 건설적으로 관리하는 능력을 길러야 한다. 이혼이라는 파멸로 이끌 수도 있으나 더욱 사랑을 굳게 할 수도 있는 것이다.

둘째, 갈등에서 "Win-Lose"게임 또는 "Zero-Sum"게임을 하여 죽기 아니면 살기, 못 먹는 감 찔러나 보는 식의 게임을 하려고 하지 말고 "Win-Win"

게임, 모두가 승자가 되는 방안을 찾기 위해서 모든 갈등집단원들이 협동과 통합을 추구하는 갈등전략을 세워야 한다.

셋째, 교육집단은 이해집단이 아니라 기능집단이므로 이해를 따지기 전에 자신의 맡은 역할과 기능을 제대로 발휘하여 교육목적 달성에 기여하고 있는지의 여부를 먼저 따져보아야 한다. 교육은 각각 다른 소리를 내는 수많은 악기를 가지고 하나의 곡을 연주하는 교육오케스트라와 같다. 최소한 인구의 1/4에 해당하는 일천만이 연주하는 교육오케스트라가 될 때, 우리 교직자는 삶의 의미도 찾고 우리나라 교육은 국제 경쟁력을 갖게 될 것이다.

제 11 장
교장임기제와 교장의 직무수행*

1. 건너지 말았어야 할 강

세계 여러 나라들이 교육의 질 향상을 위하여 냉혹한 질 경쟁을 하고 있는 이때에 우리나라는 최근에 이와는 거리가 먼 순전히 내부갈등과 외부의 정치바람에 의하여 교장임기제를 결정해 놓고는 그 후유증으로 몸살을 앓게 되었다. 이로 인해 우리나라 교육행정은 반세기 정도 뒷걸음질치게 될지도 모르게 되었다. 우리나라 문화 풍토에 맞지 않는 교장임기제로 교육행정의 전문화와 교육행정의 질이 퇴보하고 마침내는 교육의 질 저하를 가져올 것이 틀림없기 때문에 교장임기제는 분명히 건너지 말았어야 할 강이다.

필자가 교육행정학 중에서도 교장론과 장학론에 더 집중적으로 관심을 갖고 공부해 온 바에 의하면 우리나라 교육행정의 중요한 과제는 어떻게 하면 "가르치는 일과 이를 지원하는 행정을 분화, 전문화하여 한 단계 높은 수준으로 끌어올리느냐"하는 문제이다. 이런 차원에서 필자는 지금까지 교장임기제를 적극 반대해 왔다.

우선 교장임기제 실시는 교육행정의 전문화 및 질적 향상과는 맞지 않다는 것이 이 제도를 반대하는 첫 번째 이유이다. 같은 달리기 선수라도 장거

---

* 학교경영, 1991년 5월호 제5호, 통권 39호, 교육연구사.

리와 단거리가 전문화되고, 같은 축구선수라도 골키퍼와 공격수, 코치와 감독이 전문화되어야 하는데 감독은 무조건 8년 이내에 물러나 영원히 축구계를 떠나든가 아니면 다시 원로선수(?)로 돌아와 공을 차는 선수가 되라니 세상에 이런 팀이 세계(교육)올림픽에서 이길 수 있겠는가? 선수들이 빨리빨리 돌아가면서 감독을 해먹는 것이 목적인가 아니면 경기에서 이기는 것이 목적인가?

둘째, 교장임기제가 실시되면 직무 안정성과 신분보장이 안 되고 지도력과 권위가 약화되어 교육과 교육행정의 본질을 추구하기 어렵다. 첫 4년간은 눈치를 보면서 교장의 직무를 수행하게 되고, 그 다음 4년은 이판사판이니까 적당히 해도 될 것 아닌가? 결국 우리나라 교육자의 강점이었던 신분안정은 위협받게 되었고 결과적으로 교육자의 정년을 앞당기게 되었다. 이에 일반직들은 박수를 치고 있을 것이다. 교장임기제가 채택된 이상 이제 4년이 되었든 8년이 되었든 임기를 마친 교장은 후배들을 위해서 깨끗이 물러나야 한다는 것이 필자의 생각이다. 원로교사니 교육전문직이니 하는 무마용 언어의 유희, 정책적 유희에 같이 놀아나 임기 후 정년까지 기생충 모양으로 붙어 앉아서 세금이나 축낼 생각을 하면 국민들이 용서하지 않는다. 그러자니 자연 정년은 단축된다.

셋째, 교장임기제는 분명 정치적으로 악용당할 여지가 있기 때문에 반대해 왔다. 임기 4년의 교장은 눈치를 보지 않을 수 없다. 눈치를 보는 교장이 학생교육을 제대로 하겠는가? 그러면 교장은 누구의 눈치를 보겠는가? 교사의 눈치를 보겠는가, 아니면 학생의 눈치를 보겠는가? 그보다는 먼저 임명권자의 눈치를 보아야 할 것이다. 과거에 소신 있는 발언을 했던 교수들이 잘렸듯이 체제 순응적이 아닌 교장은 잘리지 않을 수 없을 것이다. 다시는 그런 세상이 안 와야겠지만 그런다는 보장은 어디에도 없다. 눈치보는 교장 밑에서 근무할 교사들의 신세는 또 무엇이 되겠는가? 그런 교사 밑에서 배우는 학생의 꼴은 더욱 불쌍해진다.

누가 교장임기제를 들고 나왔는가? 여·야당 정치인들 아닌가? 교육계 내부의 문제, 교육적인 문제들이 정치바람에 의하여 휘말려 돌아가는 것이 기분 나쁘고, 교육계의 앞길을 내다보지 못하고 당장의 이익에 눈이 어두워 교장임기제를 들여오는 정치인들과 여기에 덩달아 춤추는 교육계 내부의 사람이 원망스럽다. 임기를 맞은 교장은 분명 교사나 학생에게 충성하기보다는 우선 목줄이 달린 상부에 충성해야 할 것이다. 교육은 계속 정치적으로 이용당하고만 있어야 하는가? 정치인들이 교사를 편들어주고 교사를 도와주는 것 같지만 결국 그들은 정치적으로 이용하여 그들의 정치적 목적만 달성하면 되는 것이다.

넷째, 근본적으로는 앞에서도 잠깐 언급되었지만 교육목적 달성, 교육의 본질을 제쳐놓은 목적전도에 문제가 있다. 교육에 있어서 인사는 수단이지 목적이 아니다. 임기제 실시는 궁극적으로 인사적체문제를 해결한다면서 교육의 목적과 본질을 오히려 해치는 결과를 빚게 될 것이다. 그렇다고 모두가 만족할 만큼 인사문제를 해결해 주는 것도 아니다. 교장임기제를 실시한다고 해서 과연 몇 명의 교사가 몇 년이나 더 교장을 해먹을 수 있고 몇 명의 교사나 더 행복해질 수 있겠는가? 근본적으로 교사들이 교실에서 행복할 수 없으면 월반장식으로 돌려가면서 교장을 하게 해도 교사들은 만족하고 행복할 수 없다. 40대의 우수한 젊은 교사들이 교육행정가(교감·교장)가 되기를 기피하고 정년을 앞둔 말년에서야 차례가 오면 적당히 해보겠다고 한다면 교육의 본질추구는 기대할 수 없다. 젊은 능력자들이 교육행정을 기피하면 교장·교감의 노령화를 가져와 교육은 발전하기 어렵기 때문이다.

정말 순수한 목적에서 교육행정과 교육의 질을 향상시키려는 목적에서 교장임기제를 들고 나왔다면 교감, 교사, 교수, 일반직도 똑같이 4년 임기제를 해야 한다. 교사도 4년 시켜봐서 무능하면 퇴직시키고, 서기관도 이사관도 4년 시켜봐서 자를 사람은 잘라내야 한다. 모든 교사, 교감, 일반직은 유능하기 때문에 임기제가 필요 없고, 교장만 무능할 수 있다는 것이 전제된 제도인가? 인사적체는 교장에게만 있는가? 교사적체의 문제도 있고 일반직의 적체문제는 더 심각하지 않은가? 모든 교사의 가르침에 모든 학생, 학부모가

다 만족하고 있다고 믿는가?

이렇게 생각하면 교장임기제 문제도 그렇게 간단하지 않음을 알 수 있다. 왜 하필이면 교육자의 말로에만 비참하게 임기제를 적용하여 도려내야 할 근거는 무엇인가? 일반직의 이사관이 4년 임기가 지난 다음 원로부이사관, 원로서기관으로 하여 우대해 주면 어떨까? 교육부 국장 4년 후 원로과장으로 우대해 주는 법도 곧 만들 것인가? 참 재미있는 세상이 올 것 같다.

2. 오법도 법인 이상

교장임기제가 전혀 나쁜 면만 있는 것은 아니다. 장점도 많고 긍정적인 면도 많다. 그래서 선진국에서도 적용하는 경우도 있다. 아예 처음부터 공개경쟁으로 교장을 채용하고 일정한 조건과 계약에 의하여 채용하여 효과를 거두는 나라도 있다. 그러나 계약제의 경우도 4년 또는 5년 계약기간 후 평가를 받아 잘하면 계속 채용하지 8년 이상 교장을 못한다는 말은 못 들어 보았다. 더구나 무능해서 물러난 사람을 명예 퇴직시키거나 교육전문직이나 원로교사로 우대해 주면서 친절히 가난한 나라의 세금을 들여 자리를 마련해 준다는 나라가 지구의 어느 모퉁이에 있다는 말은 아직 들어보지 못했다.

교장임기제가 좋은 점이 있기 때문에 필자보다 더 훌륭하고 높은 분들이 옳다고 주장했고, 또 숫자적으로도 더 많은 사람들이 채택을 찬성한 것으로 안다. 특히 대의민주제를 채택하고 있는 우리 민주주의 국가에서 국민이 뽑아 준 우리의 선량들이 여야합의로 결정한 제도이기 때문에 이 제도는 존중되어야 하고, 또 잘 운영되어 인사적체도 해결하고 교육의 질 향상이라는 교육목적도 달성해야 한다. 이왕 실시한다면 고려해야 할 효과적인 운영을 위한 후속조치와 관련하여 다음 몇 가지를 생각해 볼 필요가 있다.

첫째, 엄정한 학교평가제가 뒤따라야 한다. 현재는 교장의 근무평정제도 없고 학교평가제도 없다. 그러나 앞으로 교장임기제에서 중임을 결정하려면 4년간 엄격하고 정확한 객관적인 평가를 해야 할 것이다. 평가결과는 그때그때 공개되어 본인이 알아야 잘못된 점을 고쳐나갈 수 있고 또 자신의 진로를 결정할 수 있을 것이다. 현재의 교사근무평정과 같이 엉터리로 하고 또 비공개로 한다면 문제가 아닐 수 없다. 교장의 평가기준도 사전에 공개되고 다양한 사람으로부터 정보를 얻어야 할 것이다. 학생, 학부모, 교사, 인사담당장학관, 인사담당교육위원, 교육장, 교육감 등이 참여해야 할 것이다.

둘째, 중임 결정도 엄격하게 지켜져야 한다. 보도에 의하면 교육부장관이나 교총에서는 특별한 결격사유가 없는 한 정년까지 기간이 남아 있는 사람은 중임이 보장되어야 한다는 식으로 발표하여 교장들의 반발을 막고 안심시키려 하고 있으나 그러려면 중임제도를 둘 필요가 없다. 거의 자동적으로 중임되도록 하려면 처음부터 4년 임기 후 4년 중임제를 할 필요 없이 아예 처음부터 8년 단임제를 하는 것이 합당하다. 특별한 결격사유라면 4년 후가 아니라 임기 중일지라도 면직시켜야 하고 또 지금도 그렇게 할 수 있는 것이기 때문에 거의 자동적으로 중임이 보장되는 것처럼 발언하는 것은 직권남용이다. 현 교육부장관이 언제까지 장관하면서 그 많은 교장을 어떻게 다 중임을 보장해 주며 또 그것을 어떻게 믿을 수 있는가? 교장의 첫 임기 4년간 엄격한 평가를 해서 걸러낼 사람은 걸러내는 것이 원칙이다. 다만 오히려 무리하게 정치적으로 걸러지지 않을까 걱정된다.

셋째, 중임이 안 된 교장은 깨끗이 교직을 떠나야 한다. 원로교사제라는 억지 제도를 만들어 다시 한번 더 건너지 말아야 할 강을 건너게 해서는 안 된다. 원로교사로 가는 길은 첫 4년 임기를 마치고 중임이 안 되고 정년이 안 된 사람과, 8년 중임까지를 마치고도 정년이 남아 있는 사람의 두 경우가 있다. 첫 번째 중임이 안 된 무능자와 결격자는 원로교사로 우대해 줄 명분이 없다. 교장으로서는 무능했지만 원로교사로서는 유능할 것이라고 억지를 부릴 수도 없을 것이다. 중임이 안 된 사람은 깨끗이 교직을 떠나야 하는 길밖에 없다. 장학직도 명예퇴직도 당치 않은 소리이다. 무능해서 중임이 안된 사람에게 무슨 가당치도 않은 "명예"라는 말을 붙일 수 있는가? 교육부장관이 교직단체가 친절하게 원로교사라는 자리를 만들어주고 명예퇴직을 시켜준다고 해도 우리는 불명예스럽게 그것을 받아들여 국민의 세금을 축내고 국민의 눈총을 받을 수는 없는 것이다. 사립학교의 경우는 더욱 문제이다. 그동안 국가에 봉사한 것이 헛된 것이었다고 깨끗이 단념하고 자진 사직해야 하는 것이 원칙이다. 선진국이 다 된 것처럼 떠들어대는 나라의 교장을 4년이나 지낸 사람이 비굴하게 어느 한 구석에 붙어 있을 생각은 아예 하지 않는 것이 좋을 것이다.

넷째, 중임까지 마친 교장에 대한 정당한 후속조치는 고려되어야 한다. 흔히 거론되는 방안이 ① 명예퇴직으로 교직을 명예롭게 물러나는 길과, ② 원로교사, 또는 ③ 교육전문직, ④ 자문위원과 교수요원으로 교직에 남아 있는 길이 거론되고 있다. 8년 중임까지 마쳤다면 그야말로 명예롭게 교직을 떠나는 것이 최선의 방안이라고 본다. 이런 경우 결과적으로 교직의 정년은 단축되는 결과를 가져오지 않을 수 없다. 그러므로 62세까지 남아 있는 것 이상으로 금전적·정신적 보상을 해주어 명예퇴직을 하게 하는 명예퇴직규칙을 마련해야 할 것이다.

원로교사제는 권장하고 싶지 않다. 원로교사제를 만들려면 우선 원로교사자격증제를 두고 재교육을 시켜 우선 원로교사자격증을 따도록 하여 교장신분에서 교사신분으로 신분 변동하는 절차를 마련해야 한다. 총장하던 사람이 교수가 되려면 신규임용의 절차를 밟고 있는 점을 생각해야 할 것이다.

그러나 우리 교육계에 교장임기제와 상관없이 원로교사가 꼭 필요했던 것이 아니고 교장임기제 때문에 궁여지책으로 원로교사제를 만들려고 한다면 이것은 정책적으로도 잘못된 것이고 명분도 안 서므로 눈치보면서 정년 채우기 위해서 남아 있을 필요는 없는 것이다. 원로교사로 우대해 줄 교육재정이 있다면 젊은 신규교사를 더 채용하여 학급당 학생수를 줄이고 교사 1인당 학생수를 줄여 나가야 하는 것이 우리의 실정이다.

교육전문직이나 교육행정기관을 위한 자문위원이나 연수원의 교수요원으로 남아 있는 길도 바람직하지 못하다. 이런 자리일수록 교장보다 더 젊고 전문적인 인력을 필요로 하는 자리이기 때문이다. 중임을 마쳤으면 62세 정년이 남아 있더라도 명예롭게 명예 퇴직하는 길밖에 없다. 교육전문직이나 자문위원, 교수요원의 전문성과 자질을 갖춘 사람이라면 8년 임기 중에 전직했어야 하는 것이 원리에 더 맞는다.

결론적으로 법을 개정하지 않는 한 편법이나 무마용으로 얼버무리려 하지 말고 원래의 법정신대로 운영하는 것이 원칙이다. 그래서 중임결정 시 철저히 걸러내고, 중임이 안 되고 정년이 남아 있는 사람은 자진사퇴하고, 8년 중임까지 마치고 정년이 남아 있는 사람은 명예퇴직으로 물러나는 것이 교장임기제의 실시의 본래 의도라고 보아야 할 것이다.

3. 소신 있는 직무수행

교장임기제는 수단방법을 가리지 않고 중임만을 노리는 교장을 만들기 위해서 채택한 제도는 분명 아닐 것이다. 그렇다면 우리가 어떻게 교장의 직무를 수행해야 할 것이냐 하는 문제에 대한 대답도 분명해진다. 교사와 교감을 거치는 동안 가졌던 교육철학과 교육적 신념, 행정철학과 소신에 의하여 교장의 직무를 수행하는 길밖에 다른 방도가 없다. 교장임기제로 인해서 학생교육을 희생시키는 어떤 잔재주도 용납될 수 없다. 또 이렇게 소신대로 직무를 수행하는 교장은 반드시 중임되어야 할 것이다. 무사안일과 인기영합, 교육적 침체, 눈치작전(?)은 교장 개인을 위해서도 국가를 위해서도 더욱 불행으로 빠지는 길이라는 것을 인식하고 떳떳한 교장으로 소신껏 직무를 수행해야 할 것이다.

　교장임기제는 지금이라도 취소될 수 있으면 좋겠다. 만일 그럴 수 없다면 차선책으로 4년마다 평가에 의하여 계속 연임될 수 있는 방안으로 개정되는 것이 교육행정의 전문화에 도움이 될 것으로 본다. 그러나 교장임기제를 현재대로 1회 중임으로 고집해야 한다면 중임 안 된 교장은 자진사퇴하고 8년 임기를 마친 교장은 명예 퇴직하는 길이 최선책이라고 본다. 단 교육계에 임기제를 도입하여 교육의 질을 향상시키려고 한다면 모든 교원과 일반직에게 교장임기제와 똑같은 임기제를 적용하는 것이 형평의 원칙일 것이다. 그러나 그럴 경우 얻는 것보다 잃는 것이 많을 것이라는 것은 쉽게 짐작할 수 있다. 그것이 두렵다면 교장임기제는 지금이라도 취소되어야 한다. 또 교장들은 임기제를 채택하거나 주장한 사람들에게 충성하려고 하지 말고 자기 자신과 제자들에게 충성하려고 해야 할 것이다.

제 12 장
학부모의 학교교육 참여*

1. 서 론

최근에 학부모의 학교교육에의 참여 방안이 활발히 논의되고 있다. 이에 관하여 몇 가지 의견을 제시하고자 한다. 먼저 국민과 학부모의 교육에의 참여 필요성을 들고, 다음으로는 학부모의 참여가 양면성을 가지고 있다는 점을 지적하고, 대학에서의 참여방법을 예시하고자 한다.

2. 국민의 뜨거운 교육열을 교육개선으로

학부모의 학교교육에의 참여 필요성을 다섯 가지로 요약한다.

첫째, 학부모의 학교교육에의 참여는 교육 동반자로서 너무나 당연한 일이다. 가정교육, 학교교육, 사회교육 중에서도 학부모가 담당하는 가정교육이

---

* 중앙교육심의회, "학부모의 학교교육 참여 활성화 방안", 교육정책토론회 토론원고, 1991년 7월 3일 세종문화회관.

가장 중요하며 학교교육도 학부모의 협조 없이는 성과를 거두기 극히 어렵기 때문이다. 특히 다인수 학생을 대상으로 열악한 학교교육 환경 속에서 거친 학교교육을 하는 우리의 현실 속에서도 협조와 참여가 절대적으로 필요하다. 지금까지 학생들도 높은 향학열을 갖고 열심히 공부해 왔고, 교사들도 뜨거운 교육애로 열심히 가르치고, 학부모도 지극한 교육열로 자녀교육을 뒷받침해 왔는데 이 세 호재(好材)의 열과 사랑이 각각 분산됨으로써 소기의 성과를 못 거두었었다. 이제 교육지도자, 정책결정자들이 이들 좋은 조건의 열과 사랑을 필요한 곳에 결집시키는 노력만 있으면 우리의 교육은 더욱 개선되고 발전할 수 있다고 믿기 때문에 학부모의 올바른 교육 참여방안이 제시된다면 교육개선의 계기가 될 것으로 생각된다. 그래서 〈그림 14-1〉의 볼록렌즈에 해당하는 교육지도자의 지도력이 요구되는 시점에서 학부모의 학교교육 참여 문제는 시의 적절한 논의 주제라고 본다. 학부모는 학생교육을 위한 교사의 교육동반자로서 학교교육 참여는 너무나 당연하다.

둘째, 학부모와 국민은 교육소비자로서 학교교육 참여는 보장되어야 한다. 학부모와 국민은 학교소비자로서 교육세를 내고 교육을 사는 것이다. 소비자는 왕이다. 교육자들은 교육전문가로서 소비자인 국민이 원하는 교육제품을 만들어 내야 하는 것이다. 학부모와 국민은 그들이 원하는 교육을 만들어 달라고 요구할 수 있으며 이를 위해 학교교육에 어떤 형태로든 참여해야 한다. 또 민주국가에서 모든 주권은 국민으로부터 나오는데 교육에 관한 권한도 근원은 국민에게 있다. 교육이 더 이상 정치가나 교육자의 전유물, 독점물, 독과점상품으로 남아 있을 수는 없다. 그동안 교육에 관한 학부모와 국민의 목소리는 너무나 낮았다. 교육을 국민에게 돌려주어야 한다는 의미에서 학부모의 교육 참여는 강조되어야 한다.

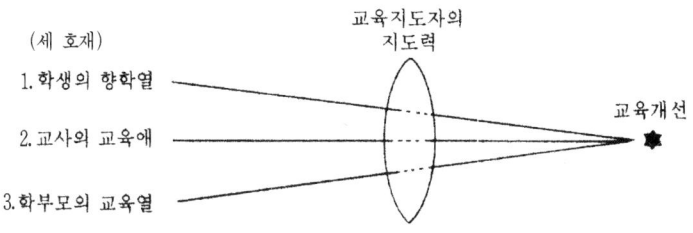

〈그림 14-1〉(필요한)교육요소를 결집하는 교육지도력

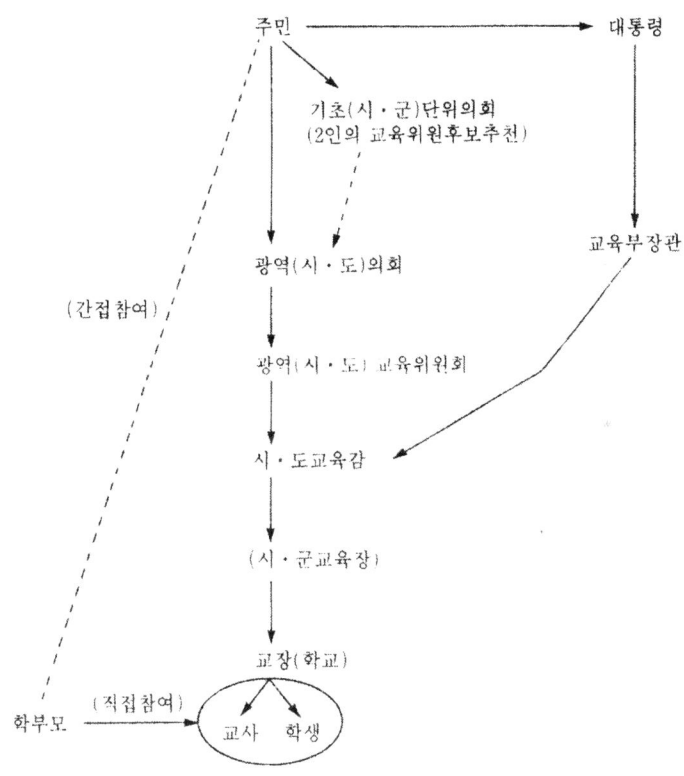

〈그림 14-2〉지방교육자치와 학부모의 학교교육 참여

셋째, 학부모는 학교교육에 봉사자로서 참여할 수 있다. 학부모의 고급유
휴인력은 부족한 교육인력을 보완·지원할 수 있고 또 이들은 봉사의 즐거

움을 가질 수도 있다. 학생들의 특기지도에 참여할 수도 있고 또 부족한 인력난을 시간제로 봉사하여 보완할 수 있는 분야는 얼마든지 있다고 본다. 이러한 봉사는 재정 후원보다도 더 가치 있고 보람된 일이라고 본다.

넷째, 학부모의 학교교육에의 참여는 분권과 참여라는 세계적인 조류에도 맞는다. 모든 권한이 계속 밑으로 내려오고 있으며 교육에서도 학생과 교사가 만나는 수업현장으로 권한이 내려오고 있다. 학교와 학부모가 만나는 학교로 모든 권한이 내려오고 있으며 이러한 권한을 학교와 학부모가 나누어야 할 입장이다. 민주주의는 대의민주주의 시대에서 참여민주주의 시대로 전환되고 있다. 교육에서도 교육위원회라는 대의기구를 통해서 주민을 위한 교육을 해야겠지만 학부모의 학교교육 직접참여를 통해서 교육민주화를 보장하려는 것이다. 특히 광역교육자치를 시도하고 있는 우리의 현실에서는 학부모의 의견이 자신의 학생교육에 반영되기는 너무나 어렵다. 〈그림 14-2〉를 보면 분명해질 것이다.

다섯째, 학부모의 학교교육 참여를 통한 학교교육개혁운동을 하려는 세계적 조류와 맥을 같이한다. 세계 여러 나라들이 중앙의 원격조정에 의하여 학교개혁을 시도했으나(제1의 교육개혁) 실패하였다는 것을 인정하고 이제는 학교현장의 교장, 교사, 학생, 학부모를 통한 교육개혁과 학교개혁, 교육의 우수성(수월성)을 추구하고 있다. 이것을 미국에서는 제2의 교육개혁물결이라고 한다. 아무리 원격조정에 의하여 개혁을 시도해도 교육을 직접담당하고 운영하는 교장과 교사, 학부모가 움직이지 않으면 학생에게 변화를 가져오기는 어렵다는 판단을 내린 것이다. 그중에서도 특히 학부모의 참여 없이는 학교개선이 불가능하다. 영국, 호주, 캐나다, 스칸디나비아 여러 나라, 미국 등에서 학교현장(자율·책임)경영제를 채택하고 있다. 학교운영협의회(School Council, Board of Governors)에 교장, 교사대표 외에 학부모회 대표를 참여시키는 문제를 각 시·도별 그리고 단위 학교별로 정하도록 융통성을 부여하는 것은 지역 학교의 특수한 상황을 고려한 조치로 의미 있는 구상으로 보여진다.

이제 학부모는 더 이상 "내 자식을 학교에 맡긴다"는 위치에만 머무를 수는 없다. 학부모의 뜨거운 학교열을 자식 개인에게만 쏟지 말고 학교교육에 참여함으로써 학교운영 전체에 쏟아 교육개선으로 승화시켜야 할 때라고 본다.

3. 양면성의 모험

학부모의 학교교육 참여는 앞에서 제시한 필요성과 긍정적인 측면을 갖고 있는 동시에 잘못 참여하게 되면 역효과를 가져올 수도 있다는 부정적인 측면도 있다.

첫째, 학부모의 학교교육에의 참여에는 긍정적인 측면과 부정적인 측면의 양면성을 갖고 있다. 과거와 같이 계속 학교를 적극적으로 지원·후원하는 긍정적인 측면과, 그동안 포기되었던 학부모의 당연한 권리주장과 책무성 (accountability)의 요구로 교육계로서는 곤란한 지경에 이를 수도 있다. 학부모의 당연한 주장과 요구도 우리의 교육실정으로는 이를 소화해 내기 어려운 점이 많을 것이다.

둘째, 학부모회의 목적을 분명히 해야 한다. 지금까지 "후원회", "사친회", "기성회"로 이름만 바꾸면서 그럴듯한 목적을 내세웠으나 특별한 변화가 없었고 최근 "육성회"의 이미지가 나빠졌다고 또다시 관제의 형식적인 조직만 만들고 이름난 바꿔놓는다고 크게 달라지기는 어려울 수도 있다. 이번에 학부모조직을 바꾼다면 ① 부족한 교육재정을 보충하기 위한 후원단체냐, 아니면 ② 학부모의 권리신장과 참여확대를 통한 교육의 질 향상을 위한 것이냐, ③ 이 두 가지 모두를 위해서이냐의 목적을 분명히 하고 또 그 목적에 맞게 조직과 기능을 생각해야 한다. 육성회비를 수업료로 흡수하여 공식적으로 내게 하고 여기에 더하여 또 "자체운영"과 "교원의 복지"를 위해 "소정의 회비"를 또 내게 한다면 결국 학부모 부담만 늘리자는 결론이 된다. 왜 학부모가 "교원의 복지"를 위해서 세금과 교육세를 내고 또 수업료를 내고 그것도 부족하여 학부모회비를 더 내야 하는지 설득 당할 수 없다. 교원도 학부모의 손에 자신들의 복지를 매달아 놓는 것을 즐거워하지 않는다. 교원의 후생·복지문제는 국가나 지방자치단체가 책임져야 할 문제이다. 학교의 학부모에게 교원의 복지가 의존하게 되면 지역마다 학교마다 차이가 생길 수 있고 교원들은 떳떳하지 못하게 된다.

셋째, 학부모전체를 이익단체의 성격으로 규정하는 것은 신중히 고려해야 한다. 학부모회는 교사·학교와 협조하여 학생교육을 잘 해내기 위한 기능집단이 되어야지 이익집단, 압력단체가 되어서는 교육적 기능을 제대로 해내기 어렵다. 또 이익집단, 압력집단은 필연적으로 정치적이기 마련이어서 교육이 정치적으로 움직이게 된다. 학부모의 의무 참여냐 자진 참여냐의 문제도 결정해야 한다.

넷째, 학부모회는 학교단위로 그쳐야 한다. 학교교육에서 학급과 교사는 운영권이 없으므로 학급단위로 학부모회를 조직할 경우 여러 가지 문제가 발생한다. 다만 학교단위 학부모회를 조직할 때 학급을 고려하여 골고루 참여하게 조직할 따름이다. 그리고 시·군, 시·도, 전국단위의 학부모회를 조직하는 것은 신중을 기해야 한다. 학부모의 학교교육 참여는 제목 그대로 단위 "학교교육"에 국한하여 직접 참여하는 것이고 그 이상(시·군, 시·도)은 지방교육자치제의 교육위원회의 역할과 기능에 맡겨야 한다. 시·군, 시·도, 전국적 단체가 학교교육에 어떻게 참여하겠다는 것인지 이해하기 어렵다. 교육위원회, 중앙교육심의회를 제쳐놓고 전국적인 학부모 압력단체를 만들어 무엇을 하겠다는 것인지 모르겠다. 학교단위 학부모회를 운영하다가 필요성에 의하여 저절로 연대를 했다가 일이 없으면 연대를 안 하는 식으로 하여 학부모들에게 맡겨 두는 것이 오히려 나을지도 모른다.

다섯째, 학교운영협의회를 구성하여 학교운영에 참여하게 하려면 학교단위로 인사, 재정, 학교과정에 관한 권한이 내려와야 한다. 그렇지 않으면 주민과 학부모대표인 교육위원이 위에서 결정해 놓은 것과 단위학교 학부모 대표인 학교운영협의회가 요구하는 것이 상충될 수 있다. 학교가 학교위원회의 지시를 받아서 운영되는 데 학부모회가 운영에 참여하고자 할 때 학교는 중간에서 곤란에 빠지게 될 것이다. 학부모가 학교운영에 참여한다면 인사·재정·교육과정에 대하여도 협의할 수 있어야 한다. 교육의 독과점은 여기서 개방되고 도전을 받아 이겨내지 못하면 안 된다.

4. 대학에서의 학부모 참여

지금까지 주로 초·중등학교에서의 학부모 참여 문제는 생각해 보았는데 대학에서도 학부모 참여는 가능하다.

첫째, 대학에서의 의사결정 참여자는 ① 이해관계가 있는 사람, ② 전문적 지식과 능력·자질을 가진 사람, ③ 협조를 얻어야 하는 사람, ④ 자원을 대주는 사람으로 압축된다. 학부모는 ①과 ④에 해당되며 ②와 ③과도 관련되어 대학운영에 직·간접으로 참여해야 하고 또 할 수 있다. 그러나 초·중등학교에 비하여 대학의 학부모는 대학과 소원한 관계에 있었다고 볼 수 있다. 현재는 주로 기성회를 통하여 학부모의 일부가 참여하고 있으나 기성회 외에도 학교의 여러 위원회에 학부모 대표를 참여하게 하는 길을 마련하는 것이 좋을 것이다. 예를 들면 대학발전위원회, 홍보위원회, 총장추천위원회 등을 생각할 수 있다.

둘째, 기성회비는 수업료로 통합하여 단일화시켜도 무리는 없다고 본다. 국립대학에서 학교 재량으로 쓸 돈이 없어질지 모르나 수업료를 학교 나름대로 쓸 수 있게 하면 마찬가지 결과가 될 것이다.

5. 결 론

학부모의 학교교육 참여는 목적을 분명히 하고 목적에 맞게 조직을 해야할 것이다. 지방교육자치를 통한 간접참여와 학교단위 학부모회를 통한 직접참여는 모두 바람직한데 직접참여방식이 강조되는 경향이다.

이제 교육도 자유시장체제를 채택하기 시작하고 있다. 학부모가 학구의 제한 없이 공·사립을 막론하고 마음대로 선택하여 등록하고 등록한 학생수에 비례하여 학부모가 낸 세금이 등록한 학교에 배분되어 망하는 학교가 생기는가 하면 흥하는 학교가 생기기도 한다. 공립학교가 사립학교화하고 사립학교도 똑같이 공금이 투입되어 공립학교화하고 있다.

국가와 지방자치단체, 학교행정가, 교육자는 국민과 학부모가 원하는 교육을 해내야 한다. 학부모회를 부족한 교육재정 보충을 위한 편법으로 활용할 의도를 버리고 진정으로 학부모의 교육권을 신장하고 교육의 질을 향상시키려는 의도로 학부모회를 고려하기 바란다. 부족한 교육재정은 편법을 쓰지 말고 세금으로 흡수하여 떳떳하게 운영하게 되고 교육의 장이 비리의 장이 되지 않도록 제도적으로 보장해 주기를 바란다.

제 13 장
교육행정직과 교육행정 전문화*

　지방교육자치제 실시와 함께 부교육감 승진, 교육부와 교육청의 직제개편, 교육전문직 직급조정 등으로 일반직과 전문직의 자리다툼, 승진 열풍이 일고 있다. 해당자에게는 심각한 관심사이고 희비가 엇갈리는 중대한 문제이겠지만 수많은 학생과 학부모, 교사와 국민에게는 그리 절실한 문제가 아니라는 점을 의식해야 한다. 그리고 이러한 승진과 직제개편으로 얼마만큼 행정의 효과성에 변화가 올 것인가에 회의를 갖게 된다는 점을 당사자들도 알아야 한다. 이런 면에서 당사자들은 남을 의식하여 너무 기뻐하거나 너무 슬퍼하지 말고 이를 겉으로 나타내지 말기를 바란다.

　최근의 교육인사와 관련하여 몇 가지 견해를 밝히고자 한다. 첫째, 부교육감은 자격과 임명절차에 있어서 교육감에 준해야 한다. 교육감의 기능과 역할을 ① 교육위원회에 대한 최고자문(조언)자, ② 교육위원회 의결에 대한 최고집행관, ③ 교육(장학)지도자로 보아 우리나라에서 교육경력 20년을 필요로 했다면 부교육감도 이에 버금가는 것을 요구했어야 했다. 교육감은 경력 연수를 요구하고 부교육감은 장학관, 관리관, 이사관, 부이사관과 같은 이질적인 것을 요구했다는 것 자체가 일관성이 없는 모순이다. 교육감을 교육위원이 선출했다면 부교육감도 그렇게 하던가 아니면 선출된 교육감이 임명할 수 있어야 한다. 부교육감 자리를 전국적으로 7 : 6으로 배분하여 전문

---

* 전교학신문, 1991년 9월 4일, 세론주평.

직과 일반직이 나누어 가지면 전국적으로 보면, 또 장관의 입장에서 보면 공평하게 보일지 모르나 각 시·도의 주민, 학생, 교사의 입장에서 보면 100% 전문직이거나, 아니면 100% 일반직이지 7 : 6의 비율이 아니라는 점이다. 그러면 누구를 위한 인사, 무엇을 위한 인사를 한 것이냐는 질문이 나온다. 각 시·도의 지방교육자치를 하자는 것인가, 아니면 장관자치, 전문직·일반직 반반자치를 하자는 논리인가? 전에는 전문적인 일을 교육전문직인 학무국장을 거쳐서 부교육감으로 넘어갔지만 이제는 각(초·중등)국장이 거름장치 없는 상태에서 직접 부교육감의 결재를 받아야 한다. 어떤 시·도의 부교육감은 일반직 분야만 교육감을 보좌하고 유고시도 그 분야만 대리하고 다른 시·도의 부교육감은 전문적 분야만 보좌하고 대리하게 할 것인가? 이런 논리라면 학교의 교감도 반수의 학교는 교사 출신이 하고 반수는 서무 출신이 하도록 법 개정하자는 말이 안 나올 것인가?

둘째, 중앙과 상급 기구를 축소하고 하급 기구를 확대해야 한다. 그래야 분권화도 이루어지고 일선 현장에 대한 행정 서비스도 잘 이루어질 수 있다. 관료제는 원래 피라미드형태이어야 하는데 지금은 역피라미드형태로 되어 있다. 교육부가 비대(3실 5국 27담당관 25과)하고, 그 다음에 시·도 교육청이 덜 비대(3국 3담당관 10과)하고, 막상 행정 서비스를 해야 할 시·군 교육청은 영세(28개 교육청은 2국 6과, 9개 교육청은 4과, 142개 교육청은 2과)하여 기구도 적고 사람도 적다. 결국은 시·군 교육청의 일도 각 학교가 처리해 내야 한다. 그러니 위에서 내리미는 지시를 밑에서 다 받아낼 수가 없다. 엄청난 흙탕 강물을 실개천이 받아내야 하기 때문에 밑에서는 홍수를 이루지 않을 수 없다. 시·군·구 교육청의 직제를 인구비례에 의하여 기구를 결정한 것도 잘못이다. 지방의회의원을 뽑는 것도 아닌데 왜 인구비례를 해야 하는가? 인구가 적은 교육청에서도 똑같은 강물을 받아내야 하고 또 같은 업무를 수행해내야 하기 때문에 주민수가 절대적인 기준이 못된다.

셋째, "교육행정직원"을 교육행정대학원에서 양성해야 한다. 교육의 전문성 때문에, 또 전문성을 위해서 교육과 교육행정을 일반 행정과 분리하여 교육자치를 실시하고 있는 판에 교육행정에 "일반직"이라는 말 자체가 있을 수 있으며 또 "일반직"이 한 나라의 중앙교육행정 또 시·도, 시·군 지방교육행정의 책임 있는 의사결정(실·국·과·계장)의 자리에 보임될 수 있다고 보는가? 교육자치제를 새로이 실시하는 마당에 일반직이라는 명칭 자체를 고쳐야 한다. "교육행정직"으로 이름을 고치고 동시에 그만큼 교육행정전문성을 길러주어야 한다. 일반직이 꼭 필요하다면 그야말로 일반적인 사무적, 서기적인 일만 하게 하고 거기서 끝나게 해야 한다. 그리고 "교육행정직"은 교육행정대학원을 설치하여 여기서 전문가로 양성, 연수해야 한다. 물론 현재 근무하고 있는 일반직은 일정한 교육과정을 거쳐서 전원 "교육행정직"으로 전환시켜 주고, 새로 채용하는 사람들부터 새로운 제도로 임용해야 할 것이다. 물론 현재 교육전문직이라고 하는 사람들도 "교육행정직"으로 전환하려면 일정한 교육과정을 거치고, 앞으로 교원이 교육행정을 하고 싶으면 교육행정대학원의 과정을 거쳐 "교육행정직"으로 가게 해야 할 것이다. 그러면 앞으로는 일반직을 하던 사람들도 당당하고 떳떳해질 것이며, 종래의 일반직과 전문직의 갈등도 사라지게 될 것이다. 현재 일반직이 연수를 위하여 국방대학원에 가던 것을 교육행정대학원에 가게 해야 타당하지 않겠는가? 교육행정의 전문성 때문에 앞으로는 공보, 기획 감사, 행정관리, 재무, 시설, 건축도 교육행정대학원에서 교육행정의 전문교육을 받은 "교육행정직"이 맡게 되어야 교육의 전문성 때문에 교육자치를 하는 의미가 살아난다.

넷째, 교육행정의 전문화를 위해서는 전직·전보는 억제되어야 한다. 전문성을 인정받으려면 전문 양성교육을 받아야 할 뿐만 아니라 적어도 한 자리에서 수십 년씩 근무해야지 1, 2년마다 자리바꿈을 하니 전문성도 확보되지 않고, 책임성도 없고, 정책의 일관성과 안정성도 없게 된다. 그런 결과 교육행정과 "조령모개"가 동일어가 되었던 것이다. 한 나라의 정책과 행정은 뒷전으로 제쳐두고 좋은 자리와 나쁜 자리를 골고루 돌려먹기 식이 되어야만 하겠는가? 일반직은 전문성 없는 그야말로 일반직이니까 일반적으로 돌아다닌다고 하지만 교육전문직이라는 사람들은 왜 그리 돌아다니는가? 연구사와 장

학사가 뒤죽박죽이고, 교육전문직과 교감·교장의 자리는 왜 그리 자주 넘나
드는가? 장학과와 교직과 사이에서도 빈번한 이동이 있어 도대체 한 자리에
오래 붙어 있지를 못하니 한 나라, 한 지방의 정책과 행정이 어떻게 되겠는
가? 어른들의 자리다툼과 자리이동 때문에 아이들이 교육에서 피해를 받아서
야 되겠는가? 앞으로는 일반직이 되었든, 교육행정직이 되었든, 아니면 교육
전문직이 되었든 전문자격증을 표시하여 한 자리에 오래 있을 수 있도록 하
고, 윗자리가 없어 승진하지 않고 같은 자리에 오래 있는 사람에게 승진 이
상의 대우와 보상을 해주는 방안을 강구하는 게 좋을지도 모른다. 잦은 전
직·전보가 우리나라 교육행정의 조령모개와 무책임을 가져왔다는 것을 인식
하고 앞으로는 전공 자격증을 요구하여 전문화하는 방안을 강구해야 한다.

다섯째, 마지막 경고는 학생과 교사, 수업을 어떻게 잘 하게 하느냐에 초
점을 맞추지 못하면 또다시 밑으로부터의 강한 반발을 받게 된다는 점이다.
지방교육자치제 실시과정, 직제개편과 인사의 과정에서 학생·교사·국민이
갖는 인상은 교육과 교육행정이 다분히 나눠 먹기식, 이익집단 간의 줄다리
기와 절충식에서 결정이 이루어지는 것 같다는 것이다. 교육위원 선출과정에
서 어린아이들 앞에서 어른들이 추태를 부렸고, 부교육감 임명이 나누기식이
고, 직제개편 과정에 압력이 들어가고 또 자기들 압력대로 되었다고 선전하
는 것을 보고, 또 승진과 인사바람이 몰아닥치는 모습을 학생과 교사, 국민
이 제3자의 입장에서, 관객의 입장에서 바라보게 된다면 어떤 감정을 갖게
되겠는가? 또 앞으로 있을 교육감 선출과정에서 무슨 일이 벌어질지 가슴
조이며 아슬아슬한 눈으로 지켜보게 될지도 모른다.

이제 더 이상 잿밥에 눈을 돌리지 말고 불공에 열중하기를 간절히 바란다.
이해관계보다는 기능과 역할을 먼저 고려해 주기를 바란다. 교육감, 부교육
감이 어떤 기능과 역할을 하며, 교육부와 시·도 교육청이 무슨 기능과 역할
을 하는지를 먼저 생각하고 그 다음에는 각 부서와 자리의 직무기술을 하고
그 직무에 맞는 사람을 골라 앉히고 큰 잘못이 없으면 수십 년씩 같은 자리
에서 일하게 하여 전문성과 책임성을 길러 주어야 한다.

　우선 일반직과 전문직의 갈등을 없애고 교육행정의 전문화를 위하여 "교육행정직"으로 통합하는 방안을 연구할 필요가 있다. 지금까지 교육행정을 위해서 수고해 온 사람들의 공은 공대로 인정해 주고 현재 교육행정을 위해서 일하고 있는 사람들은 일반직이 되었든 전문직이 되었든 손해보지 않도록 하면서도 더욱 전문성을 높여 행정 서비스를 할 수 있도록 하는 방안을 강구해야 할 것이다. 같은 학력, 같은 경력이라면 같은 대우를 받게 하고, 단층이 생기는 직급을 억지로 맞추려고 하지 말아야 할 것이다.

　고도의 질 높은 교육행정 서비스로 학생과 교사가 교실에서 행복할 수 있도록 하는 일에 집중해야겠다.

제 14 장
학교장의 학교경영 쇄신*

1979년 미국에서 박사학위 공부를 할 때의 이야기이다. 필자가 다니던 대학에서는 교육행정학이 하도 광범위하기 때문에 학생의 관심영역으로 교육학 이외의 관련분야에서 의무적으로 15학점 이상을 따오도록 되어 있었다. 예를 들면 교육행정학 중에서 교육시설에 관심 있는 사람은 건축학에서, 교육재정이나 교육경제학에 관심 있는 사람은 행정학과나 경제학과에 가서 15학점 이상을 따오게 되어 있는 것이다. 자기 대학, 자기 학과에서 학점을 따기도 어려운데 남의 대학, 남의 학과에 가서 학점을 따온다는 것은 그리 쉬운 일이 아니다. 그것도 15학점 이상을 따자면 3학점짜리 5과목 아니면 4학점짜리 4과목을 이수해야 하니 적지 않은 비중이다. 이것은 미국 학생들도 겁내는 일이다. 그러나 관련분야를 집중적으로 공부하게 하는 좋은 제도임에는 틀림없는 것 같다.

필자도 고심하다가 지도교수와 상의하게 되었다. 석사논문을 Herzberg의 동기-위생이론에 대하여 썼으니 Industrial Relations에 가서 따올까도 생각했으나 자신이 없고 하여 상의했더니 지도교수는 "Speech Communication학과"에 가서 15학점을 따오는 게 어떠냐고 의견을 물었다. 그러면서 몇 마디를 덧붙였다. 한국은 어떤지 모르지만 세계적인 경향이 교육행정에 있어서 어떤 결정을 할 때 행정가나 지도자 혼자서 독단적으로 결정하는 일은 거

---

* 동대전초등학교 연구학교 공개발표 초청강연 원고, 1991년 9월 27일.

의 없고 집단협의에 의하여 집단결정을 하기 때문에 교육행정가에게 의사소통 기술과 능력이 요구된다는 것이다. 그래서 그냥 Mass Communication도 아니고 Speech Communication학과에 가서 공부해 오면 도움이 될 것이라는 지도조언이었다. 영어에 약한 외국인으로서는 speech(말하는 능력, 연설)라는 말에 겁먹지 않을 수 없었다. 그러나 지도교수가 이런 정도로 권유하는데 이를 거역할 수 없어서 "Small Group Discussion(소집단 토의)", "Interpersonal Communication(대인 간 의사소통)", "Intercultural Communication(이문화 간 의사소통)", "The Process of Persuasion(설득의 과정)"의 4학점짜리 4과목을 수강하여 필수과정을 마쳤다.

그때 지도교수가 Speech Communication학과에 가서 공부하도록 권유할 때 필자의 머리에 번득 들어온 것은 이것이 민주교육행정인가보다 하는 생각이었다. 행정가가 여러 사람과 협의하여 집단의사결정을 하는 것이 세계적인 경향이라는 데 정신이 번득 들고, 또 놀라지 않을 수 없었다. 우리나라에서 13, 14년 전 1978, 1979년이면 독재가 곳곳에 배어들어 있을 때이다.

민주화의 바람은 세계적인 경향인 것이지 우리나라에 국한된 특별한 상황, 일시적 현상인 것은 아니다. 우리나라 정치적, 사회적 변화에 의한 독특한 상황으로 생각하는 것은 일종의 오해이다. 이것은 시대변화에 의한 시대적 요청이다. 베를린 담벽을 무너뜨리고, 동구를 해방시키고, 시베리아 얼음장을 녹이고, 모스크바 붉은 광장을 푸르게 물들이는 세계적인 민주화 마파람인 것이다.

최근에 교육계와 학교에 몰아닥친 민주화 바람도 단순한 정치변화에 따른 부수적인 바람이 아니라 13, 14년 전에 필자의 머리에 번득 떠올랐던 그 세계적인 바람이 한국에도 불어온 것이다.

이제 학교장의 학교경영도 이러한 거대한 민주화의 바람에 보조를 맞추어 쇄신해 나가야 한다.

그러나 최근에 무질서한 주장이나 민주화를 뛰어넘는 자유방탕의 요구나 자유방임을 민주화로 오해해서도 안 된다. 필자는 이러한 무리한 주장이나 원칙에 어긋난 행동을 철저히 배격한다. 자유방임과 무질서, 혼돈은 차라리 독재만도 못하다. 독재는 비록 잘못되었을망정 오히려 목적이 있고 목표가 있으며, 비록 빗나갔을지라도 방향감과 희망이 있고 지도성이 있다. 그러나 무질서와 혼돈에는 파멸만이 존재한다. 학교장이 할 일을 못하고 교사의 눈치나 보는 것이 결코 학교경영의 민주화와 쇄신이 될 수는 없다. 학교경영의 쇄신을 위해서 학교장에게 몇 가지 제안을 하고자 한다.

첫째는 집단의사결정을 하고 분권과 참여를 유도하라는 것이고, 둘째는 이를 위하여 의사소통을 통하여 지도력을 발휘하라는 것이고, 셋째는 학교경영 쇄신을 위하여 학부모의 참여도 끌어들이고 자율학교운영제를 도입하고, 넷째는 평교사에게 희망을 주고 교직의 보람, 삶의 의미를 찾게 하라는 것이다.

1. 집단의사결정과 분권·참여

143의 지능지수(IQ)를 가진 사람 혼자서 풀 수 없는 문제를 110짜리 두 사람이 협동하여 풀 수 있다고 한다. 설사 학교장이 143의 지능지수를 가지고 있다 하더라도 혼자 해결할 수 없는 어려운 문제를 비록 모자라는 지능지수를 가졌을지라도 교사와 협동함으로써 풀 수 있다는 암시를 해주는 말이다. 그래서 집단의사결정이 필요하고 좋은 것이다.

집단의사결정도 몇 가지 형태로 나누어질 수 있다. 직원으로부터 자료만 요구하고 결정은 지도자 혼자서 하는 형태도 있고, 직원과 개별적으로 협의한 후 지도자가 결정하는 형태, 직원과 집단적으로 협의하고 결정은 지도자가 하는 형태, 직원과 집단적으로 협의하여 집단의 결정에 따르는 형태 등이 있을 수 있다.

학교조직의 목표는 지도자 혼자의 힘으로 달성할 수 없다. 결국 교사의 협조를 받아야 목표가 달성되는 것이다. 이제 교사들은 무조건 교장에게 협조하지는 않을 것이다. 그래서 학교경영의 쇄신책의 하나로 집단의사결정을 채택할 필요가 있다. 학교의 목표도 공동으로 설정하고, 목표달성을 위해서 공동으로 노력하지 않으면 안 되는 시대가 되었다.

또 분권과 참여는 세계적인 거대조류의 하나이다. 연방제를 채택했던 여러 나라들이 독립을 선언하여 갈라지고, 집권제를 채택했던 나라들이 권한을 계속 밑으로 내려 보내고 있다. 위에서, 중앙에서 결정해 놓은 일에 대하여는 밑에서 자신의 일로 생각하지 않고 따라서 협조도 안 해주기 때문에 분권을 안 할래야 안 할 수 없게 된다. 남이 결정해 준 일에는 애착도 없고 책임도 없는 것이다. 분권과 참여가 필연적이다.

미국의 많은 기업들이 파산하고 하향길을 달리고 있을 때 상승세를 타고 있는 500대 우수기업을 조사해 보니 거기에 공통점이 발견되었는데 그것은 바로 자율과 분권에 의하여 도막내어 떼어 맡기는 것이었다. 모든 것을 도막내어 떼어 맡겨 독립적으로 운영하여 우수기업이 되더라는 것이다.

학교에서도 부장교사에게 떼어 맡길 것은 맡기고 학급교사에게 맡길 것은 맡길 때 더 효과적일 수 있다. 교장이 모든 것을 틀어쥐고 교감을 병신 만드는 미련한 교장이 있다. 큰 나무 교장 밑에서는 작은 나무 교감과 부장교사, 평교사가 클 수 없는 것인가?

떼어 맡길 때 사람들은 자신의 시간과 정력을 바친다. 자신의 목숨과 같은 귀중한 시간을 지도자를 위해서 바치는 것만큼 고마운 일이 세상에 또 어디 있는가? 자신이 가지고 있는 에너지를 지도자와 조직을 위해서 바치게 하려면 그에게 권한을 주어야 한다.

교사를 집단의사결정에 참여시킨다고 해서 해당 없는 사람까지 무조건 참여시키라는 것은 아니다. 참여시킬 필요가 없는 사람까지 무차별로 참여시키는 것은 참여를 안 시키는 것만도 못하다. 먼저 누가 결정해야 할 문제인가를 생각해야 한다. 교장 혼자서 결정해도 교사들이 당연한 것으로 인정하고 받아들이는 영역의 문제들에 대하여는 일부러 교사를 참여시킬 필요가 없다.

이것이야말로 참여를 위한 참여이고 시간과 정력 낭비이며 비효율적이다. 교사와 이해관계가 있는 문제일 때, 또 결정하려고 하는 문제에 전문성을 가지고 있는 교사를 참여시켜야 한다. 이해관계도 없고 전문성도 없어 두 가지 모두 해당 없는 사람은 참여시킬 필요가 없다.

그동안 교사들이 의사결정에서 제외되었었기 때문에 일시적으로 참여하고자 하는 과도한 참여욕구를 가지고 있어, 또 참여결핍증을 느껴 모든 일에 무조건 참여하고자 할지 모르나 앞으로는 별 상관도 없는 문제에 자신의 시간과 정력을 바치고자 하는 미련한 교사는 없어질 것이다. 시간을 쓸데없는 곳에 바치는 사람처럼 불쌍한 사람은 없다.

교육계에서 분권화 경향의 한 현상으로 외국에서 자율학교운영제를 채택하기 시작하고 있다. 과거에 주민의 대표인 교육위원회가 결정하던 일을 교장, 교사대표, 학부모대표, 지역사회대표로 구성되는 학교운영위원회가 결정하여 학교를 운영하게 하는 제도이다. 즉 인사권, 재정권 등 모든 학교운영 결정권을 학교단위에 맡기는 것이다. 교장도 교사도 학교단위에서 뽑고, 도급으로 내려온 돈을 학교단위에서 마음대로 운영하게 하고 다만 계획서와 연말보고서만을 제출하게 하는 명실상부한 자율학교운영제이다. 이것을 공립학교의 사립학교화라고 표현할 수도 있다. 공립학교를 사립학교 운영하듯이 학교단위에서 결정하여 운영하기 때문이다.

이것을 학년단위에 적용하면 학년중심운영체제가 되는 것이다. 초등학교에서 저학년, 중학년, 고학년으로 나누어 조정자(coordinator)가 있고 독립건물을 갖고 마치 독립된 학교처럼 운영하는 경우도 있다. 학년단위로 어느 정도 자율적으로 운영하게 하는 방안은 얼마든지 강구할 수 있다고 본다.

분권과 관련하여 학교에서 부장교사의 역할과 기능을 강화할 필요가 있다. 우리나라 교육의 성공적인 측면의 하나가 주임제도이다. 우리나라에 부장교사제가 없었더라면 대형학교에서 교장·교감이 학교를 어떻게 운영했을까를 상상해 보면 부장교사제의 성공적인 면을 짐작하고도 남을 일이다. 이러한 중요한 부장교사를 부려먹기만 하고 보상을 해주지 않았다는 점이 문제 중

의 문제이다. 부장교사는 반행정가-반수업자이어야 한다. 그래야 중간관리
자가 된다. 그런데 지금까지 부장교사는 특히 초등학교에서 다른 교사와 똑
같이 수업하고 또 똑같은 보수를 받아왔다. 주임수당을 21년 동안 매달 1천
원씩 지급했다니 이것이 있을 수 있는 일인가?

  부장교사를 임명할 때 교사의 대표성에 유념해야 한다. 평교사들의 존경도
못 받고 대표성도 없는 사람을 경력에 의하여 부장교사로 임명해 보아야 지
도력도 먹혀들지 않게 된다. 또 이들을 데리고 아무리 많은 주임회를 하여
의사결정을 해보아도 평교사들이 인정해 주지 않게 된다. 결국 교장의 지도
력에게까지 손상을 주게 된다.

  분권과 참여와 관련하여 교장은 부장교사의 지도력을 신장시켜 주어야 한
다. 그래서 현재의 교장을 "지도자들의 지도자(leader of leaders)"라고 부
른다. 중간지도자들을 다시 이끌어가는 지도자가 되어야 한다는 뜻이다. 한
사람이 통솔해 나갈 수 있는 데는 한계가 있다. 이것이 통솔의 범위(span
of control)이다. 한 교장이 통솔할 수 있는 인원과 범위는 7, 8명에 불과
하다고 보아야 할 것이다. 7, 8명의 부장교사를 이끌고 나가기에도 교장은
벅차고 바쁠 것이다.

  분권과 관련하여 교장은 권한을 투자(power investment)해야 한다는 말
을 하고 싶다. 돈을 투자해야 돈이 생기듯이 권한을 부하 직원에게 물려주고
투자해야 권한이 생긴다. 돈은 다른 사람에게 주면 주머니가 비게 되지만 권
한은 이상하게도 아랫사람에게 주고 나면 더 많은 권한이 생긴다는 것이다.
그만큼 권위가 서고 존경을 받기 때문일 것이다. 반대로 모든 권한을 틀어쥐
는 사람은 권한을 투자하지 않았기 때문에 권한이 약해지기 마련이다.

  전문조직에서는 각종 전문위원회 활동이 활발해야 한다. 교장은 각종 전문
위원회의 결정을 참작하여 최종적인 결정을 내리면 교사의 참여도 확대되고
올바른 결정도 할 수 있게 된다. 예를 들면 인사위원회, 기획-예산위원회,
교육과정운영위원회, 생활지도위원회 등을 구성할 수 있을 것이다. 이 위원
회는 어디까지나 자문위원회의 성격을 갖는 것이지 최종의사결정 기구는 아

니라는 점을 이해해야 한다.

　이러한 집단의사결정과 분권과 참여를 위해서는 교장·교감, 교사 등 모든 구성원의 일대 사고의 전환이 요구된다. 고착된 과거의 생각을 가지고는 획기적인 학교경영의 쇄신을 기대하기 어렵다. 코페르니쿠스적 사고와 인식의 전환이 필요하다.

2. 의사소통과 지도력

　앞에서 이미 잠깐 언급되었지만 조직에서 의사소통은 대단히 중요하다. 의사소통은 인체에서 혈맥, 또는 신경계통에 비유된다. 인체에서 혈맥이 끊어지거나 막혔을 때, 신경계통에 이상이 생겼을 때를 상상해 보면 학교에서 의사소통이 얼마나 중요한 것인지 짐작이 갈 것이다.

　효과적인 교내외 의사소통을 위해서는 의사소통 채널을 잘 마련해 놓아야 한다. 상하 좌우로 원활하게 의사소통할 수 있는 통로를 마련하는 일이 우선되어야 한다. 여기에는 공식적·비공식적 통로가 모두 포함된다. 공문, 게시판, 회의, 좌담, 복사물, 방송, 소문 등 모든 것이 채널과 통로에 해당된다.

　다른 사람의 의견을 정확하게 이해하고 또 자신의 생각을 정확하게 표현하고 전달하기 위해서는 계속 의사소통 기술을 개발하고 발전시키는 일이 따라야 한다. 이론만으로도 안 되고 실질적인 훈련과 노력이 있어야 한다. 특히 우리는 자기표현을 억제하는 것을 미덕으로 생각하는 환경과 풍토에서 자라왔기 때문에 피나는 노력을 하지 않으면 행정가로서 가장 중요한 이 의사소통 측면에서 약점을 극복하기 어렵다.

　앞으로의 행정가는 이 의사소통에 의하여 모든 것을 직원들이 샅샅이 알고 들여다볼 수 있도록 "투명행정"을 해야 한다. 맑은 유리를 통해서 행정계획과 내용, 결과를 들여다보고 이해할 수 있도록 하는 행정이 필자가 이름 붙인 투명행정이다. 지금까지 행정가들은 밝히지 않고 개방·공개하지 않음으로써 필요 이상의 오해와 의심을 불러일으킨 경우가 많다. 예산과 결산을 비롯하여 모든 학교경영의 주요내용을 인쇄·출판하여 보고하게 되면 오히려 교장의 어려움을 이해하고 협조를 받게 될 수 있다.

교장은 의사소통을 통하여 지도력이 교사에게 미치도록 해야 한다. 교장의 지도력은 교환(transaction)을 넘어서 전환(transformation)을 가져오는 지도력이 되어야 한다. 주고받는(give and take) 식의 교환이 아니라 아주 형태(form)를 바꿔 놓는 식의 전환이라는 고차적인 지도력이 요구되는 것이다. 물리적 변화를 넘어선 화학적 변화, 승화에 비유되는 전환적 지도성이 요구된다. 교환적 지도성도 없는 것보다는 있는 게 낫겠지만 주는 것이 없으면 받는 것도 없게 되고, 단기적이고 얄팍하며 조건부의 낮은 수준의 지도성에 그치고 만다. 전환적 지도성은 상황과 환경을 아주 바꿔 놓고 사람을 완전히 다른 사람으로 바꿔 놓는 지도성이다.

Batering(바터제)을 넘고 Building(형성)도 뛰어 넘어 Bonding(본드, 접착)의 지도력을 발휘하기를 기대한다. Batering은 계산적인 데 비하여 Building은 소속직원의 내발적 동기에 호소하며, Bonding은 도덕성에 기댄다. 계산적으로 놀 것인가, 내적 동기를 유발할 것인가, 아니면 교사의 도덕성을 촉구할 것인가? Batering은 매슬로우의 욕구계제에서 생리적 욕구, 안정에의 욕구, 사회적 욕구, 이기적 욕구에 발동을 걸어주는 데 비하여 Building의 지도력은 한 단계 높은 존경에의 욕구, 능력욕구, 자율에의 욕구, 자아실현의 욕구에 불똥을 튀기게 한다. Bonding의 지도력은 일의 목적(purpose)을 따지고, 의미(meaningful)를 찾고, 의의(significance)를 찾게 한다. 그래서 지도자와 추종자를 본드(접착제)로 한 덩어리로 묶는 지도력이라고 할 수 있다. 여기에는 지도자와 피지도자가 있을 수 없고 노와 사가 따로 있을 수 없다.

Batering의 지도자에게는 관리기술, 지도유형, 상황이 중시되고 교환과

목표행로를 따지게 되겠지만 Building의 지도자는 분권을 강조하고, 상징성을 심어주며, 카리스마적 존재가 된다. Bonding의 지도자는 문화를 형성하고 도덕적인 지도자가 된다. 보다 높은 차원의 Bonding의 교장이 되고 싶은 충동을 느끼지 않는가? 그러기 위해서는 이에 상응하는 노력이 따라야 한다.

효과적인 훌륭한 지도자는 또한 ① 지도자와 추종자가 공동의 목표를 설정하고, ② 공유된 비전을 갖고, ③ 높은 수준의 목표달성 노력을 불러일으키고, ④ 서로를 위해서 서로가 상호헌신하고, ⑤ 지원적 관계성을 유지하고, ⑥ 고도의 동일시로 일체가 되고, ⑦ 신뢰적 권한위임이 이루어지고, ⑧ 공동체의식이 형성되는 상황을 만든다.

이제 나이만으로, 경력만으로 지도자가 되는 시대는 지나갔다. 또 자리를 차지했다고 해서 저절로 지도자가 되는 것도 아니다. 교장자리에 있으면서 교장노릇을 못하는 교장이 있게 된다. 교장이기 때문에, 교장이라는 이유 하나만으로 교사들이 고개를 숙이거나 존경을 보내지 않는다. 교장이기 때문에 자동적, 무조건적으로 존경을 받던 시대는 흘러가 버렸다. 존경받는 교장이 되기 위해서는 전문성과 지도력을 배양해야 한다.

3. 학부모의 참여와 자율학교운영

최근에 우리나라에서도 학부모의 학교교육 참여의 문제가 거론된 적이 있는데 외국에서도 활발히 전개되고 있다. 우선 선진 외국에서는 학부모의 학교선택권이 10여 년 전부터 시작되었다. 교육은 국민의 것이기 때문에 국민에게 선택의 자유를 주어야 한다는 것이다. 학교에게 자율학교운영권을 주고 학부모에게는 학구에 상관없이 자유롭게 자신이 원하는 학교에 등록할 수 있어야 한다는 논리로 이러한 경향이 확대되어 나가고 있다.

학부모들이 원하는 학교를 선택할 수 있게 됨에 따라 학교운영에도 학부모의 의견이 반영되어야 한다는 주장이다. 그래서 학부모 대표들이 교장, 교사 대표들과 함께 학교운영위원회 위원으로 학교운영에 참여하게 된다. 교장의 입장에서도 교육의 주인이며 고객인 학생과 학부모에게 그들이 필요로 하는 원하는 교육을 제공해 주자는 것이다. 물론 교육적인 측면의 선을 뛰어넘지 않는 범위 내에서이다. 앞으로 긍정적인 측면에서 학부모를 학교운영에 참여시켜 경영을 쇄신할 필요가 있다. 지금까지 사친회비, 기성회비, 육성회비나 내게 하는 차원 이상의 참여를 의미한다. 학생교육을 위한 교육동반자로서의 참여를 고려해야 한다.

학부모의 학교선택권이 외국에서처럼 확대되는 경우 교장과 교사는 공동운명의 위치에 서게 된다. 그 학교교육 프로그램이 좋아서 많은 학부모가 그 학교를 선택해 주면 흥하는 학교가 되지만 학교 프로그램이 좋지 않아서 학부모들이 선택해 주지 않으면 망하는 학교가 된다. 이런 경우 교사와 교장은 죽느냐 사느냐 하는 극단적인 공동운명에 놓이게 된다. 우리나라에서 교장과 교사 사이가 갈라지고 갈등하는 경우가 있는 것은 어떻게 보면 학부모를 외면하는 상황에서 나온 현상이다. 학부모의 입장을 생각하면 교장과 교사 사이가 갈라질 틈이 없게 된다.

이러한 자율학교운영제나 학부모 학교선택권은 부분적으로 실험학교를 운영할 필요가 있다. 똑같은 액수의 돈을 학교에 도급경비로 제공해 주고 자율학교운영제를 채택하는 실험학교와 현재와 같은 공립학교운영제 사이에 어느 학교가 더 효과적인가 비교 연구할 필요가 있다.

학부모의 학교교육 참여를 다른 측면, 다른 의미에서 고려할 필요가 있다. 자원봉사의 측면에서 학부모의 학교교육 참여를 유도할 필요가 있다. 학부모의 고급 유휴인력을 학교교육에 봉사하게 하여 참여를 끌어들일 수 있는 여지는 얼마든지 있다. 특기를 가진 학부모로 하여금 특별활동지도를 담당하게 할 수도 있고, 교사의 모자라는 인력을 보충·보조하게 할 수도 있고, 노력봉사를 하게 할 수도 있다. 물론 어떠한 경우라도 학부모에게 일정한 연수

프로그램을 제공한 다음 교육에 봉사하게 해야 한다는 점을 유의해야 한다. 간접적으로라도 학생교육에 참여하게 되므로 교육자적인 기본적 태도를 길러주어야 하기 때문이다. 학부모가 교사자격증을 가지고 있는 사람이라도 간단한 연수는 필요하다고 본다.

학부모의 교육 참여로 학교경영을 쇄신할 수 있고 학부모의 참여권도 확대하고, 또 학부모로 하여금 봉사의 즐거움과 보람도 느낄 수 있게 할 수 있다.

4. 평교사에게 희망을

젊은 평교사들이 방향을 잃고 방황하기 쉽게 되어 있다. 현재의 보수로는 평생 집 한 칸 마련하기 어렵고 또 현재의 사제 간의 관계나 학부모·지역사회의 관계로 보아 교직에서 보람을 찾기도 어려운 상황이다. 그렇다고 교직에서 승진하고 발전할 수 있는 길도 막막하게 보이고 있다. 이러한 입장에 있는 젊은 교사들에 대하여 교육지도자인 교장마저 관심을 보이지 않는다면 정말 이들은 견디기 힘든 교사생활을 하게 된다.

앞에서도 이미 언급되었지만 이들에게 교장의 효과적인 지도력이 요구된다. 교직의 보람과 삶의 의미를 심어줄 수 있는 전환적(transformation) 지도력과 Bonding의 지도력이 필요한 것이다. 교장은 젊은 교사에게서 세대 차를 느낀다거나, 자신이 젊을 때와 다르다거나, 버릇없다고 탓하지만 말고 진정 젊은 교사의 입장으로 돌아가서 이들을 이해하고 이들에게 희망을 줄 수 있도록 노력하길 부탁하고 싶다.

이들에게 희망을 주어 젊은 활력을 교육활동으로 승화시키고, 교직의 보람과 삶의 의미로 전환시키고, 이들에게 의미를 심어 주도록 하는 노력이 절실히 요망되고 있다.

　지금까지 학교장의 학교경영 쇄신 방안으로 민주화를 위한 집단의사결정과 분권과 참여, 이를 위한 의사소통과 지도력, 학부모의 참여와 자율학교운영, 평교사에게 희망을 주도록 해야 한다는 점을 간단히 소개하였다. 이를 위하여 마지막으로 교육지도자인 학교장에게 부탁하고 싶은 말은 공부하고 연구하는 지도자가 되어야 한다는 점이다. 세상이 자주 변하고 교육이론, 행정이론이 시시각각으로 바뀌는 현실에서 학교장이 지도력을 발휘하자면 교육행정을 전문으로 연구하고 공부하지 않으면 안 된다. 그렇지 않으면 교장을 하는 의미도 상실하게 된다. 교장도 교장직에서 보람과 의미를 찾아야 하기 때문에 계속 공부하고 연구해야 한다.

　이제 학교행정도 전문화되지 않으면 안 된다. 공부하고 연구하지 않으면 교장직은 도전을 받게 된다. 아무나 교장자리에 앉을 수 있다는 생각을 갖게 되는 것이다. 교장 선출제니 임기제니 하는 주장이 바로 교장직을 얕잡아 보고 교장직에 도전받고 있다는 증거이다. 전문직은 오랜 기간의 경력을 가질수록 전문성이 높아지는 것인데 임기제로 잘라내야 한다니 교장직에 대한 도전치고는 지나친 도전이라 하지 않을 수 없다. 이제 교장직도 살아남기 위해서도 도전받지 않기 위해서도 공부하고 연구해서 전문성을 확보하고 교육행정전문직으로 인정받을 수 있는 자리를 굳히기 위해서 피나는 노력을 해야겠다.

4.
대학자치와 교육의 질 관리

제 15 장
대학행정 자율화*

1. 서 론

대학 행정·관리의 자율화는 크게 두 가지 부분으로 나누어 생각할 수 있다. 첫째는 외부, 즉 정부로부터의 대학의 자율화이고, 둘째는 대학 내부에서의 자율화이다. 그러나 정부로부터의 대학행정·관리의 자율화는 법적, 제도적 개정이 뒤따라야 하기 때문에 여기서는 깊이 다루지 않기로 한다.

다음으로 대학의 행정·관리도 여러 측면에서 살펴볼 수 있으나 다 다루기는 어렵고 여기서는 ① 행정·관리의 조직·구조적인 측면과, ② 대학인사적인 측면, ③ 대학재정·시설·관리적인 측면, ④ 대학에 있어서의 의사결정의 측면을 중심으로 살펴보기로 한다.

그리고 최근 특히 대학 구성원들이 대학 행정·관리에 참여하고자 하는 요구가 높아 이에 초점을 맞춰 보려고 한다.

행정과 관리는 흔히 동의어로 쓰기도 하나 좀더 엄격하게 구별하려는 사람도 있다. 경영이나 관리는 대체로 경영학, 산업계, 기업체 등에서 즐겨 사용하는 반면, 행정은 정부기관이나 공공행정 쪽에서 많이 사용한다. 그러나 좀더 구별하려고 하면 여러 가지 복합은 왕권으로부터 독립이었다. 그러다가

---

* 교육발전논총, 충남대학교 교육발전연구소, 1989.

공교육의 개념이 형성되고 고등교육 기회의 확대적인 연속선상에서 〈그림 5-1〉과 같이 어떤 경향성을 찾을 수 있다.1) 여기서는 일일이 설명을 가하지 않고 대칭 되는 단어를 제시함으로써 미루어 생각하기로 한다.

예술(art) ──────────── 과학(science)
정책(policy) ──────────── 집행(execution)
가치(values) ──────────── 사실(facts)
행 상위(upper) ──────────── 하위(lower) 관
정 전략(strategy) ──────────── 전술(tactics) 리
질적(qualitative) ──────────── 양적(quantitative)
인간적(human) ──────────── 물적(material)
반성적(reflective) ──────────── 활동적(active)
일반주의(generalism) ──────────── 특수주의(specialism)

〈그림 2-7〉 행정과 관리의 연속선

여기서도 엄격하게 구별하여 쓰지 않으려고 "행정 · 관리"와 같이 둘 다 묶어서 쓰고 있다.

2. 대학행정의 구조와 조직

1) 대학과 정부와의 관계

대학은 전통적으로 정부로부터 최대의 자율권을 누려 왔다. 절대군주의 시

---

1) Christopher Hodgkinson, Towards A Philosophy of Administration 6th ed.(N. Y.: St Martin's Press, 1978)를 번역한 주삼환, 행정철학(서울: 법문사, 1986), p.18.

절에도 대학과 더불어 정부가 지원하고 기본적인 계획과 정책을 세우게 되었다. 그래도 외국에서는 기본방침 아래 최대의 자율을 향유하고 있다.

그러나 우리나라에서는 8·15해방과 함께 우리의 손으로 우리의 교육을 시작하면서 1960년까지는 고등교육에 관한 한 자유방임적 개방정책이었다. 그 결과 대학의 양적 팽창과 대학교육의 기업화 현상이 사회의 여론을 자극하였으며 4·19 이후 대학의 분규와 부조리가 노정됨으로써[2) 혁명정부는 대학에 대한 통제 정책을 쓰기 시작하고 대학에 대한 일대 정비를 하게 되었다. 그 이후 대학은 여러 면에서 정부로부터 간섭과 지시, 통제를 받게 된 것이다.

오늘날 대학이 자율을 충분히 누리지 못하는 데는 정부에도 책임이 있겠지만 대학과 대학인 자체에도 그 책임이 있다고 본다. 자율을 누리기 위해서는 자율에 따른 책임을 질 수 있어야 하는데 자유방임정책 시기에 대학이 제대로 책임을 수행하지 못했던 것이다.

이제 앞으로라도 정부는 자율화의 방향으로 계속 정책 추진을 하고 또 대학도 이를 수용할 수 있도록 올바르게 자체의 행정·관리를 해야 할 것이다. 오늘날과 같이 어려운 시기에도 "부정 입학"이니 "부정 운영", "비리"가 드러나고 있는 현실은 대학 자율성 신장에 찬물을 끼얹은 격이다.

그러면 대학과 정부는 어떤 관계가 되어야 하는가? 이를 교수와 학생에게 질문한 반응은 〈표 5-1〉과 같다.

〈표 5-1〉 대학과 정부의 관계 (%)

선 택 지	전체교수(중대교수)	전체학생(중대학생)
1. 완전 자율·독립	11.9(13.0)	36(40.1)
2. 최소한의 통제나 간섭	29.4(33.8)	18.4(20.7)
3. 지원 역할만	32.2(31.2)	27.1(22.7)
4. 지원사항에만 통제	26.6(22.1)	18.5(16.5)

2) 문교사(서울: 중앙대 부설 한국교육문제연구소, 1974), p.381.

이 질문은 대체적인 의견의 경향을 파악하기 위한 것이었는데 결과에서 보는 바와 같이 교수들은 "완전자율과 독립"에 대하여 신중한 반응을 보인 반면 학생들은 이상에 치우쳐 이에 제일 많은 반응을 보였다. 그동안의 통제에 대한 반작용으로 본다. 교수들은 나머지 세 선택지에 비슷한 반응인 데 비하여 학생들은 적극적인 의미의 "통제 없는 지원"을 요구하는 경향이다.

연구자의 견해로는 현실적으로 네 개의 선택지가 모두 바람직하고 이상적인 것이다. 앞으로 ① 통제와 간섭을 줄이고, ② 지원하기 시작하면서 지원 사항에 대하여만 통제와 감독을 하는 과정을 거쳐, ③ 완전 자율과 독립, ④ 적극적으로 지원만 하고 모든 것을 대학에 맡기는 방향으로 나아가기 위해서 정부와 대학이 같이 노력해야 할 것으로 본다.

다음에 대학과 정부 사이에 완충 장치로서 중간기구가 필요하다고 생각하는가에 대한 반응을 알아본 결과는 〈표 5-2〉와 같다.

〈표 5-2〉 대학과 정부 사이의 중간기구의 필요성 (%)

선 택 지	전체교수(충대교수)	전체학생(충대학생)
1. 자율적 협력기구 필요	55.2(49.4)	77.3(73.7)
2. 필요성 못 느낌	23.8(26.0)	10.6(12.7)
3. 자연발생적으로 기다림	17.5(20.2)	7.3(8.8)
4. 잘 모름	3.5(3.9)	4.8(4.7)

대학이 정부로부터 직접적인 영향을 받지 않도록 하는 완충 장치로서의 중간기구를 염두에 두고 질문한바 놀라운 정도의 반응이다. 교수와 학생 모두 절대적으로 필요성을 인정하고 있다. 현재 한국에는 한국대학교육협의회와 전문대학협의회가 있는 정도이나 외국 선진국에는 많은 대학 간 협의기구가 있다. 대학이 자율을 누리더라도 대학 간 협동적인 노력이 필요하다고 본 것이다.

미국은 대학의 설립 자체에서부터 완전 자율에 가까우나 대학들이 스스로 회비를 내면서 평가인정기구를 만들어 스스로 교육의 질을 평가받고 질을 통제하는 것은 자율협력기구의 좋은 보기이다. 영국의 대학자금관리위원회 (University Funding Council)는 정부로부터 돈을 받아 각 대학교에 일괄보조금(block grant)을 나누어 주고 대학교는 자율적으로 사용하는 제도를 두어 정부의 간섭을 배제하도록 하여 완전 자율을 누리고 있다. 정부가 직접 돈을 나누어 줄 수도 있으나 이들은 스스로 이런 중간 기구를 두어 현명하게 완충장치를 활용하고 있다. 우리 교수와 학생들이 그 필요성을 절실히 느끼고 있는 것은 그 발전 가능성을 보여 준 것이라고 본다.

2) 대학행정의 내부구조와 조직

대학의 기본구조는 수평적인 면에서 ① 의사결정체제(governing system) (A)와, ② 수업체제(instructional system) (B)와, ③ 행정지원체제(administrative supporting system) (C)라고 볼 수 있다. 의사결정체제는 학교의 기본방향을 설정하고 대학을 다스려 나가는 정책결정을 하는 체제이다. 사립대학의 이사회와 국립대학의 대학평의원회가 주로 이에 해당하나 다른 조직들도 활용할 수 있다. 대학의 주요기능은 가르치고 배우고 연구하고 봉사하는 것이라고 한다. 이러한 주요기능을 하는 것이 교수와 학생을 중심으로 이루어지는 수업체제이다. 이 수업체제가 제 기능을 발휘하도록 도와주는 체제가 행정지원체제이다. 엄격한 의미에서는 이 행정지원체제가 여기서 다루는 행정·관리에 속하겠지만 이 연구에서는 넓은 의미로 보아 세 체제를 모두 포함하는 의미로 사용한다. 그러나 의사결정도 정부지원도 결국은 수업을 위한 것이라는 기본정신은 잊지 말아야 한다.

대학의 구조를 수직적인 면에서 보면 ① 학과수준(Ⅰ)과, ② 단과대학수준(Ⅱ), ③ 부총장, 처장수준(Ⅲ), ④ 총장수준(Ⅳ)의 네 수준으로 볼 수 있다. 물론 학과 밑에 개인과, 총장 위에 이사회를 놓을 수 있으나 대학의 주기능을 위한 의사결정의 측면에서 보면 이들 네 수준으로 본다. 그러나 이들 네 수준은 편의상 수준으로 나누어 본 것이지 이것이 경직된 관료제의 체계가 되어서는 안 되고 대학교육의 목표달성을 위한 수평적인 동료적 협동체(collegial collaboration)로 보아야 한다. 이들 네 층의 장은 관리·행정가인 동시에 의사결정 참여자이다.

수평·수직적 구조를 합쳐 놓으면 대학의 기본구조는 〈그림 5-2〉와 같다.

〈그림 5-2〉 대학의 기본구조

이런 대학의 기본구조 위에 대학의 행정관리의 자율성 신장을 위한 의사결정 참여 기구를 그려 넣으면 〈그림 5-3〉과 같다.3)

3) 전게논문, p.89.

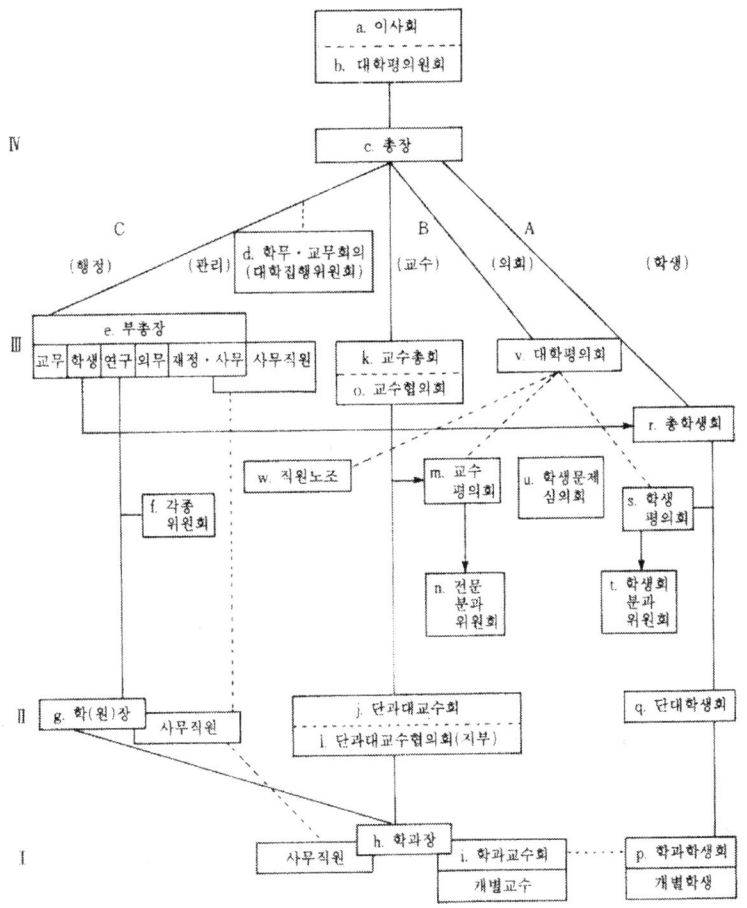

〈그림 5-3〉 대학의 의사결정 기구

(1) 이사회

이사회는 사립대학의 최고의사결정기구(governing body)이다. 국가로부
터 대학을 설립하고 운영할 수 있는 권한을 위임받은 기구이다. 이사회는 대
학의 기본목표와 기본정책을 결정하고 재산을 관리하며 총장을 선임하여 이
를 집행하도록 한다.

그러나 그동안 적임자를 이사로 선출하지 못하고, 이사회가 기능을 제대로 발휘하지 못하고, 일부 소위 교주라는 사람들이 독단하는 일이 있어서 비난을 받는 경우가 있었다. 이사회에 권한이 과도하게 집중되어 있는 것으로 착각하고 있으나 외국의 이사회와 비교하여 볼 때 오히려 우리나라의 이사회가 당연히 가져야 할 권한도 못 갖고 있는 편이다. 예를 들면 직원의 임면권도 가지고 있지 않다. 그러나 외국의 이사회는 많은 권한을 갖고 있지만 실지로는 위임하고 고무도장을 찍는 경우가 대부분이다. 그러나 외국의 이사회는 기본적인 것만큼은 철저히 기능을 하는 것으로 보인다.

이사회의 주요 기능을 무엇이라고 생각하는지를 질문해 본 결과〈표 5-3〉과 같다.

〈표 5-3〉 이사회의 주요기능 (%)

선 택 지	전체교수(충대교수)	전체학생(충대학생)
1. 최고 의사결정 기구	17.7(18.7)	33.9(31.3)
2. 재정지원기구	72.3(70.7)	47.0(50.2)
3. 형식적 상징기구	2.1(1.3)	10.3(7.3)
4. 잘 모름	7.8(9.5)	8.8(11.2)

〈표 5-4〉 국립대의 대학평의원회의 기능 (%)

선 택 지	전체교수(충대교수)	전체학생(충대학생)
1. 사립대의 이사회에 준하는 기구	19.4(19.7)	15.4(11.4)
2. 정부와 총장의 중간 역할	16.5(15.8)	19.5(19.0)
3. 총장의 자문기구	45.3(50.0)	25.0(28.8)
4. 잘 모름	18.7(14.5)	40.1(38.3)

이 결과에서 보는 것처럼 법적으로 이론적으로 최고 의사결정 기구인 것을 오히려 부정하고 돈만 대라는 무리한 요구가 반영되어 나오고 있다. 특히 교수들이 학생들보다도 더 최고 의사결정 기구라는 데 낮은 반응을 하고 재

정지원만 하라고 높은 요구를 하는 셈이다.

앞으로 사립대 재단이사회의 위상 정립이 중요한 과제가 된다. 이사회 자체의 자율화 신장과 다른 구성원의 자율성 신장과의 조화를 이루는 일이 중요하다.

(2) 대학평의원회

국립대학은 하나의 정부기관으로 간과되고 있다. 그래서 국립대학에는 이사회가 없다. 그 결과 최고 의사결정 기구는 교육부장관과 대통령이다. 교육법(117조)상 총장의 결정을 돕기 위하여 대학평의원회를 구성하게 되어 있는데 현재 구성된 대학은 전국에 하나뿐이다. 형식적인 대학평의원회로 만족할 수 없을 바에는 차라리 구성할 필요가 없다는 의미일 것이다. 그러나 이를 구성하여 활발히 움직이면 대학자율화에 어느 정도 기여할 수 있으리라 본다. 일부 학생들은 국립대를 특수법인화하고 이사회를 구성해야 한다는 주장을 하고 있다.

국립대의 대학평의원회의 기능에 대한 의견을 묻는 질문에 교수들은 총장의 자문기구로, 학생들은 솔직하게 잘 모른다는 데 많은 반응을 보였다. 실제로 교수들 중에서도 교육법 117조의 대학평의원회에 대하여 깊이 알고 있는 사람은 많지 않다. 총장에 대한 자문의 역할만 잘 해도 충분히 구성할 만한 가치는 있다고 본다.

(3) 총장

총장은 이사회에서 결정한 사항을 집행하는 최고집행기구이다. ① 가르치고 연구하는 교수·학생을 대표하며, ② 행정지원체제의 최고행정관리자이고, ③ 이사회에 대하여는 교육적인 전문적 자문을 하는 자문기구이다. 대외적으로 학교를 대표하여 교수활동에 대하여 책임을 진다. 대학의 모든 권한과 책임이 총장에게 몰려 있으나 외국에서는 이를 모두 하부에 위임하고 있는데 우리나라에서는 실지로 총장의 결재를 받아야 하기 때문에 항상 총장의 결재를 받기 위하여 기다리는 사람들이 많다. 사실은 부총(처)장이 실질적인 집행을 하고 학·교무회의를 통하여 집행을 위한 집단적 결정을 하는 것인데 이것이 총장의 의도대로 그리고 형식적으로 움직이는 경우가 많다.

총장이 어떤 기능을 해주기를 기대하는가를 알아본 그 우선순위 결과는 〈표 5-5〉와 같다.

〈표 5-5〉 총장의 기능 (%)

선 택 지	전체교수(충대교수)	전체학생(충대학생)
1. 최고집행, 대학대표, 이사회에 자문	58.2(53.2)	35.0(33.6)
2. 모금과 대외활동	9.9(13.0)	6.3(6.6)
3. 교수대표	1.4(1.3)	11.3(12.9)
4. 대학 모든 구성원 대표	30.5(32.5)	47.5(46.9)

조사결과에 의하면 ① 최고집행기관, 대학의 대표, 이사회에 자문, ② 대학의 모든 구성원을 대표하고, ③ 모금과 대외활동, ④ 교수의 대표의 순서로 나타났는데 학생들은 모금과 대외활동보다 가르치는 교수의 대표 역할을 우선시하고 있는 점이 차이가 있다. 아마 미국에서는 "모금과 대외활동"에 많은 비중을 두고 있을 것이다.

앞으로 총장의 권한과 권위를 대폭 하부로 이동시켜 대학내부에서의 자율성 신장이 요구된다. 그리고 다음에 나오는 각종 교수회와 위원회를 최대한 활용하여 집단지혜를 모으는 노력도 해야 할 것이다.

(4) 학무 · 교무회의

각 대학의 학무·교무회의는 대개 보직교수로 구성되는데 총장의 집행임무를 수행하기 위한 심의, 자문, 의결기구로 볼 수 있다. 총장이 활용하기에 따라서는 심의에 붙일 수도 있고, 자문만 들을 수도 있고, 의결까지 요구할 수도 있다. 형식적인 지시전달기구로부터 탈피하여 활성화시키고 기능을 잘 발휘하면 행정·관리의 자율화 신장에 도움이 될 것으로 본다.

학무·교무회의에 대한 교수·학생의 의견은 "대학행정의 제반 문제에 대한 협의"를 하는 것으로 기대하고 또 그렇게 보고 있다. 다음에 다룰 대학평의회나 교수평의회가 없는 상태에서는 단지 집행적인 성질의 문제뿐만 아니라 모든 문제를 협의하는 기구로 아주 중요한 기구이다. 앞으로 활성화시킬 필요가 있다. 더구나 학장이 교수에 의하여 직선되는 상황에서는 교수·학생의 기대에 부응해야 할 것이다.

⟨표 5-6⟩ 학무·교무회의 기능 (%)

선 택 지	전체교수(충대교수)	전체학생(충대학생)
1. 총장에 대한 자문	10.5(16.9)	5.7(6.4)
2. 총장의 업무집행	10.5(10.4)	7.8(8.9)
3. 제반문제 협의	69.9(63.6)	79.2(66.8)
4. 형식적·의식적 기구	7.7(9.1)	7.2(6.5)
5. 잘 모름	1.4·	·(11.4)

(5) 부총(처)장

각 전문분야로 나뉘어 실무적인 총장의 일을 집행한다. 모든 것을 총장이 하려면 이 부서를 둘 필요가 없다. 전문분야의 일을 맡겼으면 총장에게 지나치게 의존하지 말고 전결할 수 있어야 한다. 과거에 총장의 참모로 보는 경향이 있었으나 지금은 계선으로 보는 경향이 강하다. 총장으로 가는 도중에 이곳을 거쳐야 하기 때문이다.

(6) 학(원)장

학장은 단과대학 교수단(faculty)을 대표하는 동시에 단위기관장이다. 학문적으로도 교수단을 대표할 수 있어야 한다. 가르치는 일은 교수단을 중심으로 하게 되어 있어서 입학사정, 졸업사정도 하고 학생 징벌심사도 하는데 실질적인 재정권, 인사권이 많지 않다는 데 자율성의 측면에서 문제가 있다.

둘째는 총장도 학장도 교수들이 직선하게 되어 있는 점에도 문제가 있다. 만일 총장을 교수들이 선출했다면 행정적인 집행은 총장에게 맡긴다는 의미에서 총장이 총장 사람(presidency man)을 임명할 수 있게 해주어야 한다. 물론 단과대학 교수들의 의견을 들어서 총장도 학장도 교수가 선출한다면 교수의 자율성은 신장되겠지만 대학의 행정·관리의 측면에서는 총장의 집행력이 약해지고 효과성과 효율성을 기하기 어렵다. 같은 교수로 구성된 교수회는 학장이 의장이 되고 교수협의회는 다른 평교수가 의장이 되는 우스운 현상이 벌어지고 있다.

(7) 학과장

학과장은 교수, 학생과 가장 가까이 있는 교육행정가이면서 가르치고 연구하는 대부분의 일들을 학과 수준에서 결정하는 대표자이다. 즉 행정과 교수(instruction)가 만나는 지점이다. 대학의 주 기능이 학과에서 이루어진다면 행정·재정도 이 수준에서 이루어져야 주 기능이 제대로 발휘될 것은 논리적 귀결이다. 앞으로 학과단위행정을 고려할 필요가 있다. 이럴 경우 학과장의 행정·관리 능력이 문제가 된다. 그래서 영국에서는 학과장을 위한 행정·관리 훈련 프로그램을 운영하고 있다.

(8) 교수회

학과교수회와, 단과대교수회, 교수총회는 학사와 학생, 교수와 연구에 관한 일과 교수의 신분, 인사에 관한 일을 협의하고 결정한다. 의장은 학과장, 학장, 총장이 된다. 대학의 기능은 주로 교수에 의하여 이루어지기 때문에 교수회의 권위는 인정되어야 한다. 현명한 총장이라면 교수의 의견을 결집한 교수회의 결정을 거부하거나 무시하지는 않을 것이다. 여기서 다룰 문제는 어디까지나 아카데믹한 것과 교수의 신분에 관한 것이라는 것을 잊어서는 안 된다. 사실 예를 들면 총장 선출과 같은 문제는 여기서 다룰 성질이 아니다. 다만 교수들의 의견으로 제시할 뿐이다. 이사회가 교수들의 의견을 받아들일 것인가 안 받아들일 것인가는 그들의 판단에 맡겨야 한다. 대학 내의 모든 일을 교수들이 결정하겠다는 주장은 전문화, 분업의 원리에 맞지 않는다.

앞으로 교수회는 활성화되어야 한다. 교수회가 활성화되어 교수의 의견이 집약되면 교수협의회와 같은 임의단체는 필요 없게 된다. 교수회의에 대한 교수, 학생의 반응은 〈표 5-7〉과 같다.

〈표 5-7〉 교수회의 기능 (%)

선 택 지	전체교수(충대교수)	전체학생(충대학생)
1. 교수들의 자치기구	11.2(7.8)	28.1(26.8)
2. 교수의 행정참여 역할	72.0(75.3)	51.2(52.9)
3. 형식적, 의식적 회의	15.4(16.9)	13.8(12.2)
4. 잘 모름	1.4 ·	6.9(8.1)

〈표 5-7〉에서와 같이 교수나 학생 모두 "교수들의 자치기구"로 보기보다는 "대학 행정참여"의 기회로 보고 있다는 점이다. 이는 학생들보다 교수들이 더 강력한 반응을 보이고 있다. 그리고 "형식적, 의식적 회의"라는 데에 학생들보다 교수들이 더 높은 반응을 보인 것은 과거 교수회의의 형식적인 운영이 반영되어 나온 반응으로 본다.

앞으로 교수회를 통한 교수의 대학운영 참여가 가능해지도록 운영의 묘를 기해야 할 것이다.

(9) 교수협의회

최근에 우리나라 여러 대학에 교수협의회라는 임의단체가 구성된 경우가 많다. 그동안 교수회가 형식적으로 운영되고 교수들의 의견이 대학운영에 반영되지 않으니까 이에 대한 반작용으로 평교수만으로 임의 압력단체를 구성한 것이다.

그러나 첫째, 총장과 학장이 교수들에 의하여 선출되고 보직자들이 공정하게 임명된다면 평교수만으로 교수협의회를 구성할 필요는 없을 것이다. 둘째, 대학 내 이런 임의단체에 의하여 좌지우지 되는 것은 바람직하지 못하다. 학칙에 의하여 공식적인 기구로 활동을 보장해 주든지 아니면 교수회에 그 기능을 흡수하든지 해야 할 것이다.

교수협의회에 대한 교수와 학생들의 반응은 〈표 5-8〉과 같다.

〈표 5-8〉 교수협의회에 대한 의견 (%)

선 택 지	전체교수(충대교수)	전체학생(충대학생)
1. 교수회를 활성화하여 통합	60.8(66.2)	37.1(36.6)
2. 임의압력단체 존속	18.2(23.4)	14.7(14.8)
3. 공식조직으로 인정	19.6(7.8)	32.0(30.8)
4. 잘 모름	1.4(2.6)	16.2(17.7)

교수와 학생들이 이상적으로 교수회가 활성화되어 제 기능을 발휘하면 통합되는 게 좋다는 반응이 많다. 이에 대한 교수의 반응이 학생의 반응보다 월등하게 높다. 그런데 학생들은 학칙에서 인정하는 공식조직이 되어야 한다는 반응도 높다. 대학이 정상화되고 합리적으로 운영되면 교수회에 통합되든가 아니면 공식적인 기구로 인정받든가 해야 할 것은 당연하다.

(10) 교수평의회

교수회 또는 교수협의회의 대의기구가 교수평의회(faculty senate, 또는 academic senate)이다. 전체 교수가 자주 모여서 의견을 집약할 수 없기 때문에 이런 대의기구는 필요하다고 본다.

그런데 우선 이 기구를 이사회와 같은 최고 의사결정 기구로 착각해서는 안 된다. 둘째, 외국에서 이 교수평의회의 의장은 총장이 된다는 점에 주목해야 한다. 총장이 필요한 사항을 심의할 수 있고 들을 수도 있고 의결을 하게 할 수도 있을 것이다. 셋째, 여기서 다루는 문제는 아카데믹한 문제와 교수의 인사, 신분에 관한 문제로 제한해야 한다는 점이다. 교수평의회는 교수회 또는 교수협의회에 보고한다.

교수평의회는 다시 각종 위원회를 두어 일을 처리하게 하고, 연구를 하게 한다. 그래서 첫째로 앞으로 이 위원회들이 활발하게 되어 많은 전문교수들이 이 위원회를 통하여 대학운영에 참여할 수 있게 되어야 할 것이다. 둘째로 학생과 관련된 위원회에는 일정 수의 학생대표를 참여시켜 그들의 의견을 들어서 결정하도록 하는 체제를 갖출 필요가 있다.

대학 내 여러 특별위원회에 관한 교수와 학생들의 반응을 조사한 결과는 〈표 5-9〉와 같다.

〈표 5-9〉 대학 내 여러 특별위원회에 대한 반응 (%)

선 택 지	전체교수(충대교수)	전체학생(충대학생)
1.유명무실하여 활성화되어야 함	77.5(72.4)	75.2(72.7)
2.현재도 활발함	2.1(13.2)	2.7(3.4)
3.교수의 참여 부족으로 활성화 곤란	12.0(14.5)	6.2(5.8)
4.잘 모름	8.0(13.0)	15.9(18.1)

(11) 교수평의회 전문위원회

현재도 여러 위원회가 있으나 구색을 갖추기 위한 형식적이고 유명무실하게 운영되는 것으로 교수, 학생들에게 비추어지고 있다. 그러나 대학은 전문가 집단이므로 앞으로 각 전문가들로 구성된 전문위원회의 활동이 활발해져야 할 것임을 교수, 학생들은 기대하고 있다.

(12) 학생회

학생들도 교수들과 마찬가지로 학과학생회, 단과대학생회, 총학생회를 구성하고, 대의기구로 대의원회 또는 학생평의회를 구성하거나 분과위원회를 둘 수 있다.

여기서 학생회의 자치활동이 활발해지고 그들의 자치능력을 길러 주는 것은 모든 대학인의 바람이다. 그러나 학생들은 배우기 위해서 대학에 들어온 것이지 대학운영에 참여하기 위해서 대학생이 된 것이 아니라는 점을 잊지 말아야 한다. 그래서 학생의 지도부서인 학생담당부총(처)장의 지도 하에 있어야 한다는 점을 우선 지적하고 싶다. 부서의 지도를 안 받겠다면 학생으로 들어올 필요가 없었을 것이다. 둘째는 학생에 관한 것이라도 대외적으로는 총장이 대표한다는 점을 학생들은 이해해야 한다. 셋째는 학생회에서 학생들이 다룰 수 있는 문제는 학생과 직접적으로 관련된 문제에 한한다는 점을 인정해야 한다. 넷째는 학생들의 의사표시는 대표를 통하여 민주적인 방법으로 하고 대학의 결정에 승복하는 태도를 길러야 할 것이다. 다섯째, 대학도 학생들의 합리적인 요구는 적극 받아들이고 학생들의 의견을 들음으로써 대학이 발전할 수 있다는 믿음을 갖고 학생들을 대학운영에 적극 참여시켜야 할 것이다.

학생회의 자율권의 한계에 관하여 두 질문을 하였는데 이에 대한 반응은 〈표 5-10〉과 〈표 5-11〉과 같다.

〈표 5-10〉 학생회의 지도 (%)

선 택 지	전체교수(충대교수)	전체학생(충대학생)
1. 학생부총(처)장의 지도하에 활동	69.7(62.3)	20.0(20.7)
2. 학생들의 완전 자치 보장	30.3(37.7)	80.0(79.3)

〈표 5-11〉 학생회 자치활동의 범위 (%)

선 택 지	전체교수(충대교수)	전체학생(충대학생)
1. 학생과 직접적으로 관련된 사항만	87.2(86.8)	18.8(22.4)
2. 모든 면에 알 권리와 참여할 권리	12.8(13.2)	81.2(77.4)

여기서 교수들의 의견과 학생들의 의견이 대립되고 있다. 교수들은 학생담당 부총장의 지도하에 활동하고(69.7%), 학생과 직접적으로 관련된 사항만 자치생활의 범위라고 하는 반면(87.2%), 학생들은 교수 지도 없는 완전 자치를 주장하고(80%), 또 대학의 모든 면에서 알 권리와 참여할 권리를 갖

는다(81.2%)는 주장을 하고 있다. 연구자들의 의견은 이미 밝힌 바 있는데 여기서 양자 간에 어떤 합의점을 찾아야 할 것으로 본다. 그리고 교수들 중에서도 학생들의 완전자치를 지지하는 반응이 상당히 높다(30.3%)는 것도 중요한 발견의 하나이다. 과거에 학생들이 자치다운 자치를 해보지 못한 반작용과 반발로 이런 강한 반응이 나왔을 가능성도 높다.

(13) 학생문제심의회

학생문제를 좀더 깊이 다루기 위하여 학생문제심의회(university council on student affairs)를 둘 수도 있다. 교수평의회에서 1/3, 학생평의회로부터 1/3, 총장이 지명하는 행정직 중에서 1/3의 대표가 모여서 구성하고 학생담당 부총장이 의장이 된다. 여기서 결정된 사항을 가지고 총장에 자문을 한다. 학생대표가 1/3의 비중을 차지하고 있어서 학생들의 의견을 대폭 들으려고 하는 자세이다. 대학의 형편에 따라 그 구성과 운영을 달리해도 좋다.

(14) 대학평의회

교수평의회, 학생평의회, 학생문제심의회가 제한된 구성원으로 이루어진 것에 비하여 대학평의회는 ① 총장이 더 심층적인 심의를 얻고자 하는 문제에 대하여 토의하고, ② 행정적 지원봉사 프로그램에 대한 총장의 방침과 절차에 대하여 권고하고, ③ 총장이 제출하는 계획과 예산을 심의하는 폭넓은 기능을 한다. 이 대학평의회는 일정 비율의 교수대표, 총장이 지명하는 행정직대표, 학생대표로 구성되는 데 총장이 의장이 된다. 최근에 학생들과 직원 노조에서 주장하는 "대학자치협의회", 또는 "교학협의회", "교학발전위원회"와 비슷한 기구로 외국의 대학에 있는 대학평의회를 생각한 것이다. 외국대학에도 교수평의회만 있고 대학평의회를 구성하지 않는 대학도 있다. 이름이 시사하는 바와 같이 이는 의회적 성격을 갖는다.

여기서 질문지 반응의 결과를 먼저 제시하면 〈표 5-12〉와 같다.

교수, 학생 모두 이런 대학평의회에 학생들을 필요에 따라 부분적으로 그리고 최소한으로라도 학생들을 참여시켜야 한다는 데 제일 높은 반응을 보였다. 학생들도 54.2%의 높은 반응으로 전적으로 수용해야 한다(35.7%)는 반응보다 높은 것은 학생들이 이성적으로 반응했다는 것을 알 수 있다. 학생과 교수를 같은 수로 구성해야 한다는 주장은 일부 과격학생에 지나지 않는다는 것이 이 조사에서 밝혀졌다. 그리고 65.7%의 교수들이 학생대표를 참여시켜야 한다고 반응한 것도 대단한 발전으로 본다. 그런데 아직도 20.3%의 교수들은 학생들의 주장을 교권의 침해로 보고 있다는 점을 간과해서는 안 된다.

〈표 5-12〉 대학자치협의에 대한 반응 (%)

선 택 지	전체교수(충대교수)	전체학생(충대학생)
1. 타당한 주장으로 전적인 수용	9.1(13.0)	35.7(35.7)
2. 교권에 대한 침해로 받아들일 수 없음	20.3(16.9)	3.1(3.5)
3. 부분적 최소한으로 학생들 참여시켜야 함	65.7(63.6)	54.2(53.4)
4. 잘 모름	4.9(6.5)	7.0(7.4)

행정직원 중에서도 노조를 구성하는 사람들은 노조를 통하여 총장이나 이사장과 협상하는 것이기 때문에 여기에 대표자를 파견할 수 없다. 현재 우리나라에서 노조들이 대학운영에 참여하겠다는 것은 무리한 주장이다. 노조를 구성할 수 없는 상위직 행정직원 중에서 총장이 지명하는 일정 비율의 대표가 대학평의회에 참여하게 된다는 점에 주의해야 한다. 왜 자신들이 스스로 대표를 뽑아 보내지 않고 총장들이 지명하는 대표가 참석하는가? 총장이 행정직원을 구성하여 교수·연구기능을 지원하는 행정·관리의 대표로 보기 때문이다. 총장이 이들을 임명하고 이들을 대표하며, 이들은 집단을 구성할 수 없기 때문이다.

앞으로 학생들의 의견을 긍정적으로 받아들여 대학평의회의 구성을 고려할 필요가 있다. 학무·교무위원회는 행정적·집행적 성격의 기구이고, 국립대의 대학평의원회는 총장보다 상위에 있는 기구로 외부인도 참여하는 이사회와 유사한 기구인 데 비하여 이 대학평의회는 의회적 성격으로 구별된다는 점에서 혼동을 피해야 한다.

(15) 직원노조

행정지원 봉사직원 중에서 노동조합을 결성할 수 있는 신분을 가진 직원만으로 구성되며 협상내용은 보수, 근무조건, 신분에 관한 문제로 제한되어야 한다.

직원노조에 관한 교수, 학생들 의견은 〈표 5-13〉과 같다.

교수들의 반응은 합리적, 이상적 선진국 대학을 지향하는 반면 최근 우리나라 일부 사립대학에서 직원 노조들이 무리한 주장을 하는 것이 많이 반영된 것으로 보인다. 그러나 모든 일이 안정되고 질서가 잡히면 질문지의 선택지의 1과 2에 한정되어야 할 것이다.

〈표 5-13〉 직원노조의 참여 (%)

선 택 지	전체교수(충대교수)	전체학생(충대학생)
1. 노조원의 보수, 신분, 근무조건에 한함.	71.41(75.0)	37.7(42.9)
2. 대학행정의 모든 면에 일정비율로 참여	9. 2(2.6)	43.8(37.1)
3. 총장의 관할하에 있으므로 총장과 해결	19. 7(22.4)	18.4(20.3)

그러나 이 질문은 당사자인 직원들에게 적용하지 못했기 때문에 부족한 점이 있으므로 앞으로 기회 있을 때 보완할 필요가 있다.

마지막으로 대학 내 여러 집단의 요구와 주장에 대한 교수, 학생의 반응을 조사한 결과는 〈표 5-14〉와 같다.

교수들은 자율화와 민주화에 도움이 안 된다고 보는 반면(40.4%), 학생들은 도움이 된다고 보는 시각차를 보이고 있다. 이러한 시각차가 결국은 혼란을 야기한다.

〈표 5-14〉 최근 대학 내 여러 집단의 요구와 주장에 대한 반응 (%)

선 택 지	전체교수(충대교수)	전체학생(충대학생)
1. 자유화와 민주화에 도움	29.8(28.0)	47.5(49.6)
2. 자유화와 민주화에 저해	40.4(33.7)	26.6(26.9)
3. 질서와 본분을 지켜 혼란 막아야 함	29.8(33.3)	25.9(23.0)

3. 대학인사

대학의 행정·관리 중에서 중요한 영역이 인사행정이다. 여기서는 최근 쟁점이 되고 있는 부분에 대해서만 간단히 다루기로 한다. 총장선임, 교수임용, 사무직원임용 문제를 중심으로 살펴보기로 한다.

1) 총장선임

총장의 임명권은 사립대학에서는 이사회에, 국립대학에서는 대통령에게 있다. 그동안 임명권자가 총장 임명권을 제대로 행사했었더라면 아마 지금도 당연한 것으로 받아들일 것이다. 그러나 너무나 엉뚱한 사람이 총장으로 임명되고 교수나 구성원들의 의견에 반하거나 전혀 반영되지 않았기 때문에 이제는 그 반작용으로 당해 대학 교수 중에서 교수들이 직선하는 것이 관례처럼 당연한 것으로 받아들여지고 있다. 다른 나라에서도 일본의 경우 국·공립대학에

서는 교수, 학생의 의견이 많이 반영되는 경향이고 미국에서는 전문 총장을
외부에서 영입해 오는 경향이다. 어떤 방법으로 총장을 선출·임명하든 대학
을 발전시킬 수 있는 적격자를 찾아내는 일에 초점을 맞추어야 할 것이다.

앞에서 언급된 것처럼 총장은 가르치고 연구하는 교수, 학생을 대표할 뿐
만 아니라 행정봉사직을 대표하고, 이사회에 대하여 전문적 자문을 하고,
대외적으로 대학을 대표한다. 대학을 발전시키기 위해서는 교수, 학생의 힘
도 크지만 기본방향을 결정하고 비전을 제시하는 총장과 이사회의 결정에
따라 대학의 존망이 걸린 예는 상당히 많다.

총장 선출에 관하여 교수, 학생의 반응을 조사한 결과는 〈5-15〉와 같이
교수와 학생의 의견이 엇갈리고 있다.

〈표 5-15〉 총장선출 방법 (%)

선 택 지	전체교수(충대교수)	전체학생(충대학생)
1. 이사회에 맡겨야	8.5(7.8)	2.6(2.1)
2. 교수 직선	66.2(77.9)	12.0(17.6)
3. 교수와 학생대표의 참여	7.0(5.2)	37.7(41.5)
4. 일정비율로 구성된 교수, 직원 대표기구	5.6(2.6)	45.3(36.7)
5. 추대위원회 추천으로 이사회, 대학평의원회가 맡아야	12.7(6.5)	2.4(2.1)

교수들은 현재처럼 교수직선제를 강력히(66.2%) 주장하는 반면 학생들은 "교수
와 학생대표"(37.7%)와 "일정비율로 구성된 교수, 학생, 직원 대표기구"(45.3%)
에서 선출되어야 한다는 의견으로 양분되고 있다. 그러나 어쨌든 학생들도 총장선
출에 어떤 형태로든 참여하고 싶다는 의견이다. 1번은 과거의 한국식이고, 2번은
최근의 경향이고, 3번은 일본식이고, 5번은 미국식이라고 할 수 있는데 교수들은
현재의 방식을 고수하려는 반응이고, 학생들은 일본방식에 가깝다고 하겠다.

2) 교수인사

교수인사는 교수의 모집, 선발, 임명, 승진, 면직 등을 모두 포괄하는 말이다. 미국에서는 교수진(faculty)의 추천에 의하여 이사회가 맡고 있으나 우리나라에서는 사립대학에서도 총장의 권한으로 되어 있다. 그러나 사립초중고등학교에서는 이사회가 교사임명권을 가지고 있다. 과거에 이사회가 인사권을 잘못 행사하여 그 고유 권한까지 뺏긴 경우이다. 그러나 이사회나 총장이 임명권을 가지고 있더라도 전문가 집단이기 때문에 그 분야의 교수들이 모집과 선발과정에 실질적으로 개입하고 관여하여 영향력을 행사하는 것이 관례이다.

〈표 5-16〉 교수인사에 대한 권한 (%)

선 택 지	전체교수(총대교수)	전체학생(총대학생)
1. 이사회의 권한	8.6(8.0)	15.2(16.9)
2. 총장의 권한	35.3(29.3)	13.1(13.9)
3. 교수 자신들의 결정영역	53.2(58.7)	29.7(32.8)
4. 학생도 참여해야	1.4(4.0)	42.0(36.4)

교수인사에 대하여 일반적으로 누구에게 비중이 많이 주어져야 하는가에 대한 교수, 학생의 반응을 알아본 결과도 교수와 학생 사이에 많은 차이를 보이고 있다(〈표 5-16〉 참조).

교수들은 자신의 문제를 자신들이 결정해야 한다는 데 높은 반응(53.2%)을 보이고 총장의 권한이라는 데는 상당히 높은 반응(35.3%)을 보이고 있다. 그러나 학생들의 의견은 분산되는 경향이기는 하지만 학생도 교수인사에 개입하겠다는 반응이 높고(42.0%), 다음으로는 교수들에게 맡겨야 한다는 데도 높은 반응(29.7%)을 보이고 있다.

여기서 학생들이 교수인사에 참여하고 싶다는 데 논쟁이 있을 수 있다. 배우러 온 학생이 자신의 스승을 선발하고 승진하는 데 참여하겠다는 것은 교권의 문제이고 그런 학생이 교수로부터 무엇을 배울 수 있겠느냐는 반박 질문이 있을 수 있다. 그러나 학생들이 배울 당사자이기 때문에 관여해야겠다는 주장이다.

그러나 교수는 고도로 전문성을 요구하는 전문직으로서 교수의 전문성은 전문분야 교수들만이 알 수 있다는 논리로 이는 동료전문가 집단에 맡기는 방향이 되어야 할 것이다. 그러나 학생들도 교수의 영향을 직접 받는 이해당사자이기 때문에 수강선택을 통해서 또는 교수의 담당코스에 대한 학생들의 반응표시를 통해서 학생들의 의견이 반영되는 식으로 최소화되어야 할 것이다.

교수재임용제는 이미 결판이 난 셈인데 폐지되는 방향이다. 아무리 좋은 제도라도 그 의도가 순수하지 못하고 악용되면 엉뚱한 결과를 초래한다는 좋은 교훈을 남긴 셈이다.

그러면 앞으로 어떻게 교수의 능력계발과 학문의 발전을 가져올 것인가가 문제이다. 한번 임명받으면 평생 연구도 안하고 아무렇게나 가르쳐도 정년까지 교수를 할 수 있다면 이 또한 문제가 아닐 수 없으며 악용당하지 말라는 보장도 없다. 이를 교수의 양식에만 맡길 것인가?

한 가지 중요한 사실은 교수이기 때문에 자동적으로 무조건적으로 존경해주지 않을 것이라는 점이다. 앞으로는 존경받을 수 있는 사람만 학생들로부터 그리고 동료교수로부터 존경을 받을 것이라는 점을 인식해야 할 것이다. 공식적이든 비공식적이든 교수는 학생과 동료교수로부터 평가를 받게 되어 있다.

교수의 보직에 관한 인사는 전적으로 총장의 권한이다. 그러나 앞에서도 지적된 것처럼 단과대학 학장도 교수들이 직선하는 경향이 있다. 그러나 대학에서의 보직하는 동안은 학문과 연구에 공백이 오기 쉽기 때문에 특별한 봉사정신과 그 분야에 사명감이 없으면 기피하는 풍토도 있다. 보직은 개인적으로는 희생이 따르지만 대학을 위해서는 중요한 자리라는 것을 인식하고 총장은 인사권을 잘 행사해야 할 것이다.

여기서 두 가지를 지적할 필요가 있다. 첫째는 상위보직을 총장이 임명했다면 하위직은 상위보직자에게 권한을 위임하는 형식이 되어야 할 것이다.

둘째, 교수가 보직을 맡게 되면 대개 행정·관리적 능력과 기술면에서는 약하기 쉽고 이에 대한 훈련과 교육이 없기 때문에 오히려 행정직원들의 의도대로 흔들리는 경우가 많았다.

3) 직원인사

직원인사는 전적으로 총장 권한에 속한다. 그러나 국립대학의 경우 총장의 의사와는 상관없이 국·과장 인사를 교육부에서 담당하는 것은 대학의 자율성이라는 측면에서 문제가 아닐 수 없다. 앞으로 어떤 형태로든 총장의 의견이 반영되어야 할 것이며 더 나아가서는 국·과장을 포함하여 직원의 모든 인사는 총장의 권한에 포함되어야 한다.

총장은 직원인사에 관한 권한을 행사하되 이를 하부에 위임하는 방향으로 노력하여야 할 것이다. 직접 같이 일할 사람들의 의견이 반영되어야 하기 때문이다.

사무직원의 인사와 관련하여 교수들의 의견을 조사한 결과는 〈표 5-17〉과 같다.

교수들의 반응은 총장의 고유권한이라는 데 의견이 집중되고(54.3%), 다음이 사무직원 당사자들의 의견을 듣는 게 좋겠다는데도 26.8%로 높았다. 직원의 의견을 들어 총장이 임명하는 형식이 좋겠다는 반응으로 정리해도 좋을 것이다.

〈표 5-17〉 사무직원 인사에 대한 권한 (%)

선 택 지	전체교수(충대교수)	전체학생(충대학생)
1. 총장의 고유권한	54.3(56.0)	－
2. 사무직원의 의견 들어야	26.8(20.0)	－
3. 교수·학생도 참여해야	10.1(14.7)	－
4. 이사회의 권한	8.7(9.3)	－

이렇게 말로는 간단하고 쉽지만 인사만큼 중요하고 미묘한 것도 없다. 인력자원을 적재적소에 배치하고 또 능력을 최대한 발휘할 수 있도록 하여 개인의 발전과 동시에 대학의 발전을 가져와야 할 것이다. 인사권자가 공정한 인사를 못하면 자신의 권위를 스스로 상실하게 되고 지도력을 잃게 되어 입지가 곤란하게 된다.

4. 대학의 재정과 시설

대학의 재정과 시설의 측면에서도 최근 자율성과 참여를 중심으로 하여 논쟁이 되고 있는 문제 몇 가지를 간단히 살펴보고자 한다. 특히 ① 학생들의 등록금 문제, ② 예·결산에의 참여 문제, ③ 교육 시설·자료와 관련한 문제에 대한 반응 결과를 제시하는 것으로 그친다. 이 분야는 최종적으로는 총장이 책임을 지지만 주로 행정지원봉사직원이 담당하게 되는데 그동안 교수, 학생의 필요와 요구에 미치지 못하여 불만의 대상이 되었다. 특히 행정직들이 교육행정, 교육학적 소양이 부족하여 정부기관이나 기업체, 공장을 행정·관리하듯이 함으로써 주 기능을 담당한 교육자들에게는 불만의 소지를 만들어 주었던 것도 부인할 수 없는 사실이다.

1) 대학재정

우리나라 대학재정은 절대액에 있어서도 부족하고 그 출처에 있어서도 문제이며 그 운영의 합리성에 있어서도 문제투성이이다. 재정투자의 부족으로 교육환경과 교육·연구의 질에 있어서도 형편없으며, 선진국은 물론 우리보다 경제수준이 낮은 나라들보다도 고등교육에 대한 투자가 부족하다. 재정의 출처는 국·사립 할 것 없이 전적으로 학생들의 납입금에 의존하고 있는 형편으로 그 출처에서부터 한계점을 갖고 있다. 그나마 합리적으로 운영하지 못하여 학생과 학부모, 공중으로부터의 비난의 대상이 된 것도 또한 사실이다. 그리고 제도적으로 정상적 운영이 어렵게 된 면도 있었다. 이제 민주화와 자율화 시대를 맞이하여 이제는 모든 면에서 합리성을 찾아야겠으며 그럼으로써 더욱 자율성은 신장될 수 있을 것으로 본다.

최근 학생들이 내세우는 등록금 인상을 동결하자는 주장에 대하여 교수와 학생들의 반응을 조사한 결과 〈표 5-18〉과 같다.

〈표 5-18〉 학생들의 등록금 인상 반대에 대한 반응 (%)

선 택 지	전체교수(충대교수)	전체학생(충대학생)
1. 당연한 주장임	9.2(7.9)	56.8(56.2)
2. 등록금보다 교육의 질을 주장했어야	63.1(64.5)	39.9(39.6)
3. 피교육자로서 온당한 주장이 못됨	27.7(27.6)	3.3(4.1)

〈표 5-19〉 예산·결산에 대한 반응 (%)

선 택 지	전체교수(충대교수)	전체학생(충대학생)
1. 교수·학생·직원의 건의 수용	44.7(35.5)	55.0(55.6)
2. 총장과 담당자의 권한	8.5(10.6)	3.5(4.9)
3. 모두 공개	46.8(53.9)	41.5(39.5)

〈표 5-18〉에서 보면 교수나 학생 사이에 많은 의견의 차를 보이고 있다. 교수들은 등록금보다 교육의 질을 올려 달라고 주장하는 것이 더 설득력이 있을 것이라고 보는 반면(63.1%), 학생들은 이해 당사자로서 당연한 주장이라고 응답했다(56.8%). 그러나 학생들 중에서도 등록금을 챙기기보다는 등록금에 상응하는 질 높은 교육을 받고 있는가를 체크해 보아야 한다는 뜻

이 내포되어 있는 "등록금보다 교육의 질을 높여 달라는 주장이 더 설득력이 있다"에 거의 40%(39.9%)가 반응했다는 것은 학생들도 주장을 위한 주장, 반대를 위한 반대만을 하는 것만은 아니라는 것을 알 수 있다. 무조건적인 동결 주장보다는 정당한 등록금을 내고 정당한 교육을 받고자 해야 할 것이다. 등록금은 동결시켜 놓고 교육에 대하여는 더 많은 요구와 주장을 하게 되면 스스로 모순에 빠지게 된다.

대학도 해마다 일률적으로 인상하려 하지 말고 교육목표와 사업과 활동 프로그램을 제시하고 이에 따라 인상의 폭을 제시하고 정당성으로 설득과 합의를 얻어내도록 하여야 할 것이다.

예산과 결산에 대하여도 반응을 알아본 결과 〈표 5-19〉와 같이 교수와 학생이 비슷하게 교수·학생·직원의 건의를 수용하고(교수 44.7%, 학생 55.0%), 모두 깨끗이 공개해야 한다(교수 46.8%, 학생 41.5%)는 의견으로 집약되었다. 과거처럼 총장과 담당자가 일방적으로 처리하는 것은 용납되기 어렵다.

이제 예산도 교육의 주 기능을 담당하는 교수·학생의 의견을 듣고 또 돈을 내는 교육소비자인 학생들의 건의를 들어서 편성하고, 예산과 결산을 연말 보고서로 아예 출판하여 공개할 필요가 있다. 그래서 학생들을 감시자로 두려워하기보다는 오히려 알릴 것을 알려 학생들과 학부모의 협조를 적극적 홍보용으로 활용할 수 있다.

학생들도 재단이사회한테 무조건 투자를 하라든지 정규 감사를 제쳐 두고 자신들이 감사를 하겠다는 식의 요구와 주장은 옳다고만 할 수 없다. 자율은 일정한 한계 내에서 향유할 수 있는 것이다.

2) 대학시설

대학시설과 자료도 교육목적을 달성하기 위하여 필요한 것이다. 그런 의미에서 주 사용자인 교수, 학생에게 편리하고 교육목적에 맞아야 한다.

교육시설과 자료에 관한 교수, 학생의 반응에서도 양자 간에 큰 의견 차는 없었다(〈표 5-20〉 참조).

우선 대학시설과 자료를 설치·구입하고 관리할 때에 주로 이용하는 교수와 학생의 의견을 들을 것을 권고하지 않을 수 없다. 그 다음에 가능하다면 교수, 학생으로 구성하는 "시설관리위원회"를 설치하는 것도 좋을 것이다.

특히 대학시설은 몇 백 년을 내다보고 계획해야 하기 때문에 전문성도 있어야 하고 장기적 전망을 올바르고 정확하게 해야 하며, 현실적 이용자의 욕구도 전혀 무시할 수 없다.

〈표 5-20〉 교육시설·자료에 대한 반응 (%)

선 택 지	전체교수(충대교수)	전체학생(충대학생)
1. 교수·학생이 참여하는 위원회 관리	24.8(27.6)	38.3(38.4)
2. 시설담당 전문가에 맡겨야	24.1(15.8)	14.5(16.0)
3. 이용자의 건의를 전적으로 수용	51.1(56.6)	47.3(45.5)

5. 대학에서의 의사결정

행정의 핵은 의사결정이라고 할 수 있으며, 결국 대학에서의 자율성은 의사결정을 할 수 있느냐에 달려 있다고 본다. 자율성은 자기결정과 자기책임을 의미하기 때문이다.

중세의 대학은 교수단과 학생단이 중심이었다. 이때는 전문가 동료들이 모여서 합의를 도출해 내는 동료적 모형(collegial model)을 적용하였을 것이다. 이는 전문성과 인간적 접촉에 기반을 두고 있다.

그러나 대학이 복잡해지고 대형화되며 행정이 분화되면서 합리성에 바탕

을 둔 관료제 모형(bureaucratic model)을 채택하게 되었다. 관료제의 계
층을 따라서 주로 중앙에서 최종결정을 하게 된다. 합리적으로 결정이 이루
어진다는 이상형이라고 할 수 있다. 그러나 우리나라 대학에서 관료제가 합
리보다는 비합리로 운영되어 민주화와 자율화가 안 되었다고 느끼게 되고
불만이 팽배하게 되었다.

그러던 중 정치적 해방과 함께 여러 이해집단들이 자신들의 불만과 욕구
를 충족시키고 자신들의 주장을 관철시키는 방향에서 의사결정이 이루어지
도록 압력을 가하게 되었다. 각 집단 간에 갈등이 생기고 힘을 겨루게 되며
상대집단을 설득도 하고 게임과 협상에 의하여 조직의 목표보다는 이익집단
의 목표에 우선순위를 둔다. 이렇게 힘겨루기와 갈등에 의하여 결정이 이루
어지는 의사결정 모형이 정치적 모형(political model)인데 최근 우리나라
대학에서 이 정치적 모형이 적용되기 시작하고 있다. 정치적 흥정에 의하여
나온 결정은 합리성을 가지고는 설명할 수 없다. 합리적이지 않은 줄 알면서
도 힘의 논리에 의하여 학생들의 무리한 요구를 협상의 결과로 받아들인 결
정들이 바로 정치적 모형인데 이 모형에 필요한 게임 규칙이 제대로 확립되
지 않아 더욱 무질서를 연출하고 있는데 앞으로는 나름대로의 게임 규칙과
참여 방법이 정립되어야 할 것이다.

이러한 정치적 모형이 얼마나 오래, 얼마만큼의 비중으로 우리나라 대학에
서 적용될 것인지는 모른다. 그러나 대학조직은 다른 조직과 다른 독특한 특
성을 갖고 있기 때문에 특성에 맞는 모형으로 정착이 될지도 모른다. 우선
① 학교조직은 다른 조직에 비하여 목표가 불분명하고, ② 그 목표를 달성하
기 위한 기술(technology)이 모호하고 또 다양하며, ③ 고객인 학생들이 계
속 들어왔다가는 나가고 하여 참여자가 유동적이고, ④ 전문주의와 관료제가
공존하며, ⑤ 교육환경이 매우 취약하다. 그래서 대학을 조직화된 무정부주
의(organized anarchy)니 느슨하게 연결된 조직(loosely coupled or-
ganization)이라고 특징짓는 학자들도 있다. 한마디로 다른 조직에 비하여
제멋대로이며 조직된 무정부상태에서 대학 내의 각 개인은 자율적인 의사결

정을 하는 것으로 파악된다. 특히 가르치고 연구하는 결정은 그야말로 무정부 상태이다.

공공조직의 일부, 교육기관, 불법조직 등은 조직화된 무정부상태에서 각각 다른 시간에 ① 문제와, ② 해결책, ③ 선택기회, ④ 참여자들을 마치 쓰레기통(garbage can)에 집어넣듯이 넣으면 거기서 어떤 결정이 나온다는 소위 쓰레기통모형(garbage can model)이 학교에서 적용되고 있다는 것이다.

현재 많은 집단들이 대학의 의사결정에 참여하고자 하나 여기에는 참여의 범위와 한계가 있어야 한다. 이와 관련된 모형이 공동 의사결정 모형(shared decision-making model)이다. 여기서 중요한 질문은 "어떤 조건하에서 교수, 학생, 직원을 의사결정에 참여시킬 것인가?"이다. 여기서 첫째로 중요한 개념이 수용권(zone of acceptance), 또는 무관심권(zone of indifference)이다. 다른 사람의 결정을 당연한 것으로 수용하고 그 결정에는 무관심하게 되는 영역을 말한다. 우리 대학 사회에서도 모든 일에 참여하려고 하면 나의 자율성은 확보될지 모르지만 상대적으로 상대방의 자율성은 침해되기 마련이라는 것을 인식하여 이 수용권의 개념을 도입할 필요가 있다. 둘째는 이해관계의 관련성을 알아봐서 관련자를 참여시키는 것이다. 대개 수용권 안에 들어가는 문제는 이해관계가 적고 수용권 주변과 외부의 문제를 결정할 때 그 관련성 여부를 알아보아야 한다. 셋째는 전문성의 실험이다. 결정하려고 하는 문제에 대하여 전문성이 있는 사람이라면 좋은 결정을 위하여 이해관계가 없더라도 참여시킬 필요가 있다. 넷째는 의사결정의 과정에서 언제 참여시키느냐 하는 문제가 있다. 의사결정의 과정을 대개 ① 문제의 정의, ② 문제해결의 대안 설정, ③ 각 대안별로 결과에 대한 예상, ④ 최종 선택으로 볼 때 전문성과 이해관계 둘 다 있으면 초기단계부터, 그리고 이해관계는 없으나 전문성이 있으면 중간단계부터, 전문성은 없으나 이해관계만 있으면 최종선택단계에서 참여시키는 것이 좋을 것이다. 다섯째 어떤 의사결정방법을 택할 것인가를 생각할 필요가 있다. 필요에 따라 ① 충분히 민주적인 협의를 하고 최종적으로는 결정권자가 결정하고 또 책임도 지는 민주적-중앙집권적 결정과,

② 결정권자도 똑같이 한 표를 던지는 의회적 방법이 있을 수 있다. 여섯째 의사결정 시 지도자가 어떤 역할을 할 것인가를 고려해야 한다. 이러한 여섯 가지를 고려하여 의사결정 하는 공동 의사결정 모형은 〈그림 5-4〉와 같다.[4)]

이 모형을 다음 몇 가지로 요약할 수 있다.

(1) 수용권 내부의 문제는 이해관계도 없으므로 전문성과 상관없이 참여시킬 필요가 없다.

(2) 수용권 주변의 문제로 이해관계는 없으나 전문성이 있다면 제한된 범위에서 의사결정과정의 중간단계에서 가끔 참여시키되 민주적－중앙집권적 결정방법을 채택한다.

(3) 수용권 주변의 문제로 개인적 이해관계는 있으나 전문성이 없다면 제한된 범위에서 의사결정의 최종선택단계에서 가끔 참여시키되 민주적－중앙집권적 결정방법을 택한다.

(4) 수용권 외부의 문제는 개인적 이해관계가 있는 데다 전문성까지 있다면 의사결정의 초기단계에서부터 최대한의 범위에서 반드시 참여시키고 똑같이 한 표를 던지는 의회적 방법을 쓴다.

앞으로 대학의 의사결정에서 필요에 따라 이 요령을 발전시킬 필요가 있다고 본다. 그러나 최선의 유일한 하나의 의사결정 모형은 있을 수 없다. ① 아직도 교수・연구 등 전문적인 문제는 합의에 의한 동료적 모형이 적용되고, ② 행정적인 많은 문제는 합리성에 의한 관료적 모형이 적용될 것이고, ③ 이해관계가 엇갈린 중요한 문제는 집단 간의 갈등에 의한 정치적 모형으로 해결되고, ④ 대학 내 전반적인 많은 문제와 개인수준의 많은 문제는 조직화된 무정부식의 쓰레기통모형이 적용되고, ⑤ 참여적인 공동적 결정모형을 더욱 발전시켜 나가야 할 것이다. 대학의 상황에 맞게 접근하는(contingency approach) 노력이 요구된다.

---

4) Wayne K. Hoy and Cecil G. Miskel, *Educational Administration: Theory, Research, and Practice*(N. Y.: Random House, 1982), p.286.

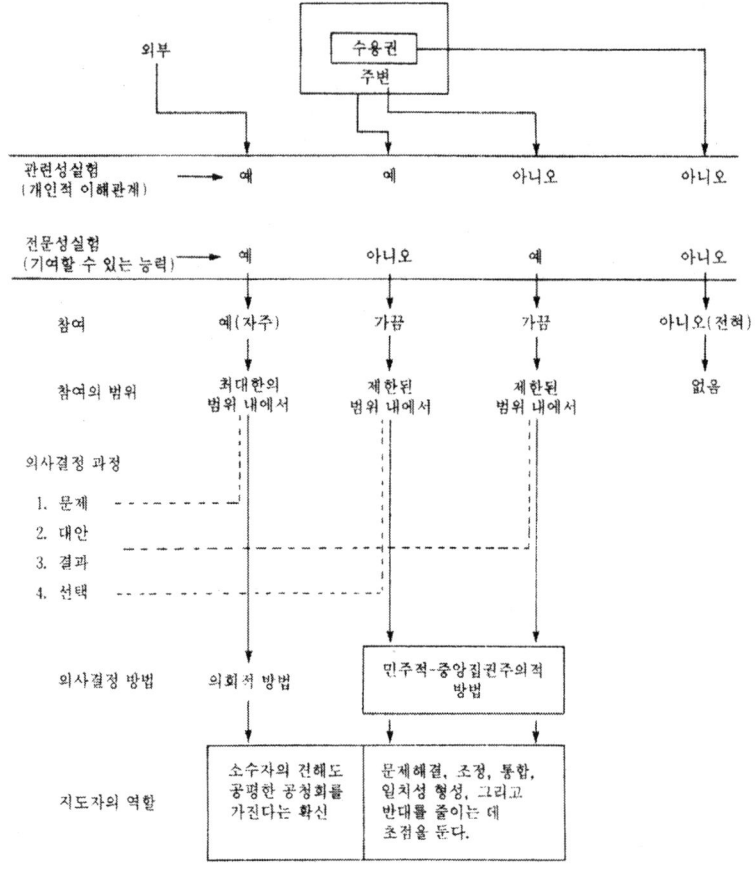

〈그림 5-4〉 공동 의사결정 모형

이상의 여러 의사결정 모형을 〈표 5-21〉로 요약하고자 한다.

모형 관점	1. 동료적 모형	2. 관료적 모형	3. 정치적 모형	4. 쓰레기통 모형	5. 공동 의사결정 모형
개념의 조직	공동목표달성을 위한 합의와 토의에 근거한 선택	계층적 상황 속의 최적목표에 근거한 선택	이해집단 간 흥정에 근거한 선택	선택기회, 문제, 해결책, 참여자의 동시적 합류의 산물로서의 선택	수용권, 이해관계, 전문성에 의한 참여자 결정
의사결정의 관점	조직의 목표달성	조직의 목표달성	이해집단의 목표달성	상징주의: 가치, 능력, 정당성의 재확인: 목표의 발견기회	개인의 이해관계, 전문성에 의한 조직목표달성과 개인목표달성의 조화
조직적 전제조건	신분상 평등한 전문주의	집권화에 의한 관료제	부정한 자료 획득을 위한 경쟁적 이해관계	목표와 기술, 참여자의 불분명	구성원의 기여에 의한 이상적 조직
합리성의 역할	조직에 대한 영향력을 가진 개인수준에 중심을 둠	구조와 과정의 양면에서의 결정에 중심	이해집단 수준에서 의사결정과정에 중심	상징적으로 중요하지만 결정을 재촉할 필요는 없음	구조와 과정에 중요함
조직체제	폐쇄체제	폐쇄체제	개방체제	피드백이 불분명한 개방체제	폐쇄와 개방의 조화
구조적 관점	의사결정과정에 중심을 두지 않고 참가에 중점: 참여의 적절성 확립	고도로 통합적인 계층적 구조	행동의 통로로, 게임규칙, 참여를 정의함	참여접근, 역할, 의무의 정의: 느슨한 연결절차, 구조적 모호성	의사결정자와 참여자 이중구조
정보의 역할	대안과 대안별 결과에 대한 명료화	대안과 대안별 결과, 피드백의 명료화	대안과 대안별 결과의 명료화: 설득과 영향	결정과정의 정당화	참여자, 참여방법 결정에 중요
이론적 성격	규범적	규범적	기술적	기술적	규범적

6. 종 합

지금까지 대학의 행정·관리적 측면에서 자율성 신장과 민주화의 방향을 생각해 보았다. 특히 ① 조직·구조적인 면, ② 인사, ③ 재정과 시설, ④ 의사결정 모형을 중심으로 교수, 학생의 질문지 반응 결과와 연구자의 의견을 제시하였다. 이를 바탕으로 하여 본문에서 제시된 순서대로 제안을 하고자 한다.

(1) 정부는 고등교육에 대하여 국·사립을 가리지 말고 지원정책을 쓰고 간섭을 줄이며, 대학은 정부의 간섭을 받지 않기 위해서 올바른 운영을 해야 한다.

(2) 대학의 자율화를 위해서 앞으로 대학 간의 자율협의기구가 필요하며 완충역할을 해야 한다.

(3) 대학의 기본구조는 수평적으로 의사결정, 수업, 행정관리, 수직적으로 학과장, 학장, 부총장, 총장의 매트릭스 속에서 파악할 수 있다.

(4) 앞으로 재단 이사를 적임자로 선임하여 교육적 기능을 제대로 발휘할 수 있게 하여야 한다.

(5) 국립대의 대학평의원회를 구성하여 총장에게 자문하고 정부와 총장 간의 조정역할도 할 수 있다.

(6) 총장의 권한을 대폭 하부로 위양하여 대학 내부의 자율성을 신장시킬 필요가 있다.

(7) 학장들이 교수들의 직선에 의하여 임명되는 상황에서 학·교무회의를 활성화하여 집단지에 의한 집행이 기대된다.

(8) 부총장과 처장은 각 전문분야의 실질적인 총장으로서 전결을 확대해야 할 것이다.

(9) 학장은 학문적으로 교수단을 대표하고 행정적으로도 단위기관장으로서 실질적인 권한을 가질 수 있어야 한다.

(10) 총장이 교수에 의하여 직선되었다면 학장은 총장이 실질적으로 임명하게 하는 방안을 깊이 연구할 필요가 있다.

(11) 대학의 주 기능인 교수·연구가 학과 수준에서 이루어지기 때문에 이에 상응하는 행정, 재정, 인사권이 학과수준으로 내려와 학과단위행정을 해야 한다. 이럴 경우에 대비하여 학과장에 대한 행정능력을 길러 주기 위한 프로그램을 마련해야 한다.

(12) 교수회는 대학의 중추로서 활성화되어야 하며 아카데믹한 문제와 교수의 신분에 대한 문제로 제한한다.

(13) 현명한 총장과 이사회라면 교수회의 건의를 거부하지는 않을 것이며

교수도 교수회를 통하여 의견을 반영하도록 하는 것이 좋다.

(14) 교수회가 활성화되고 실질적인 기능을 발휘하면 교수협의회의 기능을 흡수하여 통합할 수 있을 것이다. 총장, 학장을 직선하는 상황에서 따로 교수협의회장을 뽑아 이중적으로 운영하는 것은 시간적, 정력적 낭비이다.

(15) 교수협의회를 존속시키려면 학칙에 반영하여 공식적화시켜야 할 것이다.

(16) 교수협의회는 자주 교수회를 가질 수 없기 때문에 마련된 교수들의 대의기구로서 실질적인 활동을 하며 총장은 이를 잘 활용하여 대학을 발전시킬 수 있을 것이다.

(17) 교수협의회의 전문위원회는 교수협의회에 책임지는 구체적인 전문분과위원회로 활성화되어야 하는데 학생에 관한 사항을 전문위원회는 학생 대표를 참석시킬 필요가 있다.

(18) 학생회를 통하여 학생들은 자치능력을 기르고 또 이를 통하여 학생들의 의견을 대학운영에 반영한다.

(19) 학생회에서는 학생과 직접적으로 관련된 문제에 관하여는 결정권을 가지고 나머지는 대표를 통하여 민주적 방식으로 건의하고 대학은 이를 긍정적으로 수용한다.

(20) 학생은 배우기 위해서 대학생이 된 것이므로 항상 담당부서의 지도하에 있어야 하며 대외적으로는 총장이 학생을 대표한다는 점을 유의해야 한다.

(21) 대학은 학생들을 행정관리에 참여시킴으로써 양질의 결정을 할 수 있다는 믿음으로부터 출발을 해야지 소극적으로 참여시켜서는 참여의 의의를 거둘 수 없다.

(22) 학생문제를 좀더 심층적으로 다루기 위해서 학생문제심의회와 같은 기구를 고려할 수도 있다.

(23) 일정 비율의 교수, 학생, 직원의 대표로 구성하는 범대학적인 의회적 성격의 대학평의회를 긍정적으로 고려할 필요가 있다. 그러나 교수, 학생

을 같은 수로 구성하자는 주장은 대학의 기능과 성격상 옳지 않다.

(24) 직원노조는 자신들의 보수, 근무조건, 신분에 관한 사항만 다룬다.

(25) 대학 내 여러 집단들이 무리한 주장을 하는 것은 대학행정의 민주화, 자율화에 크게 도움이 되지 않는다.

(26) 당분간은 어쩔 수 없이 교수 직선에 의한 총장 선출방법이 적용될 전망이다.

(27) 교수는 고도의 전문가로서 그들의 인사는 동료교수들의 의견에 많은 비중을 두어야 한다. 특별한 경우에는 학생들의 솔직하고 정직한 반응을 참고할 수도 있을 것이다.

(28) 앞으로 교수들은 교수라는 이유 때문에 자동적으로 존경을 받기는 어려울 것이다. 자신의 자질개발과 전문적 성장을 위하여 노력하지 않으면 안 될 것이다.

(29) 대학의 보직은 봉사직으로서 기간 동안 희생적으로 봉사해야 할 것이며, 보직자를 위한 행정훈련 프로그램이 요구된다.

(30) 상위 보직자를 총장이 임명하였다면 하위 보직자는 상위 보직자에게 인사권을 위임해야 할 것이다.

(31) 행정직원의 인사는 직원들의 의견을 들어 총장이 행사하는데, 특히 국립대학의 국·과장급의 인사도 총장의 권한하에 있어야 한다.

(32) 학생들의 등록금 인상에는 정당한 이유와 설득력이 있어야 하며, 동시에 학생들의 무조건적 인상 동결 주장도 설득력이 없다. 정당한 인상과 동시에 교육의 질 보장이 중시되어야 한다.

(33) 예산편성 시 대학의 주 기능을 담당하는 교수, 학생의 의견을 참조하고, 결산을 연말재정보고서로 출판하여 투명행정을 할 필요가 있다.

(34) 대학 시설도 교육적으로 설치, 유지, 활용하기 위하여 교수, 학생의 의견이 반영되어야 한다.

(35) 대학에서의 의사결정은 관료제 모형에서 정치적 모형으로 바뀌고 있는데, 공동 의사결정 모형을 발전시킬 필요가 있다.

(36) 하나의 유일한 최선의 의사결정 모형은 없다. 상황에 맞는 모형을 개발·적용해야 할 것이다(contingency approach).

(37) 대학은 여러 구성원들이 모여 하나의 목표를 달성하는 조직인바 자연히 의사결정의 참여에는 한계가 따른다. 필요한 문제에 필요한 사람을 필요한 시기에 알맞은 방법으로 참여시켜야 개인을 위해서도 대학을 위해서도 좋다.

(38) 교수·연구 등 전문적 문제나 전문분과위원회 등에서는 동료적 모형이, 행정관리적인 소소한 문제는 관료적 모형이, 이해관계가 엇갈린 중요한 문제는 정치적 모형이 알맞을 것이다. 그리고 많은 부분이 쓰레기통모형으로 해결되고, 공동 의사결정의 모형은 이상형이라고 할 수 있다. 그래서 앞으로는 한 대학 내에 여러 모형이 공존할 것이며 절충, 통합된 모형이 나타날지도 모른다.

대학의 자율을 누릴 수 있는 자에게만 가능하며 구성원의 협동에 의하여 그 폭과 깊이는 신장될 수 있다.

제 16 장
총장: 교육행정 전문가*

1.

　민주화·자율화의 물결과 함께 최근 대학총장의 선임에 대한 관심이 고조되고 있다. 과거 국립대학의 경우 일방적인 대통령에 의한 임명이나 사립대학의 재단 이사회에 의한 임명에 불만이 있어도 잘도 참고 견디던 교수들이 이제는 자신들이 직접 선출하는 사람을 총장으로 임명해야 한다고 주장하며 또 그런 방향으로 흘러가고 있다. 또 어떤 학교에서는 학생과 사무직원들도 총장 선출에 참여해야 한다는 주장도 있다. 시대의 흐름과 역사의 흐름에 따라 총장 선임방법이 달라지고 있는 것을 지금 우리의 눈으로 확인하고 있다.

　어떻게 총장을 뽑느냐와 함께 누구를 총장으로 뽑아야 하느냐 하는 문제도 시대와 역사의 흐름에 따라 달라진다. 가르치는 일과 그 일을 지원하고 행정하는 일이 미분화되었을 때는 대학에 교수와 학생만이 존재하였다. 좀더 발전된 형태가 총장 없는 교수단에 의한 집단운영이었다. 그러다가 대학의 총책임자(headship)의 필요성을 느끼게 되어 교수직으로부터 총장직이 분화되기에 이르렀다. 일반적으로 유럽에서는 이러한 행정책임자는 교수동요 중에서 동료에 의하여 선출되어 1년 이내의 임기 동안 봉사하기도 하고 무

---

　* 대학교육 1989. 3(제38호), 한국대학교육협의회.

기한 봉사하기도 하였다. 그래서 유럽에서는 학자가 대학의 행정 책임을 맡는 전통을 갖고 있다.

그러나 미국에서는 시민전쟁이 끝날 때까지 교수가 총장이 된 일은 거의 없다. 예외 없이 대학 이사회는 학자로 생각되지 않는 "외부인"을 총장으로 선택하는 전통을 갖고 있다. 그러나 그때까지도 학자총장과 행정전문가의 개념은 형성되지 않고, 또 어떤 대학은 총장 없이 운영되기도 하고 교수위원회(committee of professors)가 행정적인 일을 하기도 하였다. 미시간 대학교에서는 매년 문학부(literary department)가 선출하는 대표(president of the faculty)가 대학운영을 책임지기도 하였다. 그러나 미국에서는 일관성 있는 계속적인 행정전문가에 의하여 정책이 운영되고 집행되는 것이 더 능률적이라는 것을 알게 되었다. 그래서 미국은 행정전문가가 총장이 되는 경향이 강해졌다. 30대 총장이 그 대학을 명문대학으로 키운 예도 있고 한 총장이 17년, 20년씩 한 대학을 책임지는 일도 있으며, 이 대학 저 대학으로 초청되는 전문 총장이 나오게도 되었다. 이와 같이 어떤 총장을 선임하느냐도 시대와 역사, 지역과 상황에 따라 달라질 수 있다. 학자냐 경력자냐 하는 양분론보다는 그 나라 그 시대 그 대학의 상황에 맞는 총장이 누구냐에 초점을 맞추어야 할 것이다.

그동안 우리나라의 대학총장은 학자상으로 기울어졌었다. 또 일부는 전혀 교수 경험이 없는 총장도 더러 있었다. 그런대로 별 탈 없이 지내 왔다. 그러나 최근의 상황은 달라졌다. 최근 각 대학에서 총장을 선출하는 규정과 분위기를 보면 당해 학교 교수가 아니면 그 대학의 총장으로 선출되기는 어렵게 되어가고 있다. 또한 당분간은 학자로서의 총장상이 우세할 전망이다. 그러나 한걸음 더 발전하기 위해서는 전문교육행정가의 능력과 수완을 기대하지 않을 수 없다.

2.

　총장은 학교조직의 특성을 이해해야 한다. 그것은 다른 조직에 비하여 달성하고자 하는 조직의 목표가 분명하지 못하고, 그 목표에 도달할 수 있는 기술(technologies)도 불분명하고 또 다양하다. 그리고 대학 구성원들이 들락날락하여 유동적이다. 학교의 교육 목표달성을 위하여 분업을 하고 있는데 전문적 특성이 강하지만 동시에 관료적 특성도 배제할 수 없다. 이러한 학교조직의 특성에 대한 이해는 오랜 학문생활을 통하여 저절로 이루어질 수도 있지만 전문적으로 조직의 특성을 이해하기 위해 노력하고 연구하는 전문교육 행정가에게 더 유리하다.

　가르치고 배우고 연구하고 봉사하기 위한 대학의 기본 구조는 ① 최고 결정 기관이며 통치기구(Governance body)인 이사회, ② 여기서 결정한 기본 방침에 따라 집행하는 최고 집행관인 총장, ③ 가르치고 연구하는 전문가인 교수, ④ 배우기 위해서 조직에 가입한 학생, ⑤ 가르치고 배우는 일을 지원하는 행정(고용)직원으로 되어 있다. 가르치고 연구하는 전문가인 교수나 학자가 이사회의 정책을 집행하는 일까지 잘하리라는 보장은 없다. 그것은 가르치는 일과 행정하는 일이 미분화 상태였거나 총장이 상징적 존재였던 시대에나 가능했던 일이다. 그러나 시대는 전문화의 경향을 띠고 있다. 어떤 학문 분야에서 깊이 있는 연구로 하나의 금자탑을 세운 유명한 전문학자이면 학자일수록 다른 분야(교육행정)에서는 부족할 가능성이 높다.

　이제 대학은 더 이상 고요하고 평온한 시골풍의 학문공동체가 아니다. 교수 집단과 학생 집단만이 존재하였고 또 학생들을 교육의 객체로만 보았던 시대에는 교수들의 동료의식(colleagueship)에 바탕을 둔 합의(consensus)에 따라 대학이 잘 운영될 수 있었다. 그리고 기껏해야 관료제(bureaucracy)에 의하여 합리적(rational)으로 운영되었다. 그러나 우리나라 대학에서 이 관료제는 합리보다는 비합리, 민주보다는 독선에 의하여 운영되었었기 때문에 이에 대한 반작용으로 이제 여러 이해 관련 집단들 간의 힘의 논리(power struggle)와 갈등(conflict)에 의하여 정치적(political)으로 운영되기 시작하고 있다. 국가로부터 대학 설립인가와 운영권을 위임받은 이사회의 목소리는 약해지고 교수, 학생, 사무직원의 목청이 높아지고 있다. 이제 대학은 더 이상 합의나 합리에 의해서만 운영될 수는 없다. 이제 우리나라 대학 총장은 여러 세력들 사이의 조정의 명수가 되어야 하고 갈등관리의 전문가가 되어야 할 것이다. 그러면 누가 이런 일을 더 잘 해낼 수 있을 것인가? 우리는 고명한 학자적 권위에만 의존해야 할 것인가? 요즈음 같이 어려운 시기에 스스로 총장이 되겠다고 입후보하는 학자들의 용기에 감탄하면서 동시에 측은함을 느끼기까지 한다. 자신의 학문 분야에서는 종점에 갔으니 이제는 수많은 갈등을 처리하는 정치가(statesman)로 변신하려는 것인가? 갈등 관리와 정치적 결정은 학자보다는 전문 교육행정가가 더 잘 해낼 가능성이 높다.

우리나라 대학 총장직의 직무를 보아도 전문 교육행정가에게 유리하다. 김종철 외의 "총·학장의 직무분석과 대학내부행정체제의 효율화에 관한 연구"(한국대학교육협의회, 1984)에 의하면 총·학장의 직무 영역으로 ① 대학과 사회의 접촉영역, ② 대학의 체제적 통합과 정치영역, ③ 정책형성영역, ④ 관리영역으로 나누어 각 영역별로 8~11개의 세부역할을 제시하고 있는데 이를 검토해 보아도 학자가 해야 할 일에 가깝기보다는 전문교육 행정가가 해야 할 일에 가깝다. 같은 연구에서 대학 총·학장의 가장 큰 관심을 갖는 영역(학사관리, 기획조정, 학술관리, 인사관리, 학생행정)을 보아도 직무 수행 중 가장 어려웠던 문제라고 지적된 것(재정, 인사, 학생 소요, 교수진 확보, 학사)을 보아도, 또 총·학장이 갖추어야 할 자질로 제시된 항목(대학 행정 경험, 교수 경험, 학생지도 경험, 학자로서의 명성)을 보아도 학자에게 유리하기보다는 전문 교육행정가에게 유리하다.

지금까지 총장은 그 시대 그 나라 그 대학의 상황에 맞는 사람이어야 한다고 전제하고 ① 학교조직의 특성 이해, ② 대학조직의 구조, ③ 대학 내 의사결정 형태의 변화, ④ 총장직의 직무분석 등으로 보건대 앞으로의 대학

총장은 학자 쪽보다는 전문 교육행정가 쪽이 유리하다는 입장을 견지하였다.

그러나 문제는 누가 전문 교육행정가이냐에 있다. 아직 우리나라에는 대학 총장 양성 프로그램이나 직전연수 프로그램이 없다. 그렇다고 교육행정가가 아닌 일반행정가를 대학 총장으로 선임할 수는 없을 것이다. 그래서 필자는 교수 또는 학자 출신의 총장으로 만족하지 말고 한 걸음 더 나아가 교수·학자 중에서 대학 행정 경험과 총장으로서의 훈련과 연수를 거친 총장 또는 학자 총장이라도 최소한 교육행정 연구와 연수를 게을리 하지 않은 총장을 기대하고 또 이를 제안하는 것이다. 즉 교수 또는 학자＋교육행정 경험·연수·훈련＝교육행정 전문가 총장을 제안한다.

3.

어차피 당분간은 교수들 중에서 총장직을 맡게 될 전망이다. 그러나 총장은 분명히 교수가 아니다. 교수직에서 총장직으로 신분을 바꾸는 변신을 하기 위해서는 교수로서만은 충분하지 못하다는 것을 아무도 부인할 수는 없을 것이다. 교수나 학자는 총장으로 변신하기 위한 필요조건은 될 수 있을지 모르지만 충분조건은 못 된다.

학자로서 성공하고 존경을 받던 사람이 총장으로서도 반드시 성공하고 존경을 받을 수 있을 것인가? 만일 한 학문 분야에서 학자로서 성공하고 명성도 떨쳤지만 총장으로서는 실패하였다면 본인을 위해서도 해당 대학을 위해서도 불행한 일이다. 그리고 앞으로는 대학 총장직을 "높은 자리"로 무조건 존경해 주지는 않을 것이다. 수평적으로 교수와 하는 일이 다른 자리라는 "전문화"의 관점에서 보아야 할 것이다.

총장은 교수하고 연구하는 학자를 도와주는 데서 보람과 희열을 느껴야 할 것이다. 그래서 학자 중에서 총장이 되는 것이 옳거나 좋다고 하더라도 더 이상 학자로 남아 있어서는 안 된다. 우선 총장은 별의별 사람들을 다 만나야 한다. 사람을 잘 대할 줄 모른다거나, 만나기를 귀찮아한다거나, 사람을 잘 선택할 줄 모르면 실패할 가능성이 높다. 또 조직의 목표를 정확하고 명확하게 설정하고, 그 목표를 달성할 수 있는 인적·물적 자원을 확보하며, 이를 배분하기 위하여 정보를 수집하고, 의사소통하며, 의사결정을 하고, 지도력을 발휘해야 한다. 총장 주변에 수많은 사람이 있는 것 같지만 어떤 순간에는 어디에도 기대지 못하고 혼자만의 "외로운 결정"을 하고 또 최종적인 책임을 져야 한다. 폭주하는 업무와 쫓기는 시간에 긴장과 스트레스가 쌓이지 않을 수 없다. 그러면 총장은 어디서 행복을 찾을 것인가? 다른 사람을 도와주고 지도력을 발휘하여 발전하는 개인과 조직을 "위"가 아닌 "옆"에서 지켜보는 흐뭇한 마음에서 찾아야 할 것이다.

사실 학문에 열중하다 보면 누가 총장이 되느냐에는 별로 관심이 없게 된다. 교수 개인을 위해서는 연구와 교수, 사회적 봉사에 불편이 없도록 해주는 사람이면 총장감으로 충분하다. 조직을 위해서는 총장은 우선 대학을 유지하고(maintenance) 성장시키되(growth) 효과적·효율적으로 하는 사람이어야 한다.

입으로 하는 민주주의가 아니라 몸으로 민주주의 생활방식에 도전하는 전문 교육행정가 총장의 탄생을 기대한다. 총장 지망생은 총장직과 자신의 학문생활을 바꿀 것인가 저울질을 해보지 않을 수 없다.

제 17 장
대학평가인정제 :
먹어야 하는 뜨거운 감자*

  최근에 교육부와 한국대학교육협의회는 1991년도부터 학과별 평가인정제 (professional or programe accreditation)를 실시하고 대학종합평가인정(institutional accreditation)은 1996년부터 실시한다고 발표하였다. 교육부는 애초에 1991년도부터 대학종합평가인정제를 실시하도록 요구하였으나 여러 대학의 반발에 부딪쳐 5년 뒤로 연기된 셈이다. 그러면 왜 대학들이 당장의 평가인정제 도입에 반대하였는가? 대학평가인정제의 필요성 자체를 공공연하게 부인하는 사람은 별로 없다. 먹어야 할 필요성은 모두 인정하면서도 당장 먹기에는 너무나 뜨거운 감자이기 때문이다. 먹더라도 식혀서 먹어야 한다는 생각이다.

1. 대학평가인정제란

  평가인정제란 평가인정하는 기구가 미리 설정해 놓은 필수적으로 요구되

---

* 전교학신문, 1991년 10월 2일, 제95호.

는 질적표준에 회원학교가 도달했다고 증명 · 보증(certification)해 주는 제
도로 목표도달 정도의 가치판단을 하는 평가(evaluation)에 더하여 인정
(certification)까지 하여 세상에 이 사실을 공표하여 사회는 평가인정 받는
대학의 질을 신뢰하게 하여 대학교육의 질을 관리하자는 것이다.

　이 평가인정제를 미국의 사기관에서 대학이나 학과를 서열이나 등급을 매
겨 어느 대학, 어느 학과가 몇 위라고 발표하는 일로 오해하는 경우가 있는
데 이것과는 다르다는 점을 알아야 한다. 또 두 번째 오해는 정부가 대학을
통제하려는 수단이나 징조라고 생각하는 점이다. 평가인정제는 통제가 아니
라 조장을 위한 것이다. 세 번째 오해는 불량품 고발이라고 생각하는 점이
다. 평가인정제는 원칙적으로 불량품 고발을 위한 것이 아니라 질적표준에
도달한 대학에 대한 보증서 발급이라고 할 수 있다.

2. 대학평가인정제의 목적과 필요성

　이 대학평가인정제는 첫째, 각 대학이 도달해야 할 표준(Standards)을 정
하여 이에 도달한 대학을 인정해 줌으로써 대학교육의 질을 향상시키고 품질
관리를 하자는 것이다. 우리나라 대학들이 겉치레는 해 놓고 간판도 달아 놓
고 건물도 지어 놓았으나 질 관리는 소홀했으므로 앞으로는 이에 대한 노력이
요구된다. 둘째, 대학 스스로가 질 향상과 통제에 관심을 갖고 참여하게 함으
로써 자율성을 신장시키고 다양성과 독특성, 효율성을 제고하여 스스로 발전
하게 하자는 목적을 갖고 있다. 대학의 자율적 노력과 자율통제, 자율참여가
없으면 이 평가인정제가 도입된다 하더라도 실패하게 된다. 혹자는 평가인정
기구를 교육부가 직접 담당하거나 교육부 내에 새로운 기구를 두어야 한다고
하는데 이렇게 되면 외부통제가 되어 자율통제와 자율성 신장의 정신에 어긋

나기 때문이다. 지금까지 우리나라의 대학이 지나친 외부간섭으로 자생력을 잃고 있는데 평가인정제마저 외부통제로 할 경우 또다시 눈치보기와 숨바꼭질의 쇼를 연출하게 된다. 이런 점에서 평가인정기구는 우리나라 대학들의 자율협의기구인 한국대학교육협의회가 담당하는 것이 마땅하다. 만일 이번에 대학이 자율적 질 관리 체제를 구축하지 못하면 언젠가는 다시 강한 외부통제를 불러들이게 된다는 점을 인식해야 한다. 셋째, 평가인정제는 협동성을 진작시키고자 하는 목적을 갖고 있다. 한 개인도 자기 혼자서는 나태해지기 쉬운 것처럼 대학도 홀로 발전 노력하기는 어렵다. 그래서 평가인정제도 대학들 간의 협동적 노력에 의하여 동료적 입장에서 상호평가하고 인정하는 제도를 채택한다. 상호간에 격려도 하고, 우정어린 충고도 하고, 선의의 경쟁도 하게 되는 것이다. 넷째, 대학의 공공성과 책무성(accountability)을 고양시킨다. 아무리 사립대학이라도 교육기관은 더 이상 사적일 수 없다.

공공기관으로서 사회와 공공에 대하여 그 책무를 다하고 있다는 것을 대학평가인정제를 통하여 밝히고, 공표하고 개방해야 할 시점에 이르렀다고 본다. 그리고 교육소비자에 대하여도 이제 대학들은 할 일을 제대로 해야 하고, 또 사립대학에 대하여도 공공자금이 투입되고 지원되어야 하며 이에 대한 책무를 평가인정제를 통하여 밝혀야 한다.

3. 문제와 곤란점

앞에서도 말한 것처럼 이러한 대학평가인정제의 필요성과 목적 자체를 부인하거나 부정할 사람은 별로 없다. 다만 이로 인하여 파생될 결과와 문제점이 두렵고 너무 뜨거워 겁이 날 뿐이다.

무엇보다도 먼저 평가인정결과의 공개에 따른 파장을 많은 대학들이 감당하기 어렵다는 점이다. 많은 대학에서 입시부정과 부정입학이 드러나 속속들이 썩어 들어가고 있는 판에 무슨 책무성이니 공공성을 찾고 공개와 개방을 요구할 수 있겠는가? 사립대학의 재정난 때문에 또는 무슨 기념행사비용 때문에 부정이 정당화된다면 사흘 굶어 담 넘는 사람을 어떻게 막을 것인가? 대학운영사항과 등록금사용 내역도 공개하지 못하고, 심지어는 자기 대학의 정확한 교수 숫자도 밝히지 못하는 대학도 있다. 사무직원을 교수로 둔갑시켜 보고하는 대학도 있다. 이런 형편에 평가인정을 못 받은 대학이나 나쁜 등급으로 인정받은 대학으로 밝혀질 경우 이 대학들이 남아날 수 있겠는가? 교수 1인당 학생수가 1 : 20, 30되는 대학이나 1 : 60, 70되는 대학이 학생들의 등록금 액수가 같다는 사실에 학생들이 관심만 기울인다면 견디기 어려운 대학들이 많을 것이다.

둘째, 대학평가인정제는 국립대학이나 우수한 사립대학에는 별로 영향을 주지 못하는 반면 부실대학에는 사활이 걸린 문제가 된다. 부실대학이 평가인정제를 계기로 살아남고 발전할 수 있으면 좋은데 이와는 반대로 아주 망하고 주저앉을 수도 있게 되기 때문에 겁이 나는 것이다. 평가인정제는 표준이라는 줄을 뛰어 넘느냐 못 넘느냐에 주로 초점이 주어지기 때문에 수월성 추구(excellence pursuit)보다는 최저선(minimum requirement) 통과에 그치고 말고 보다 높은 교육의 질 향상은 결국 개개 대학의 자율적 노력에 맡길 수밖에 없게 된다.

셋째, 대학평가도 동료교수들에 의한 상호평가 동료평가(peer evaluation)의 성격을 띠게 되기 때문에 엄격한 평가와 인정을 유지하기 어렵다는 것이다. 이러한 반성은 200년의 평가인정제의 역사를 갖고 있는 미국에서도 일어나고 있다. 그래서 평가인정제는 최소한의 자율적 노력이지 대학교육을 위한 만병통치약은 아니라는 점을 알아야 한다. 대학평가인정제를 도입해도 우리나라 모든 대학들이 획기적으로 달라질 것이라고 기대하는 것은 금물이다.

그러나 우리나라 많은 부실대학들이 아직도 본질과 근본적인 것들을 잃어버리고 질에 눈을 돌리지 못하여 대학교육의 국제경쟁력을 잃고 있는 현 상황에서 언제까지 이렇게 방치만 해놓고 있을 수만은 없다. 현 상황으로 보아서는 자율이 되었든 타율이 되었든 어떤 형태로든 질 개선을 위한 몸부림이 있어야 한다. 대학도 부족한 교수를 충원하고 교수·연구·봉사의 여건을 마련하여 교육의 질을 높이려는 데에 관심을 집중하려는 여력을 갖추지 못하고 있으며, 학생들도 대학교육의 목적과는 먼 방향으로 가고 있다. 공부하고 연구하는 양과 질이 외국대학생에 비하여 떨어지고, 공부한다는 학생도 당장 급한 취직시험에 바쁜 실정이다. 이러한 상황에서 어떤 형태로든 대학교육의 질 개선을 위한 혁신적인 장치가 요청되는 것이다. 대학평가인정제는 이러한 장치 중의 하나로 대학인들의 주목을 받을 만하다고 본다. 대학평가인정제는 하나의 시대적·상황적 요청이라고 할 수 있다.

4. 성공적인 방향

다른 나라에서 성공적이었던 제도라도 역사와 전통, 상황이 다른 우리나라에서도 반드시 성공할 수 있다는 보장은 없다. 우리에게 맞게 접근해야 할 것이다. 대학평가인정제가 성공적으로 도입되기 위해서는 첫째, 대학인들의 합의와 수용태도가 바탕이 되어야 한다. 강요와 강제로는 성공을 거두기 어렵다. 그래서 평가인정의 기준과 표준을 설정하여 이를 미리 공포해 놓고 이에 통과할 수 있다고 자신감을 갖는 준비된 대학부터 자발적으로 평가를 하여 인정받도록 하고 통과된 대학만을 세상에 공표해 나가는 접근을 생각할 수 있다. 교수 대 학생의 비를 전국평균인 1 : 37이라는 하나의 기준과 표준만 통과하게 한다고 해도 많은 대학들이 여러 해에 걸려 준비해야 할 것이다. 자발적 참여를 유도하지 못하면 또다시 실패하기 쉽고, 또 하나의 조령모개 정책을 만들어 내기 쉽게 된다.

　둘째, 자발적 참여를 유도하기 위해서는 처음에는 많은 대학이 통과할 수 있도록 낮은 기준과 표준을 설정했다가 연차적으로 높여 나가는 접근도 생각할 수 있다. 예를 들면 교수 대 학생의 비율 1996년까지는 1 : 37로 1997년 평가신청대학은 1 : 35로 1998년 평가대학은 1 : 33 등으로 하는 식의 연도별로 더 높은 기준을 요구하는 방안도 생각할 수 있다.

　셋째, 평가인정 결과에 따른 보상과 지원책이 강구되어야 한다. 대학에 공공자금을 지원해 주어야 공공성과 책무성을 요구할 수 있게 된다. 정부가 대학을 어려움에서 건져내어 질을 향상시킬 의도를 갖고 있다면 사립대학에 대하여도 재정지원을 해주고 동시에 질 통제도 요구해야 할 것이다. 기준과 표준통과를 준비하는 어려운 대학도 지원해 주어야 할 것이며, 반대로 평가인정을 받은 우수대학도 더욱 우수하게 만들기 위하여 보상적 성격의 국가지원을 해주어야 한다. 평가인정 받은 대학에 대하여 그동안 제한되었던 각종 자율권을 부여해 주는 방안도 돈 안들이면서 대학발전을 가져오게 하는 좋은 방안이 될 것이다. 스스로 질 통제를 잘하고 있다고 인정받은 대학부터 학생입학정원의 자율결정과, 등록금액 자율결정, 입학시험방법의 자율결정 등을 부여해 주는 방안을 생각할 수 있다.

　앞으로는 대학설립인가에서부터 그 기준의 엄격성을 유지하고, 충분한 논의와 준비과정을 거쳐 대학평가인정제라는 뜨거운 감자를 완전히 식혀서 먹어 대학교육의 질 보장을 위한 영양소를 충분히 흡수하게 되기를 기대한다.

제 18 장
고등교육의 질 향상과 대학평가인정제*

1. 고등교육의 질 향상에 대한 관심

배가 고플 때는 양으로 배만 채우면 되었지만 그 다음에는 질에 해당하는 맛과 멋을 찾게 된다. 한국의 고등교육에서도 그동안 양적으로는 어느 정도 성공을 거두었으나 그 다음 단계인 질에 있어서는 실패하고 있다.

고등교육 학생수는 그 절대수로 보나 인구비례로 보나 가히 세계적 수준이라고 할 수 있으나 교육의 질을 간접적으로 알아볼 수 있는 교육여건들은 열악하기 그지없다. 교수 대 학생의 비는 세계 최고수준이고 학생 1인당 교육비는 최하수준이라고 할 수 있다.

그러나 지금까지는 그런대로 거칠더라도 많은 고등교육을 받은 인구들이 있어서 경제발전과 사회발전에 공헌할 수 있었다. 대학졸업장이 있는 사람들은 없는 사람들보다 무엇인가 달랐고 이것을 가지고 산업현장에서 남들보다 열심히 뛰어 경제개발계획 추진에 기여할 수 있었다. 그렇지만 이제는 국제경쟁이 질의 싸움, 두뇌의 싸움으로 바뀌었다. 양질의 교육 서비스를 제공하는 나라만이 국제경쟁에서 살아남을 수 있다는 판단하에 세계 여러 나라들

---

* 이 원고는 필자가 1987~1989년 한국대학교육협의회 평가관리부장으로 파견근무 시 구상했던 대학평가인정제의 안으로 현재의 것과는 다르다.

이 교육의 질 향상을 위한 교육개혁에 열을 올리고 있는 것이다. 몇년 전에 있었던 우리나라의 교육개혁심의회의 활동과 노력도 결국은 한마디로 말하면 교육의 질을 향상시키기 위한 것이었다.

그런데 질의 향상과 품질관리에 가장 철저해야 할 교육계가 오히려 산업계나 기업체보다 뒤떨어졌다. 일반 기업체에서는 유명상표일수록 철저한 품질관리를 하여 고객과 소비자에게 봉사하는 데 비하여 대학교육에서는 적당히 졸업연한과 학점을 채워서 학생을 졸업시키는 경향이 있다는 것을 부인하기 어렵다. 대학의 경영적 측면에서도 대학에 따라 차이는 있겠지만 그 효과성과 효율성을 철저하게 따지지 못했다. 쉬운 예로 양질의 교육 서비스를 받는 대학의 등록금이나 거친 서비스를 받는 대학의 등록금이나 별 차이가 없는 실정이다.

더 근본적인 것은 명확한 교육목표와 방법이 없이 교육이 일상적으로 이루어지고 있으며 어느 방향으로 얼마의 속도로 달려서 어느 정도 목표가 달성되었는지에 대한 진지한 평가도 없었다. 이제는 대학교육의 목표와 본질에 관한 근본적인 것부터 재검토하여 올바른 방향으로 잡아 나아가야 할 시점에 와 있다고 본다.

교육은 하나의 공기업으로서 국민의 세금으로 운영되거나 사회나 공공의 자금 또는 학생들의 등록금 등이 포함되어 학교가 운영되므로 사회에 대하여 책임을 져야 한다. 즉 사회에 대한 책무성을 갖는 것이다. 그런데 우리나라 대학은 자신의 제품을 어떻게 품질관리하고 있는지에 대하여 사회에 공표하고 확인시키는 일에도 등한시하였던 것도 사실이다.

이러한 양으로부터 질로의 관심전환, 고등교육과 국가발전의 관계, 교육의 국제경쟁력 향상을 위한 고등교육개혁, 산업계의 품질관리 선도, 대학교육의 방향감의 재점검, 대학의 사회에 대한 책무성에 대한 인식 등으로 이제 고등교육의 질 관리에 대한 관심이 고조되고 있다.

2. 교육의 질 관리를 위한 평가인정제의 필요성과 목적

우리나라에서 1960년대까지는 교육부 관주도의 감사식 평가를 면치 못하다가, 1970년대 실험대학평가제가 도입되면서 전문적인 관·학협동의 대학평가가 시도되고, 1980년대는 한국대학교육협의회가 대학평가 업무를 담당하면서 국가수준에서 대학평가를 보다 체계화시켜 이를 제도화하고 학중심의 자율평가 형태로 실시하게 되었다. 그것도 1982~1987년까지의 전반기는 계량적 상대평가의 성격을 띠었고, 1988~1992년까지는 대학의 자체평가를 강조하여 질적평가, 절대평가, 형성평가를 강조하면서 이를 추진해 왔다.

그런데 이 평가제도는 대학이 평가결과를 적극 활용하려 하지 않으면 큰 효과를 거두기 어렵다. 평가결과에 따른 보상체제가 없기 때문에 대학이 평가결과를 대학발전에 활용하지 않으면 무의미한 활동이 되고 만다.

그런데 교육개혁심의회는 1987년 종합보고에서 고등교육의 수월성을 추구하기 위하여 대학평가인정제를 제도화하도록 강력히 권고하였다. 이 권고에 따라 교육부는 "교육개혁안 장·단기추진계획(1988. 7)"에서 "대학평가인정제의 발전"을 추진하고 "대학평가인정제도를 통한 학위수여 요건 강화"와 "대학평가인정제도의 정착에 따라 단계적으로 학생정원을 대학 자율에 맡기도록" 한다는 방향을 설정한 바 있다. 그리고 이어서 마침내 "대학교육의 질 향상을 위한 대학평가인정제의 정착(1989. 9. 4)"의 정책결정을 하고 이를 1991년도부터 단계적으로 실시하기로 하였다.

이러한 맥락으로 보아 대학평가인정제는 고등교육의 질을 향상시키기 위해서 필요하다는 것을 알 수 있다. 그래서 교육개혁심의회 고등교육분야 개혁의 핵심은 평가인정제에 의하여 이루어지도록 구상하였던 것이다.

그러면 현행 대학평가제도와 대학평가인정제의 차이는 무엇인가? 현행의 대학평가는 평가결과를 각 대학에 제시하면 대학이 이를 참고로 하여 발전

계획을 세워 이를 추진함으로써 대학발전을 도모하도록 하고 있다. 이에 비하여 대학평가인정제는 우리나라 각 대학이 도달해야 할 최소한의 표준을 정해 놓고 평가하여 이 표준에 도달한 대학을 공인·보증해 주는 제도이다. 또 이러한 이미 설정해 놓은 표준에 도달한 것으로 평가·인정받은 대학에 대하여는 이에 상응하는 보상을 해주는 것이다. 예를 들면 그 도달 수준에 따라 자율권을 달리할 수도 있고 재정보조를 달리할 수도 있다. 그러므로 대학평가인정제는 현행 대학평가제도보다 좀더 적극적으로 대학의 질을 향상시키려는 제도로 보아야 할 것이다.

미국에서는 자율적 기구에서 이를 실시하여 교육의 질에 대한 자율통제체제를 갖추고 있는 데 비하여 영국은 국가학위수여기구(CNAA)를 통하여 국가통제의 형식을 취하고 있는 셈이다.

이제 우리나라의 대학들도 대학들 스스로가 협동하여 단계적으로 그 질을 향상시키고 질 통제에 대하여 관심을 기울여서 사회에 대한 공신력을 획득해야 할 시기라고 보아 대학평가인정제는 우리나라 대학발전에 큰 도움이 될 것으로 본다.

대학평가인정제는 "대학교육의 질을 대학 스스로가 협동하여 통제함으로써 고도의 수월성과 자율성, 협동성, 공공성을 추구하는 것"을 목적으로 한다.

첫째, 수월성 추구의 목표이다.

이미 설정해 놓은 평가인정의 표준에 도달하게 하고 도달한 대학을 인정해 주고 매 5년 주기마다 표준을 높이면서 이를 도달하도록 서로 자극함으로써 대학교육의 수월성을 추구한다. 여기에도 문제는 있다. 대학은 천차만별인데 하나의 표준을 설정해 놓으면 저급대학에게는 최고수준의 수월성 추구가 되지만 이미 이 표준을 넘어선 대학에 대하여는 수월성 추구의 의미가 줄어들게 된다. 그러나 표준을 넘어선 정도를 사회에 공표함으로써 격려가 되고 더욱 발전하려는 자극제는 충분히 될 수 있으리라 본다.

둘째, 대학의 자율성 신장의 목표이다.

민주화, 자율화 물결과 함께 대학이 궁극적으로 가야 할 길은 자율화이다.

이제 우리 대학들은 자기 대학교육의 품질에 대하여는 자기 스스로 통제하고 스스로 품질관리를 하지 못하면 스스로 망하고 마는 시대가 도래한다. 대학이 정상적인 교육의 한 과정에 해당하는 자체평가를 철저히 하여 품질관리를 함으로써 자율성을 신장하는 계기가 될 것이다. 그리고 자기 대학의 교육에 책임을 지고 자율통제하는 능력을 갖고 있는 것으로 인정받은 대학에 대하여는 지금까지 정부가 가지고 있던 통제권을 서슴없이 대학에 믿고 맡김으로써 대학의 자율성은 더욱 신장될 수 있으리라 본다. 다시 말하면 자체평가를 하는 속에서 자율성이 신장되고, 또 자율통제 능력을 인정받아 자율권을 부여받음으로써 더욱 자율성을 신장시키자는 것이 평가인정제의 두 번째 목표이다.

셋째, 대학 간의 협동성 진작의 목표이다.

각 대학이 독자적으로 자율통제하기에는 많은 어려움이 있을 뿐만 아니라 이를 공신력 있는 기구나 이외의 다른 기관의 인정을 받지 않으면 무의미하다. 그래서 대학 간의 자율협동기구인 한국대학교육협의회가 개발한 기준과 모형에 의하여 평가인정을 함으로써 공신력을 얻고 또 평가인정 과정에 결국 회원대학 전문인력들이 참여하고 상호 격려하고 자극함으로써 협동성을 진작시키려는 것이다. 대학평가인정제는 이러한 상호 신뢰와 협동 없이는 성공을 거두기 어렵다. 이러한 대학 간의 상호노력에서 귀찮은 일이라고 빠지고자 할 때는 결국 한국 대학사회에서 소외되는 결과가 초래될 것이다.

넷째, 대학의 사회에 대한 책무성의 고양을 목표로 한다.

지금까지 우리나라 대학이 맡은바 책무를 어느 정도 어떻게 하고 있는지 알려 준 일이 별로 없다. 얼마나 어떻게 잘하고 있는지, 어떻게 못하고 있는지 알 길이 없었다. 또 그런 공표 없이도 대학에 들어오겠다는 학생들은 구름떼처럼 몰려들었고 또 거친 교육을 주든 다듬어진 질 높은 교육을 주든 4년 후 졸업장만 받으면 그것으로 만족하는 풍토였다. 앞으로는 달라져야 한다. 벌써 학생들이 이런 것을 따지고 들기 시작했다. 학생과 사회가 따지고 들기 전에 대학이 사회에 대하여 맡은바 책무를 다하고 있다는 것을 밝혀야 마땅하다. 그것을 밝히는 한 방법이 평가인정의 공표이다.

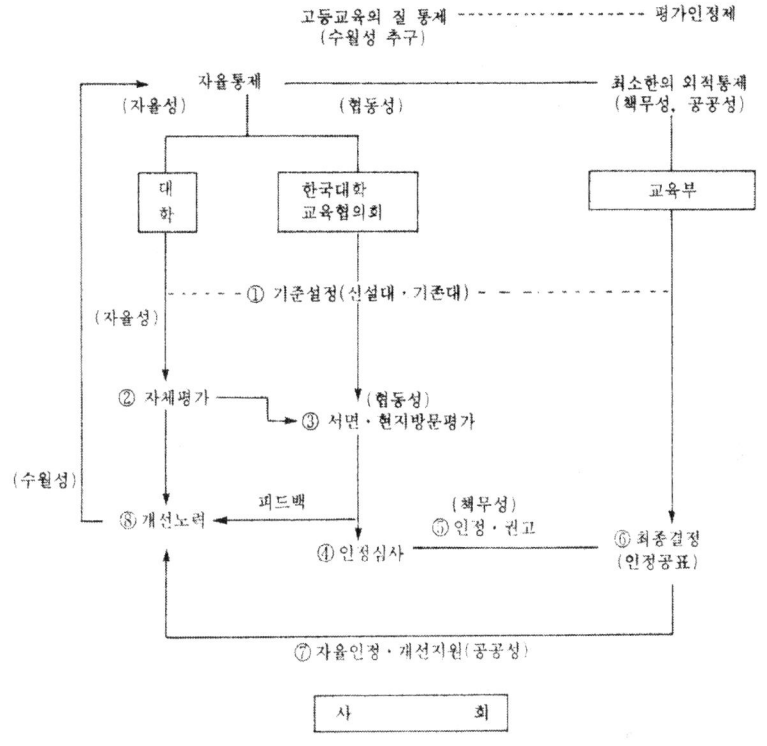

<그림 20-1> 대학평가인정제의 기본 구조

　다섯째, 대학교육의 공공성을 보장한다.

　비록 사립대학일지라도 대학은 더 이상 한 개인이나 재단의 기관일 수 없다. 교육은 엄연한 국가사업이다. 다만 그 운영을 사립재단에 위임하고 신탁했을 뿐이다. 이제 스스로 잘하는 대학으로 평가인정 받은 대학에 대하여는 국가가 지원하여 그 공공성을 보장해 주어야 한다. 평가인정제를 통해서 지금까지 등한시되었던 공공성은 제고될 것으로 기대된다. 여기에도 문제는 있다. 국가가 대학을 지원해 줄 때 인정받은 대학만 지원해 주면 인정 못 받은 대학은 망할 것이 아니냐 하는 딜레마에 빠진다. 물론 잘하는 대학을 지원해야 한다. 자생력이 없는 대학은 설립인가를 받았어도 망할 수밖에 없다. 그

러나 평가결과, 국가보조에 의하여 발전하여 몇 년 후 평가인정의 표준에 도
달할 수 있는 대학이라면 국가의 지원을 받도록 권고해야 할 것이다.

　이외에도 더 많은 목적과 목표를 내세울 수 있고 또 부차적인 효과도 있겠
지만 많은 것을 제시하다 보면 핵심이 흐려지기 때문에 다섯으로 줄인다. 이
러한 목적에 의한 평가인정제의 기본구조를 〈그림 20-1〉로 나타내고자 한다.

3. 대학평가인정제의 기본 구조

　대학평가인정제는 앞에서 언급한 ① 수월성 추구, ② 자율성 신장, ③ 협
동성 진작, ④ 책무성 고양, ⑤ 공공성 보장이라는 5대 목표를 달성하기 위
하여 대학(자율성)과 대학 간 자율협의기구인 한국대학교육협의회(협동성),
교육부(책무성, 공공성 보장)가 사회에 대하여 연구해 내는 3박자 화음이라
고 할 수 있다. 궁극적으로는 평가인정제에 의하여 고등교육의 질을 통제하
여 수월성을 추구하자는 것이다.

　궁극적인 고등교육의 질 통제에 의한 수월성 추구는 평가인정에 의해서
하는데 대학의 자율성과 한국대학교육협의회의 협동성에 의한 최대한의 자
율통제를 보장하고 교육부에 의한 형식적이고 최종적인 최소한의 외적통제
를 하여 이 세 기관을 둘러싸고 있는 사회에 책무성과 공공성을 다하도록
하려는 것이다. 방법적인 측면에서는 ① 대학과 한국대학교육협의회, 교육
부, 사회가 합의할 수 있는 평가인정의 기준을 신설대와 기존대에 따라 달리
하여 5년, 10년, 15년 후에 도달할 것을 미리 설정하여 발표한다. 이 기준
은 우리나라 모든 대학들이 도달하고자 하는 지향점이 되어야 할 것이다. ②
이 기준에 도달되었다고 판단되는 대학은 한국대학교육협의회에 평가인정을
받겠다는 신청을 하고 나서 자율성에 근거하여 자체평가를 실시하고 보고서

를 협의회에 제출하면 ③ 협의회는 협동성에 의하여 서면검토를 하고 주로 다른 회원대학으로부터 관계 전문가를 초청하여 평가단을 구성하여 현지방문을 하고 보고서를 제출하면 ④ 협의회 인정심사위원회의 인정심사를 거쳐 ⑤ 교육부에 인정권고를 하는데 이 권고는 대학이 책무성을 다하고 있다는 인정의 기능이 된다. ⑥ 교육부는 협의회의 권고를 받아들여 인정받은 대학을 공표하고 ⑦ 이에 따라 인정받은 대학에 대하여는 대폭 자율권을 주고 이들 대학에 더욱 발전시키기 위한 지원을 해주는데 이는 공공성에 근거를 둔 것이다. ⑧ 그러면 각 대학은 자체평가 결과와 협의회의 현지방문평가 결과보고서와, 교육부의 자율인정과 지원에 의하여 개선 노력하여 수월성을 추구한다는 기본구조이다.

4. 대학평가인정의 절차

대학평가인정의 절차는 앞에서 제시한 기본구조에 의하여 ① 평가인정기준 공표, ② 대학의 평가인정 지원(신청), ③ 대학자체평가 실시, ④ 협의회의 서면검토 및 현지방문평가, ⑤ 평가인정 심사 및 판정, ⑥ 재심청구, ⑦ 교육부의 평가인정 공표, ⑧ 대학의 자율권과 정부의 재정지원, ⑨ 대학의 개선노력과 차기 평가인정준비의 과정을 거치게 된다.

1) 평가인정기준 공표

한국대학교육협의회는 평가인정이 시작되기 전에 우선 대학의 현실과 미래의 발전지표를 조사하여 5년 내에 도달해야 할 평가인정의 표준을 발표한다. 물론 대학, 교육부, 사회가 동의하는 도달 가능한 표준을 제시해야 한다. 우리나라 대학 간에는 그 수준에 있어서 차이가 있으므로 1, 2, 3등급으로 나누어 3개 정도의 수준으로 나누어 제시할 수도 있으나 처음 이 제도를 도입하는 입장에서 대학을 등급화한다는 반발과 저항에 부딪칠 염려가 있으므로 가능한 한 5년 내에 우리나라 많은 대학이 도달할 수 있는 좀 느슨한 표준을 정하는 것이 전략상 좋을 것이다.

2) 대학의 평가인정 지원

각 대학이 평가인정을 받고자 하면 한국대학교육협의회에 지원한다. 아니면 협의회가 5년 내의 몇 년도에 신청할 것인가 미리 조사하여 조정할 수도 있을 것이다. 지원서를 받은 협의회는 이를 검토하여 표준에 터무니없이 미달이라고 판단될 때는 더 개선 노력하도록 종용하여 지원을 반려하고, 가능성이 있다고 판단될 때는 자체평가를 실시하도록 승인한다.

3) 대학자체평가 실시

대학은 협의회가 제시한 대학평가인정편람에 안내된 지침에 따라 1년간 자체평가를 실시하고 평가인정 표준에 도달했다는 것을 증명할 만한 자료와 함께 협의회에 보고서를 제출함과 동시에 현지방문평가를 요청한다.

4) 협의회의 서면검토 및 현지방문평가

협의회는 자체평가보고서와 제출 자료를 검토하여 자체평가나 자료가 현저히 불실하거나 표준미달이 확연할 때는 이를 반려하여 재평가하도록 촉구하고 그렇지 않을 때는 현지방문평가위원을 구성하여 대학에 통보한다. 대학에서는 불공정한 평가를 받을 가능성이 있거나 신뢰할 수 없는 평가위원이들이 있다고 판단될 때는 교체해 주도록 요구할 수 있다. 현지방문평가를 우선 각 대학에 2일 정도 하는 것으로 하고 현지방문평가보고서를 협의회 "평가인정심사위원회"에 제출한다.

5) 평가인정심사 판정

협의회의 "평가인정심사위원회"는 현지방문평가단의 평가보고서와 대학의 자체평가 보고서를 재검토하여 표준에 미달될 시는 "불인정"으로 하여 개선노력을 하도록 촉구하고 "인정" 시에는 교육부에 "평가인정"하도록 권고한다. 여기서 "조건부인정"을 할 수도 있다. 조건부인정이 보완될 때는 완전인정으로 바꾸어 교육부에 통보한다. 여기서 협의회가 인정발표하게 할 것이냐 교육부로 하여금 최종발표하게 할 것이냐에 논의가 있을 수 있으나 여기서는 교육부에 형식적인 최종결정권을 주고 있다는 것은 기본구조에서도 언급했었다. 인정의 경우든 불인정의 경우든 각 대학에 그 대학의 강점, 약점, 권고 등을 포함한 피드백 평가보고서를 송부하여 참고하게 한다.

6) 재심청구

평가인정권을 받은 대학이 이를 받아들일 수 없다고 판단될 때는 협의회에 이의를 붙여 재심을 청구할 수 있다. 협의회는 재심위원회를 구성하여 필요하다면 재방문, 재자료 수집 등을 통하여 재평가를 실시하여 "인정"과 "불인정"으로 구분하여 대학과 교육부에 통보한다.

7) 교육부 평가인정 공표

교육부는 해마다 평가를 인정받은 대학의 이름과 대학의 강점 등을 공표하여 대학으로 하여금 긍지를 갖고 책무성을 다하고 있다는 점을 사회에 알려 발전하는 대학을 격려한다.

8) 대학의 자율운영과 정부의 재정지원

1차 연도의 자체평가와 2차 연도의 현지방문평가에 이어 3, 4, 5차 연도에는 대학이 자율권을 인정받아 인정 못 받은 대학과 달리 할 수 있게 하고 정부는 적극 재정지원을 한다.

9) 대학의 개선노력과 다음 주기의 평가인정의 준비

3, 4, 5차 연도에 각 대학은 대학 자체평가결과와 협의회의 평가보고서결과, 정부의 지원에 의하여 개선노력을 하여 대학을 발전시킴과 동시에 다음 주기의 보다 높은 표준에 의하여 평가인정을 받기 위한 준비를 한다.

5. 주요 문제와 전망

대학평가인정제에 대하여는 한국대학교육협의회의 10년간의 대학평가 경험축적과 앞으로의 연구에 의하여 좀더 구체적인 모습으로 드러나겠지만 이와 관련하여 몇 가지 주요 문제에 대하여 간단히 살펴보고자 한다.

1) 평가인정기구

담당기구는 한국대학교육협의회로 한다. 10년간의 대학평가 경험축적도 있을 뿐만 아니라 평가인정을 대학 스스로가 담당한다는 데 의의가 있다. 대학들이 스스로 품질관리를 위해서 노력한다는 의미를 갖는다. 만일 별도의 평가인정 전담의 국가기관을 만든다면 대학에 대한 또 하나의 국가통제로 받아들여져 대학의 협조를 받아내기 어려울 것이다.

그러나 자율협의기구인 한국대학교육협의회가 담당하는 경우 각 대학이 자발적으로 적극 참여하지 않으면 어려움이 따르게 된다. 그래서 자의반 타의반으로 협조할 수 있도록 하여 결과적으로 대학의 발전을 가져오게 하는 법적, 제도적 장치가 필요하며 평가인정 받은 대학에 대한 강력한 보상체제가 보장되어야 한다.

2) 평가인정의 기준

평가인정제에서 평가인정의 기준은 상당히 중요하다. 그래서 교수 대 학생비와 같은 어느 정도의 최소한의 객관적이고 계량적인 기준과 함께 전문가에 의한 어느 정도의 주관적이고 질적인 기준이 포함되어야 할 것으로 본다. 여기서 중요한 것은 인정과, 불인정, 조건부인정 등의 판정을 위한 증거자료이다. 이 증거자료로는 ① 자체평가보고서, ② 각종 통계자료, ③ 질문지, 면접자료, ④ 현지 확인자료 등이 있다. 이 기준에 대하여는 1년간 연구와 계속적인 보완작업이 뒤따라야 할 것으로 본다.

3) 평가인정 받은 대학에 대한 보상

대학설립인가를 받은 것을 1차적 인정이라고 한다면 설립 후 4년 후 그리고 매 5년마다 실시하는 평가인정을 2차적 인정이라고 할 수 있다.

일단 국가가 대학으로 설립인가를 했으면 대학운영의 모든 자율권을 모두 대학에 맡겼어야 한다. 그러나 불행하게도 과거 일부 대학에서 이 자율권을 제대로 행사하지 못했던 원인과, 이를 핑계로 국가가 과도하게 통제했던 점도 있어서 대학이 제대로 자율권을 행사하지 못했던 것이 사실이다. 이제 국가는 대학의 자율권을 인정하고 오히려 지원·조장적인 정책으로 전환해야 할 시점에 있다. 그래서 일정한 수준에 도달했다고 평가인정 받은 대학에 대하여 우선적으로 그리고 점진적으로 다음과 같은 자율권을 대학에 맡겨야 할 것으로 본다.

(1) 자율권 인정
① 대학원 학위관리
② 학사학위 관리
③ 학과, 학부, 단과대학 등 개설, 통·폐합, 기구 개편, 종합대 개편 등
④ 총·학장 취임, 승인취소 등에 관한 자유와 자율
⑤ 학칙개정의 자율
⑥ 각종 면허·자격증 발행
⑦ 학생정원에 관한 자율 조정
⑧ 등록금, 공납금, 납입금에 의한 자율결정
⑨ 기여에 의한 입학, 학교채 발행 등의 자율

(2) 재정지원
⑩ 연구비, 학술연구조성비의 일괄보조
⑪ 장학금 차등 지원

⑫ 평가인정을 받은 대학에 대해 재정지원을 우선시함과 동시에 차등 지원
그리고 국・사립을 막론하고 국가가 재정지원을 할 때 평가인정의 결과에
의하여 재정배분을 해야 할 것으로 본다. 재정배분 시에 평가인정 받은 대학
에 우선하여 부익부, 빈익빈 정책을 쓸 것인가 아니면 영세대학을 지원하는
정책을 쓸 것이냐는 차후의 정책결정 문제이다.

4) 전   망

대학평가제를 평가인정제로 전환하는 데는 많은 어려움이 있을 것으로 본
다. 그러나 대학을 대학 스스로가 통제하지 않으면 다시 외부의 통제를 받게
된다는 점을 심각하게 생각하고, 또 이 평가인정제가 대학의 질 향상에 기여
할 것이라는 믿음을 갖는다면 어려움이 있더라도 과감히 이를 도입해야 할
것으로 본다.

다만 대학들이 이의 필요성을 인식하고 이에 협조하고 참여하는 일이 중
요하다고 본다. 특히 부실대학들이 자체의 발전 노력 없이 훌륭한 대학들과
함께 묻어가려고 하고 안주하려고 하는 입장은 경계해야 할 것으로 본다.

제 19 장
대학교육의 품질보증과 평가인정제

1. 대학평가인정제란

아무리 바쁜 사람도 하루 한 번은 자기 모습을 거울에 비춰 본다. 자기 모습을 가다듬고 예쁘게 보이기 위해서이다. 또 유명상표일수록 품질관리를 철저히 엄격하게 한다. 소비자를 실망시키지 않고 신용을 지키며 회사를 더욱 발전시키기 위해서이다. 그 결과 이제 "메이드 인 코리아"가 해외에서 환영받기 시작하고 있다.

그런데 대학교육에서는 이른바 유명대학에서조차도 중소기업체만큼도 교육의 품질보증에 대하여 엄격하지 못하였다. 전구 하나에 불량품이 나와도 교환을 요구하고 소비자 고발센터에 가는 판인데 대학에서는 불량품이 얼마만큼 나오는지조차 전혀 파악하지도 못하고 또 이에 별로 관심을 기울이지 못하고 있다. 대량생산을 하다 보니 불량품이 나올지 모른다고 해도 이는 이유가 될 수 없으며, 시설이 나쁘고 기술자가 부족하고 원료가 나쁘다는 것도 변명이 될 수 없다. 물건을 만드는 공장에서는 그런대로 실수가 인정될 수 있으나 인간교육에서는 어떤 이유로도 실수나 불량품에 대하여 용서받을 수 없다. 이유를 대는 동안 한 인간은 이미 망쳐 버리기 때문이다.

대학에서 이렇게 거울에 자기 모습을 비춰보고 상품의 품질을 챙기는 제도가 대학평가인정제이다.

대학교육의 수월성을 추구하고 자율적인 품질관리를 위하여 교육개혁심의회가 대학평가인정제의 채택을 권고한바 교육부가 이를 받아들여 1991년부터 실시하기로 하고 이를 준비하고 있다. 일반인에게는 이 제도가 갑자기 발표된 것 같이 느껴지겠지만 사실은 1982년도부터 대학 간 자율협의기구인 한국대학교육협의회가 대학평가와 연구를 담당하여 실시해오면서 꾸준히 건의해 온 것이다.

평가인정제란 일정한 기준에 의하여 대학이라는 기관과 대학 내 각 학문 프로그램을 평가하여 정해놓은 어떤 표준에 도달했다는 보증과 인정을 해주는 제도이다. 그래서 대학자체의 평가에다 평가인정기구에 의한 인정과 보증의 기능을 합친 제도라고 할 수 있다.

2. 몇 가지 오해

그런데 이 제도에 대하여 몇 가지 오해가 있는 것으로 보도되고 있다. 첫째, 정부가 대학에 대한 통제권을 행사하기 위한 것으로 착각하거나 오해하고 있다는 점이다. 과거에 교육부가 하던 감사식 평가권을 자율협의기구인 한국대학교육협의회에 스스로 넘겨주고 또 이를 국고로 지원해 주고 있으며 또 앞으로 품질관리를 잘하려는 대학에 대하여는 더욱 지원해 주려는 입장인데 이를 통제수단으로 오해해서는 안 된다. 이제 대학은 스스로를 통제하지 않으면 스스로 망하고 만다. 다만 각자가 품질관리하기 어렵고 또 그렇게 되면 공신력을 잃어 공인을 받기 어렵기 때문에 대학들이 모여서 만든 자율기구에서 평가인정의 일을 담당할 뿐이다. 이에 동참하지 않고 자사제품관리에 게을리하는 대학의 교육은 교육소비자들이 사주지 않을 것이다.

둘째, 대학평가인정제를 대학별, 학과별로 등급과 서열을 매기는 것으로 착각·오해하고 있는 점이다. 무슨 재주로 다양한 배경을 가진 대학을 하나의 잣대로 등급과 서열을 매겨 한 줄로 세울 수 있는가! 상상만 해도 끔찍한 노릇이다. 미국의 일부 회사와 개인이 이런 조사를 하여 발표하고 또 우리나라 유학 후보자들이 활용하고 있는데 이는 몇 가지 지표에 의한 평정(rating)으로 평가인정제와는 거리가 멀다. 평가인정제는 하나의 잣대에 의한 획일성보다는 오히려 다양성과 특수성을 인정하고 나름대로의 자율성과 우수성을 조장하려는 제도이다. 그러나 분명한 것은 앞으로 대학사회에서 선의의 경쟁은 어쩔 수 없게 되며 하나의 필요성이 된다는 점이다. 그래야만 대학은 발전하고 또 교육소비자인 학생과 국민에게 혜택이 돌아간다. 대학교육이 언제까지나 독점상품일 수는 없다. 자사제품의 품질관리를 등한시하면서 타사와 담합하여 불량품을 만들자고 하는 주장에 박수를 보낼 교육소비자는 아무도 없다.

3. 앞으로의 방향

대학평가인정제는 첫째로 대학교육의 우수성(excellence) 추구를 목적으로 한다. 이제는 우리나라 대학이 외형에서 내부로, 양에서 질로 눈을 돌려 교육상품도 국제경쟁력을 길러야 할 때이다. 외적인 문제를 빨리 해결하고, 각자 맡은 자리로 돌아가 능력을 최고도로 발휘해야 하며, 또 그러기 위해서는 엄정한 자기 평가제를 도입해야 한다.

둘째는 대학의 자율성, 다양성, 독특성, 효율성의 신장을 지향한다. 그래서 대학이 스스로 만든 기구에서 평가인정을 담당하며, 대학으로 하여금 규모, 역사와 전통, 지역에 따라 다양하고 독특하게 발전하도록 조장하는 기능을 한다. 그래서 처음에는 희망하는 대학부터 참여하게 하고 참여하여 평가인정을 받은 대학이 이익과 혜택을 받게 하는 방향으로 접근해야 할 것이다. 대학이 스스로 통제하지 않으면 또다시 정부나 교육소비자인 외부의 통제를 불러들이게 된다. 타율과 간섭을 배제하기 위해서라도 자율적인 평가를 하여 이를 세상에 공표해야 한다.

셋째, 평가인정제는 좋은 상품에 대하여 보증서를 써주는 것이지 불량품을 고발하지는 않는다. 불량품의 고발과 감시·감독은 다른 방법을 동원해야만 처음 접근하는 평가인정제는 성공할 수 있다. 대학으로 하여금 좋은 상품만 만들어 내게 하고 계속 품질개선에 노력하게 하며 소비자들로 하여금 좋은 상품만 선택하게 해야 할 것이다.

넷째, 평가인정제는 사회에 대한 대학의 책무성을 다 하려는 것이다. 공공 기관으로서의 대학은 어떤 교육 목적하에 어떤 교육을 하여 어느 정도 목표 달성을 하였는지 사회에 알려 주어야 할 의무가 있다. 특히 학생의 돈이었든 국민의 세금이었든 공공자금을 사용하는 기관에서는 이 돈을 어디에다 어떻게 써서 어느 정도의 효과를 거두었는지에 대하여 평가를 통하여 일반인에게도 공표해야 한다. 대학은 평가를 기피할 것이 아니라 오히려 이를 적극 활용하여 대학이 잘하고 있는 점과 어려움과 곤란을 받고 있는 점을 세상에 홍보하는 계기로 삼을 수 있다. 사학이 재정적으로 어떻게 어느 정도 어렵다고 상세히 밝혀 설득시키려는 노력 없이 이를 숨기고 있다가 어려워서 비정상, 비리, 부정을 저질렀다고 하면 공중과 국민이 이를 용서하거나 정당화시켜 줄 것인가? 그러나 엄정한 평가결과를 세상에 공표하여 그동안의 어려움을 계속 알려왔더라면 국민들은 이를 외면하지 않았을 것이다.

지금 대학은 외적인 일로 몸살 정도가 아닌 홍역을 앓고 있다. 다른 나라 대학의 실험실과 도서관의 등불이 24시간 켜져 있고, 나라의 운명을 걸고 교육의 우수성 추구를 위한 교육개혁에 열을 올리고 있는 동안 우리 젊은이들의 열기는 겉으로 새는 것 같아 심히 걱정된다. 젊은이들의 올바른 주장이 있다면 이는 속히 받아들여져 외적인 문제를 빨리 해결하고 우리도 고등교육의 질 향상에 국력을 집중해야겠다.

발전하는 자는 자신에 대하여 그렇게 너그럽지 않다. 우리가 매일같이 거울에 얼굴을 비춰보고 일기를 쓰고, 기업체들이 계속적인 심사분석과 품질관리로 발전하듯이 대학사회도 엄격하고 비판적인 자기평가로 자신을 정확히 파악하고 새로운 목표를 설정하여 이를 달성하기 위해 노력함으로써 세계 속의 대학으로 도약할 수 있다. 대학인들 스스로가 엄격한 품질관리로 최저가 아닌 최고수준에서 우수성을 발휘하기 위해 평가인정제를 발전시켜야 한다.

제 20 장
한국 대학평가 방법의 전환*

1. 교육의 질 관리와 대학평가의 중요성

교육정책에서 추구하는 중요한 가치들 중에 "평등(equality. equity)"과 "질"이라는 상반되는 두 개념이 있다. 이외에 "효율(efficiency)"과 선택의 "자유(liberty)"라는 가치도 있다. 이러한 가치들은 다 같이 중요하고 또 반드시 실현해야만 하는 것이다. 그런데 이들 가치들이 갈등을 일으킨다는 데 문제가 있다. "평등과 균등"을 추구하다 보면 "질과 효율"을 잃기 쉽고, "경제적 효율성과 능률"을 찾다 보면 "선택의 자유"를 잃게 된다. 선택의 자유를 위해서는 경제적 효율성은 양보하지 않으면 안 된다. 그렇다고 이들 중 어느 하나만을 추구할 수 없는 것이 교육정책의 어려움이다.

한국의 대학교육이 계속 양적으로 팽창하면서 평등의 가치를 추구해 온 것은 아무도 부인할 수 없다. 그러는 동안 어느새 질의 가치를 잃게 되었다는 사실도 또한 부인할 수 없다. 이에 대하여 교육계에서는 계속 대학교육의

---

* 대학교육 1988. 3.(제32호) 한국대학교육협의회.
  1982년부터 1986년까지 한국대학교육협의회가 실시해 오던 대학평가방법을 1987년 1년간 연구하여 1988년부터 바꾸어 실시해 온 것이다. 앞으로 평가 인정제로 전환한다고 하나 그 이전 단계에 대한 자료도 가치가 있다고 생각되어 여기에 싣는다.

질 향상과 질 관리를 주장해 왔다.

교육의 질 관리의 한 과정이 바로 우리가 여기서 논의하려고 하는 대학평가이다. 교육 목표와 계획(plan)을 세워 이를 실천(do)하고 그 결과를 평가(see)하는 과정을 통해서 교육의 질을 관리하는 것이다. 그런데 계획은 열심히 세우나 실천에 옮기지 못하는 경우도 있고, 열심히 실천은 하나 평가가 뒤따르지 못하는 경우도 많다. 후자도 전자에 못지않게 바람직하지 못한 현상이다. 때로는 평가를 귀찮은 것으로 생각하기도 한다. 그러나 보다 발전하기 위해서는 반드시 평가라는 과정을 거쳐야 한다.

현재 각국에서는 교육의 질 경쟁이 치열하다. 양질의 교육 서비스를 제공하는 나라만 이 국제경쟁에서 살아남을 수 있다는 판단 아래 교육개혁 사업에 열을 올리게 되었다. 아울러 질 관리와 밀접하게 관련된 평가에도 관심을 기울이게 된 것이다. 대학평가는 대학교육에 대한 일종의 품질보증을 위한 과정이라고 할 수 있다.

대학평가는 대학의 책무성이라는 측면에서도 필요하고 또 중요하다. 이를 토대로 각 대학이 설정해 놓은 교육목표를 잘 달성하고 있다는 것을 세상에 알려 주어야 할 책무성을 갖고 있고, 대학 전체로 보면 전 대학이 대학의 사명을 다하고 있다는 것을 공중에게 증명해 주어야 하는 의무를 갖고 있다. 이러한 책무성을 위해서 평가는 필요하고 또 원칙적으로 그 결과는 세상에 공표되어야 하는 것이다.

교육소비자인 학생과 학부모, 사회에게 교육의 질을 알려 주어야 할 책무도 각 대학은 갖고 있다. 사실상 우리나라의 교육소비자는 제대로 보호를 받고 있지 못하다. 각 대학, 학과, 교육의 질도 충분히 알지 못하고 단 1회의 시험에 의하여 인생의 갈림길이 되는 대학 선택을 하고 있는 것이다. 그리고 양질의 서비스를 제공해 주는 대학이나 저질의 교육 서비스를 제공해 주는 대학이나 거의 비슷한 납입금을 받고 있다. 지금까지는 이렇게 해도 구름떼처럼 몰려드는 학생 후보자들이 있었기 때문에 가능했는지도 모른다. 그러나 소비자에게 상품인 교육의 질을 알려야 하는 것은 대학의 책무이자 하나의 소박한 상도의에 해당된다. 교육의 질은 평가를 통해서 알 수 있는 것이다.

　그러나 앞으로 언젠가는 각 대학들이 소비자인 학생과 학부모에게 적극적으로 대학교육을 팔기 위해 노력해야 할 때가 올 것으로 본다. 보이지도 않고 당장 그 효과를 알 수 없는 교육을 판다는 것은 그리 쉬운 일이 아니다. 맹목적인 미사여구나 과대선전으로 교육을 팔 수는 없다. 엄격한 평가에 의하여 나온 결과를 가지고 교육홍보를 해야 할 것으로 본다. 이런 의미에서도 대학평가는 필요하고도 중요하다.

　대학평가는 교육의 질 관리를 위한 교육의 한 과정으로 국제 교육경쟁의 시대를 맞아 더욱 관심을 끌게 되었으며 평가에 의하여 나온 질의 정도를 세상에 알리고 또 적극적으로 홍보해야 할 입장에 있다.

2. 한국 대학평가의 현실과 문제점

　우리나라의 대학평가는 크게 두 부분으로 나누어 볼 수 있다. 그 하나는 한 대학 전체를 하나의 단위기관으로 보아 총체적 · 종합적으로 평가하는 기관평가이다. 평가의 기준은 그때그때 개발하여 썼으나 지표화 · 계량화할 수 있는 것은 모두 동원하여 우리나라 대학운영 전반에 관한 최고치와 최저치를 내어 개개 대학으로 하여금 전국 평균과 비교하였다.

　또 하나의 평가는 학문영역에 대한 평가이다. 예를 들면 의학, 약학, 교사교육, 법학, 공학계와 같이 대학(교)이라는 기관 내의 특수단위기관이나 단과대학(원), 학과, 교육프로그램을 평가하는 것이다.

　이러한 두 종류의 평가는 앞으로도 계속될 것이나 학문영역의 평가가 활발해져야 교육의 내실, 질의 향상이 가능해질 것이다. 기관평가를 외적인 그릇에 대한 평가라고 한다면 학문영역의 평가는 그 그릇 안에 담길 내적 내용물의 질에 대한 평가라 할 수 있다. 그러나 학문영역은 상당히 광범하고 복잡하며 다양하므로 이 분야의 평가는 앞으로 계속 연구하고 발전시켜야 할 부분이다.

우리나라의 대학평가의 뿌리는 감사로부터 찾아야 할 것 같다. 관주도의 행정감사의 인상을 아직도 짙게 풍기기 때문에 전문적 평가의 수행에 어려움이 많다. 우리나라에서 평가다운 평가의 출발은 실험대학평가라고 할 수 있다. 대학으로 하여금 자체분석연구를 하게 하고 그 보고서를 제출하면 교육부에서는 전문평가단을 구성하여 현지방문평가로 확인하고 합격 판정을 받았을 때 보상을 해주고 실험대학으로 인정을 해주었던 것이다.

1982년부터 대학평가에 대한 사업이 자율적 협의기구인 한국대학교육협의회에 이관되면서 대학평가사업은 궤도에 오르게 되었다. 그러나 아직도 문제점은 있다.

첫째로 평가를 받는 대학 측에서는 겉으로는 평가단을 환영한다고 하면서도 실은 귀찮은 존재로 생각하고, 평가위원들도 열심히 평가에 임하다가도 평가해 보아야 아무 효과가 없다는 데 회의를 느낀다. 그래서 한국대학평가의 현실은 평가에 기울인 노력만큼 성과를 거두지 못하고 있는 실정이다. 여기에는 여러 복합적인 원인들이 작용하고 있다. 우리나라의 대학 행정이 지나치게 중앙집권적이어서 각 대학들이 타율과 피동에 너무나 익숙해져 있다. 또 앞에서 언급한 대로 행정감사식 평가의 뿌리가 전문적 평가의 장애가 되고 있다. 그래서 평가자나 피평가자나 그저 말썽 없이 넘어가려고 노력하는 비생산적인 게임을 하고 있는 상태라고 표현할 수 있다.

이에 대한 반작용으로 나온 것이 대학자체평가의 강조이다. 이러한 방향 전환에 대하여는 뒤에 다시 언급하기로 한다.

둘째로 지금까지의 평가는 주로 계량적인 평가로 계량화할 수 있는 자료를 각 대학으로부터 받아 각 항목별로 전국 대학의 평균치, 최고치, 최저치를 내어 각 대학의 현실과 비교하는 형식이었다. 그래서 계량화할 수 없는 부분의 평가는 엄두도 못낸 실정이다. 다시 말하면 질적 평가를 배제하였다는 점이다. 앞으로는 질적 평가도 시도해야 할 시점에 와 있다고 본다.

셋째로 지금까지의 평가는 상대평가의 성격을 갖고 있다. 각 지표별로 전국 평균과 비교하는 평가를 해왔다. 이러한 상대적 비교평가도 의의가 있다. 그러나 각 대학의 역사와 전통, 사정이 다른데 이를 획일적으로 비교한다는 것은 무리가 있다. 오히려 그 학교가 설정한 교육목표와 비교하는 것이 더 타당할지도 모른다. 또 한국대학교육협의회가 설정한 평가기준과 비교하는 것이 더 합리적일지도 모른다. 각 대학이 독특성을 갖고 발전할 수 있도록 평가가 도움을 주어야 하는데 현실은 오히려 이를 방해하고 있는 실정이다. 앞으로는 각 대학을 개별적으로 평가하고 개별적으로 평가보고서를 제시해 주는 절대평가로 보완해 주어야 할 것으로 본다.

넷째로 보다 더 근본적인 문제는 평가의 목적과 평가 결과의 활용에 있다. 왜 현재와 같은 대학평가제도를 운영해야 하느냐에 대한 질문이다. 대학교육의 질을 관리하는 데 평가가 도움을 주고 있느냐 하는 질문에 대해서 긍정적으로 대답하기는 어려운 실정이다. 현실 파악의 목적은 달성할 수 있을지 모르나 적극적으로 교육의 질을 향상시키는 데에는 도움을 주지 못하고 있다. 현 실정으로 보아서는 미국의 평가인정제도와 같이 합격·불합격, 또는 통과·실패, 인정·불인정의 판정이나 결정을 내리는 평가를 할 수 없을 바에는 교육 개선에 제일의 목적을 두어야 할 것이다. 각 대학 스스로가 강점과 약점, 개선점을 발견하여 이를 발전시키고 개선하도록 평가가 도움을 주려는 데 주목적을 두어야 할 것이다.

끝으로 일정한 평가의 주기가 없이 매년 또는 수시로 평가를 실시하게 되어 심층적인 평가가 이루어지지 못하고 형식에 그치고 말며, 또 평가에 열중하게 된다 하여도 평가 결과에 의하여 개선하려는 데는 별로 노력을 경주하지 못한 점이 있다. 앞으로는 평가에도 열중해야 하지만 평가 결과에 의하여 대학을 발전시키고 교육의 질을 향상시키는 데 더욱 힘써야 할 것으로 본다.

지금까지 우리나라 대학평가의 현실과 문제점의 몇 가지 단면에 대하여 살펴보았다. 이제 한국대학교육협의회에 의한 대학평가 6년의 축적된 경험을 바탕으로 하여 향후 5~10년간의 평가를 위한 전환점 및 강조점에 대하여 언급하기로 한다.

3. 대학평가 방법의 전환

우리나라는 정치・경제・사회의 여러 측면에서 전환기를 맞고 있다. 대학도 여러 면에서 방향 전환을 모색하지 않으면 안 된다. 대학평가에 대하여도 한국대학교육협의회는 1987년 한해에 여러 가지 연구를 통하여 발전방향을 모색해 왔다. 방향 전환에는 항상 모험이 따르고 또 저항을 받게 마련이다. 옳은 방향이라면 밀고 나가야 할 것이며 옳다고 믿는 많은 사람들의 협조와 참여, 지지가 있어야 성공을 거둘 수 있다. 그리고 우리가 염두에 두어야 할 것은 대학교육에 있어서 아무리 좋은 것이라도 급선회의 방향 전환은 경계해야 한다는 점이다.

우선 지금까지 한국대학교육협의회가 공식적으로 진술해 놓은 대학평가의 목적이나 모형, 규정 등이 없었다는 점도 하나의 문제이다. 그래서 협의회는 대학평가편람을 제작하여 이 편람에 의하여 대학평가라는 커다란 수레바퀴가 무리 없이 굴러가게 하려는 것이다. 이 편람의 자세한 내용을 여기서 다 소개할 수는 없으나 주요 골격만을 간단히 소개하면 다음과 같다.

이 편람은 6개의 장과 부록으로 구성되어 있다. 제Ⅰ장은 대학평가를 개관하고 있는데 대학평가의 목적과 필요성, 성격과 유형, 대학평가와 한국대학교육협의회, 한국대학평가의 발전과정, 발전방향을 제시하고 있다. 제Ⅱ장은 대학평가의 모형과 과정을 제시・설명하고 있다. 이 모형에 대하여는 곧이어서 설명하려고 한다. 제Ⅲ장은 각 대학에서 해야 할 대학자체평가의 과정을 안내하고 있다. 제Ⅳ장은 한국대학교육협의회의 현지방문평가 방법에 대하여 안내하고, 제Ⅴ장은 대학기관평가의 기준을 제시하고 있으며, 제Ⅵ장은 대학평가에 필요한 최소한의 원칙과 규정을 뽑아 놓으려고 노력하였다. 부록에는 대학평가 관계문헌과 자원인사의 목록을 제시하여 평가 담당자로 하여금 참고하기에 편리하게 하였다.

둘째, 대학평가 5년 주기 모형을 만들었다. 매년 또는 수시로 평가하던 것을 5년 주기로 정기적인 평가를 하려는 것이다. 이것을 그림으로 나타내면 〈그림 22-1〉과 같다.

이 모형에 의하면 1차 연도에는 대학자체평가를 하고, 2차 연도는 한국대학교육협의회에 의한 외부평가 전문가의 현지방문평가를 실시하고, 3~5차 연도는 앞의 두 해에 걸친 평가결과에 의하여 우선순위에 따라 개선 노력을 하고, 다시 다음 주기 1차 연도의 자체 평가를 하게 되는 것이다.

이 모형은 첫째로 개선 노력에 강조점과 비중을 두었다는 특징을 갖고 있다. 평가에 5분의 2의 비중을 두었다면 평가 결과에 의한 개선과 활용에 5분의 3의 비중을 두고 있다. 여기서 평가의 목적이 판단이나 결정에 있는 것이 아니라 개선에 있다는 점을 알 수 있을 것이다.

두 번째 특징은 각 대학 자체의 자체평가에 강조와 비중을 두는 방향 전환을 하고 있다는 점이다. 5년 주기가 각 대학을 중심으로 하여 흘러가고 한국대학교육협의회의 현지방문평가는 외부에서 평가 전문가를 동원하여 도와주는 입장이다. 평가의 주도권은 각 대학이 가져야 하며 대학의 자율적 평가와 자율적 개선 노력에 의존하고 기대한다. 각 대학이 발전 의지와 개선 의지가 없다면 아무리 정확하고 과학적인 평가를 해도 아무런 의미를 갖지 못한다. 그래서 과거에는 이를 자체분석연구라고 하여 일정한 양식에 통계숫자만 적어 내면 되었지만, 이제는 이름도 "자체평가연구"라고 하여 대학 자체에서 분석뿐만 아니라 평가까지를 하도록 한 것이다. 대학자체평가의 강조로 전환하려는 데는 기본전제가 있다. 우선 각 대학의 자율적 자체평가능력을 믿는다는 점이다. 각 대학이 자체평가를 할 수 없다고 전제한다면 이 모형 전체가 허물어진다. 그런데 우리 대학은 실험대학 시기에 훌륭한 자체평

가를 했던 경험을 갖고 있다. 다음은 각 대학이 스스로 발전하고자 노력한다
는 기본가정에서 출발한 것이다.

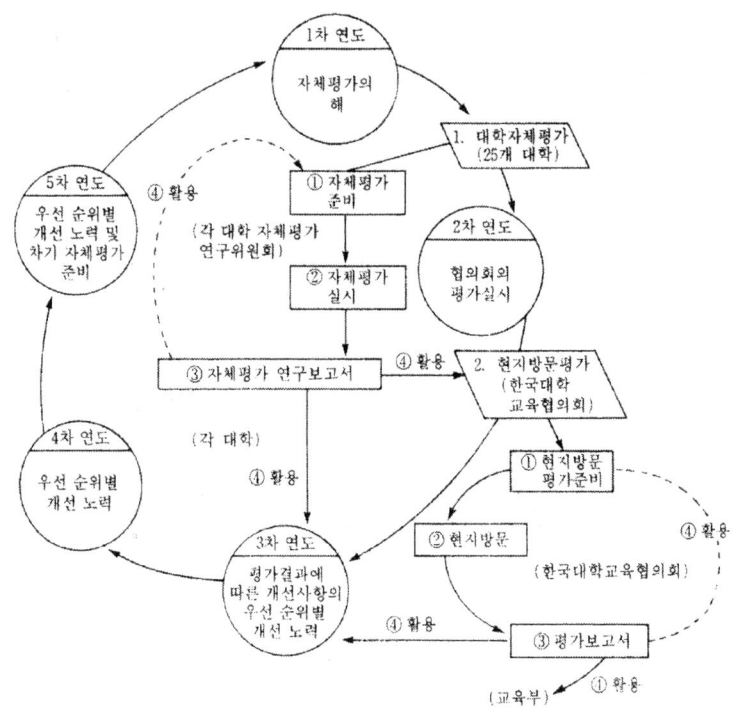

〈그림 22-1〉 한국대교육협의회의 평가 주기에 따른 대학평가 모형

  세 번째 특징은 평가의 과정을 ① 준비, ② 실시, ③ 결과(보고), ④ 활용
(피드백)의 4단계에 의하여 자체평가와 현지방문평가를 설명하고 있다는 점
이다.

  네 번째 특징은 개별대학의 독특성을 인정하는 평가를 하고 평가 보고서
도 개별 대학별로 작성하여 제시해 준다는 점이다. 그리고 과거에는 전국 대
학을 모두 평가하고 현지방문은 표집에 의하여 소수를 대상으로 하였으나
이 모형에서는 전국 115개 회원 대학을 5년에 나누어 약 20~25개 대학을

서면평가와 현지방문평가를 모두 하도록 하여 심층평가를 할 수 있다는 장점을 갖고 있다.

셋째, 계량적 평가로부터 질적 평가와 계량적 평가의 조화로의 전환이다. 단순히 통계 양식에 숫자를 적어 넣던 평가로부터 질적·기술적 평가도 강조하고 있다. 과거에는 평가기준도 항목만 제시했었는데 문장에 의하여 당위적으로 표현하고 있다.

넷째, 학문영역평가도 영역별로 5~10년 주기로 평가하도록 하고 차차 전문단체나 학회 및 질 높은 평가를 위하여 협동·노력해야 할 입장에 있다.

끝으로 1988년도부터 계속 조금씩 대학평가실무자와 평가전문가의 연수 기회를 확대하여 평가전문인력을 확보해 나갈 계획을 하고 있다.

이상 "평가연구의 해"인 1987년도를 계기로 우리나라 대학평가의 방향 전환점을 크게 다섯 가지로 제시하고 모형을 설명하면서 동시에 네 가지의 특징과 변화에 대하여 소개하였다.

이러한 방향의 전환이 성공한다 해도 아직도 선진국 수준의 평가로 끌어 올리기에는 많은 문제점과 과제가 남아 있다. 평가관계 용어와 개념 자체에 대하여도 학자들 간에 합의를 보지 못하고 있다. 앞으로 "대학평가편람"에서 사용한 용어만이라도 큰 잘못이 없다면 그대로 사용하여 통일이 되었으면 한다.

4. 대학발전의 전기

이러한 대학평가의 전환이 각 대학발전과 우리나라 고등교육 질 향상의 전기가 되었으면 한다. 미세한 평가방법의 한 부분이 바뀐다고 하여 수백, 수천 년 내려온 대학교육에 획기적인 변화가 오기를 기대하기는 어렵다. 그러나 조금이라도 발전의 계기가 되었으면 하고 기대한다.

각 대학으로서도 평가방문의 계제에 대학의 모든 사무와 행정을 정리하고 스스로를 되돌아보기만 한다 해도 많은 것을 발견할 수 있으리라 믿는다. 또 총·학장의 입장에서도 자신의 교육철학과 신념, 방침이 어떻게 먹혀 들어가고 스며들며 그 결과가 어떻게 나타나고 있는지 평가를 계기로 알아볼 수 있을 것이다. 사학에서 설립자의 건학 이념이나 설립 목적이 어떻게 나타나고 있는지 확인해 볼 수 있는 좋은 기회가 될 수도 있다. 이런 평가의 기회를 적극적으로 활용하여 발전의 계기로 삼아야만 많은 사람이 귀중한 시간과 정력, 재정을 투입하는 평가가 의미를 갖게 된다. 평가는 대학을 발전으로 이끌 수 있게 하는 교육의 중요한 과정이다.

또 우리나라 대학교육 전반을 가리켜 주는 눈금의 역할도 해준다. 방향감각 없이 열심히 가르치기만 한다고 해서 대학이 발전하는 것은 아니다. 평가를 통해서 방향감각을 갖고, 눈금이 가리키는 위치를 확인하고 노력할 때 성공 가능성은 더욱 높아진다.

대학은 자율을 외치고 있고 또 당연히 대학의 자율화는 이루어져야 한다. 자율은 소중하다. 자율에는 그만큼의 책임이 따른다는 것은 너무나 많이 들은 말이다. 대학 자체의 자율적 평가에도 무거운 짐이 따른다. 과거와 같이 한 사무직원이 일정한 양식에 통계숫자만 조사하여 적어 넣었던 자체분석연구는 일은 쉬웠을지 모르나 대학발전에는 크게 도움을 주지 못했다. 그러나 새로운 대학평가에서는 각 대학에 전문가들로 자체평가연구위원회를 구성하여(기존 조직을 이용해도 좋음) 장기간에 거쳐 자체평가를 실시하고 전보다 두툼한 자체평가보고서를 현지방문평가 1개월 전까지 제출해야 하기 때문에 각 대학의 짐은 무거워진다. 그러나 이러한 과정을 거침으로써 각 대학은 강점과 약점을 발견하고 이를 개선하기 위해 노력함으로써 발전할 수 있는 것이다. 문제는 대학 자체의 장기계획에 의하여 평가하지 못하고 한국대학교육협의회의 계획에 의하여 평가의 해(연)가 정해지는 데 있다. 앞으로는 학교의 계획에 맞추도록 하게 될 것이다. 이러한 대학의 부담은 과거에도 당연히 했어야 할 일이지만 안하던 일을 하게 됨으로써 당분간 어려움이 가중되겠으나 이 고비를 슬기롭게 넘기면 우리의 대학은 그만큼 성장하리라 본다. 여기에 회원대학의 적극적인 협조와 참여가 요청된다.

대학이 계속 지금과 같은 호경기를 맞을 수는 없다. 대학이 정부로부터 많은 통제를 받아 왔다고 불평하지만 그만큼 정부의 과보호를 받아 온 것도 사실이다. 지금처럼 계속 학생들이 구름떼처럼 몰려오리라는 보장도 없다. 수준 높은 대학이나 질 낮은 대학이나 똑같은 등록금을 받는 날도 오래 지속되지는 못할 것이다. 대학이 완전 자율에 맡겨진다면 그때는 자유경쟁체제로 들어간다. 그러면 현재 정부의 통제라는 우산 밑에서 보호를 받고 이를 즐기고 있던 대학들은 생존에 위협을 느끼게 될 것이다. 각 대학들이 하루빨리 올바른 평가를 하여 자신의 위치를 정확히 파악하고 질 개선에 노력하여 경쟁력을 길러야 할 것이다.

지금 필자는 대학자체평가를 강조하고 있지만 5~10년 후에는 회원대학들이 스스로 회원대학의 질을 통제하자고 나올지도 모른다. 때로는 같은 회원대학으로 자리를 함께 할 수 없다고 하는 대학이 나올지도 모른다. 그때가 되면 대학은 다시 이런 협의기구와 같은 외부에 의한 강한 통제를 스스로 불러들이고자 할 것으로 전망된다. 그때까지 각 대학은 빨리 자체 정비를 하고 자생력을 길러야 한다.

우리는 하고 있는 일이 의미 있다고 느낄 때 보람을 느낀다. 한국대학교육협의회가 역점을 두고 있는 대학평가 사업이 회원대학의 발전에 도움을 주고 있다는 일의 의미를 모든 회원이 느낄 수 있는 전기가 되기를 기대한다.

제 21 장
미국의 교사교육평가인정제

1. 서 론

한 나라의 교육제도를 정확하게 이해하기란 그리 쉬운 일이 아니다. 그 나라의 문화와 역사, 전통, 상황의 변화를 정확하게 이해하지 못한 상태에서 표면적으로 문헌에 나타난 단어나 문장만 해석해 가지고는 그 나라의 교육제도를 정확하게 알 수 없다.

미국의 평가인정제(accreditation)는 다른 나라에서 찾아볼 수 없는 독특한 제도로서 미국이라는 독특한 상황과 역사 속에서 발전되어 온 것이다. 대부분의 다른 나라에서는 중앙정부가 교육에 관한 통제를 하는 데 비하여 미국에서는 주정부가 교육에 관한 책임을 지고 있으며 나아가서 교육에 관한 질 통제도 자율통제에 그 기반을 두고 있다. 미국에서는 대부분 교회가 대학을 설립하고 운영하기 시작하였기 때문에 대학들은 처음부터 거의 전적으로 자율적으로 설립·운영하는 전통을 갖고 있다. 이렇게 대학이 거의 자유방임으로 운영되다 보니 대학 간에 극심한 질적인 차이를 나타내게 되어 자율적이고 비정부적인 조직을 만들어 최저수준을 유지하려고 하다가 생겨난 것이 고등교육기관에 대한 평가인정제로 발전한 것이다. 다른 나라에서는 정부가 주도권을 갖고 교육의 질을 관리하는 데 비하여 미국에서는 비정부기관이 그 책임을 맡게 된 것이다.

이러한 맥락 속에서 미국의 교사 교육에 관한 질 관리도 이해해야 한다. 자유시장의 원리에 의하여 자유롭게 학교를 설립하고 또 스스로 교육의 질을 관리하도록 하는 전통 속에서 교사 교육도 발전해 온 것이다. 이러한 자유시장의 원리와 자율통제의 전통과 문화를 이해하지 못하고는 미국의 교사 교육평가인정제도 정확하게 이해하기 어렵다.

여기서는 우선 ① 미국의 대학평가인정제 전반에 관한 개괄적인 소개를 한 다음, ② 교사교육평가인정제에 초점을 맞춰 보고 나서, ③ 이 제도에 관한 비판과 함께 우리나라 교사교육에의 시사점을 제시하는 순서로 전개하고자 한다. 기후 풍토가 다른 조건에서 생성, 발전한 제도를 우리나라에 도입하기 위해서는 외국의 제도를 우리의 상황에 맞게 고쳐서 들여오든가, 아니면 우리의 상황을 외국 것과 비슷하게 바꾸든가, 아니면 제도와 상황을 동시에 바꾸어야 할 것이다. 그러나 두 번째, 세 번째는 상당히 어려운 일이다. 우리의 역사와 전통을 과거로 되돌아가서 외국 것과 같이 바꿀 수 없기 때문이다. 그래서 쉬운 것은 외국의 교육제도를 우리의 토양에 맞게 바꾸어서 들여오는 방법이다. 외국의 제도를 접하더라도 이런 안목을 갖고 보아야 한다.

2. 미국의 대학평가인정제도

미국에서는 대학뿐만 아니라 초·중등학교까지 평가인정제를 채택하고 있다. 지역평가인정기구의 경우 초·중등학교분과와 고등교육분과로 나누어서 담당한다. 그러나 여기서는 교사교육평가인정에 관심이 있기 때문에 대학의 평가인정제에 국한하여 ① 평가인정제의 개념과 목적, 특성, ② 발전과정, ③ 조직과 기구, ④ 평가인정의 과정과 절차, ⑤ 평가인정의 기준을 중심으로 살펴보고자 한다.

1) 평가인정제의 개념, 목적, 특성

평가인정제란 무엇인지 그 개념을 정의하기 위해서 여러 사람이 노력하였으나 대개 "평가인정기구가 설정해 놓은 표준에 도달한 교육 기관(institution)과 프로그램을 인정(recognition)하는 평가인정기구의 역할을 강조[1]하는 경향이었다. 미국의 여러 대학평가 인정기구를 인정해 주고 조정하고 관찰하는 "Council on Postsecondary Accreditation(COPA, 미국 고등교육평가인정기구위원회)는 평가인정제(accreditation)를 "교육기관과 교육프로그램이 교육공동체와 공공에 대하여 신뢰를 받을 수 있는 수준의 업적과 통합성, 질을 유지하고 있다는 것을 인정해 주는 제도"[2]라고 정의하고 있다. 즉 "평가인정기구가 이미 설정해 놓은 요구되는 질적 표준에 회원대학과 프로그램이 도달했다고 인정해 주는 제도"[3]라고 할 수 있다. 일반적인 교육학 용어인 평가(evaluation)라는 말이 "학교가 그 자체의 목표를 어느 정도 성공적으로 달성했는지에 가치판단을 목적으로 학교를 조심스럽게 감정(appraisal)"하는 것을 의미하는 것으로 볼 때 평가인정은 평가에 더하여 인정까지를 포함하는 것으로 생각하면 된다(평가인정=평가+인정). 다음에 설명될 평가인정의 과정과 절차를 알면 더욱 이해가 쉬울 텐데 다음 〈그림 23-1〉과 같이 학교내부의 평가와 외부(평가인정기구)의 검토에 의한 인정이 합친 제도라고 볼 수 있다.

---

1) Kenneth E. Young, Charles M. Chambers, H. R. Kells and Associates, Understanding Accreditation(San Francisco: Jossey-Bass Publishers, 1983), p.20.
2) The Council on Postsecondary Accreditation, The COPA Handbook, 1988, p.3(COPD는 CHEA, Council for Higher Education Accreditation 으로 바뀜).
3) Ronald T. Lambert, "미국 지역평가인정기구의 학교평가", 주삼환 역, 대학평가, 한국대학교육협의회, 1988, pp.88~90.

평가인정(accreditation)	
검사(examination) (외부검사) 인정(recognition)	평가(evaluation) (내부검토)

〈그림 23-1〉 평가인정제의 개념

이러한 개념정의에서 우선 두 형태의 평가인정제가 있다는 것을 알 수 있다. 하나는 교육기관을 하나의 단위로 하여 전체적으로 평가하여 인정해 주는 평가인정제로 대학기관종합평가인정(institutional accreditation)이라고 할 수 있다. 교육기관을 하나의 단위로 종합평가인정해 주는 기관에는 전국적(national)인 5기구가 있고, 미국 전체를 6지역으로 나누어 지역을 관할, 담당하는 6지역기구가 있다.

다른 한 형태는 한 교육기관 내의 한 부분인 전문화된 교육프로그램별로 평가하여 인정해 주는 것으로 39개의 전문분야별 평가인정기구가 있다. 이에 대하여는 다음에 소개하는 조직과 기구를 다룰 때 좀더 자세히 설명하기로 한다.

그리고 위에서 소개한 평가인정(accreditation)의 개념 속에서 대체적인 평가인정의 과정을 알 수 있다. 즉 대학 내부에서의 ① 자체연구(self-study)를 하여 보고서를 제출한 다음, ② 대학 외부의 평가인정기구에 의하여 구성된 현지방문 팀의 현지방문평가와, ③ 평가인정위원회(accreditation commission)의 검토와 판정이 따르게 된다는 것을 암시하고 있다. 평가인정의 과정과 절차에 대하여도 다음에 좀더 자세히 다루고자 한다.

평가인정의 목적에 대하여 알게 되면 그 개념을 이해하는 데 도움이 될 것이다. COPA는 고등교육에 대한 평가인정의 주요목적을 다음 다섯 가지로 표방하고 있다.4)

---

4) COPA, The Balance Wheel for Accreditation, July 1987, p.3과 The COPA Handbook, July 1988, p.4.

① 교육의 효과성을 평가하는 통일된 전국적 기준과 지침을 개발함으로써 고등 교육의 우수성(excellence)을 진작시키고,

② 계속적인 자체연구(self-study)와 외부검토(review)를 통하여 개선과 향상을 고무하고,

③ 한 교육기관(기관종합평가인정)이나 교육프로그램(학문분야별평가인정)이 명확하게 정의된 적절한 목표를 갖고 있으며, 그 목표를 달성할 것으로 기대되는 교육조건을 유지하고, 또 실제로 그 목표를 달성하고 있으며, 나아가서는 앞으로도 계속해서 달성할 것으로 기대할 수 있다고 교육공동체와 일반 공공과 다른 기관이나 조직체로 하여금 확신하게 해주고,

④ 이미 설립·설치되고 또 발전시키는 교육기관과 교육프로그램에 대하여 상담해 주고 조력해 주고자 하며,

⑤ 교육효과성이나 학문의 자유를 해칠지도 모르는 외부의 침해로부터 교육기관과 교육프로그램을 보호하도록 노력하려는 것이다.

미국의 고등교육은 개개 교육기관이 독특하고 다양한 특성을 갖고 있기 때문에 그것이 바로 강점이고 우수성이라고 할 수 있다. 우리나라와 달리 각 교육기관과 프로그램이 자체 나름대로의 권위와 책임 아래 교육목적을 설정하고 교육수단과 방법을 실행으로 옮길 수 있는 자유를 가짐으로써 교육의 질을 유지하고 향상시켜 나가도록 하고 있다. 결국 각 교육기관에 최대의 자율을 주면서 자발적이고 비정부적인 이 평가인정제를 통하여 교육의 질을 향상시키고 사회에 대하여 신뢰감을 가질 수 있도록 하고 있는 것이다. 다른 나라에서는 정부가 직접 학교와 교육프로그램을 평가하고 질 통제를 하는 데 반하여 미국은 평가인정제를 통하여 그 일을 대신하고 있다.

이제 평가인정제의 특성을 살펴보게 되면 개념과 목적이 좀더 분명해질 것이다. 미국 평가인정제의 특성을 다음 다섯 가지로 요약할 수 있다.

첫째, 이 평가인정제는 자발적이고 사적 동기이기 때문에 설득과 동료적 영향 이외에는 수락을 의무화하거나 행동을 강제적으로는 통제할 수 없다.

둘째, 고등교육에 있어서 평가인정제는 자율규제(정부규제에 반대되는)의

가장 중요한 한 예이다.

셋째, 미국에서 고등교육기관에게 최대의 다양성이 주어지고, 그 기준이 일반적이고 또 변하기 쉬운 조건이므로 평가인정제는 주로 교육의 질을 판단하는 데 초점을 맞춘다.

넷째, 평가인정제는 근본적으로 평가적 과정으로서의 기능을 하는데 그 과정 중에서 각 교육기관의 자체연구가 핵심이다.

다섯째, 평가인정제는 각 교육기관 자체의 연구와 기획과 밀착된 외부의 자문을 제공해 주기 위한 것이다.

다음은 평가인정제로 오해하기 쉬운 점을 더 설명해 보기로 한다.

첫째, 미국의 평가인정제는 비정부적 활동이지만 연방이나 주 수준의 각 기관이 어떤 정부 프로그램의 자격을 결정하고 전문적 면허부여와 관련하여 그 결과를 활용하고 있다. 또 둘째, 평가인정제에 참가하도록 강력한 사회적 정치적 압력과 심지어는 법적 쐐기를 박지만 그렇다고 평가인정제가 의무적, 강제적인 것은 아니다. 셋째, 평가인정제를 사실기관에서 하는 평정제(rating system)와 혼동해서는 안 된다. 교수의 논문·지서발행, 학생들의 질 등에 의하여 미국의 대학과 학과 등을 등위 매기는 평정제는 평가인정제와는 전연 상관없는 것이다. 그러나 평가인정제에 의하여 기관과 프로그램을 서로 비교하려면 할 수는 있을 것이다. 또 넷째, 평가인정제는 각 기관을 공식적으로 감독하기 위한 기제가 아니다. 평가인정기구에는 정기적으로 기관을 방문할 만한 직원을 두고 있지 않다. 오히려 비공식적으로 기관에 대한 청취를 하고 있는 것이다. 또 다섯째, 평가인정제는 가치 있는 교육경험과 가치 없는 교육경험을 구별하는 데 활용되기는 하지만 그 용어에 내포되어 있는 것과 똑같이 신용을 직접적으로 주고 말고 하지는 않는다. 마지막으로 평가인정이 개별학생이나 학과 코스에 대한 승인으로 도장 찍어 준다는 것을 의미하지는 않는다. 흔히 그렇게 착각하기 쉬우나 기관이나 프로그램 수준에서 다루지 개개 학생이나 코스의 수준에서까지 분석적으로 다루지는 않는다.

2) 평가인정제의 발전과정

미국에서 대학교육에 대한 검토(review)를 시작한 역사는 약 200년으로 잡지만 평가인정제의 역사는 약 80년으로 잡는다. 즉 1787년 뉴욕주립대학 평의회는 매년 정기적으로 대학을 방문 평가하여 그 결과를 주 의회에 보고하도록 하였는데 이것을 대학교육에 대한 검토(review)의 시발로 보고, 미국중북부지역평가인정기구(North Central Association. NCA)가 1913년에 12개 항목의 평가기준에 따라 평가하여 인정받은 대학의 목록을 발간하기 시작한 것을 평가인정제의 시작으로 본다. 그러나 학문전공별 프로그램평가인정(specialized accreditation)은 1910년 미국의학회(American Medical Association)가 의학교육기관에 대한 보고서를 낸 것을 최초의 평가로 보기 때문에 기관종합평가보다 3년 앞선 것으로 본다.5)

미국의 대학평가인정제의 발전과정을 대개 다섯 단계로 나누어 볼 수 있다.6) 제1기(1987~1914)는 앞에서 언급한 1987년 뉴욕주립대학평의회가 대학을 방문하여 평가하도록 법률로 정한 것을 기점으로 하여 NCA가 평가기준을 설정하여 평가하고 미국종합대학협의회(Association of American Universities)에서 대학을 평가하여 세 집단으로 분류한 1914년까지로 본다. 이 기간은 평가인정의 출발기라고 볼 수 있다.

제2기(1914~1935)에도 3개의 지역평가인정기구가 생겨나 활동하기 시작하고 NCA도 각 대학 자체의 목적에 근거하여 평가를 시작하였는데 이러한 원칙은 다른 기구에도 파급효과를 주었다. 또 이 기간 중에는 가정학회 등 전국규모의 기관종합평가기구가 생겨나고 11개의 학문영역별 프로그램

---

5) Young, Chambers, Kells, Ibid., p.3.Young, Chambers, Kells, Ibid., p.3.

6) F. F. Hareleroad, Accreditation: History, Process, and Problems. Higher Education Research Report No. 6. Washington, D. C.: American Association for Education, 1980.

평가기구가 생겨나 활동하기 시작하였다. 그리고 전국규모의 평가인정기구는 산하단체의 평가인정기구를 심사하여 평가인정기구로 인정해 주는 일을 하게 되었다.

제3기(1935~1948)에는 여러 학문영역별 프로그램평가기구가 생겨나기 시작하고 또 대학이 많이 설립되자 연방정부가 평가인정 활동에 개입하기 시작하였다. 정부개입에 대한 논란 끝에 현재와 같은 비정부적 자발적 평가인정기구를 강화하는 방향으로 굳어지게 된 것이다.

제4기(1948~1975)에는 지역평가인정기구의 활동이 활발해지고, 서부와 뉴잉글랜드지역평가인정기구가 생겨나고, 더 많은 학문전공별 프로그램평가인정기구가 생겨났다. 그리고 모든 고등교육에 관한 평가인정기구를 관장하는 미국고등교육 평가인정기구위원회(Council on Postsecondary Accreditation, COPA)가 1975년에 발족하게 되었다.

제5기(1975~1980)에는 COPA의 탄생과 활발한 활동으로 여러 평가인정기구를 선정하고 훈련하고 조정하게 되었다. 그래서 다음의 조직과 기구에서 보는 것처럼 기관종합평가를 위한 전국규모와 지역규모의 평가인정기구와 각 학문영역별 프로그램평가인정기구가 COPA의 우산 아래 들어가게 되었다.

제6기(1980~)는 미국 교육의 수월성 제고의 시기로 고등교육에서도 수월성이란 측면에서 강조되었을 것으로 본다.

이렇게 미국의 고등교육에 대한 평가인정제는 긴 역사를 가지고 자발적이고 비정부적인 다양한 기구들이 최저 수준의 질을 보장하려고 노력하고 있으나 최고 수준의 수월성(excellence) 추구를 보장하지 못하고 공공에 대한 채무성의 고조로 이 평가인정제에 대한 비판도 적지 않게 일어나고 있다.

3) 평가인정제의 조직과 기구

미국의 고등교육에 관한 평가인정제의 총괄기구는 COPA이다. COPA는

고등교육 평가인정기구 자체를 인정해 주고 통합, 조정하고 관리하는 기구
이다.

여기에는 ① 19명으로 구성되는 이사회(Board)가 있고, ② 4, 5명 직원의
본부(Central Office)가 있고, ③ 5개의 상임위원회(Standing Commit-
tees)가 있으며, 평가분야와 종류에 따라 ④ 14개의 기관종합평가기구총회
(Assembly of Institutional Accrediting Bodies, AIAB)와 ⑤ 39개 영
역으로 구성된 전문영역별 평가인정기구총회(Assembly of Specialized
Accrediting Bodies), 그리고 ⑥ 7개로 구성된 평가인정에 관한 총장정책
총회(Presidents Policy Assembly on Accreditation, PPAA)가 있어
COPA를 구성하고 있다. 이를 요약하면 〈그림 23-2〉와 같다.7)

이 〈그림 23-2〉에서 우리가 관심을 갖는 교사교육에 관한 평가인정은 전문
영역별 평가인정기구 중 38번에 표시된 전국 교사교육평가인정기구(Nati-
onal Council for Accreditation of Teacher Education, NCATE)에서
담당하게 된다. 이에 대하여는 뒤에 가서 자세히 설명하게 된다.

COPA는 약 6,000개의 평가인정을 받았거나 받고자 하는 고등교육기관을
위해서 봉사하고 있으며, 약 54개의 평가인정기구를 설정된 인정 표준에 도
달한 기구로 인정해 주고 이들을 조정하고 개선을 위해서 노력하고 있다. 그
리고 주요 고등교육에 관한 조직과, 개인과 자원제공자로서의 공중에 대해서
도 주요한 고객으로 봉사하고 있다.

---

7) COPA. The Balanced Wheel for Accreditation, July 1987, pp.2
   0~21.

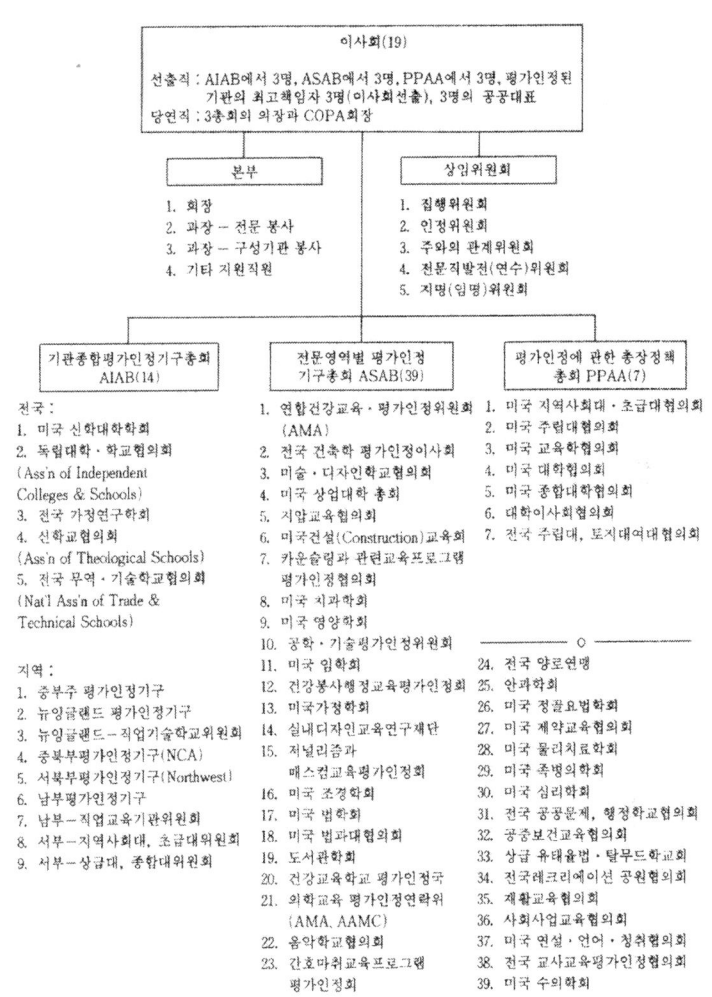

이사회(19)

선출직 : AIAB에서 3명, ASAB에서 3명, PPAA에서 3명, 평가인정된
기관의 최고책임자 3명(이사회선출), 3명의 공공대표
당연직 : 3총회의 의장과 COPA회장

본부
1. 회장
2. 과장 – 전문 봉사
3. 과장 – 구성기관 봉사
4. 기타 지원직원

상임위원회
1. 집행위원회
2. 인정위원회
3. 주의의 관계위원회
4. 전문직발전(연수)위원회
5. 지명(임명)위원회

기관종합평가인정기구총회
AIAB(14)

전국 :
1. 미국 신학대학학회
2. 독립대학 · 학교협의회
(Ass'n of Independent
Colleges & Schools)
3. 전국 가정연구학회
4. 신학교협의회
(Ass'n of Theological Schools)
5. 전국 무역 · 기술학교협의회
(Nat'l Ass'n of Trade &
Technical Schools)

지역 :
1. 중부주 평가인정기구
2. 뉴잉글랜드 평가인정기구
3. 뉴잉글랜드–직업기술학교위원회
4. 중북부평가인정기구(NCA)
5. 서북부평가인정기구(Northwest)
6. 남부평가인정기구
7. 남부–직업교육기관위원회
8. 서부–지역사회대, 초급대위원회
9. 서부–상급대, 종합대위원회

전문영역별 평가인정
기구총회 ASAB(39)

1. 연합건강교육 · 평가인정위원회
(AMA)
2. 전국 건축학 평가인정이사회
3. 미술 · 디자인학교협의회
4. 미국 상업대학 총회
5. 치압교육협의회
6. 미국건설(Construction)교육회
7. 카운슬링과 관련교육프로그램
평가인정협의회
8. 미국 치과학회
9. 미국 영양학회
10. 공학 · 기술평가인정위원회
11. 미국 임학회
12. 건강봉사행정교육평가인정회
13. 미국가정학회
14. 실내디자인교육연구재단
15. 저널리즘과
매스컴교육평가인정회
16. 미국 조경학회
17. 미국 법학회
18. 미국 법과대협의회
19. 도서관협회
20. 건강교육학교 평가인정국
21. 의학교육 평가인정연락위
(AMA, AAMC)
22. 음악학교협의회
23. 간호마취교육프로그램
평가인정회

평가인정에 관한 총장정책
총회 PPAA(7)

1. 미국 지역사회대 · 초급대협의회
2. 미국 주립대협의회
3. 미국 교육학협의회
4. 미국 대학협의회
5. 미국 종합대학협의회
6. 대학이사회협의회
7. 전국 주립대, 토지대여대협의회

————— o —————

24. 전국 양로연맹
25. 안과학회
26. 미국 정골요법학회
27. 미국 제약교육협의회
28. 미국 물리치료학회
29. 미국 족병의학회
30. 미국 심리학회
31. 전국 공공문제, 행정학교협의회
32. 공중보건교육협의회
33. 상급 유태율법 · 탈무드학교회
34. 전국레크리에이션 공원협의회
35. 재활교육협의회
36. 사회사업교육협의회
37. 미국 연설 · 언어 · 청취협의회
38. 전국 교사교육평가인정협의회
39. 미국 수의학회

〈그림 23-2〉 미국고등교육평가인정기구위원회(COPA)

COPA의 이사회는 4월과 10월, 1년에 2회 회의를 개최하며 6명의 집행
위원회로 하여금 운영을 감독하게 하고 있다.

COPA는 가맹 평가인정기구의 연회비와 조직표의 오른 쪽에 있는 7개의
전국단체의 회비에 의하여 운영되는데 주요 경비는 인건비이다.

4) 평가인정의 과정과 절차

미국 대학의 평가인정 절차는 평가인정기구에 따라 다르지만 대체로 ①
평가인정을 받고자 하는 기관은 평가인정기구가 설정해 놓은 기준에 도달되
었다고 판단되면 평가인정기구에 신청을 하고, ② 이에 평가인정기구는 대학
방문계획을 발표하고, ③ 이어서 학교는 대학자체평가를 하여 자체평가보고
서와 함께 관계자료를 제출하고, ④ 평가인정기구의 방문평가가 이루어지고,
⑤ 방문평가보고서가 제출되고, ⑥ 이를 바탕으로 평가인정을 심사하여 인정
여부를 결정하게 된다. 평가인정을 받은 대학도 주기적으로 반복하는 평가인
정과정에서 대학교육의 질을 보장하려고 한다.

그러면 이에 대하여 단계적으로 좀더 자세히 설명하기로 한다. 여기서는 주
로 중북부 평가인정기구(NCA)의 평가인정과정을 예로 제시하고자 한다.8)

(1) 평가인정의 신청

처음으로 평가인정을 받고자 하는 대학(평가인정후보대학)은 평가인정기
구(NCA)가 설정해 놓은 기준을 충족시키고 있다는 증거자료와 함께 신청서
를 제출한다. 증거자료는 일반적 기관필수조건(General Institutional
Requirements)과 관계되는 자료와 자율평가연구(Self-Study Report)보
고서이다. 자체평가연구보고서는 평가인정기구가 설정해 놓은 기준을 충족시
키고 있다는 것을 보여 주어야 한다. 이 기준에 대해서는 뒤에서 따로 다루
고자 한다.

(2) 대학방문

평가인정기구가 임명한 방문 팀은 대학을 방문하여 기관에 대한 자료를
수집하고 방문보고서(Team Report)로 발견점을 요약 보고한다. 이 방문보

---

8) NCA Commission on Institutions of Higher Education. A
   Handbook of Accreditation, 1982.

고서에서는 개선을 위한 조언과 제안을 해주고, 또 평가인정후보의 기준을 충족시키는지에 대하여 평가하고, 마지막으로 평가인정기관으로 인정해줄 것을 추천한다는 결론을 맺는다. 방문을 받은 각 대학은 이 방문보고서에 대한 공식적 서면반응을 평가인정기구에 제출할 기회를 더 갖는다.

(3) 평가인정 심사

평가인정기구의 심사위원회는 대학의 자체평가연구보고서와 방문 팀의 방문(평가)보고서를 검토하고 대학 대표자와 방문단장을 만나 심도 있게 심사한다. 여기서 심사위원회는 심사과정에서 방문보고서의 추천에 대하여 이의가 있어 어떤 변경을 요구하게 되면 이에 대하여 대학과 방문단장은 다시 서면반응을 할 수 있다.

(4) 집행위원회의 판정

모든 추천과 권고, 대학의 반응을 검토하고 나서 집행위원회(Executive Board of the Commission)는 평가인정후보대학의 여부를 판정한다.

(5) 평가인정후보대학 유지

평가인정후보대학은 매 2년마다 평가의 과정을 주기적으로 반복한다. 후보기간은 최대한 6년이다. 이 기간 안에 후보가 아닌 완전한 정식평가인정대학으로 인정받기 위해 신청하게 된다.

평가인정후보대학에서 정식평가인정대학으로 넘어가기 위해서는 종합평가를 받아야 한다. 그리고 일단 평가인정을 받았던 대학도 종합(comprehensive)평가 또는 부분집중(focused)평가를 받아야 한다. 이 평가인정의 과정은 앞에서 언급된 후보대학평가의 과정과 비슷하다. 대개 5~7년마다 주기적인 평가를 받아 평가인정대학의 신분을 유지하게 된다. 여기서 평가를 받기 위해서는 예비정보(preliminary information)를 제출하고 스케줄에 따라 대학방문 2년 전부터 시작되고 방문 후 5~8개월에 판정이 내려지게 된다.

NCA의 평가인정의 과정 일정을 예시하면 참고가 될 것이다(〈표 23-1〉 참조).

〈표 23-1〉NCA의 평가인정 일정 예시표

방문평가 전	
-24개월	NCA의 평가일정 통지(대학에)
-22개월	통지 받은 대학은 ① 대학신분진술서(공·사립, 종교재단, 프로그램, 후보평가, 종합평가, 부분평가 등), ② 자체평가연구 위원장, 방문요청일, 팀의 자질능력에 대하여 평가인정기구에 통보 • 자체평가연구조정위원회 임명 • 자체평가연구기관에 대표자 파견
-20개월	자체평가연구조정위원회는 연구계획을 수립하여 이를 평가인정기구에 검토해 보도록 제출 • 주요 소위원회 조직, 선정
-18개월	계획완료 연구위원회는 조정위원회에 제출할 자료수집, 면접, 분석, 보고서 초안을 작성한다.
-10개월	조정위원회는 받은 정보를 분석하고 연구를 끝내어 자체평가연구 보고서의 초안을 준비한다. 평가인정기구는 대학의 반응을 받기 위해 방문평가 팀의 명단을 대학에 제출한다.
-8개월	평가 팀 위원을 대학에 통지한다. 조저위원회는 초안보고서를 학내에 회무하여 반응을 받는다.
-6개월	편집자는 최종 자체평가연구보고서를 편집한다. 방문평가 팀장은 방문일자를 확정하기 위하여 대학과 접촉한다.
-3개월	대학은 자체평가연구보고서를 인쇄 완료한다. 대학기초자료(Basic Institutional Data)를 서식에 의하여 완성한다.
-2개월	대학은 모든 평가관련자료를 평가인정기구에 제출한다.
-1개월	대학은 방문평가 팀 위원들에게 모든 평가 자료를 보낸다.
0	방문

방문 후	
+1개월	방문팀장은 방문 팀 보고서를 완성하여 교정하도록 초고를 방문 팀 위원들에게 돌린다.
+1½개월	방문팀장은 최종보고서를 완성하여 평가인정기구에 제출한다.
+2개월	평가인정기구는 방문 팀 보고서를 인쇄하여 대학과 방문 팀 위원에게 보낸다.
+2개월	대학은 방문 팀 보고서에 반응을 보내고 불리할 경우는 재검토를 요구한다.
+3~5개월	재검토 과정
+5~8개월	평가인정기구의 집행위원회의 판정

5) 평가인정의 기준

평가인정이라는 것은 평가인정기구가 설정해 놓은 기준(표준)에 도달했다는 것을 인정해 주는 제도이다. 그래서 평가인정제에서 이 평가의 기준(criteria) 또는 표준(standards)은 상당히 중요하다.

그런데 평가인정기구마다 평가의 기준을 약간씩 달리 제시하고 있다. 그리고 여기서 논쟁이 되는 것은 계량적(quantitative) 기준을 제시하느냐 질적(qualitative) 기준을 사용하느냐의 문제이다. 과거에는 계량적 기준을 많이 사용하였으나 1934년에 NCA가 질적 표준을 채택한 것을 기점으로 질적 표준을 중요시하게 된 것은 중요한 전환이라고 할 수 있다. 그 이후 많은 평가인정기구에서 질적 기준 또는 질과 양의 결합기준을 채택하기 시작하여 현재는 많은 기구에서 단순하고 일반적이고 추상적인 기준을 제시하고 있다. 그러나 서부, 서북부, 남부에서는 아직도 가장 자세하고 처방적인 표준을 사용하고 있다.

여기서 몇 개 기구의 기준 또는 표준에 대하여 살펴보고자 한다. NCA는 〈표 23-2〉의 각각을 충족시키고 있다는 것을 보여주어야 평가인정을 받게 된다.[9]

〈표 23-2〉 NCA의 평가인정 기준

---

1. 평가인정 받을 대학은 NCA의 일반적 필수요건을 갖추어야 한다.

  (1) 프로그램 요건

   ① 고등교육기관에 적절한 사명진술(mission statement).

   ② 사명에 맞는 하나 이상의 교육프로그램(교육과정)제공.

   ③ 프로그램에 맞는 유능한 학생을 뽑기 위한 진술 채택.

   ④ 최소한 한 학년 이상에 하나 이상의 고등교육프로그램을 학생이 등록해
     야 하고 평가 시에 학생들이 실지로 프로그램 이수 중에 있어야 한다.

   ⑤ 성공적으로 교육프로그램을 마친 사람에게 졸업증, 자격증, 학위를 수
     여해야 한다.

  (2) 조직 요건

   ① 졸업증이나 학위를 수여할 수 있도록 관계정부기관으로부터 특허장이나
     공식적 권위를 받아야 한다.

   ② 관할구역 내에 필요한 운영당국자를 가지고 있어야 한다.

   ③ 기관은 공식적으로 임명된 최고집행관과 직원을 가지고 있어야 한다.

   ④ 공익을 반영하는 대표자로 구성되는 의사결정 기구를 가지고 있어야 한다.

  (3) 운영과 공표 요건

   ① 자금기반과 재정자원, 적절한 재정발전 증거를 보여 주어야 한다.

   ② 외부 회계감사를 받는 재정진술서를 가지고 있어야 한다.

   ③ 관심 있는 사람은 누구나 프로그램, 활동, 절차에 대하여 자유로이 접
     근할 수 있어야 한다.

   ④ 평가인정기구의 평가 전에 최소한 1회의 졸업생이 있어야 한다.

  ※ 이러한 기준은 우리나라에서의 설립인가기준과 비슷하다.

2. 평가인정을 받을 대학은 다음 네 평가기준도 충족해야 한다.

  (1) 사명과 일치하고, 고등교육기관에 알맞은 분명하면서도 공표된 목적을 가
    지고 있어야 한다.

  (2) 이 목적을 달성하기 위한 교육프로그램에 투입된 효과적으로 조직된 적절
    한 인적, 재정적, 물적 자원을 가지고 있어야 한다.

  (3) 이 목적을 실지로 달성하고 있어야 한다.

  (4) 이 목적을 앞으로 계속해서 달성할 수 있어야 한다.

---

9) NCA. A Handbook of Accreditation, 1982, pp.8~12.

　서북부(Northwest)평가인정기구는 ① 기관의 사명과 목적, ② 재정, ③ 시설, 자료와 교구, ④ 도서관과 학습자원, ⑤ 교육프로그램, ⑥ 계속교육과 특별교육활동, ⑦ 교수직원, ⑧ 행정, ⑨ 학생(입학허가, 학적기록, 오리엔테이션, 지도·상담·심리검사, 장학금, 구내서점, 기숙사·식당, 보건진료, 과외활동, 운동부, 취업지도, 동창회 관계), ⑩ 연구, ⑪ 대학원프로그램의 11개 영역에 거쳐 자세한 표준과 기술, 분석과 평가(appraisal)방법을 제시하고 있다.10)

　중북부(Middle States)평가인정기구는 평가인정의 표준과 함께 "고등교육수월성의 특성(Characteristics of Excellence in Higher Education)"11)을 제시하고 있다. 여기서는 19개의 표준을 제시하고 있는데 다음과 같다. ① 구성원과 공익 존중, 모든 사람의 책임 유지 등의 통합성, ② 기관의 자원과 구성원의 요구에 맞는 분명히 진술된 사명, 목적, 목표, ③ 학생과 직원, 교수를 대하는 인간적이고 평등한 정책, ④ 독립적 판단능력, 가치 존중능력, 기초이론 이해력을 개발하고, 또 전문직이나 범속직의 요건에 맞는 프로그램과 코스, ⑤ 일반교육이나 자유교육을 제공·강조하는 교육과정, ⑥ 목표와 산출 간의 관계에 관한 계속적인 관심, ⑦ 재정요구조건과 학비보조정책과 함께 기관의 목표와 자원에 관한 분명히 진술된 입학허가 방침, ⑧ 학점, 자격, 학위 취득에 최소로 필요한 것 이상의 학생교육에 요구되는 분위기, ⑨ 등록학생의 성숙수준과 학위수준에 알맞은 학생에 대한 봉사, ⑩ 학생의 교육적, 개인적, 직업적 열망에 민감한 카운슬링, ⑪ 행정적, 학사적 책임에 관한 명백한 규정, ⑫ 기관의 사명과 목표에 알맞은 전문적 자질을 갖춘 교수진, ⑬ 학문의 자유보장 범위 내에서의 계속적인 지적, 전문직적 직원발전에 대한 강조, ⑭ 교수학습을 촉진하는 조직과 행정, ⑮ 정책과 자원개발의 책임을 완수하는 최고 의사결정 기구(governing board), ⑯ 고등교육의 효과성 증진에 목적을 둔 지각적이고 상상적이고 효과적인 자체평

---

10) Northwest Association, Accreditation Handbook, 1984 edition, pp.33~85.
11) MSA, Characteristics of Excellence in Higher Education, 1983.

가연구와 기획절차, ⑰ 교육프로그램의 요건과 본질에 맞는 시설과 도서관, 학습자원, ⑱ 수업의 질을 유지하고 계속적 향상을 보장하는 안정된 자원, ⑲ 대학 출판물과 대외관계(홍보)의 정직성과 정확성으로 되어 있다.

서부(Western Association)기구는 ① 기관의 통합성, ② 목적, ③ 통치와 행정, ④ 교육프로그램, ⑤ 교직원, ⑥ 도서관·컴퓨터, 기타 학습자원, ⑦ 학생봉사와 학생활동, ⑧ 물리적 자원, ⑨ 재정자원의 9대 항목에 따라 중항목, 소항목으로 나누어 평가의 표준을 자세히 제시하고 있다.12)

이외에 5개의 여러 기구의 평가기준을 종합해 보고 Petersen13)은 ① 목적과 목표, ② 통치와 행정, 조직, ③ 교수직원, ④ 교육프로그램, ⑤ 학생과 학생을 위한 봉사, ⑥ 도서관, ⑦ 시설과 교구, ⑧ 재정자원의 8개 영역에서 기준과 표준을 제시한 것으로 요약하였다.

그러면 하나의 잣대로 모든 학교를 평가할 것인가? 그렇지 않다고 본다. 대학마다 역사와 전통, 사정이 다르기 때문에 각 기관이 진술해 놓은 목적으로부터 나온 기준과 표준에 의하여 평가해야 하는 것이다.

3. 미국의 교사교육평가인정

미국의 교사교육에 관한 평가인정은 미국 교사교육평가인정협의회(National Council for Accreditation of Teacher Education, NCATE)에서 담당한다. 이 기구는 미국에서 교사교육에 관한 평가인정을 할 수 있는 유일한 기구로 COPA에 의하여 인정받은 협의회이다. COPA의 여러 전공영역별

---

12) Wester Association, Handbook of Accreditation, 1982.
13) Dorothy G, Petersen. Accrediting, Standards and Guidelines, Washington, D. C.: COPA, 1979, pp.24~45.

평가인정기구의 하나이다. 또 이 기구는 561개의 기관 내 2,867개 프로그램을 평가 인정하는 가장 큰 협의회의 하나이다.14) 이 기구의 또 하나의 특징은 미국 교사교육대학협의회(American Association of Colleges for Teacher Education) 등 20개 이상의 교사교육 관련단체의 후원을 받고 있으며, 또 이들 구성원들을 위해서 봉사한다는 점이다.15)

미국의 교사교육도 주마다 다르기 때문에 그 질에 있어서도 차이가 많다. 그래서 질이 낮은 주에서 받은 교사자격증을 다른 주에서는 인정해 주지 않는 경우가 있고, 몇 주끼리 상호 인정해 주는 경우도 있다. 이런 다양성 속에서 NCATE를 통하여 최저수준의 교사교육의 질을 관리하려고 한 것은 잘한 일이라고 볼 수 있다.

여기서는 NCATE를 중심으로 하여 ① 사명과 목적, ② 기구와 조직, ③ 주요 방침과 절차, ④ 표준을 중심으로 살펴보면서 미국 교사교육의 평가인정제에 대하여 알아보기로 한다.

1) 교사교육평가인정의 사명과 목적

NCATE의 사명과 목적이 곧 교사교육평가인정의 목적이라고 할 수 있다. 이는 두 가지로 요약할 수 있다. 첫째, 교사교육 졸업생의 자질 높은 실천을 배양해야 하는 전문직 기관에서 높은 질의 수준을 요구하도록 하고, 둘째, 교사교육기관으로 하여금 전문직교육에 있어서 엄격한 학문적 수월성 표준에 도달하도록 고무시키려는 것이다.16) 한마디로 말하면 교사교육의 질을 유지·향상시키려고 하는 제도라고 할 수 있다.

---

14) Young. Chambers & Kells, Ibid., p.198.
15) Donna M. Gollnick and Richard C. Kunkel. "The Reform of National Accreditation". Phi Delta Kappan. Dec. 1986, p.314.
16) NCATE, Standards, Procedures and Policies for the Accreditation of Professional Education Units, October 1986, p.1(새로운 기구와 Standards는 www.ncate.org에서 확인하며 됨).

NCATE도 미국 내 다른 평가인정기구와 마찬가지로 다양한 교사교육 전문직 단위(대학, 학교, 부, 학과)에 대한 자발적 동료규제를 하기 위한 기제라고 할 수 있다. 여기서 교사교육 단위란 교사와 다른 교육관계 전문직인사를 공식적으로 양성하는 책임을 지고 있는 기관 내의 단과대, 학교, 학과, 또는 다른 행정기구를 말한다. 우리나라의 경우 사범대와 교대 같은 단과대, 교육대학원, 방송통신대, 교직과정, 단일 학과만 있는 경우의 학과가 다 평가인정의 대상에 포함된다. 이들 교사교육단위로 하여금 수월성의 전국적 표준을 설정하고, 질과 통합성을 강화하고, 평가인정제가 최선의 전문직적 실천을 하도록 보장해 준다는 확신하에 실시하고 있는 것이다.

그래서 NCATE는 교사교육에 관한 엄격한 국가적 표준을 설정하고, 교사교육기관의 평가인정 신분에 관한 최종판정을 내리고, 평가인정 받은 교사교육단위의 명단을 공표하고, 평가인정 심사를 하는 사람들을 훈련시키는 일을 한다.

이 기구는 교육실천이나 훈련에 참여하는 교육전문가와 교사교육프로그램의 결과와 이해관계가 있는 사람들에 의하여 운영된다. 그래서 ① 교사교육을 대표하는 조직, ② 교사, ③ 주와 지방의 교육정책결정자, ④ 전공교과영역 전문가, 학생, 공공의 모든 사람들에 의하여 운영되고 또 이들 모든 사람들을 위하여 봉사한다.

미국 교사교육평가인정제는 일정한 수준의 교사교육의 질을 유지하려는 자발적 동료적 장치라고 할 수 있다. 그리고 평가인정의 범위는 학부의 기본 프로그램(basic programs)과 그 이상의 상급 프로그램(advanced programs)이 포함되고, 또 양성뿐만 아니라 교사교육단위에서 제공하는 모든 프로그램이 다 평가인정의 대상이 된다.

2) 기구와 조직

앞에서도 언급된 것처럼 미국에서 교사교육에 관한 평가인정을 할 수 있

는 권한을 부여받은 기관은 NCATE 하나이다. NCATE의 구성단체는 ①
교사교육(teacher education)조직, ② 교사(teachers), ③ 주와 지방 교
육정책결정자, ④ 전공교과영역 전문직이다. 이들 단체는 NCATE 이사회와
위원회에 대표자를 파견, 임명하고 재정지원을 하고 평가의 표준과 방침, 예
산, 규정변경 등의 중요한 결정에 참여한다. 이들 네 구성원의 20개 단체가
모두 NCATE의 후원자가 된다.

기본적으로 NCATE는 다음 네 위원회에 의하여 운영된다.

(1) 집행위원회(Executive Board)

집행위원회는 앞의 4구성 집단으로부터 각각 3명의 대표가 나와 12명과,
다음에 열거할 다른 세 위원회 의장 4명(한 위원회에서 2명)과, 1명의 공공
대표자 모두 17명으로 구성되는데 NCATE의 모든 표준, 정책, 재정, 사무
총장(Executive Director)의 선발과 평가, 규정에 관한 감독을 한다. 여기
에는 ① 불평심사소위원회(Complaint Review Committee), ② 규정소위
원회(Constitution Committee), ③ 재정·인사소위원회의 소위원회가 있
다. 각각의 소위원회에서 하는 일에 대하여는 명칭 자체로도 충분히 짐작할
수 있다고 보기 때문에 여기서는 설명을 생략하기로 한다.

(2) 단위평가인정위원회(Unit Accreditation Board)

이 위원회는 교사교육 단체에서 8명, 교사로부터 8명, 주와 지방교육정책
결정자로부터 4명, 전공교과영역으로부터 4명, 학생조직으로부터 1명, 공공
으로부터 1명의 대표가 나와 26명으로 구성되는데 교사교육단위에 대한 평가
인정의 실질적인 일을 하는 위원회라고 할 수 있다. 즉 여기서는 단과대학과
종합대학 내 교사교육단위의 평가인정의 신분을 판정한다. 평가인정의 표준
과 절차에 관한 책임을 지며, 현지방문평가를 감독하고, 현지방문평가자위원
(Board of Examiners)을 훈련하고, 위원회들을 감사하고, 데이터 뱅크와
사전조건신청을 관리한다. 여기에는 다시 ① 현지방문평가자소위원회(Board

of Examiners Committee), ② 과정·평가소위원회(Process and Evaluation Committee), ③ 표준소위원회(Standards Committee)의 세 소위원회가 있다. 이들 소위원회가 하는 일에 대한 설명은 생략한다.

(3) 주(州)인정위원회(State Recognition Board)

이 위원회는 교사교육조직으로부터 2명, 교사로부터 2명, 주와 지방교육정책결정자로부터 6명, 전공교과영역단체로부터 2명의 대표자가 나와 12명으로 구성되는데 전국 수준의 질 표준에 도달하는 프로그램 승인체제를 가지고 있는 주에 대하여 인정해 주는 일을 하고 있다. 다시 말하면 미국의 각 주가 교사교육프로그램을 승인해 주고 있는데 그것이 전국적 표준에 비추어 보아 손색이 없는지 검토해 보는 일을 하는 것이다. 전국적 표준에 도달한 주가 어떤 주라는 것을 알 수 있게 해준다. 이 위원회는 각 주에 대한 국가적 수준의 인정을 위한 표준과 절차를 개발하는 책임을 지고 있다.

여기에는 다시 ① 과정·평가소위원회(Process and Evaluation Committee)와 ② 표준소위원회(Standards Committee)의 두 소위원회가 있다.

여기서는 각 주의 교사교육 프로그램 승인의 수준을 관리하려는 데 초점을 맞춘다는 것을 주의해야 한다.

(4) 전공교과영역연구위원회(Specialty Areas Studies Board)

이는 1명의 교사교육조직대표, 1명의 교사대표, 1명의 주와 지방 교육정책자 대표, 5명의 전공교과영역단체 대표와 함께 8명의 대표로 구성되는 위원회이다. 교사교육기관으로 인정받기 위한 사전조건부과정으로 승인해 주는 일을 한다. 교육과정지침을 승인하기 위한 표준과 절차를 개발하고, 심사과정에 관한 권고와 추천을 하는 책임을 지고 있다. NCATE의 전공교과영역에 관한 교육과정지침을 따로 정해 놓고 있다. 여기에는 ① 초안심사소위원회(Folio Review Committee)와 ② 지침승인소위원회(Guidelines Approval Committee)의 두 소위원회가 있다. 이 소위원회들은 NCATE의

사전조건이나 지침 등 전공교과 영역에 대한 연구를 담당한다.

이상을 종합하면 〈그림 23-3〉과 같이 나타낼 수 있다.

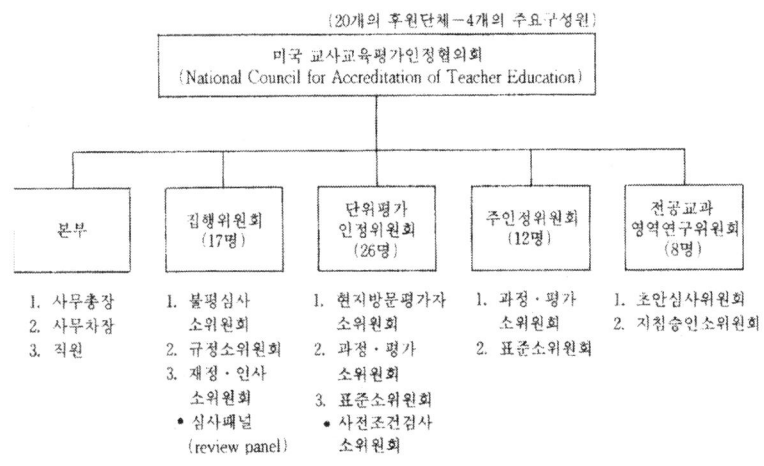

〈그림 23-3〉 미국 교사교육평가인정협의회 조직

3) 주요 방침과 절차

NCATE의 평가인정의 방침을 자세히 설명하기는 어렵기 때문에 주요 항목만 제시하고 나서 절차에 대하여 언급하기로 한다.

(1) 평가인정 자격을 받기 위한 사전조건

이들 사전조건은 우리나라의 설립, 설치 인가의 조건과 비슷한 것으로 생각하면 좋은데 다음과 같은 내용이다.

① 교사와 다른 전문직 교육인사를 양성하는 대학, 학과, 행정기관이어야 한다.

② 단위를 대표하는 학장, 부장, 과장이 있고 행정과 운영을 위한 책임자

가 있어야 한다.

③ 양성 단위의 다른 부분 운영을 위한 성문화된 방침과 절차가 있어야
한다.

④ 프로그램의 질과 졸업생의 질에 대한 계속적인 평가가 이루어져야
한다.

⑤ 양성 단위 내 모든 프로그램으로부터 졸업생들이 나와야 한다.

⑥ 학생선발을 위하여 표준화검사나 다른 적절한 측정방법을 사용해야
한다.

⑦ 다양한 방법에 의하여 학생들의 학문적, 전문직적 능력을 평가해야
한다.

⑧ 교육과정 초안을 제출해야 한다.

⑨ 주의 승인을 획득해야 하는 주에서는 주 관계기관의 승인을 받아야
한다.

⑩ 지역기관종합평가기구의 평가인정을 받아야 한다.

⑪ 인종, 성, 피부색, 종교, 연령, 장애(자)에 의한 차별이 없어야 한다.

교사교육평가인정을 받고자 하는 기관은 현지방문평가 18~20주 전에 신
청을 하고 15~18개월 전에 위의 11개 사전조건을 충족시키고 있다는 증거
자료(사전조건 증거 도구서식)를 NCATE에 제출해야 한다.

신청서 자료를 받은 NCATE의 사전조건검사소위원회(Precondition Au-
dit Committee)는 증거물을 검토하여 단위평가인정위원회(Unit Accredi-
tation Board)에 추천서를 준비한다. 사전조건에 충족되면 평가과정에 들어
갈 자격이 있다고 통지하고 그렇지 못하면 부족한 점을 지적하여 반려하고 보
완하게 한다.

**(2) 종합대학 체제 내의 분교, 센터, 교외프로그램, 해외프로그램, 콘소시움
   기관에 관한 방침**

① 분교는 분리해서 또는 합쳐서 평가인정 받을 수 있다.

② 교사양성과 관련된 센터도 평가인정의 한 부분으로 다루어져야 한다.

③ 교외프로그램도 평가를 받아야 한다.

④ 해외프로그램도 한 부분으로 평가받아야 하는데 통합하여 한 기관으로 할 수도 있고 분리하여 따로 평가인정 받을 수도 있다.

⑤ 콘소시움도 한 부분으로 평가받아야 하는데 둘 이상의 콘소시움이 합동으로 평가인정을 받아도 좋다.

⑥ 종합대학 내 기관은 2년 이상의 준비기간이 필요하다.

(3) 현지방문평가자위원회(Board of Examiners)

평가자위원회는 교사교육조직, 교사, 주와 지방 교육정책결정자, 특수영역 단체에서 나온 동수의 대표자로 구성되는데 임기는 3년에 연임될 수 있으며 1년 쉬고 계속할 수 있다. 이들은 평가전문가이어야 하며 NCATE 평가와 표준에 대하여 집중적인 훈련을 받아야 하고, 또 이들은 교사양성기관을 평가하지만 역으로 이들 기관으로부터 결국 평가받게 되며 단위평가인정위원회로부터도 방문보고서를 통해 평가받게 되는 셈이다.

(4) 최초의 평가인정과 계속적 평가인정

최초의 평가인정은 단위평가인정위원회가 표준에 도달되었다고 판정함으로써 효력을 발생한다. 계속 평가인정기관의 신분을 유지하려면 매년 연간보고서를 제출하고, 현지방문 후 3년에 단위평가인정위원회가 연간보고서를 심도 있게 검토하고, 5년 후에 다시 현지방문평가를 한다.

(5) 평가인정 취소

더 이상 표준에 도달하지 못했다고 판단되는 경우와, 회비를 내지 않는 경우, 연간보고서와 기타 증거자료를 제출하지 않는 경우, 평가인정의 신분을 잘못 보도하는 경우, 약정기간을 어기는 경우 NCATE는 평가인정을 취소할 수 있는 권한을 갖는다.

(6) 평가인정을 위한 재평가

집행위원회의 불평심사소위원회가 평가인정의 전 과정을 재검토해야 한다고 하는 경우와, 단위평가인정위원회가 어떤 교사교육기관의 NCATE의 표준에 미달된다고 결정하는 경우(연간보고 자료에 근거하여) 3명의 현지방문 평가위원을 파견하여 재평가한다.

(7) 평가방문의 연기

특별한 경우 이외에는 평가방문은 연기될 수 없는데 특별한 요구가 있는 경우 사무총장의 결정에 의하여 1년간 연기될 수 있다. 이 기간 동안은 평가인정의 신분을 유지한다.

(8) 방문시간의 조건

평가인정의 결정은 방문평가자의 방문시간은 당시 상태의 조건에 근거하여 내린다.

(9) 평가인정의 결정

평가인정의 판정은 ① (약점의 진술과 함께)완전 평가인정(full accred-itation)과, ② 심각한 결점이 있는 경우 일정한 보완기간을 제시해줌과 동시에 약정(조건부) 평가인정(accreditation with stipulations)을 하고, ③ 최초의 평가인정을 허가하지 않는 거부(denial)형태, ④ 현재의 평가인정 신분을 끝내는 취소(revocation)의 네 가지로 나뉜다.

(10) 거부와 청원절차

NCATE의 평가인정을 거부당한 교사교육기관은 4구성단체 대표로 구성된 심사 패널(Review Panel)에 청원할 수 있다. 청원은 NCATE 표준을 무시한 경우, 절차를 따르지 않은 경우, 유리한 증거를 방문평가자위원회에 제출했는데 이것이 고려되지 않은 경우에 한다.

(11) 공표의 방침

NCATE는 평가결과에 의하여 판정이 난 다음 모든 정보를 공표한다(인정 또는 거부의 경우도). 표준에 미달된 항목, 강점과 약점, 약정, 평가일, 구체적 프로그램 이름 등 모든 정보를 주 교육감, 교원단체회장(NEA), 주 집행관 등에게 통보한다.

(12) 불평심사 절차

사적이 아니고 공적인 평가인정과 관련된 모든 불평은 심사하여 처리하게 되어 있다. 불평은 집행위원회의 불평심사소위원회에 전달되고, 불평기관에 처리 절차를 통보해 주고, 불평심사소위원회가 조사하여 그 결과를 집행위원 회에 보고하고 그 결과를 불평기관에 통보해 주는 순서로 처리한다. 이때에 NCATE는 재평가할 수도 있고, 평가인정 신분을 취소하거나 보고서와 자료 를 제출하지 않을 경우 평가인정을 중지할 수도 있다.

(13) NCATE 데이터 뱅크

각 교사교육기관에 관한 정보(주로 계량적)와 자료를 수집하여 현지방문 평가와 3년 후 검토 시에 이를 활용한다. 때로는 비슷한 형태, 비슷한 규모 의 다른 기관의 자료와 비교 하기도 한다.

(14) 평가인정 비용

평가인정을 받고자 하는 기관은 현지방문평가의 모든 비용을 부담하고, 규 모와 복잡성의 정도에 따라 연회비를 내고, 평가인정을 받지 못한 기관이 인 정받고자 하는 경우는 최초의 비용(initial fee)을 내야 하고, 미국 교사교 육대학협의회 회원대학은 회원비를 통하여 NCATE를 지원하고 AACTE 회 원이 아닌 대학은 추가연회비를 내야 한다.

(15) 혜 택

평가인정 받은 기관의 졸업생이 학교에 취직을 하기 위한 자격증을 원하는 경우 주 교사교육·자격증담당자와 접촉하여 혜택을 받을 수 있다.

위와 같은 NCATE의 방침을 설명하는 동안 평가인정의 절차도 거의 드러 났고 또 앞절에서 말했던 기관종합평가인정의 절차와도 비슷하기 때문에 평 가인정의 절차에 대하여는 간단히 제목만 들고자 한다.

(1) 신 청

처음으로 또는 계속적으로 평가인정을 받고자 하는 교사교육기관은 총·학 장, 교사교육기관장(학장, 부장, 과장) 연서명의 신청서와, 기본자료를 담은 "NCATE, 평가인정 요청형식(Intent to Seek NCATE Accreditation)", 모든 사전조건(Precondition)을 충족했다는 지표를 포함한 증거물, NCATE 데이터 뱅크 질문지에 요구된 자료를 첨부하여 평가인정을 신청하게 된다.

(2) 기관보고서

다음에는 현지방문평가를 실시하게 전에 자체평가연구보고서를 제출해야 한다. 자체평가연구보고서에는 예비적 정보, 표준, 프로그램에 관한 기술, 교수진의 이력서가 포함되어야 한다.

(3) 현지방문평가

제출된 서류를 검토하여 사전조건에 맞는다고 판단되면 자체평가연구보고 서의 타당성을 조사하고 추가자료를 수집하기 위해 현지방문평가를 실시한 다. 첫 평가인정의 경우는 5~6인의 평가위원이, 계속 평가인정의 경우는 3~4인의 평가위원이 3일간 방문한다. 방문평가 중에는 교수, 학생, 행정가, 기타 관련자를 면접하고 서류는 검토하고 현지를 방문한다. 심지어는 졸업 생, 실습생, 교장, 교육장과 교육감까지 만나 협의하고 강의현장도 참관하고 강의계획서, 학생이 제출한 과제물까지 검토하는 것이 인상적이다.

(4) 방문단보고서와 기관의 반응

방문단장은 방문평가 결과를 서면으로 보고해야 한다. 표준에의 도달여부, 그 결정의 지표, 강점과 약점 등을 포함하여 방문 후 30일 내에 NCATE에 제출하고 이는 즉시 방문기관에 전달된다.

필자가 실제 NCATE 현지방문평가단과 함께 참관자로 참여해 본 결과 (1987년 10월 뉴저지주 Glassboro State College의 NCATE 평가) 숙소에 돌아와서는 밤 12시, 1시까지 팀의 결정에 합의를 보기 위해서 노력하는 모습을 볼 수 있었다. 맡은 영역만 혼자서 결정하고 보고서를 쓰는 것이 아니라 위원들의 전원의 합의에 의하여 결정하고 있었다. 그리고 각 표준별로 충족여부 결정, 그 근거(Rationale), 강점, 약점, 증거의 출처, 자체연구보고서의 정정해야 할 사항을 제시하여 보고서를 작성하고 있었다.

그리고 평가표준의 각 항목끼리 비교하여 어느 항목이 우수한지 찾아내어 이를 강점과 약점 제시에 활용하고 있었다. 또 각 항목별로 충족되지 못하면 1점, 약점을 갖고 충족되면 2점, 만족하게 충족되면 3점, 강점을 갖고 충족되면 4점, 우수하면 5점을 배정하여 표준별로 충족여부를 결정하고 있었다.

(5) 단위평가인정위원회 판정

단위평가인정위원회의 심사소위원회(Audit Committee)는 현지방문평가단보고서와 이에 대한 교사교육기관의 반응을 검토하고 나서 단위평가인정위원회에 추천을 하면 이에 인정여부의 조치를 취한다.

(6) NCATE의 판정서

NCATE 사무총장은 몇 주일 내에 판정결과를 교사교육기관 기관장과 행정가에게서 면으로 통보한다. 판정은 완전 인정, 약정에 의한 인정, 거부, 취소의 네 가지가 있다.

4) 평가인정의 표준

현재 사용하고 있는 평가인정의 표준은 1986년부터 개정하여 새로이 적용하고 있는 것이다. 1976년에 토지양여대학장들이 NCATE의 개편을 요구하여 2년 후 1978년에 대개혁을 하도록 NCATE에 5년의 기한을 주면서 그때까지 개혁을 하지 않을 경우 다른 새로운 자발적 평가인정기구를 설립할 것이라고 위협하였다. 그래서 1980년에 미시간주립대 교수연구소가 NCATE의 표준과 절차에 관한 연구를 하고, 1983년에 AACTE가 NCATE에 대한 대안체제를 내놓게 되고, 유일한 표준과 데이터 뱅크, 질에 대한 계량적 자료를 제시하고 사전조건을 강화할 것을 요구하였다. NCATE는 1983년 6월에 6개의 원칙을 정하고 1984년과 1985년에 여러 단체와 전문가들의 반응을 받아 1986년에 확정되어 1987년부터 첫 적용을 하게 되었다.

18개의 표준을 ① 전문직교육의 지적기반(knowledge base for professional education), ② 실천현장과의 관계성(relationship to the world of practice), ③ 학생(students), ④ 교수진(faculty), ⑤ 통치와 자원(governance and resources)의 5범주 속에 포함시키고 각 표준별로 판단의 지표로 수락의 기준(criteria for compliance)을 제시하였다. 또 각 표준별로 기본 학부프로그램(basic program)과 상급프로그램(advanced program)을 평가하게 된다.

그러면 각 범주별 표준에 대하여 좀더 자세히 살펴보기로 한다.

범주 I. 전문직교육의 지적기반
표준 I. A. 교육과정 설계: 프로그램은 교육연구와 전문직 실천을 위한 본질적 지식에 바탕을 두어야 한다. 일반교육, 교직교육, 전공연구에 대한 통합적 접근을 해야 한다. 철학과 목적에 의하여 체계적이어야 하고 학문적, 전문적 연구와 실천, 전문직 윤리를 담는 지식을 포함해야 하며 개별학습을 위한 수업을 이해하고 적용하기 위한 것이어야 한다.

수락기준 I. A.: 이에 대한 수락기준 4개가 있는데 생략한다.

표준 I. B. 교육과정의 전달: 교수가 최상의 수업 프로그램과 방법을 보여 주는 모델이 되어야 하고 교육과정 설계, 수업의 실제, 평가절차가 지식기반에 의하여 일치해야 한다.

수락기준 I. B.: 5개 기준이 있음

표준 I. C. 교육과정 내용: 교육과정은 유능한 교직자교육을 위하여 일반교육, 교직, 전공교과와 연결되어야 한다. 학문연구를 통한 인지적 지식, 교직 실제와 탐구방법에 관한 과정지식, 교직 가치, 윤리, 헌신이 반영된 행동지식을 포함해야 한다.

표준 I. C-1. 일반교육: 일반교육은 자유교육, 일반연구 교수에 의하여 계획적으로 지도되어야 한다. 대학원과정은 교직과 전공교과에 전념할 수 있도록 굳건한 일반연구의 바탕을 가지고 있어야 한다.

수락기준 I. C-1.: 4개의 기준

표준 I. C-2. 전공연구: 학생들이 가르치거나 일할 영역에서 강력한 학문적 배경을 가질 수 있어야 한다. 학문적, 방법론적, 임상적 지식을 가질 수 있도록 계획되어야 한다.

수락기준 I. C-2.: 5개의 기준

표준 I. C-3. 교직연구: 교직연구는 교육전문직의 역할을 잘 수행할 수 있도록 준비되어야 한다. 실제 학교현장에서 나온 교육과 임상 지식으로 구성되어야 한다.

수락기준 I. C-3.: 4개의 기준

범주 II. 실천현장과의 관계성

표준 II. A. 임상과 현장 경험: 이론의 적용과 평가기회를 제공하기 위해 임상경험과 현장경험을 교육과정에 포함시켜야 한다. 이론과 실천을 관련시켜 학급교사와 전문직 역할을 잘 수행할 수 있도록 체계적으로 계획되어야 한다.

수락기준Ⅱ. A.: 7의 기준

표준Ⅱ. B. 졸업생과의 관계성: 졸업생과의 관계를 계속 유지해야 한다. 특히 현장에서의 첫 해에 졸업생을 돕는 프로그램이 있어야 한다.

수락기준Ⅱ. B.: 3개의 기준

표준Ⅱ. C. 현장학교와의 관계성: 전문직교육자를 양성하기 위하여 지방 학교와 적극적 실무적 관계성을 유지해야 한다. 또 같은 교사교육의 사명을 띤 다른 학교도 관계성을 발전시켜야 한다.

수락기준Ⅱ. C.: 4개의 기준

범주Ⅲ. 학생

표준Ⅲ. A. 입학허가: 교직에 성공 가능성이 높은 다양한 문화배경을 가진 학생을 모집하도록 노력해야 한다. 의사소통 기술과 기타 기본기술이 있고 교양과 일반 연구에 폭과 깊이를 가진 학생을 뽑아야 한다.

수락기준Ⅲ. A.: 5개의 기준

표준Ⅲ. B. 진보 확인: 입학허가로부터 교직교육의 완성 시까지 진보상황을 계속 확인하는 절차가 있어야 한다. 기대된 자질과 능력의 성취의 진보상황을 학생과 지도교수가 정기적으로 검토해야 한다.

수락기준Ⅲ. B.: 3개의 기준

표준Ⅲ. C. 지도교수: 모든 프로그램을 마치고 자격증을 얻는 데 필요한 학문적, 전문직적 지도조언을 해주는 체제가 있어야 한다.

수락기준Ⅲ. C.: 3개의 기준

표준Ⅲ. D. 프로그램의 완료: 자격증 획득 추천 전에 학생의 학문적, 전문직적 능력을 평가해야 한다. 의사소통 기술과 교수기술, 전공교과지식, 전문직 실천, 기술에 능숙해야 한다.

수락기준Ⅲ. D.: 2개의 기준

범주Ⅳ. 교수진

표준Ⅳ. A. 자격과 구성: 교직 교수는 하나 이상의 교직 코스를 가르칠 수 있도록 채용하고, 충분한 준비교육을 받고 계속 발전 노력해야 하며, 다양한 문화적 배경을 갖춘 사람들로 구성되어야 한다.

수락기준Ⅳ. A.: 8개의 기준

표준Ⅳ. B. 교수의 부담: 프로그램을 감당할 만한 충분한 수의 교수가 있어야 한다. 학문적, 전문적 발전과 봉사를 할 수 있도록 교수부담, 지도부담, 과제부담을 제한하는 문서화된 방침을 갖고 있어야 한다.

수락기준Ⅳ. B.: 5개의 기준

표준Ⅳ. C. 교수의 발전(연수): 연수, 안식휴가, 여행지원, 기관방문, 펠로우 십, 초·중등학교 근무와 같은 교수 발전을 위한 체계적, 종합적, 문서화된 계획이 있어야 한다. 교수로 하여금 새로운 영역을 개척할 수 있는 기회가 주어져야 한다.

수락기준Ⅳ. C.: 4개의 기준

표준Ⅳ. D. 평가: 교수의 평가는 교수(teaching), 학문, 봉사의 계속적인 효과적 능력을 확인할 수 있는 자료에 근거해야 한다. 평가 자료는 봉급, 승진, 정년보장의 결정 근거가 된다.

수락기준Ⅳ. D.: 4개의 기준

범주Ⅴ. 통치와 자원

표준Ⅴ. A. 통치: 교사교육기관의 사명을 완성할 수 있도록 교육프로그램을 조직, 통일, 조정할 수 있는 통치체제를 갖추어야 한다. 통치체제는 평가인정을 받고자 하는 단위를 분명하게 정체를 밝혀 정의해야 하며 이 통치체제하에서 교사교육의 사명을 완성하고 기술된 대로 체제를 운영한다는 것을 보여 줄 수 있어야 한다.

수락기준Ⅴ. A.: 8개의 기준

표준Ⅴ. B. 자원: 전문직교육 단위로 하여금 그 사명을 완수하고 질 높은 프로그램을 제공할 수 있게 하는 인적, 재정적, 물리적 시설, 교구,

교재, 공급 자원을 갖추어야 한다.
수락기준Ⅴ. B. 인적자원: 4개의 기준
수락기준Ⅴ. B. 재정자원: 2개의 기준
수락기준Ⅴ. B. 물리적 시설: 4개의 기준
수락기준Ⅴ. B. 교구, 교재, 공급: 6개의 기준

4. 우리나라 교사교육평가인정제 도입에의 시사점

미국에서 교육에 대한 책임은 주정부가 지고 있지만 대학의 설립과 운영은 비교적 자유롭다. 그 결과 각양각색의 대학들이 어지럽게 설립되고 있다. 세계적인 명문대학이 있는가 하면 우리가 보기에는 대학이라는 이름을 붙일 수도 없는 곳에서 간판을 걸어 놓고 학위증을 발행하기로 한다. 소위 인정받지 못하는 가짜 박사가 이런 곳에서 나오고 있다. 그래서 대학들 스스로가 자발적이고 비정부적인 평가인정기구를 만들어 신용에 의하여 교육의 질을 관리하는 것이다.

이에 비하면 우리나라의 경우 최소한 대학설립 시 정부로부터 설립인가를 받고, 또 그동안 강한 정부통제를 받으면서 미국과는 달리 최소한의 학교 형태는 갖출 수 있었던 것이다. 그러나 그동안 설립기준도 엄격히 지켜지지 못하고 또 운영의 불실로 수월성은 추구하지 못하더라도 또 이는 각 대학에 맡기는 최저수준의 질을 유지하기 위한 기제는 필요하게 되었다. 더구나 특별한 노력을 안 해도 대학입학 지원자는 얼마든지 있고 학생들로부터 나오는 등록금만 갖고도 최소한의 대학은 유지될 수 있었기 때문에 대학의 질은 떨어질 수밖에 없었다. 대학이 공공에 대한 책무성을 저버려도 어쩔 수 없는 입장이었다.

이제는 대학교육의 질 관리의 필요성이 고조되고 있다. 그런데 그동안 국가가 통제해 왔고 또 설립인가를 통해서 일단 국가가 통제할 수 있는 길이 열려 있으므로 대학의 질 관리를 위한 평가는 미국의 평가인정제의 모델을 따라 대학자율기구에 맡기는 것이 좋을 것 같다. 국가가 대학에 대한 통제를 할 필요가 있다면 설립인가를 엄격하게 하면 될 것이다. 일단 설립인가를 받은 다음에는 대학 스스로가 품질 관리하도록 하는 평가인정제를 시도해 볼 필요가 있다.

특히 인간교육을 맡겨야 할 교사교육에 관하여는 어떤 형태로든 질 관리가 필요한데 그동안 무질서한 설립인가로 국가통제에서 실패했다면 자율통제 의한 미국식 교사교육평가인정제를 도입해 볼 만하다고 본다.

그러나 미국과는 역사와 전통, 문화가 다르기 때문에 처음에는 제도만 확정해 놓고 일정기간 동안 각 대학의 자율통제를 권유하고 또 의무화시키고, 어느 정도 궤도에 오르게 되면 대학 간 자율기구에 의하여 질 관리하게 하다가 마침내는 사회와 공공에 대한 책무성에 의하여 질 향상과 질 관리가 이루어지게 할 수 있을 것이다.

미국의 교사교육평가인정제는 우리의 교사교육 질 관리에 많은 시사점을 주지만 문제는 이를 어떻게 거부감 없이 도입하여 정착시키느냐에 있다.

제 22 장
영국의 교사교육평가인정제

1. 서 론

미국의 교육은 지방분권적이고 또 교육기관에 고도의 자율권과 함께 책임을 부여하는 경향이어서 교육의 질 관리도 비정부적 자발적 기구와 각 기관에 맡기는 방향이었다. 이에 비하여 영국은 교육의 질 관리에 관한 한 비교적 철저하고 국가관리적 경향이다. 그래서 영국에서 고등교육에 관한 재정도 국·사립을 막론하고 국가지원(대학교 수입의 79%가 공공자금)이며 동시에 질 관리도 미국과 비교할 때는 비교적 국가에서 관리하는 경향임을 알아야 한다.

영국의 고등교육은 ① 6개의 개방대학(Open Universities)을 포함하여 47개의 종합대학교(Universities)와, ② 30개의 전문기술대학(Polytechnics)[1]과 칼리지(Colleges)를 포함한 계속고등교육기관(Further Higher Education)의 두 종류로 확연히 구별된다. 대학교(Universities)는 고도의 자율과 자기관리인 데 비하여 계속고등교육기관(Further Higher Education)은 철저한 국가관리하에 있다. 대학교의 재정은 국가로부터 대학교재정자금 협의회(University Funding Council, UFC)를 통해서 지원되고 학문

---

1) Britain 1988, A Official Handbook, pp.174~175.

적 질 관리도 주로 대학교부총장협의회(Committee of Vice-Chancellors and Principals, CVCP, 사실은 실질적인 총장협의회임)에 의하여 이루어지는 데 비하여 계속고등교육기관은 재정도 주로 전문기술대학재정협의회(Polytechnics & Colleges Funding Council, PCFC)에 의하여 배분되고 학위를 비롯한 교육의 질 관리도 영국학위수여협의회(Council for National Academic Awards, CNAA)에 의하여 철저하게 통제받게 되어 있다.

같은 영국이라도 잉글랜드와 웨일즈에서의 교사양성은 대학교(Universities)와 전문기술대학(Polytechnics)의 고등교육기관과 기타 다른 대학(Colleges)이 제공한 교사교육으로 인정받은 코스에 의해서 이루어진다. 학부출신은 교육학사(Bachelor of Education, BEd)를 받는 3~4년 코스로 자격을 얻고, 대학원 과정은 1년의 교육학자격증(Postgraguate Certificate of Education) 과정을 택함으로써 자격을 받게 된다. 스코틀랜드에서는 모든 교사가 스코틀랜드 일반교직협의회(General Teaching Council for Scotland)에 들어야 하는데 대학원 출신이어야 하는 것이 정부의 정책이다. 그러나 새로운 초등교사는 4년의 교육학사나 1년의 대학원 코스 중 하나에 의하여 자격을 얻게 되고 중등의 인문교과 교사는 가르치고자 하는 교과의 두 과목을 통과해야 하고 비인문교과 교사는 해당전문가 디프로마(diploma)를 가져야 한다. 북아일랜드에서는 2개의 종합대학교와 2개의 교육대학에서 양성되는데 주로 3~4년의 교육학사와 3, 4, 5년의 교육관련 BA와 BSc 코스, 1년의 대학원 교육자격증(Certificate of Education) 코스에 의하여 이루어진다.2)

그러므로 영국에서의 교사교육은 대학교와 계속고등교육기관 양쪽에 걸쳐 있다는 것을 알 수 있으며, 평가인정도 양쪽에 관련될 것이지만 미국에서처럼 영국 교사교육평가 인정협의회(Council for Accreditation of Teacher Education, CATE)에 의하여 주로 이루어지게 된다.

---

2) lbid.,p.176.

그러면 여기서도 ① 영국의 고등교육기관에 대한 질 관리에 대하여 개괄적으로 살펴보고 나서 ② 교사교육평가인정제에 초점을 맞춰보기로 한다. 그리고 ③ 우리나라 교사교육평가인정제에 대한 어떤 시사점을 찾아보고자 한다.

2. 영국의 고등교육 질 관리

영국에서는 1987년 4월 고등교육에 관한 백서(Higher Education; Meeting the Challenge, London; Her Majesty's Stationery Office, April 1987)[3]와 1988년 교육개혁법(Education Reform Act 1988)에 의하여 고등교육의 개혁을 시도하고 있다. 이 개혁의 골자는 ① 고등교육 기회의 확대(Access to Higher Education)와, ② 질 향상과 효율성 증진(Quality and Efficiency), ③ 고등교육의 구조와 국가기획의 변화(Changes in Structure and National Planning for Higher Education)의 세 가지인데 두 번째 질 향상이 우리가 여기서 다루고자 하는 평가와 관련된다. 여기서 질 향상은 ① 코스의 설계와 내용의 향상과 인정절차의 개선, ② 직원 교육과 발전, 평가를 통한 양질의 교수법, ③ 보다 선별적으로 재정 지원하는 연구, 즉 상업적 개발 전망에 주요 목적을 둔 연구에 의한다.

앞에서도 잠깐 언급된 것처럼 종합대학교에 대한 질 관리는 주로 종합대학교부총장협의회(CVCP)에서 하고 재정배분은 종합대학교재정(자금)협의회(UFC)에서 하고 전문기술대학에 대하여는 영국학위수여협의회(CNAA)에서 철저히 질 통제를 하고 자금 배분은 전문기술대학재정자금배분협의회(PCFC)에서 담당하고 있다. 또 칙임시학실(Her Majesty Inspectorate,

---

3) Higher Education: Meeting the Challenge (London: Her Majesty's Stationery Office, 1987).

HMI)에서도 전문기술대학과 칼리지에 대하여 장학을 담당하고 종합대학교에 대하여도 성인교육(adult education), 계속교육(further education), 교사교육(teacher education) 부분에 관해서만 장(시)학을 담당하고 있다. 각 기구에 대하여 간단히 질 관리의 측면에서 살펴보기로 한다.

영국고등교육 백서에 의하면 고등교육의 질은 ① 코스의 설계와 내용에 반영된 학문적 표준(academic standards)과, 목적과의 일치도, 학생들에게 요구하는 것, 고용주의 요구에 충족되는 정도, ② 교수(taching)의 질, ③ 고등교육 재학 중과 취업 중 양 측면에서의 학생 성취도, ④ 연구의 질 이 네 가지를 살펴봄으로써 판단할 수 있다고 규정하고 있다.

학문적 표준은 앞에서 말한 CVCP(종합대학교에 관하여)와 CNAA(전문기술대학과 칼리지에 대하여), HMI 등이 설정하고 확인한다.

1) 종합대학교부총장협의회(CVCP)

영국 종합대학의 Vice-Chancellors는 실질적인 총장이다. Chancellor 를 여왕 등 명예직으로 이름만 걸어 놓기 때문이다. 이 협의회도 스스로 대학교육의 질을 관리하기 위하여 조직하여 1986년에 종합대학교 학문적 표준(Academic Standards in the Universities)[4]을 설정하고 이 표준을 유지하고 확인(monitoring)하기 위한 규정도 제정하였다. 이 규정 속에는 종합대학교의 절차, 외부평가(external examining)와 대학원 교육과 연구에 관한 내용이 포함되어 있다.

학문적 표준은 P. A. Reynolds 교수가 의장으로 하는 학문적 표준제정 단이 1986년 7월에 제정한 후 1987년 7월에 1차 보고, 1988년 7월에 2차 보고로 개정되었다.

---

4) CVCP, Academic Standards in Universities, July 1988.

이 보고서는 ① 학사와 석사 코스에 대한 외부평가체제(external exam-iner system)에 관한 규정, ② 학문적 표준의 유지·확인을 위한 외부개입, ③ 대학원교육·연구 규정, ④ 대학원연구학위수준의 청원 절차 규정, ⑤ 학문적 표준의 유지·확인을 위한 대학교내 절차에 관한 것으로 되어 있다.

자세한 내용을 다 다룰 수 없기 때문에 주요 요점만 지적한다면, ① 대학교 전체의 기관종합평가인정제(institutional accreditation)가 아니라 학과단위, 코스단위의 평가인정제이며, ② 확정적 획일적이어서 반드시 따라야 하는 제도가 아니라 권장적이라는 것이 특징이다. 외부전문평가인정기구(professional external bodies)가 전문직과 직업 코스에 대하여 평가인정하는 것은 미국과 비슷하고, 학과별로 외부자문위원회(external advisory committee) 또는 임시검토위원회(ad hoc reviews)를 두도록 하고 교수 임명 시 그 위원회에 외부인을 포함하도록 한 것 등은 미국과 다른 점이라 할 수 있다. 또 대학교 내부에서 학문적 표준을 유지하고 확인·감시하기 위하여 코스와 학생의 진보에 대하여 보다 체계적이고 규칙적인 평가를 하고 외부평가의 권고에 대하여 학과별 보고서를 내도록 하고 있다.

그런데 이 보고서에는 일률적인 학문적 표준이나 기준에 대하여 영역별(또는 범주별)로 자세하게 제시해 놓지 않고 있다. 그러나 미국의 COPA에서와 마찬가지로 43개의 전문직과 직업분야 평가인정기구를 인정하여 CVCP 학문적 표준 보고서에 제시해 놓고 있다.

2) 영국학위수여협의회(CNAA)

영국에서 학위를 줄 수 있는 기관은 종합대학교뿐이고 나머지 전문기술대학과 칼리지는 각 대학이 마음대로 학위를 줄 수 있는 권한을 갖고 있지 않기 때문에 모두 CNAA에 의하여 국가학위를 수여한다. 학위에 관한 철저한 국가관리라고 할 수 있다. 코스를 신설할 때, 코스를 관리하는 동안, 졸업하여 학위를 수여해야 할 때 모두 CNAA의 타당도 평가와 평가인정을 받아야 한다.

CNAA는 1964년 로얄 차터(Royal Charter)에 의하여 설립된 가장 큰 학위수여기구로 종합대학교 이외의 전문기술대학과 다른 고등교육기관 내 CNAA의 승인받은 코스에서 학위를 받고자 하는 모든 고등교육기관 학생의 1/3 이상이 등록하고 있다. 1987~1988 학년도에 140개 이상의 기관에 2,300개의 승인받은 코스에 231,000명의 학생이 등록하고 4,100명 이상의 학생이 CNAA 연구학위를 받고자 등록하였다.

1887~1888학년도에 61,159명이 학위를 받았는데, 그중 학사수준이 45,758명이고 557명은 연구학위이다. 교사교육에는 전일제 69코스, 시간제 40코스 합계 109코스가 1987~1988학년도에 설치되어 있는데(CNAA 연보 1987~1988, p.34) 여기에 17,944명의 학생이 등록하고 있다(p.40).

CNAA는 학생들이 도달해야 할 표준과 가르치는 교수(teaching)의 질에 특별히 관심을 기울이며 코스의 승인과 학위수여를 관리하는 결정의 모든 권한을 로얄 차터에 의하여 부여받고 있다. 그래서 ① 교육과정과 강의 실라버스, ② 교사의 자질과 경력, ③ 이용 가능한 시설, ④ 입학허가에 요구되는 표준, ⑤ 교수(teaching)의 질, ⑥ 학생의 성취도, ⑦ 학생평가와 내외 심사자의 임명에 관한 규정, ⑧ 학생의 수행 표준과 교수, 학습의 질의 확인(청취)과, 유지, 개발을 위한 규정 등을 통해서 높은 학문적 표준을 유지하는 일을 하고 있다.

CNAA는 영국의 교육과학성 장관과 웨일스와 스코틀랜드의 교육관련 장관의 임명을 받은 회원에 의하여 운영되는데 고등교육기관, 산업계, 상업계, 전문계, 공공봉사자(공무원) 등 각계 전문가로 구성된다. 그래서 이 기관은 국가기관이라고 볼 수 있으며 국가가 고등교육의 질을 관리하고 있다고 보아도 거의 틀림없다.[5]

---

5) CNAA. Handbook, 1988, p.15.

이 협의회도 여러 위원회로 조직되어 실질적, 구체적인 임무를 수행하는데
그 조직표는 〈그림 24-1〉과 같다.6)

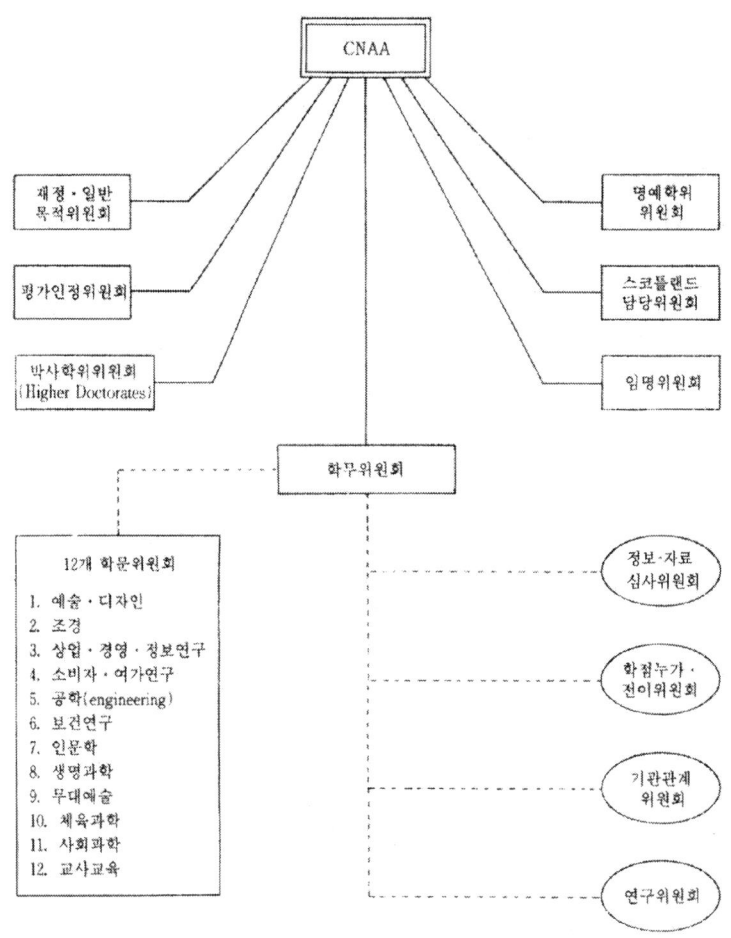

〈그림 24-1〉 CNAA 조직표

---

6) CNAA, Annual Report. 1987~1988, p.63.

CNAA가 수여하는 학위로는 ① 학위전수준(pre-degree)에서 교육자격증 (Certificate in Education), 자격증(Certicicate), 고등교육자격증, 고등교육 디프로마가 있고, ② 학사수준(first-degree)에는 음악졸업디프로마(Graduate Diploma in Music), 학사 / 명예학사(BA, BEd, BEng, LLB, BSc, BTP), ③ 대학원수준(post-experience & postgraduate)에는 경력(post-expe- rience)에 교육자격증(계속교육)과 전문직연구졸업증의 두 가지, 대학원·경 력대학원에 교육학사후자격, 학사후디프로마, 석사(MA, MBA, MEd, MSc), 대학원연구학위로 철학석사(M. Phil), 철학박사(D. Phil), 고등박사에 문학 박사, 이학박사, 공학박사 등이 있다.

1987~1988학년도 학사학위수준의 코스를 분야별로 보면 ① 이공계 42.2%, ② 인문사회계 24.8%, ③ 예술·디자인 15.1%, ④ 상·경계 8.7%, ⑤ 교사교육 7.5%, ⑥ 종합적 접근 1.7%이며, 같은 기간의 학사수 준 코스의 학생은 ① 전일학생 60%, ② 샌드위치 코스 학생 29%, ③ 시간 제 학생 11%의 구성이다.

이제 CNAA의 평가인정 과정에 초점을 맞춰 보기로 한다. 우선 CNAA는 코스에 대한 타당성(validity) 인정과 기관 전체에 대한 인정(accredita- tion)의 두 가지로 나누어 볼 수 있다. 먼저 코스를 개설하려면 CNAA의 학 위수여 요구조건에 충족된다는 것을 판단하는 과정이 필요하다. 이것을 타당 성 확인(validity)이라고 한다. 타당성 확인 집단은 기관내부 인사와 교과전 문가의 외부인사로 균형 있게 구성해야 한다. 평가인정을 받은 기관(accre- dited institution)은 능력을 인정받았기 때문에 확인집단 구성원을 독자적으 로 임명할 수 있지만 평가인정 받지 못한 부속기관(associated institution) 은 CNAA와 협의·자문을 받아야 한다.

타당성 확인을 받기 위해서는 미국의 경우에서처럼 필요한 정보와 자료를 제출해야 한다. 새 코스에 관한 정보와 코스 심사에 관한 정보, 필수적 코스 증거자료 등이 포함된다.

타당성 확인의 결과 CNAA의 요구조건에 맞는다고 판단될 때 나오는 최종 산물이 승인(approval)이다. 코스의 승인은 해당기획부서가 행정적 승인(administrative approval)을 받아야 공공자금을 받을 수 있다. 한번 승인을 받으면 대개 기간 제한 없이 승인받을 것으로 기대되는데 7년 이내에 정기적 심사(review)를 받아야 한다. 또 특정기간(5년 이내)을 정하여 승인하는 경우 조건부 승인 등이 있을 수 있다. 결정에 불만이 있을 경우 청원할 수 있고, 또 미국에서처럼 승인취소의 조치도 있다.

설치승인 받은 기존의 코스는 정기적인(7년 이내) 심사(review)를 받아야 한다. 이때도 기관 내외 전문가로 심사단을 구성한다.

각 기관(대학)은 정기적인 심사(review) 이외에 정기적으로 대개 매년 코스 운영에 대하여 내부적으로 확인해야 하는데 이것을 모니터링(monitoring)이라고 한다. 심사보고서는 해당대학 CNAA, HMI에 보고한다.

앞에서 말한 코스의 인정에 대한 설명에 이어 다음은 기관(대학)에 대한 평가인정에 대하여 언급할 차례이다. 대학이 새 코스의 개설의 타당성 확인(validity)을 하여 승인(approval)할 수 있고 또 정기적으로 심사(reviews)하고 또 내부적으로 모니터링 할 수 있다고 평가인정할 때 그 대학은 평가인정대학(accredited institution)이 된다. 이 대학은 모든 질 관리를 대학 자체적으로 하고 매년 보고서(annual report)만 CNAA에 제출하면 된다. 이 평가인정대학은 CNAA가 7년마다 심사하여 평가인정을 해준다.

평가인정을 받지 못하고 코스의 승인에 관한 최종결정권이 CNAA에 있어 CNAA와 동반자관계에 있는 대학을 부속기관(associated institution)이라고 한다. 이런 대학에는 1988년 현재 60개가 있다. 부속기관이 평가인정기관으로 인정받고자 하면 CNAA에 자료와 함께 신청하여 CNAA의 평가인정위원회(accreditation committee)의 심사를 받아 결정된다.

CNAA의 학문적 질 관리를 위한 타당성인정과 모니터링을 위한 조직을 종합하면 〈그림 24-2〉와 같다.7)

---

7) Secretary of State for DES and others. Higher Education: Meeting the Challenge(London: Her Majesty's Stationery Office,

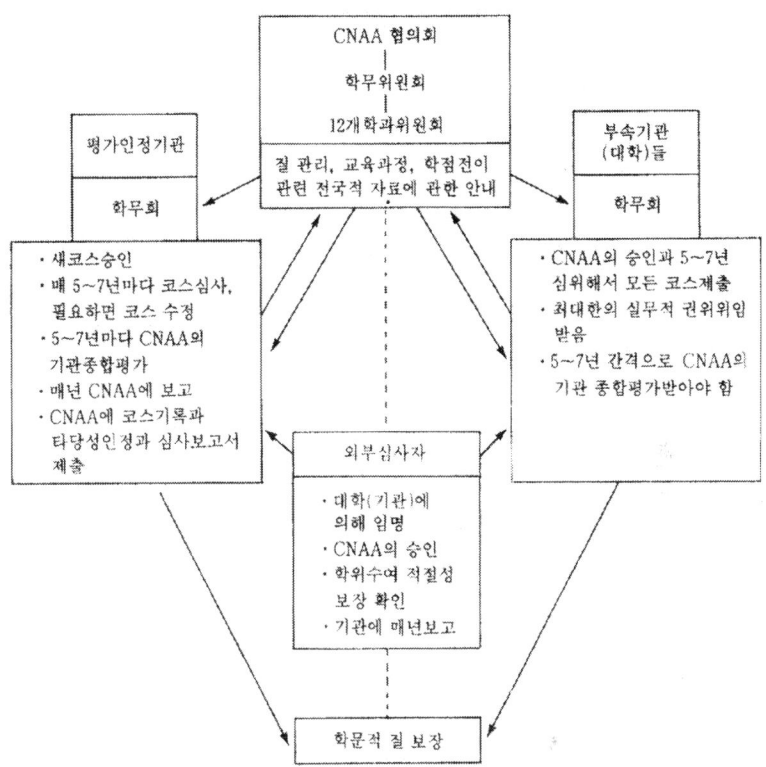

<그림 24-2> CNAA의 학문적 타당성 인정과 모니터링
과정 조직표

3) 칙임시학실(HMI)

영국의 HMI는 학교에 대한 시학과 이에 관한 보고를 하기 위하여 지금부터 약
160년 전(1833년)[8]에 처음으로 임명되어 현재 약 480명의 시학관이 있다. HMI

April 1987), p.17.
8) Denis Lawiton and Peter Gordon, HMI(London: Routledge &
   Kegan Paul Ltd., 1987), p.156.

는 초·중등교육뿐만 아니라 계속·고등교육(further & higher education), 청년봉사(youth service, 성인교육, 교사교육까지 시학을 한다는 것이 놀라운 사실이다. 또 병원, 교도소, 청소년감호소, 군대에서 제공하는 교육까지 시학하여 교육과학성장관에게 교육의 현상과 질에 관하여 보고하고 교육정책 수립에 필요한 정보를 정부에 제공해 준다.9) 그리고 HMI는 중앙정부나 지방정부, 교사로부터 완전히 전문적 독립성을 보장받고 어떤 두려움 없이 보고할 수 있다는 점이 특징이다.

아마 우리나라에서 교육부 장학 편수실에서 대학을 장학한다고 하면 난리가 날지 모른다. 대학의 수업까지 관찰하고 평가하고 보고서를 쓴다고 하는 일은 상상도 못할 것이다. 그러나 HMI는 하고 있다. 47개의 종합대학교 이외의 모든 고등교육기관이 HMI의 시학의 대상이다. 종합대학교에서도 계속교육, 성인교육, 교사교육 분야만큼은 HMI의 관할하에 시학을 받게 되어 있다.

HMI의 최고책임자는 SCI(Senior Chief Inspector)로 DES장관에게 보고하게 되어 있고 그 밑에 전국적 책임의 7명의 최고시학관(Chief Inspector, CI)이 있는데 그중의 한 CI가 성인교육을 포함한 특수영역 계속·고등교육 담당 CI이고 다른 하나는 교사교육을 포함한 일반 계속·고등교육 담당 CI가 있다. 그리고 전국을 7개 지역으로 나누어 그 지역의 HMI활동을 책임지는 7명의 지역시학관(Division Inspector, DI)이 있고 약 60명의 임원시학관(Staff Inspector, SI)이 있다. 임원시학관(SI)은 ① 영어, 공학과 같은 교과(subjects)와, ② 특수교육과 같은 교육의 특별한 분야(aspects), ③ 초·중·고등교육과 같은 단계(phases)의 세 종류에 대하여 전국적 책임을 지는 전문가로 임명한다.

1988년도 계속·고등교육 담당 CI 관할하의 HMI 조직표를 보면 〈표 24-1〉과 같다.

이 표의 각 칸에 1~2명의 HMI가 배치되어 이 분야에만 약 120명이 배치된 것을 볼 수 있었다.

HMI는 비공식적으로 현장을 방문하여 실지로 관찰하고 면접하고 자료를

---

9) DES, HMI: Its Work and Publications, 1989, p.1.

수집하여 교육과학성장관과 정부에 보고한다.

〈표 24-1〉 계속·고등교육 HMI 조직표(1988년 9월)

교과 지역	미술 디자인	계속 교육	Further 교육	청년· 지역사회	농업· 식품	상업· 경영	건축	영어	수학· 컴퓨터	과학	사회 과학	인문학	해양· 공중
SI													
동													
북													
서북													
중부													
동부													
메트로													
남부													
남서													

시학은 ① 완전시학(full inspection)과 ② 조사(survey)의 두 종류로 나뉘는데 전자의 경우 20명의 전일제 시학관과 3~4명의 다른 구성원이 시학단을 이루어 한 대학에 일주일 정도 머물면서 시학한다. 후자의 경우는 조사목적에 따라 달라지는데 2명 정도의 HMI가 4~5일 방문한다. 그러나 교사양성기관의 조사단은 완전시학과 같은 크기의 규모로 구성한다.10)

HMI 중 보고시학관(Reporting Inspector, RI)은 시학받을 대학과 지방교육당국에 통보하고 자료를 시학일 1개월 전까지 제출하도록 요구한다.

방문 중에는 자연 상태를 보고자 원하며 교수와 학생, 행정가, 이사회 등과 만나고 그 결과는 DES장관에게 보고한다. 개별대학에 보고할 필요는 없으나 논평은 할 수 있다.

---

10) DES, Reporting Inspections: HMI Methods & Procedures, Further and Higher Education Institutions and Adult, Youth and Community Services, Nov. 1988, PP.2~3.

　　Leicester전문기술대학에 대한 1988년 1월~6월의 시학보고서11)를 보면
제1부 기관에 관한 사항으로 자원, 직원과 직원연수, 학생과 학생봉사, 교수
와 학습, 대외관계, 질 보장, 결론과 이슈를 다루고, 제2부 11개 전문 코스
별로 시학의 결과를 요약해 주는 내용으로 80페이지의 분량에 이르고 있다.
　　영국의 HMI는 교육의 질을 관리하는 세계적으로 유일한 특별한 기관이다. 고등
교육에 관한 시학을 하고, 특히 여기서 관심을 갖는 교사교육의 질 관리를 위해서
비중을 둔다는 점을 기억해야 할 것이다. 흔히 우리나라에서 UFC(University
Funding Council)와 PCFC(Polytechnic & Colleges Funding Council)가
중요한 평가인정의 역할을 하는 것으로 알려졌으나 이 기관들은 평가인정결과보다
도 정해진 공식에 의하여 자원을 배분하는 것으로 이해해야 한다.

3. 영국의 교사교육평가인정

　　미국의 교사교육평가인정기구가 NCATE인 것과 비슷하게 영국에 있어서
교사교육평가인정기구는 CATE(Council for the Accreditation of Tea-
cher Education, 교사교육평가 인정협의회)이다. 이 기구는 1984년 후반과
1985년 초에 설립된 최초교사양성(Initial Teacher Training, ITT) 코스
에 대한 평가인정을 하는 유일한 기구이다. 이 기구는 영국 교육과학성이 제
정한 기준에 의하여 평가하고 교육과학성에 권고보고서를 제출한다.
　　또 하나 영국의 교사교육기관을 평가하고 교사교육의 질을 관리하는 기구
는 앞에서 설명하였던 HMI(칙임시학실)이다. 그런데 여기서는 주로 CATE
에 대하여 언급하고 HMI에 대하여는 앞에서 설명되었으므로 교사교육과 관
련된 부분에 대해서만 다루기로 한다.

---

11) DES, "Report by HM Inspectors on Aspects of Provision" at
　　Leicester Polytechnic. 1988.

1) 영국 교사교육평가인정협의회(CATE)

CATE가 내린 평가인정(accreditation)의 정의는 "코스가 교사를 위해서 전문직적 준비에 적절하여 자질을 갖춘 교사신분(qualified teacher status)을 받을 수 있는 코스로 승인받을 수 있다고 결정하는 과정"[12]이다. 이 평가인정은 한 코스가 학위수여에 적절한지에 관심을 갖는 학문적 타당성 확인(validation)의 과정과는 분리된다.

우선 CATE의 설립까지의 배경에 대하여 간략하게 중요한 점만 살펴보기로 한다.

1983년에 발행된 "교수의 질(Teaching Quality)"이라는 백서에서 최초 교사양성교육(initial teacher training)을 개선할 필요가 있다는 것을 강조하고 또 모든 교사양성코스를 심사할 기준을 DES가 공포할 것을 제안하였다. 또 동시에 CATE의 설립이 공표되었다. CATE는 잉글랜드, 웨일스, 북아일랜드의 교사교육에 대하여 교육과학성장관에게 자문하는 책임을 맡고 또 모든 기존 코스를 심사하고 새 코스의 제안에 대하여 엄밀한 검사를 하는 임무를 맡게 되었다. 그런데 CATE가 코스를 심사하기 전에 HMI가 시학을 하거나 방문하게 되어 1988년에 모든 교사양성코스를 HMI가 시학하였다. 그리고 지방대표(representatives of local community)와 함께 지방위원회(local committee)가 학문적 타당성 확인과 승인한 후에 CATE가 코스에 대하여 심사하도록 하였다.

1987년에 시학과 심사의 과정을 처음보다 더 장기간으로 하고 또 그 과정을 분명하게 하였다. 그래서 1984년 전보다 CATE가 설립된 후 교사교육의 질이 다음과 같이 개선되었다.[13]

---

12) DES, Future Arrangements for the Accreditation of Courses of Initial Teacher Training: A Consultation Document, May 1989, p.1.
13) DES, Future Arrangements for the Accreditation of Courses of

① 보다 더 실제적, 체계적으로 적절한 교육과 교직연구를 하고

② 학부 코스에서 교과연구에 더 엄격하게 접근하게 되고

③ 교사양성기관과 지방교육당국(LEA), 학교, 교사들 간의 보다 밀접한 동반자관계가 형성되고

④ 교사양성 학생의 교과연구와 실제 학과교육과정이 보다 더 잘 결합되고

⑤ 코스 내 여러 요소 간의 균형에 변화가 적어지고

⑥ 교사교육자(teacher trainers, 교사교육기관 교수)로 하여금 보다 더 높은 비율의 최신의 그리고 적절한 해당 학교수업 경력을 갖게 되고(필자주: 교사교육대학 교수로 하여금 해당 초·중·고등학교에서 5년마다 1학기씩 교사로 의무적으로 근무하게 함)

⑦ 지방 산업계, 상업계를 포함하여 지방교육당국, 학교로 하여금 각 교사교육기관을 위한 지방위원회(local committee)를 구성하게 되었다.

그래서 CATE의 심사에 의하여 DES가 승인해준 코스로부터 새로운 세대의 교사가 이제 배출되기 시작하고 있다.

1989년 5월까지 CATE는 200개의 코스에 대한 정밀심사를 마치고 80개의 코스를 심사 중에 있었으며 1989년 말까지는 모든 기존코스에 관하여 DES장관에게 권고안을 내기로 되어 있었다.

이렇게 해서 최초교사양성교육(연수과정이 아님)의 질을 계속적으로 향상시키고자 한 것이다.

영국에서 교사양성교육 코스의 승인에 관한 책임은 각 기관에 맡겨 놓은 것이 아니라 전적으로 DES, 즉 국가에 있다. 또 그 책임을 교육과학성 직원이나 HMI에만 의존하지 않고 CATE에 그 책임을 맡겨 놓고 있다.

CATE의 주요 임무는 다음과 같다.14)

① 교사양성의 각 코스가 DES의 기준에 맞는지 여부에 대하여 DES에 조언하고

Initial Teacher Training: A Consultation Document, May 1989, pp.3~4.

14) op. cit., p.6.

② 교사양성 코스가 계속해서 기준에 맞을 수 있도록 보장하기 위하여 승인받은 코스에 대하여 감시하고

③ 교사양성교육에서 우수한 실천 사례를 확인하고 이를 보급하며

④ 심사 기준을 유지하고 가능한 변화(변화시킬 것)에 대하여 DES에 조언하고

⑤ 기타 교사양성교육에 관하여 요청받을 때, 또 필요한 때 DES장관에 조언한다.

좀더 구체적인 일을 하는 항목을 보면 더욱 명백해진다.

① 지방위원회(local committee)가 검토한 새 코스, 또는 수정된 코스를 검토한다.

② 지방위원회가 조언을 요구해 온 점에 대하여 고려한다.

③ 교사양성코스가 계속해서 기준에 충족되고 있는지 확인하기 위하여 매년 표본 코스를 정하여 심사한다.

④ 지방위원회의 일관된 접근을 유지하기 위해 지방위원회를 감독한다.

CATE의 심의위원은 다양하게 구성하려고 노력한다. 교사교육자(교사교육기관 교수), 고등교육의 다른 관계자, 학교교사, 지방교육당국자, 산업계 인사로 구성한다. 임명은 DES가 개별적으로 한다.

CATE를 창설하여 초기인 지금까지는 자체가 주도적인 일을 했으나 앞으로는 지방위원회가 많은 자세하고 구체적인 일을 하고 CATE는 센터로서 감독하는 기능을 할 전망이다. 각 교사양성기관은 반드시 지방위원회를 구성하여 평가와 심사를 받고 교사양성 코스로 인정받을 수 있다는 자신이 있을 때 CATE에 승인을 신청하여 CATE의 권고에 의하여 DES가 최종 인정하는 절차를 밟게 되기 때문에 지방위원회가 중요한 역할을 한다.

지방위원회는 교사교육자(교수), 지방 사업·산업계 인사, 교사, 지방 교육당국자로 구성하게 되는데 지방 HMI가 각 위원회에 대한 평가자가 된다. 교사양성기관의 임원이나 이사회 임원은 지방위원회의 의장이 될 수 없도록 제한해 놓고 있다. 이 위원회는 교사양성기관에 의하여 임명받으며 CATE의 확인을 받아야 한다. 이 위원은 한시라도 기관에 가서 관찰할 수 있고 또

기관에 참석하여 협의·토의할 수 있다.

지방위원회는 교사양성기관이 코스로 인정받고자 하는 경우 CATE에 신청하기 전에 사전검토를 받기 위하여 설립한 지방 전문위원회이며 모든 기관은 의무적으로 이 위원회를 설립해야 한다.

HMI와 CATE와의 관계에 있어서 HMI는 각 교사양성기관과 코스를 계속해서 시학하고 그 결과를 보고하는데 CATE와 지방위원회는 이 자료를 활용할 수 있고, HMI는 각 기관의 코스 개발에 대하여 비공식적으로 조언해 준다.

2) 칙임시학실(HMI)

영국의 HMI는 1842년 이래 교사교육에 관하여 강한 관심을 보여왔다.15) 그래서 종합대학교(University)가 됐든 전문기술대학이나 칼리지(Polytechnic & College)가 됐든 교사교육에 관한 한 HMI의 시학하에 있게 된다. 그래서 HMI의 7명의 최고시학관(Chief Inspecfor, CI) 중 1명의 CI가 교사교육 분야 고등교육을 담당하게 된다. 이 CI는 대학교의 교육학과의 교육을 방문하여 시학하고 또 대학도 이들을 기꺼이 초청하고 있다.

그리고 앞에서 언급한 CATE도 HMI에 의하여 탄생되었다. 1982년 HMI가 발행한 "The New Teacher in School"에서 새로 자격을 갖춘 교사의 25%가 교사교육기간 중에 습득한 기술에 결함이 있다고 지적한 데서부터 새로운 교사교육평가인정제인 CATE를 고려하는 발단이 되었던 것이다.

그리고 각 교사교육기관이 CATE에 코스를 승인 신청하기 전에 HMI의 시학을 받고 CATE도 HMI의 시학자료를 참고하여 최종적으로 DES가 승인하는 절차를 취함으로써 영국에서 교사교육의 질 관리는 HMI, CATE, DES의 삼원체제가 될 것으로 본다. 물론 대학교와 전문기술대학과 칼리지

---

15) Denis Lawton and Peter Gordon, HMI(London and New York: Routledge & Kegan Paul. 1987), p.66.

의 교사교육기관의 노력이 전제되어야 한다.

　영국의 교사교육평가인정제는 CATE와 HMI, DES의 삼원체제이고 학교와 교사양성기관과 지방교육당국, 평가인정기구의 동반자의식이 강조되고, 교사양성기관은 여러 기구와의 협조관계에서 코스를 관리하고 지방위원회를 의무적으로 구성하여 사전심사를 받고 또 HMI의 시학을 받아 이를 근거로 교사양성코스의 승인을 받고자 한다. 교사양성기관은 UFC나 PCFC의 재정자금을 받고 CNAA와 CVCP의 평가도 받아야 하므로 CATE와 HMI와 함께 2중 3중의 질 통제를 받게 된다. 교사교육평가인정제 관련기구를 그림으로 나타내면 〈그림 24-3〉과 같다.

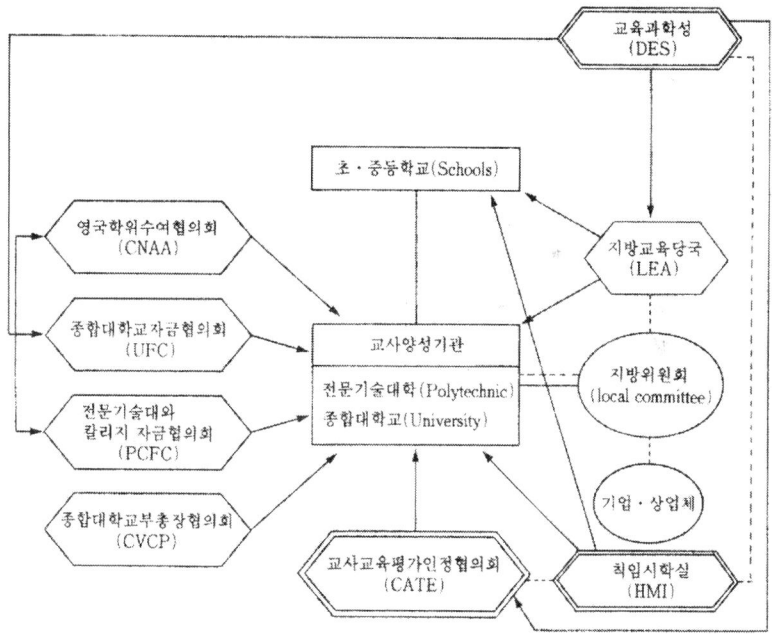

〈그림 24-3〉영국의 교사교육평가인정제 관련기구

3) 교사교육평가인정의 기준

영국의 DES가 설정한 최초교사교육 코스의 승인을 위한 기준은 CATE가 평가인정 시에 비추어 보아야 할 것으로 7개의 영역으로 되어 있고 여기에 해설이 첨가되어 있다. 이해설(commentary)은 기준의 한 부분이 아니라 교사양성기관이 코스를 계획하고 운영할 때 관심을 갖고 비추어보아야 할 부분이다.

기준과 해설의 영역은 ① 교사양성기관과, 지방교육당국, 초·중·고등학교 간의 협조관계, ② 교사양성 학생의 (초·중등)학교경험과 교육실습, ③ 학교 단계와 연령 범위, ④ 교과연구와 아동─학생학습에의 교과의 적용, ⑤ 기본 코스에서의 교육과정 연구, ⑥ 교육학과 교직 연구, ⑦ 교사양성교육에의 선발과 입학 허가의 7영역으로 되어 있다. 이제부터 각 영역별로 좀더 자세히 살펴보기로 한다. 그러나 전문 번역을 하지 못하고 내용만 요약하기로 한다.16)

> (1) 영역 1: 교사양성기관과 지방교육당국, 초·중·고등학교 간의 협조관계
>> ① 교사양성기관은 지방교육당국과 여러 다양한 학교와 협조관계를 맺어야 하고, 이들 학교와의 긴밀한 동반자관계 속에서 최초교사양성 코스의 교직적, 교육적 측면을 개발·운영해야 한다.
>> ② 교사양성기관은 학교의 경험 있는 교사들로 하여금
>>> • 교사양성 코스의 계획과 평가
>>> • 학생선발
>>> • 학생의 실습의 장학과 평가
>>> • 교사양성코스의 적절한 강의, 세미나, 기타 활동에 참여하고 초대되어야 한다.

---

16) DES. Future Arrangements for the Accreditation of Courses of Initial Teacher Training: A Consultation Document, May 1989, pp. i ~ xi.

③ 교사들이 이런 활동에 참여하기 전에 적절하게 잘 준비되었다는 것을
보장해야 한다.

④ 교과와 교육, 교직연구와 관련된 신임교수와 직원이 학교에서의 최신
교수(teaching)경험을 가지고 있다는 것을 보장해야 한다.

⑤ 학교현장의 교수경험은 학교단계, 교과, 기타 전문영역에 맞아야 한다.
이 경험은 최소한 5년마다 1학기간은 되어야 한다.(필자주: 영국의 교
사양성기관에서 교수를 하려면 매 5년마다 학교현장에서 가르친 경험
을 요구한다는 점이 특색이다).

(2) 영역 2: 학생의 학교경험과 교육실습

① 교사양성 코스에는 교육실습과 기타 학교경험의 본질적 요소를 포함해
야 한다. 이 코스는 적어도

• 3년 미만 계속되는 학부와 대학원 코스

• 4년 연속의 학부 코스(75일)

• 모든 다른 4년 코스(100일)는 되어야 한다.

② 첫 학기에 학급활동 실습이 있어야 하는데 교수에 적절치 못한 사람은
구별되어야 한다.

③ 모든 코스에는 연속되는 기간의 교수실습이 포함되어야 한다.

④ 교사양성기관 내의 이들 코스는 학교에서의 학생실습 경험과 긴밀하게
연결되어야 한다.

⑤ 학생의 학교실습에 있어서 개인지도교사, 교장, 교사, 직원, 학생의 역
할에 관한 성문화된 방침이 있어야 한다.

⑥ 교수학습과 학생행위관리를 포함하여 실제적 학급활동의 만족할 만한
표준에 도달하지 않으면 학위나 자격증을 주어서는 안 된다.

(3) 영역 3: 학교단계와 연령범위

① 코스는 초등학교나 중등학교 중 하나를 가르치도록 준비시켜야 한다.

② 중등 코스는 11~16세 또는 11~18세의 연령을 가르칠 수 있어야 한다.

③ 초등은 3세 또는 5~12세 범위를 망라하는 이 연령범위 내에서도 3 또
는 5~8세, 7~11세 또는 12세의 어느 하나에 강조를 두어야 한다.

(4) 영역 4: 교과연구와 학생학습에의 교과적용

① 학부 코스의 모든 학생은 고등교육에 해당하는 수준의 교과연구를 해야
한다. 초등 또는 중등교육과정과 해당 연령에 해당하는 교수강점을 가

져야 한다.

② 중등교사 양성 과정에 있는 학생은 최소한 2년에 해당하는 전일제 교과교육 과정을 마쳐야 한다. 중등교사를 위한 학부코스 학생은 2개 교과 이상을 전공할 수 없으며 부전공교과는 전 교과연구 시간의 1/4 이상을 넘을 수 없다.

③ 초등교사를 위한 교과연구는 학부코스에서 최소한 1년 반이다.

④ 모든 코스는 학생의 교과전문을 생도의 교수와 평가에 적용하는 훈련을 포함해야 한다(이것은 추가시간으로 초등교사는 반년 이상, 중등교사는 1/3년 이상이어야 한다).

⑤ 이 코스를 마치기 위해 학생들은

- 가르쳐야 할 전 해당연령에 걸쳐 교과 또는 "교과적용" 교과의 체계를 계획할 수 있고
- 해당연령의 최고 연령에 적절한 수준에 맞게 이들 교과를 가르치고 평가할 수 있어야 하고
- 다른 교과 전공의 동료에게 자기전공의 교과내용과 교수방법을 조언할 수 있어야 한다.

(5) 영역 5: 초등코스의 교육과정연구

① 이 기준은 영역 4의 ④에서 언급한 "교과적용" 이외의 학생에게 적용된다.

② 초등교사를 위한 코스는 국가교육과정의 중핵교과를 가르치고 평가할 수 있도록 준비되어야 한다. 초등교사 코스에서 수학에 100시간, 국(영)어에 100시간, 과학에 100시간을 가르치는 데 보내야 하고 이 세 과목에 적어도 60시간의 접촉시간을 가져야 한다.

③ 초등교사 코스는 주어진 체계 내에서 개별 단원(과)을 계획하고 국가교육과정이 요구하는 수준을 가르치고 역사, 지리, 미술, 음악, 체육에서의 생도의 성취를 평가할 수 있어야 하고 종교교육에서 훈련을 받아야 한다.

(6) 영역 6: 교육과 교직연구

① 학생들은 주요 교직기술의 능력을 갖추어야 한다. 생도들이 자라고, 성인과 시민의식, 직업세계를 준비하는 자유, 문명사회의 교육목적, 교육봉사의 개발과 구조, 가치·경제·기타 기초를 준비할 수 있어야 한다.

② 코스 완성에 있어서 교과 간의 연결과 공통부문이 있다는 것을 의식하

고 이를 위하여 협동할 수 있어야 한다.

③ 코스는 학생들로 하여금 해당 전 연령 범위와 다양한 능력, 행동, 사회적 배경, 인종과 문화적 기원을 가진 사람을 지도할 수 있도록 준비되어야 한다.

④ 코스의 완성에 있어서 학생들은 논쟁이 되는 교과를 균형 잡힌 방법으로 가르칠 수 있어야 한다.

⑤ 모든 코스는 효과적인 생도행위 관리기술을 개발하는 실제훈련의 요소를 의무적으로 그리고 분명히 발견할 수 있어야 한다.

⑥ 모든 코스는 학급에서 정보공학을 효과적으로 사용할 수 있는 의무적이고 분명히 확인할 수 있는 요소를 포함해야 한다.

⑦ 코스는 법적, 행정적, 학부모, 종교, 문화, 지역사회 등과 관련된 교사의 일에 해당하는 측면을 보충해야 한다.

⑧ 모든 코스는 학생들로 하여금 최신의 연수를 통하여 전문직 능력을 유지하고, 학생기강과 교육과정 개발에서 동료를 돕고 또 도움을 받아야 한다는 것을 인정하도록 하는 표면적 목적을 가지고 있어야 한다.

(7) 최초교사양성 코스에서 학생 선발과 입학허가

선발절차

① 교사후보 지원자가 교직에 알맞은 인성적, 지적 자질을 갖고 있으며 신체적 정신적으로 교직에 건전한지 알아보기 위한 적절한 선발절차를 가지고 있어야 한다.

② 선발단계에서 인종이나 성별에 따라 균등한 기회가 보장되어야 한다.

③ 개인적 또는 집단적 면접을 하지 않고 코스에 입학허가가 되어서는 안 된다.

입학요건

④ 교사양성기관은 입학자가
  • 구어와 문어로 효과적인 의사소통을 할 수 있고
  • GCSE 시험에서 C점수를 받을 수 있는 수학과 영어 실력을 갖고 있다는 것을 보장해야 한다.

⑤ 대학원코스에서 교사양성기관은 입학생이
  • 영국 대학교(University) 학위나 CNAA 학위, 또는 이와 동등한 자격을 가지고 있고
  • 최초학위내용이 초등 또는 중등 교육과정에 적절하다는 것을 충족시

킬 수 있어야 한다.

⑥ 최초학위에 "교과연구"를 연장시켜 "부족교과"의 전문주의를 무장시키기 위해 계획된 대학원 코스의 경우 후보학생의 최초학위가 해당학교 분야에서 최소한 1년의 전일제 고등교육 연구를 포함한다는 것을 보장해야 한다.

⑦ 학부코스의 경우 교사양성기관은
- 입학자가 학사학위 연구의 입학허가에 요구되는 정상적 학술적 필수 요건을 마쳐야 하며
- 중등교사를 목표로 하는 입학자는 A수준 점수를 받았어야 하며, 전 공교과의 전문성에 맞는다는 것을 보장할 수 있어야 한다.

⑧ 속성 교육학사의 경우 해당교과에서 적어도 1년의 고등교육을 마쳤어야 한다.

표준 외 입학

⑨ 학사학위 연구에 해당하는 전통적인 입학자격에 미달되더라도 학위코스를 성공적으로 마칠 수 있다고 판단되는 지적 역량을 가진 성숙한 학생을 학부 코스에 입학허가 할 수도 있을 것이다.

⑩ 이러한 경우 이들을 조심스럽게 고려했다는 것을 보여 줄 수 있어야 한다.

4. 영국 교사교육평가인정제로부터의 시사점

교육의 질 관리에 관한 한 우리는 많은 것을 영국으로부터 배울 수 있다. 미국이 철저한 자율과 분권, 참여를 바탕에 깔고 교육을 하는 반면 영국은 학교와 지방의 자율을 보장하면서도 교육의 질 관리에 관하여는 국가가 최종적인 책임을 지는 셈이다. 그리고 교육에 관한 한 전적으로 국가가 책임진다는 생각이다. 그래서 공립학교도 사립학교도 초등교육에서부터 대학교까지 모두 국가가 재정을 대주는, 국가의 재정으로 운영하는 제도라고 보아야 할

것이다. 사립학교에 대하여는 국가가 돈만 대주고 전연 통제하지 않는 형식을 취하고 있다.

영국의 교사교육평가인정제로부터 우리는 다음 몇 가지 주요 시사점을 얻을 수 있다.

첫째, 교사교육의 질 관리에 관한 철저한 국가관리를 참작할 필요가 있다. 각 전문기술대학과 종합대학교가 철저하게 교사양성을 하지만 HMI와 CATE가 중간에서 시학과 타당성확인, 평가인정을 하지만 최종적으로는 국가인 DES가 최종결정을 한다는 점이다.

둘째, 교사교육 코스에 관한 한 철저한 HMI의 장학을 받고 있다는 점을 우리는 배워야 한다. 대학교수가 강의하는 것까지 HMI가 관찰하는 모습을 연상만 해봐도 그들이 교사교육을 얼마나 강조하고 있는지를 알 수 있다. 우리나라 교사교육실패의 근원은 교사교육자로부터 나오고 있는지도 모른다. 교사교육자 자신들이 교사교육에 애착을 갖지 못하고, 또 이론대로 교사양성을 하지 못하고 가르치지 못하면 그들에게서 배운 교사들의 질은 실패로 돌아갈 수밖에 없다.

셋째, 다양한 교사양성 코스와 다양한 질 관리 기준과 제도에서 배울 점이 있다. 교사양성을 학부, 대학원 코스뿐만 아니라 심지어는 정규학부과정에 입학할 수 없는 사람에게까지 교사로 가는 길을 열어 놓고 있으면서도 일정한 수준의 질 통제를 하고 있다. 그리고 초등교사와 중등교사에게 맞는 기준들을 동시에 제시해 놓고 있는 점도 배울 점이다.

넷째, 초・중등학교 현장과 지방교육당국, 대학의 교사양성기관과 교사교육평가인정기구(CATE, HMI, DES)의 동반자의식에서 우리는 배울 점이 많다. 우수한 교사양성이라는 목적을 위해서 각자 맡은 바 역할을 하면서 동시에 협동을 하고 있다. CATE의 평가인정심사위원도 이들 각 집단의 전문가들로 구성하여 상호전문성을 존중하고 있다.

다섯째, 특히 초・중등학교 현장과 교사양성기관과의 밀착된 관계성을 배워야 한다. 실습을 강조하고 또 교과전공에서도 "교과의 적용"을 의무화하고 있으며 특히 교사양성기관의 교수로 하여금 현장교사경력을 의무화하고 있으며 계속 현장성을 유지하기 위하여 매 5년마다 1학기씩 교사로서 실제로 근무하게 하는 제도는 우리가 본받아야 할 점이라고 본다. 우리나라의 교대나 사대 교수가 초·중등교사경력도 갖추지 못하고 현장과 유리된 교수내용과 방법으로 교수생활을 하고 있어서 현실과 유리된 교사가 배출되고 있는지도 모른다.

여섯째, 교사양성의 후보자에 대한 엄격한 입학허가 기준을 적용하고 있는 점이 인상적이다. 교사양성과정도 중요하고 강화되어야 하지만 교사가 되고자 하는 후보자의 기본 바탕이 되어야 하며 우수한 후보자가 교직에 매력을 느낄 수 있어야 한다. 그러려면 우선 교직에 대한 사회·경제적 유인가가 있어야 한다.

우수한 후보자가 모여들고, 철저한 교사양성과정을 거쳐 질 관리를 철저히 하고, 계속 발전시키는 제도가 갖추어져야 한다.

제 23 장
대학의 의사결정 기구와 구성원의 참여*

1. 교육장황

세상을 많이 살지 않은 발표자로서는 어린시절 6·25 동족상잔의 비극을 마을에서 목격한 이래 현재 최대의 혼란을 경험하고 있는 것 같다. 군사부일체라더니 군도 사도 무너지고 부의 위치마저 흔들려 그야말로 일체가 되어 밑바닥으로 떨어지고 있는 것 같다. 정치(군)가 세상을 흔들어 놓고 또 흔들리더니 항상 고요하기만 하던 교육(사)이 혼돈상태에 빠져 있다. 핏줄로 이루어진 가정(부)마저 온전할지 걱정이다.

가치와 규범(norm)을 유지하고 지키는 것을 목적으로 하는 규범조직(normative organization)인 학교 안에서 불법·무법·초법이 난무해도 이를 막을 길이 없다. 많은 사람들이 강의 중인데 몇 사람이 꽹과리와 징을 치며 난리를 피워도 말리는 자 없으며, 교수에게 폭언을 퍼부어도, 권위의 상징인 총장실이 점거·파괴되어도 누구 하나 어쩌지 못하는 이런 상황 속에서 "대학"이니, "교수"니, "의사결정"이니를 운운하는 것이 가당치도 않고 또 초라하게만 생각된다. 하기는 과거에 헌법과 정권이 통째로 도전을 받았

---

* 한국대학교육협의회, 대학발전세미나, "대학사회의 자기비판과 새로운 지향", 1989년 8월 29일, 쉐라톤 워커힐 호텔 국제회의장.

으니 학칙에 의한 총장의 권위가 온전할 리 있으며, 자기 몸에 불을 지르는 판이니 그 누구 말릴 자 있겠는가?

어쩌다가 교육계가 이 모양 이 꼴이 되었는가? 이는 분명히 교육 밖으로 부터 바람이 불어닥쳤다고 본다. 정치가 온 나라의 질서를 뒤흔들어 놓았으니 교육이라고 온전할 수 있겠는가? 경제와 교육의 불균형에도 원인이 있다. 교육이 경제를 끌어 올렸으면 그 다음에는 경제가 재빨리 교육에 재투입되었어야 하는데 그렇지 못하고 경제가 교육을 외면한 것도 한 원인이라고 볼 수 있다. 교육자들과는 잘 어울리지 않는 군인들과 경제를 다루는 사람들이 교육까지도 20여년, 30여년 주물러 왔으니 교육도 비정상으로 자랄 수밖에 없었을 것이다.

교육 내부에도 문제는 있었다. 그동안 정치와 같이 춤을 추어 온 교육지도자들이 있었고, 교육 내부에 부정과 비리의 암적 근원도 전연 없었다고는 할 수 없다. 비교적 원칙대로 건실하게 운영되어온 대학들이 이런 혼란기에도 바람을 덜 탄 것만 봐도 이를 증명할 수 있다.

정치장단에 맞춰 정신없이 춤을 추다 보니 어느새 춤곡은 바뀌고 이제 어떤 춤을 추어야 할지 몰라 춤판은 수라장이 되고 만 것 같다. 임금놀이, 학교놀이를 하던 아이들이 갑자기 게임규칙을 바꾸고, 역할을 바꾸고, 구경꾼까지 끼어들어 놀이가 뒤죽박죽이 된 형국이다.

다른 나라들이 국력을 기울여 교육의 질 향상에 집중하고 있는 이때에 우리나라에서는 발돋움하려는 순간에 교육 내부에서 심각한 갈등을 일으키고 있는 것을 심히 우려하지 않을 수 없다.

이렇게 혼란스러운 때일수록 현명한 결정을 해야 한다. 갈등과 위기도 현명하게 건설적으로 처리하고 이용하면 발전할 수 있는 절호의 계기도 된다. 우리는 살아가는 동안 수많은 결정을 한다. 그 결정의 고리가 어떤 고리로 어떻게 연결되느냐에 따라 우리의 앞날은 달라진다. 더구나 행정가의 결정은 조직의 운명을 좌우할 뿐만 아니라 조직을 이루고 있는 수많은 사람들의 삶을 좌우하기 때문에 중요하다. 그리고 행정가가 행정을 잘한다는 것은 곧 결정을 잘 하는 것이다. 그래서 결정은 행정의 핵이요 꽃이라 할 수 있다.

최근의 교육혼란 속에서 대학의 중요한 의사결정(governance)에 많은 사람들이 참여하고자 하며 계제에 근본적으로 의사결정구조 자체를 바꾸고자 하는 요구들도 있다. 이에 대학의 의사결정에 대하여 주의와 관심을 기울여 보는 것은 의미가 있다고 본다.

이 발표에서는 ① 대학에서의 의사결정 모형에 대하여 살펴보고, ② 발전적 의사결정 기구에 대한 논의를 하고, ③ 대학 구성원별로 의사결정에의 참여범위와 한계를 제안하는 시도를 해보려고 한다.

그러나 여기서 기본적으로 전제가 되는 것은 첫째, 하나의 유일한 최선의 방안(one-best-theory)은 없다는 점이다. 대학마다 모든 상황이 다르고, 또 같은 대학이라도 시간의 흐름에 따라 상황이 달라지기 때문에 여기서 제시되는 모형이나 방안을 상황에 맞게 적용하는 상황조건적 접근(contingency approach)을 해야 할 것이다. 현대의 훌륭한 지도자는 상황에 맞는 결정을 하고 위기관리를 잘하는 사람이다. 둘째는 여기서 제시되는 방안들은 조직구성원 누구의 욕구도 100퍼센트 충족시켜 주지는 못한다는 점이다. 제한되어 있는 권위와 가치(value), 자원(resources)을 나누어 가져야 하기 때문이다. 결국, 우리가 다루는 의사결정도 한마디로 말하면 가치와 자원의 권위적 배분의 과정이라고 할 수 있다.

2. 대학에서의 의사결정 모형

의사결정 모형에 대하여 언급하기 전에 일반 가치모형에 대하여 먼저 살펴보기로 한다. 그 이유는 인간은 자기가 가치 있다고 생각하거나 믿는 바에 의하여 행동한다고 보기 때문이다. 가치를 선택하는 행동이 곧 결정이다. 어떤

사람은 자기가 좋아하는 대로(good), 하고 싶은 대로(desired) 행동하는가
하면, 다른 어떤 사람은 옳다고(right) 믿는 바에 의하여 바람직한 일
(derirable)을 행하고자 한다. 즉 "좋음"과 "옳음"의 연속선상의 어느 지점에
서 선택한다. "좋음"을 다루는 것이 가치론(axiology)이며 즐거운 것, 좋아하
는 것, 기뻐하는 것이 이에 해당된다. "옳음"을 다루는 것은 도덕적 의무론
(deontology)으로 알맞은 것, 도덕, 의무, 당위(ought to be)에 해당한다.
① 좋아하는 대로 행동하는 것은 자신의 "선호"(preference)에 의하여 움직
이는 것이고, 선택의 연속선을 따라 위로 올라가면서 ② 소속한 집단과 조직
의 "합의"(consensus)대로 행동하는 단계, ③ 집단과 조직이 어떤 "결
과"(consequences)를 가져오는 것인가를 분석해 보고 행동하는 단계, ④ 인
간사회의 "원리원칙"(principle)에 의하여 행동하는 단계를 생각할 수 있다.

심리학적 측면에서 보면 연속선의 밑에서부터 ① 감정과 정서가 앞서는
정서적(affective) 행동으로부터 ② 이성에 의한 인지적(cognitive) 행동을
거쳐 ③ 의지적(conative) 행동으로 옮겨가는 것이 이에 해당된다.

철학적 측면에서 보면 ① 자기 "좋음"을 추구하는 쾌락주의, 행동주의, 논
리실증주의로부터 ② 조직을 강조하는 공리주의, 실용주의, 인본주의를 거쳐
③ "옳음"을 추구하는 이상주의, 실존주의, 종교주의가 이에 해당한다.

중간을 "합리적"(rational) 사고라고 한다면 위는 "합리 이상"(transra-
tional)의 사고이고 아래는 "합리 이하"의 사고이다. 이것을 요약하면 〈그림
17-1〉1)과 같다.

〈그림 17-1〉을 확대하면 프로이드의 "id", "ego", "superego"도, 매슬로우
의 생리적 욕구－안전에의 욕구－사회적 욕구－존경에의 욕구－자아실현에

1) Christopher Hodgkinson, Towards a Philosophy of Administra-
tion(N. Y.: St, Martin's Press, 1978). p.111과 이를 번역한 주삼환,
행정철학(서울: 법문사, 1986), p.140과 Christopher Hodgkinson,
The Philosophy of Leadership(N. Y.: St. Martin's Press. 1983).
p.38과 이를 번역한 주삼환, 지도자의 철학(서울: 법문사, 1988), p.52를
확대함.

의 욕구의 동기이론도 이에 맞춰 그려 넣을 수 있다.

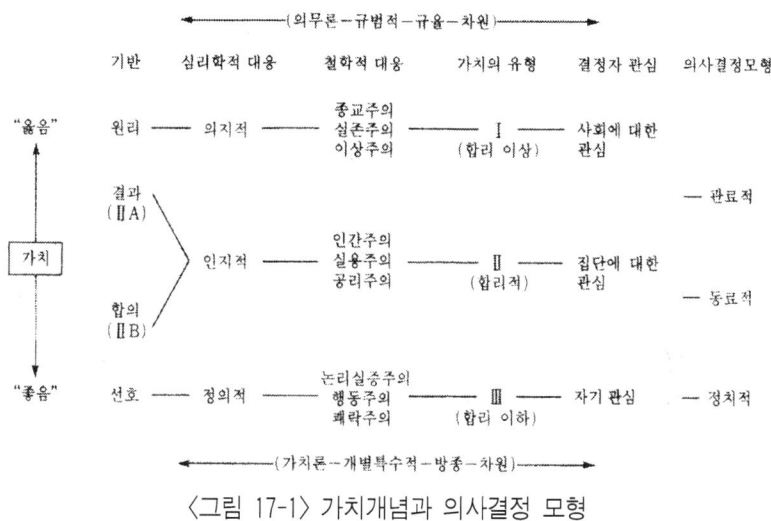

〈그림 17-1〉 가치개념과 의사결정 모형

여기서 행정가가 어떤 결정을 할 때 ① 합리 이하의 생각으로 자기를 먼저 챙기면(self-interest) 그림의 가치Ⅲ수준에서 결정하는 것이고, ② 합리적 사고에 의하여 집단과 조직의 이익(organizational interest)을 먼저 고려하면 가치Ⅱ수준의 결정이 되고, ③ 합리성으로는 설명할 수 없는 그 이상의 것으로 인류와 사회를 먼저 고려하면(extra-organizational inter-est) 가치Ⅰ수준의 결정이 된다.

그런데 과거 대학에서 합리적인 결정을 하지 못하고 비합리적·무합리적 결정을 하고, 집단보다 자기이익을 먼저 챙겼다는 데 문제가 있다. 그리고 지금도 대학 내 여러 집단이 조직이나 사회의 이익보다 자기이익만을 주장하기 때문에 문제가 되고 있다. 지성을 대표하는 고등교육기관을 운영하면서, 또 한 나라의 중요한 행정과 국정을 다루면서 자기이익, 가족의 이익 수준을 뛰어 넘지 못했다는 것은 슬픈 현실이 아닐 수 없다. 장·차관, 국회의원 정도라면 자기이익, 자기관심의 수준은 이미 뛰어 넘었어야 하는 것이 아닌가? 과거로부터 얻은 교훈은 출세가도로 달리는 에스컬레이터를 타고 아무리 높은 자리에 올라가도 존경을 받지 못한다면 그 자리에 아니 올라감만 못하다는 사실이다. 앞으로의 사회는 지위에서 오는 무조건적 존경은 사라질 수밖에 없다. 교수이기 때문에, 총장이기 때문에, 설립자라는 이유만으로는 존경받지 못하고 실력과 인품에 의한 존경만이 있을 뿐이다.

대학에서의 의사결정 모형을 흔히 ① "합리성"에 바탕을 둔 관료적 모형(Bureaucratic Model)으로부터 ② "합의"에 의한 전문가집단의 동료적 모형(Collegial Model)을 거쳐 ③ 이해집단 간의 "갈등"과 권력투쟁에 의한 정치적 모형(Political Model)으로 변화해 왔으며[2], 대학의 특성에 비추어 ④ 상황조건적인 "쓰레기통 모형"이 맞는다고 한다[3].

교수집단과 학생집단만 있던 중세의 대학에서는 아마도 단일동료사회로서 전원이 의사결정에 참여하여 인간적 접촉과 합의에 의한 동료적 모형을 채택하였을 것이다. 그러나 학교가 커지고, 가르치는 일과 행정하는 일이 분화되고, 공식화되고, 계층이 생기고, 집단화되면서 관료적 특성이 강해져 대학의 의사결정은 관료적 모형을 채택하게 되었다. 관료제는 고도의 합리성과 효율성, 합법성에 바탕을 두고 있는 것으로 기능적으로 움직이면 이상형이라고 할 수 있다. 그러나 역기능으로 흐르고, 대학의 본업을 주로 담당한 교수와 학생의 의견을 외면한 결정이 이루어지게 되어 외국에서는 1930년대 인간관계론 시대와 1960년대부터 다시 교수와 학생의 목청이 커지면서 관료적 모형은 동료적 모형으로 되돌아가야 한다는 주장이 나타났다.

---

2) J. Victor Baldridge, David V. Curtis, George P. Ecker, and Gary L. Riley "Alternative Models of Governance in Higher Education" in Marvin W. Peterson ed. ASHE Reader on Organization and Governance in Higher Education 3rd ed. (Lexington. Massachusetts: Ginn Press. 1986). pp.11~27.

3) Suzanne E. Estler "Decision Making" in Norman J. Boyan ed. Handbook of Research on Educational Administration(N. Y.: Longman. 1988). pp.305~319.

대학은 ① 정부기관처럼 계층에 따라 하향적 결정을 할 수 없으며, ② 지위에 따른 권위보다 전문적 능력에 따른 권위가 존중되며, ③ 공장과 다른 인간교육의 장이기 때문에 관료적 모형으로는 목적을 제대로 달성할 수 없다는 것이다. 전문가 동료의 학문공동체로서 전원이 참여하여 다수결이 아닌 합의를 도출해내는 과정이 이 모형의 핵심이다. 1900년대 과학적 관리론에 바탕을 둔 관료적 모형에 대한 반작용으로 1930년대 인간관계론에 근거한 동료적 모형이 대두된 것이다.

그러다가 미국에서 1950년대, 1960년대에 조직이 복잡해지면서 대학을 다양한 가치를 가지고 있는 여러 이해집단을 포함하는 다원사회로 보면서 정치체제의 축소판으로 생각하게 되었다. 여러 집단이 자기에게 유리한 정책이 형성되고 결정되도록 압력을 넣기도 하고 갈등을 일으키기도 한다. 때로는 집단이 갈라지기도 하고 어떤 때는 집단 간에 연합전선을 펼치기도 한다. 여기서는 지도자가 정치가가 되어야 한다. 정책결정이나 의사결정은 합리나 합의에 의하여 이루어지기보다는 힘과 갈등논리에 의하여 이루어진다. 이것이 정치적 모형이다.

여기서 우리는 몇 가지 사실을 발견할 수 있다. 첫째, 우리의 대학은 ① 합리성에 바탕을 둔 관료적 모형이 비합리적으로 운영되어 왔고, 또 ② 외부의 영향으로 동료적 모형을 거치지 않은 채 이제 ③ 정치적 모형으로 넘어가고 있다는 점이다. 비합리적인 줄 알면서도 집단적 힘의 과시와 협상에 의하여 어쩔 수 없이 결정이 이루어지기 시작했다는 점이다. 둘째, 우리나라 대학의 상층부의 최고 의사결정은 관료적 결정으로부터 정치적 결정으로 바뀌어 가고 있지만 학과수준에서 가르치고 연구하는 전문적 문제를 결정할 때는 합의에 의한 동료적 모형이 적용되고 있다. 그리고 각종 전문위원회에서의 결정도 동료적 모형이 가능하다.

또 하나 중요한 사실은 〈그림 17-1〉에서 조직에 관심을 갖는 합리성에 바탕을 둔 관료적 모형(ⅡA)과 합의에 의한 동료적 모형(ⅡB)을 거쳐 자기관심과 이익을 추구하는 제Ⅲ수준의 정치적 모형으로 변해간다는 점이다. 이것이 〈그림 17-1〉에서 설명되지 않았던 오른쪽 부분이다.

그러면 언제까지 이러한 정치적 모형이 우리 대학사회에서 계속될 것인가? 아무도 예측하기는 어렵다. 그러나 정치가 안정되고 교수와 학생이 제자리로 돌아가 자기 본분에 바빠지면 의사결정에 참여하여 공헌을 해달라고 부탁해도 투철한 봉사정신이 없는 한 조직과 남을 위해서 귀중한 자기 시간과 정력을 소비하지 않겠다고 사양하게 될지도 모른다. 그렇게 되면 일부에서는 관료적 모형이, 어느 부분에서는 동료적 모형이, 또 심각한 이슈가 되는 문제에서는 정치적 모형이 적용되고, 또 이들이 통합된 모형으로 발전할 것이다.4)

또 Cohen과 March는 대학이 다른 조직과 달리 ① 목표가 불분명하고, ② 동원하는 기술도 불분명할 뿐만 아니라 다양하고, ③ 조직구성원이 유동적이기 때문에 조직은 되어 있으면서도 무정부적이고, 느슨하게 연결되어 있기 때문에 의사결정도 마치 쓰레기통에 잡동사니를 넣듯이 ① 문제점, ② 해결책, ③ 참여자, ④ 선택안을 집어넣으면 시간이 흐르면서 이들이 서로 조합을 이루며 섞여 결정이 이루어진다는 쓰레기통 모형(Garbage-can Model)이 알맞다는 것이다. 모든 상황이 모호하기만 한 우리의 교육상황에서 현재도 적용되는 모형으로 볼 수도 있다.

3. 의사결정 기구

의사결정에 참여해야 한다고 주장하는 대학내부의 구성요소(constituent)를 이사회, 총장, 교수, 행정직, 학생으로 보고 있다. 우리나라에서 이들 구

---

4) Michael Murray. Decisions: A Comparative Critique(Marshfield. Massachusetts: Pitman Publishing Inc., 1986). pp.216~229.

성원이 대학의 의사결정에 참여하고자 하고 또 대학에서도 집권화로부터 분권화의 경향과 권위의 공유(shared)의 경향5)으로 가고 있기 때문에 가능한 한 구성원을 참여시키는 의사결정조직과 기구를 모색해 보고자 한다.

먼저 대학구성원들은 왜 권위를 나누어 가져야 하는가? 어떤 사람이 어떤 이유로 참여해야 하는가? 첫째 이유는 이해관계가 있고 특히 결정의 영향을 받기 때문이다. 둘째, 전문적 자질과 능력이 있기 때문이다. 전문적 능력이 있는 사람이 의사결정에 참여하면 좋은 결정을 할 수 있다. 셋째, 구성원의 협조를 필요로 하고 이들의 협조를 통해서 대학의 목적이 달성될 수 있기 때문이다. 넷째, 자원을 제공해 주거나 후원해 주기 때문에 의사결정에 참여할 권한이 있다는 것이다.6) 각 구성원에 따라 다른 이유가 적용된다.

대학의 기본구조는 수평적인 면에서 보면 최고 의사결정체제(geovernance)(A)와, 가르치고 연구하기 위한 수업체제(instructional system)(B)와, 이를 지원하는 지원봉사체제(supporting service)(C)로 나누어 볼 수 있다.

사립대학의 최고 의사결정체제는 정부로부터 학교 설립과 운영권을 위임받은 재단이사회이다. 정부가 사립대 이사회에 교육을 하도록 믿고(trust) 신탁하였다고 하여 영어로는 이사회를 "Board of Trustees"라고 하고, 주립대에서는 주정부 대신에 교육에 관한 "섭정"(regent)을 해달라는 의미를 갖는 "Board of Regents"라는 명칭을 사용하는 경우가 많다. 이사회는 총장을 통하여 정책을 집행·실현하도록 하고 총장을 통하여 교수, 학생과 의사소통을 한다. 국립대학은 학내에 이사회에 해당하는 최고 의사결정 기구를 갖고 있지 않고 교육부장관과 대통령이 결정을 한다. 그래서 집단결정기구가 필요하다면 국가(중앙)고등교육위원회를 설치하여 국립대학 전체의 최고 의사결정 기구의 역할을 하게 할 수 있다. 이사회와 유사한 기구로 "대학평의

---

5) Kenneth P. Mortimer and T. R. McConnell. Sharing Authority Effectively(San Francisco: Jossey-Bass Publishers. 1979).

6) Morris Keeton. Shared Authority on Campus(Washington. D. C.: American Association for Higher Education, 1971), pp.146~147.

원회"를 설치할 수 있도록 하고 있다.

대학의 주요기능을 담당하는 것은 수업체제이다. 교수와 연구, 봉사기능을 주로 여기서 수행하기 때문이다. 그런데 파트너로 학생이 있어야 한다. 학생 없이 교수·연구를 할 수는 없다. 또 학생들을 교육의 객체로만 볼 수 없고 능동적인 주체로 보게 되면서 이들의 목소리가 높아지고 있다.

교수체제를 지원해 주는 조직이 지원봉사체제이다. 전문행정가와 직원을 두어 행정과 관리를 한다. 최근에 이들의 주장과 요구도 많아지고 있다.

의사결정체제와 수업체제, 지원봉사체제가 서로 잘 협동해야 대학의 목적과 사명이 제대로 달성될 것은 당연지사이다. 그런데 의사결정체제와 행정·관리의 지원봉사체제는 그동안 고도로 집권화되어 있었는데(인사, 재정 등 권한이 중앙에 몰려 있는데) 수업체제는 학과수준, 교수 개인수준으로 지나치게 분권화되어 있어 불균형이 야기되고 있다는 점에 주목해야 한다. 즉, 대학의 주요 기능을 실질적으로 수행하는 학과수준에 힘이 없다는 의미이다.

대학의 기본구조를 수직적으로 보면 학과수준(I)과 단과대수준(II), 부총장 또는 처장수준(III), 총장수준(IV)의 4층 구조로 볼 수 있다. 그런데 편의상 이렇게 나누었을 뿐이지 이 층이 관료제의 계층이 되어서는 안 된다는 점이다. 전문가집단인 대학조직의 특성상 하나의 목표를 달성하기 위해서는 수평적인 동료적 협동체(collegial collaboration)로 보아야 하기 때문이다.

이들 두 기본구조를 합쳐서 하나의 그림으로 나타내면 〈그림 17-2〉와 같다.7) 이제 이 골조 위에다 여러 의사결정 기구들을 배치하면 〈그림 17-3〉과 같다.8)

---

7) 주삼환 외, 대학에서의 의사결정합리화 방안연구, 한국대학교육협의회, 1989, p.88.
8) 주삼환 외, 전게논문, p.89.

〈그림 17-2〉 대학의 기본구조

　이사회(a)는 사립대학의 최고 의사결정 기구이다. 기본적인 결정만 하고 나머지는 총장을 통해서 집행하고 고무도장을 찍더라도 정부로부터 교육기관의 설립과 운영을 위임받는 것은 이사회이다. 그런데 우리나라의 이사회가 다른 나라의 이사회보다 권한이 많지 않다는 사실과 그 기능도 제대로 발휘하지 못하고 있다는 인상을 받는다. 그동안 힘이 있는 것 같이 세인의 눈에 띈 것은 이사들 중 몇몇 개인이 무리한 결정을 했던 것이 자주 눈에 띄었기 때문이라고 본다. 발표자의 의견으로는 앞으로 이사회가 오히려 더욱 강화되고 활성화되어 교육적으로 제 기능을 발휘해야 소위 소유주라는 개인의 무리한 결정이 줄어들으리라 본다.

　국립대의 대학평의원회(b)를 사립대의 이사회의 수준으로 발전시킬 필요가 있다고 본다.

　총장(c)은 최고집행기구(chief executive)이며 내적으로 ① 가르치는 일을 담당하는 교수와 학생을 대표하고 교수회를 사회하며, ② 지원봉사체제의 최고행정관리자이고, ③ 최고 의사결정 기구인 이사회에 대하여는 전문적 자문가이다.[9] 그리고 외적으로는 ① 대학과 관련한 사회에 대하여 대학을 대

---

9) John D. Millet. New Structures of Campus Power(San Francisco: Jossey-Bass Publishing. 1978). pp.265~271.

표하고, ② 교수활동의 효과성에 대하여도 대학을 대표하며, ③ 대학과 사회를 연결하는 다리 역할을 한다. 형식상 대학 교육의 모든 권한과 책임이 총장에게 집중되어 있지만 실제로는 위임을 통하여 이양하고 부총장이나 처장(e)을 통하여 집행하여, 또 학무·교무회의(d)를 주재하고 이의 자문을 받아 집행한다.

　학무·교무회의(d)는 대학평의회(v)와 달리 성격상 집행을 위한 자문기구로 보아야 할 것이다.

　부총장 또는 처장(e)은 각 전문분야로 나뉘어 실무적인 총장 일을 집행하고, 각종 전문위원회(f)를 통하여 자문을 받고 집행도 한다.

　종합대학의 학장·원장(g)은 단과대학 교수단(faculty)을 대표하는 동시에 단위기관장이다.

　그런데 아카데믹한 부분은 이 수준의 단위기관으로(예를 들면 입학사정, 졸업사정) 내려왔는데 인사·재정 등의 실질적인 권한은 가지고 있지 못한 데 문제가 있다.

　학과장(h)은 연구·봉사의 주 기능을 하는 교수, 학생과 가장 가까이 있는 행정가이면서 교수이다. 행정체제와 수업체제가 만나는 곳이 학과수준이다. 선진국에서는 대학의 주 기능을 담당하는 학과수준에 행정적인 권한까지도 넘겨져 학과단위행정을 강화하는데 최근에 학과장의 행정·관리·지도력에 대한 훈련의 문제가 심각하게 대두되고 있다.

　이 네 수준에서는 사무직원의 도움을 받아 행정과 관리를 한다. 사무직원들은 각 수준의 장을 통해서 의사소통을 하게 된다. 사무직원들이 연결하여 직원노조(w)를 구성한다. 지금까지 주로 행정·관리체제를 중심으로 살펴보았고 수업체제와 의사결정체제로 넘어 가기로 한다.

　교수와 연구, 봉사는 실질적으로 개별교수, 학과, 단과대 수준에서 이루어진다. 학과교수회(i), 단과대교수회(j), 교수총회(k)를 통해서 아카데믹한 영역과 자신들의 신분, 학생에 관한 일을 결정한다. 행정·관리·시설·재정도 이들 영역과 관련되었기 때문에 이들 교수회를 통해서 심의, 자문, 건의한다. 그러나 행정·관리・시설・재정 등은 앞에서 언급한 지원봉사체제의 전문영역임에 틀림없다.

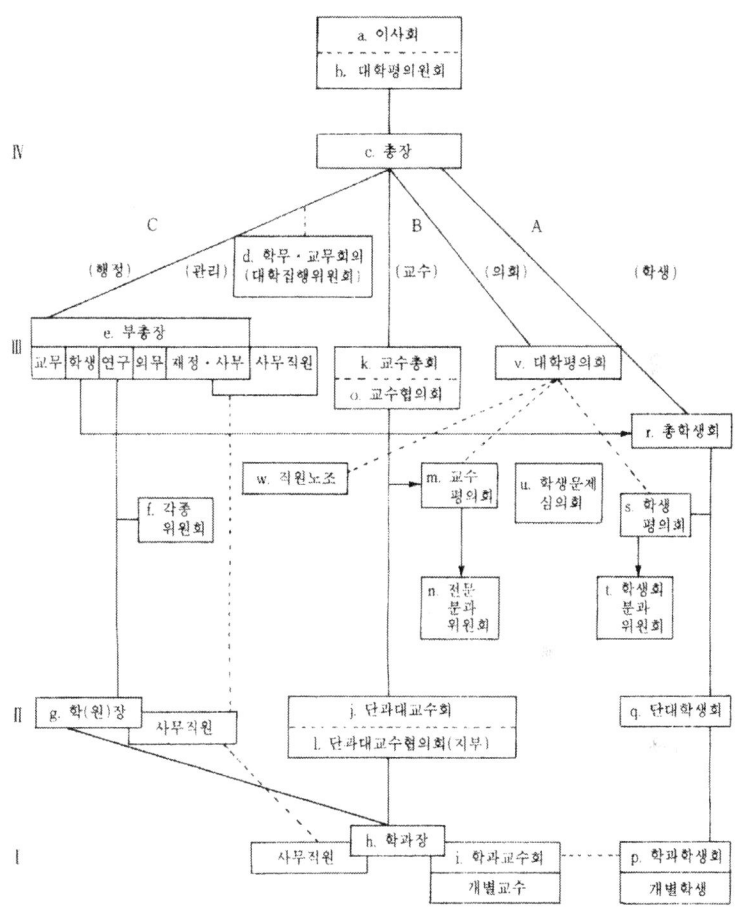

〈그림 17-3〉 대학의 의사결정 기구

그런데 여기에 문제가 있다. 어떤 대학에서는 공식적인 교수회 이외에 평교수만으로 별도의 교수협의회(1과 0)를 구성하고 회장이나 의장도 학장과 총장이 아닌 평교수로 하고 있다는 점이다. 이것은 각 대학의 사정에 맞출수밖에 없겠으나 ① 교수회가 활성화 되고, ② 학장과 총장을 교수들이 직선하는 풍토에서는 교수라는 같은 구성원으로 이중적인 조직을 둘 필요가 있느냐 하는 문제이다. 예를 들면 단과대 학장도 교수들이 뽑고 단과대 교수협의회 회장도 교수들이 뽑아 이중적인 회의를 하는 것이 효과적이고 효율적이며, 또 둘 사이에 갈등이 없겠느냐 하는 의문이 있다.

또 하나의 문제는 총장도 학장도 둘 다 교수들이 직접 뽑아야 하느냐이다. 이상적으로는 총장을 교수들이 직선했으면 학장은 총장이 임명해야(물론 단과대 교수들의 의견을 들어) 행정관리적인 일을 힘 있게 추진할 수 있으리라본다.

교수회의 대표들이 모인 대의기구가 교수평의회(m)이고 이의 전문적인 일을 하도록 다시 맡긴 것이 교수평의회의 각종 전문분과위원회(n)이다. 그래서 전문위원회는 교수평의회에 책임을 지고, 교수평의회는 교수총회에 보고하게 된다. 여기서도 문제가 있다. 첫째, 이상적으로는 교수평의회 의장도 총장이 되어야 하는데 현재 우리나라에서는 별도의 의장을 둔다. 여기에 평의회를 보는 시각의 차이가 있다. 교수평의회는 교수의 필요에 의하여 만들어지기도 했지만 사실은 적극적인 의미에서 총장의 필요에 의하여 만들어진 것이다. 교수의 의견을 들어 결정하기 위해서이다. 그래서 총장이 교수평의회를 소집하고 사회한다. 교수평의회를 이사회와 같은 의결기구로 착각해서는 안 된다. 한 기관에 최고 의사결정 기구가 둘이 있을 수 없다. 그리고 여기서 다루는 문제는 아카데믹한 부분과 교수의 신분, 인사와 관련된 문제라는 점에 주목해야 한다. 총·학장까지 교수들이 직선했으면, 행정·관리는 그들에게 맡겨야 한다. 이것이 교육행정의 전문화이다.

전문위원회(n)중 학생과 관련된 문제를 다루는 위원회에는 일정비율의 학생 대표를 참여시킬 수 있다.

교수회와 마찬가지로 학생들도 학생회(p, q, r)와 대의기구로 학생평의회(대의원회)(s)와 각종 분과위원회(t)를 두고, 총학생회는 학생담당부총장(학생회장)의 지도를 받는다. 여기서 그 학교에서 배우겠다고 들어온 학생이 학생담당부총장의 지도를 안 받겠다면 이는 무리이다. 그리고 학생회에 관한 일이라도 대학 밖과 대외적으로 학교를 대표하는 것은 총장이지 총학생회장이 아니라는 점이다. 한 대학에 두세 목소리의 대표자가 있을 수 없다.

여기서 교수평의회에서 분리하여 별도로 학생문제심의회(University Council on Student Affairs)(u)를 두는 방안도 생각할 수 있다. 학생평의회(s)와, 교수평의회(m), 총장이 지명하는 행정직 대표에서 각각 3분의 1씩의 대표를 보내어 구성하고 학생담당부총장이 의장이 되며 학생문제에 관하여 총장에게 자문한다.

대학문제를 종합적으로 다루는 대학평의회(University Senate)(v)를 설치할 수도 있다. ① 총장이 좀더 심층적인 심의를 얻고자 하는 문제에 대하여 토의하고, ② 교수평의회나 학생문제심의회의 조치에 의한 행정지원 프로그램에 해당하는 총장의 방침과 절차에 대하여 권고하고, ③ 총장이 제출하는 계획과 예산을 심의하는 폭넓은 기구이다. 일정비율의 교수대표, 학생대표, 총장이 지명하는 행정직 대표로 대학평의회를 구성하는데 어떤 의미에서는 최근 학생들이 주장하는 "대학자치협의회", "교·학협의회"와 같다. 그런데 분명한 것은 이는 어디까지나 ① 총장의 결정을 돕기 위한 것이고, ② 총장이 의장이 되며, ③ 구성비율이 3자 동수가 아니라는 점을 유의해야 한다. 총장이 이를 운영하기에 따라 심의·협의·자문·의결기구도 될 수 있고 단순한 보고회장도 될 수 있다. 이 대학평의회는 행정·관리의 집행에 초점을 맞춘 학무·교무회의나 국립대학의 대학평의회와는 구별된다.

마지막으로, 직원노조(w)가 있는데 이들은 지원봉사체제 중에서 노동조합을 결성할 수 있는 사람만으로 구성하고 이들은 자신들의 신분, 보수, 근무조건에 관해서만 학교대표와 협상한다. 대학 의사결정에 참여하고자 하는 주장은 그 한계를 넘어선 것이다.

4. 대학구성원의 의사결정 참여범위와 한계

우리는 앞의 3절에서 ① 이해관계가 있는 사람, ② 전문능력이 있는 사람,

③ 협조가 필요한 사람, ④ 자원을 대주는 사람은 의사결정에 참여할 이유가 있다고 하였다. 여기서 더 깊이 들어가야 할 것은 참여의 영역과, 방법, 시기, 정도이다.

참여의 범위 또는 영역과 관련하여 중요한 개념이 수용권(Zone of Acceptance) 또는 무관심권(Zone of Indifference)이라는 용어이다. 나의 당연한 결정 영역 또는 범위 안에 들어가는 문제이기 때문에 상대방이 수용하고 관심을 가지지 않는 영역이라는 뜻이다. 그런데 현재 우리나라 대학에서 상대방의 결정영역을 인정해 주지 않고 모든 영역에 참여하고자 하며 그 참여욕구가 충족되지 못하고 있다는 데 문제가 있다.10) 그러나 원칙은 ① 가능한 한 많은 구성원을 참여시키되, ② 필요한 영역에 필요한 사람을 필요한 시기에 알맞은 방법으로 참여시켜야 한다는 점이다. 이와 관련하여 몇 가지 원칙을 제시한다. ① 수용권 안에 들어가는 문제에 대하여는 다른 사람들을 참여시킬 필요가 없다. 어떤 결정을 해도 다른 사람들이 당연한 것으로 받아들이기 때문이다.

② 수용권 밖의 문제(상대방의 관심영역)에 대하여 개인적 이해관계도 있고 그 문제에 관하여 전문성도 있는 사람은 의사결정과정의 초기단계부터, 최대한의 범위로, 꼭(참여 빈도) 참여시키고, 지도자도 똑같이 한 표를 던지는 의회적 방법으로 결정하되 소수의견도 충분히 듣는다.

③ 수용권주변의 문제로 개인적 이해관계는 없으나 전문성이 있다면 의사결정의 제2단계 대안모색과 3단계 대안별 결과예측 때부터 가끔 제한된 범위에서 참여시키되 결정방법은 민주적 토의를 충분히 한 다음 지도자가 최종 결정을 하는 민주적 중앙결정방식을 채택한다.

④ 수용권주변의 문제로 개인적 이해관계는 있으나 그 분야에 전문성이 없는 사람이라면 의사결정의 최종 단계인 결정(선택)단계에서 가끔 제한된 범위에서 참여시키되 민주적 중앙결정방식을 채택한다.

---

10) 주삼환 외, 전게논문, pp.67~77.

이러한 공동 의사결정(Shared Decision-Making Model)[11]을 대학에서 응용할 때 수용권에 합의를 보는 일이 중요하다. 이제 각 집단별로 참여범위에 관하여 제안하기로 한다. 확대하여 국가수준에 대하여도 약간 언급하기로 한다.

(1) 정 부

① 일정한 수준에 도달한 대학은 자율권을 최대한 보장해 주는 자율대학으로 지정하고, 자율대학을 구별하기 위해서는 평가인정제를 도입한다.

② 중앙의 집단결정체제를 만들기 위해 국가고등교육위원회의 설립을 고려할 필요가 있다.

③ 사립대를 국립대에 준하여 재정지원을 해준다는 의미에서 준공립화하고, 국립대를 사립대처럼 일괄보조금(block grants)을 주고 인사상, 재정상 자율권을 준다는 의미에서 준사립화시키는 방안을 고려할 필요가 있다. 그렇게 되면 국립대의 대학평의원회가 준 이사회가 될 것이다.

(2) 대학과 정부 사이의 중간기구

① 이 중간기구는 대학에 대한 정부의 직접적인 통제와 영향을 완화하기 위한 완충장치인데 정부로부터 일괄보조금을 받아 대학에 배분한다.

② 고등교육의 질을 관리한다.

(3) 이사회

① 대학운영의 기본방침을 결정하고 총장을 임명한다.

② 이사를 올바로 선임하여 더욱 활성화시킬 필요가 있다.

③ 교수, 학생의 의견을 듣기 위한 공식적, 비공식적 통로를 만들 수도 있다.

---

11) Wayne K. Hoy and Cecil G. Miskel, Educational Administration: Theory. Research, and Practice, 3rd ed.(N. Y.: Random House. 1987).

(4) 총 장

① 교수, 학생과 직원을 대표하며 이사회에 전문적 자문을 한다.

② 각종 회의와 전문위원회를 활용하여 각 집단의 자문을 충분히 듣고 올바른 권한 행사를 하며 공개행정, 투명행정을 하고 그 결과를 연말보고서로 출판하여 이를 통하여 의사소통한다.

③ 가르치고 연구하는 일이 교수개인, 학과수준, 단과대학수준에 맡겨지는 그 비중만큼 총장의 재정권, 인사권도 하부로 위임·분권화시킨다. 학과단위 행정을 연구해 볼 필요가 있다.

④ 구성원의 의사결정참여 요구에 밀려 피동적으로 참여시키려고 하지 말고 이들을 참여시킴으로써 질 높은 결정을 할 수 있다는 믿음을 갖고 이들의 의견을 청취할 필요가 있다. 그리고 "안 되는 것"과 "되는 것"의 선을 분명히 빨리 그어줘야 한다. 될 것 같으면 초기에 되고 안 되는 것은 끝까지 안 되어야 한다.

(5) 교 수

① 교수의 몫은 가르치고 연구하는 아카데믹한 영역과 자신의 신분과 학생에 관한 사항이므로 이 부분에 대하여는 "입법권", "결정권"을 갖는다. 다만, 학생에 관한 결정을 할 때는 학생대표의 의견을 충분히 듣는다. 그리고 예산, 재정, 시설 등에 관하여는 심의하여 총장과 이사회에 자문·청원하여 충분히 의견이 반영되도록 한다.

② 참여방식으로는 개별적으로, 각종 위원회를 통하여, 교수회와 교수평의회, 보직을 통하여 적극 참여한다. 보직과 위원회 활동은 봉사기간으로 생각해야 한다.

③ 교수회를 활성화하여 교수협의회와 일원화하는 방안이나, 교수협의회를 학칙에 반영하여 공식기구화하는 방안을 고려할 필요가 있다.

④ 총장을 교수들이 선택했다면 학장은 총장이 선택하게 하여 행정을 통하여 총장의 지도력이 스며들 수 있게 해야 한다. 총장과 학장 둘을 다 교수

들이 선택하는 경우 교수의 참여욕구는 채워주겠지만 대학의 발전에는 도움
이 덜 될 수도 있다.

(6) 학 생

① 학생은 교수의 지도를 받아 배우기 위해서 대학의 구성원이 된 것이지
대학운영에 참여하기 위해서 대학에 온 것은 아니다. 학생의 입장과 의견을
충분히 알렸다면 빨리 학생의 본분으로 돌아와 세계 선진국 학생들과 실력
을 겨루는 데 땀을 흘려야 할 것이다.

② 학생과 직접적으로 관련된 후생·복지 등의 문제에 대하여는 학생의 결정
에 비중을 많이 두고, 도서관, 교육과정, 상벌 등의 문제에 대하여는 교수들의
결정에 비중을 두되 학생대표의 의견을 충분히 듣고, 학생과 관련된 예산, 시
설 등의 문제에 대하여는 총장을 중심으로 한 행정·관리직에 비중을 두되 학
생의 의견을 반영하도록 한다. 의견의 진술은 대표를 통하여 민주적으로 한다.

(7) 지원봉사직원

① 직원의 입장은 대학의 주 기능을 지원하는 봉사직원이라는 것을 기억해야
한다. 이들의 참여요구 영역은 신분, 보수, 근무조건 등으로 제한되어야 한다.

② 한 가지 중요한 것은 직원들을 낮은 일을 하는 사람으로 보지 말고 전
문영역이 다른 일을 하는 사람으로 보고, 특히 이들은 무엇보다도 인간적인,
인격적인 대우를 원한다는 점을 잊어서는 안 된다.

5. 맺는 말

어려운 시기임에 틀림없다. 가치의 혼란은 말할 것도 없고 정의까지 혼란

을 일으키고 있다. "정의구현사제단"의 정의와 "주교단"의 정의가 다른 판이다. 우리가 현명한 민족이라면 이런 혼란으로 주저앉고 말 수는 없다. 이렇게 혼란스러운 때일수록 자기이익과 감정을 억제하고 현명한 판단하에 올바른 결정을 해야 한다. 한 사람의 독단적인 결정보다는 구성원 여러 사람의 다수지에 의하여 좋은 결정이 나올 가능성이 높다. 한발 더 성숙한 사회를 위한 진통을 치유하기 위하여 여러 사람의 지혜를 모아야겠다.

그동안 중앙의 통제라는 핵우산 속에서 이를 즐기고 안주하고 있던 부실 대학들도 이제는 비바람 치는 속에서 각자 야생으로 살아남아야 한다. 각 대학은 필요한 의사결정 기구에 대하여도 연구하고 구성원의 참여범위와 한계도 정리해야 할 것이다. 앞으로 상황에 맞는 접근을 하는 대학은 발전할 것이고, 상황에 맞는 옷으로 갈아입지 못하는 대학은 존립 자체에 위협받게 될 것이다.

어쨌든 대학은 당분간 더 이상 고요한 옛날의 대학으로 머물러 있을 수는 없다. 이래서는 안 되는데 하면서도 집단 간의 정치적 흥정에 의하여 최종결정이 나는 경우도 생기고 있다. 즉 이것이 합리적 관료적 모형과 다른 의사결정의 정치적 모형, 쓰레기통 모형이 적용되는 현상이다. 이제 대학 지도자에게도 협상의 예술 감각과 정치력을 필요로 하게 되었다. 대학이 교육적으로만 운영될 수는 없게 된 것이다.

어차피 구성원을 의사결정에 참여시킬 바에는 다양한 관련 집단을 참여시킴으로써 좋은 결정을 할 수 있고 그래서 대학이 발전할 수 있다는 신념하에 가능한 한 참여의 폭을 넓혀야 한다. 소극적으로 참여시키는 체만 해서는 참여의 목적을 달성할 수 없다. 이제 우리의 대학도 대의민주제로부터 전원참여의 민주제로 변해가고 있으며 집권화로부터 분권화로 변해가는 세계적인 추세의 파도를 타지 않을 수 없다.

참여의 폭을 넓히되 결정하려고 하는 영역과 문제에 따라 필요한 사람을 필요한 시기에 적절한 방법으로 참여시켜야 할 것이며, 각 구성원들도 각자의 고유영역에 대해서만 참여하겠다고 해야 설득력이 있다.

당분간 각 집단은 그동안 결핍된 참여욕구를 충족시키고자 할 것이다. 이 때 어리둥절할 정도로 참여의 문을 활짝 열어주면 얼마 안가서 그 욕구는 사라지고 각자 자기의 삶에 바빠 총·학장이 오히려 구성원의 의사결정 참여를 호소하게 되는 때가 올 것으로 전망한다.

대학의 구성원은 이해집단이기보다는 하나의 목적을 위해 협동하는 기능집단이다. 각자의 이해보다 자기가 기능을 제대로 하고 있는지부터 살펴보아야겠다.

혼란기와 불확실성 시대에 살아남는 길은 원칙대로 살아가고 정확한 판단을 하는 길밖에 없다. 현명한 결정으로 혼돈의 수렁에서 헤어나 대학사에 길이 기억될 지도자가 되기를 기대한다.

참고문헌

주삼환 외, 대학에서의 의사결정 합리화 방안연구, 한국대학교육협의회, 1989.

Baldridge, J. Victor David V. Curtis, George P. Ecker, and Gary L. Riley, "Alternative Models of Governance in Higher Education" in Marvin W. Peterson ed. ASHE Reader on Organization and Governance in Higher Education, 3rd ed. Lexington, Massachusetts: Ginn Press, 1986.

Estler, Suzanne E. "Decision Making" in Norman J. Boyan ed. Handbook of Research on Educational Administration. N. Y.: Longman, 1988.

Hodgkinson, Christopher, Towards A Philosophy of Administration, N. Y.: St. Martin's Press. 1978과 이를 번역한 주삼환, 행정철학, 서울: 법문사, 1986 그리고 Christopher Hodgkinson. The Philosopy of Leadership N. Y.: St. Martin's Press, 1983과 이를 번역한 주삼환, 지도자의 철학, 서울: 법문사, 1989.

Hoy. Wayne and Miskel, Cecil, Educational Administration: Theory. Research and Practice, 3rd ed, N. Y.: Random House, 1987.

Keeton, Morris, Shared Authority on Campus, Washington, D. C.: American Association for Higher Education, 1971.

Millet, John D. New Structures of Campus Power, San Francisco: Jossey-Bass Publishing, 1978.

Mortimer, Kenneth P. and McConnell, T. R. Sharing Authority Effectively, San Francisco: Jossey-Bass Publishers. 1979.

Murray, Michael, Decisions: A Comparative Critique, Marshfield, Massachusetts: Pitman Publishing Inc., 1986.

제 24 장
교수의 대학운영 참여*

우리는 조직을 이루고 산다. 조직에는 그 조직의 목표가 있기에 존재한다. 또 그 조직의 구성원은 각자 개인의 목표를 가지고 있는데 조직의 목표와 개인의 목표가 어느 정도 일치하고 그 조직의 목표에 동의하기 때문에 그 조직의 구성원으로 들어가게 된다. 물론 조직 구성원에 의하여 조직 목표가 어느 정도 수정될 수는 있다.

조직은 자신의 목표 달성을 위해서 여러 가지를 정하고 역할을 분담한다. 마치 축구단에서 위치가 정해지고 그 위치에 따라 역할이 달라지는 것과 같다. 팀에서 각자의 위치를 지키고 역할을 제대로 해내는 축구단이 승리할 가능성이 크다는 것은 말할 나위도 없다. 어느 선수가 위치에 따른 자신의 역할을 못 해낼 때 팀은 기능을 제대로 발휘하지 못하게 된다. 때로는 다른 선수가 그 몫을 대신 해내야 한다. 그러나 아무리 역할을 제대로 못해 낸다고 하더라도 감독이 선수가 되고 문지기가 공격수로 나가기는 어렵다. 더더구나 응원단이 선수로 뛸 수는 없다.

대학이라고 하는 팀의 구성원은 교수, 학생, 행정가, 직원, 재단이사 또는 국가(국립대의 경우)로 볼 수 있을 것이다. 이들이 맡은 역할을 제대로 해내야 대학의 목표를 달성할 수 있는 것이다. 그런데 최근 대학에서 역할론이 하나의 쟁점이 되고 있다. 학생의 역할, 교수의 역할, 총장의 역할, 이사회

---

* 대학교육, 1987년 11월 제30호, 한국대학교육협의회.

의 역할 등에 대한 논쟁으로 뒤범벅이 되는 느낌이다. 그동안의 역할 분담이 잘못되었거나, 역할 담당자가 담당한 역할을 잘못해냈거나, 게임의 규칙이 잘못되었거나, 아니면 새로운 질서를 위한 영토권 분쟁을 하는 등 몇 가지 시각에서 원인을 찾아볼 수 있다. 어쨌든 문지기가 공격수가 되려고 하거나 감독을 하겠다고 골문을 떠나는 일은 없어야겠다. 또 같은 팀 선수가 역할을 잘못 해낸다 해도 마치 적군을 대하듯 할 수는 없을 것이다. 구성원 간에 신뢰를 바탕으로 하여 새로운 관계가 형성되고 권력과 역할이 균형 있게 배분되는 선에서 새로운 전략과 전술이 구상되어야 한다.

필자는 최근 대학가에서 논의되고 있는 교수협의회(평교수협의회), 교수평의회, 교수회 등과 관련된 국내·외 자료를 수집해 본 결과 짧은 생각이나마 나름대로의 정리를 하게 되었다. 각 대학이 필요한 대로 용어를 만들어 쓰고 조직과 기구와 규칙을 마련하여 사용하는 것은 좋으나 지나친 혼란이 있어서는 오히려 대학 발전에 방해가 될 것 같다.

기존의 교수협의회는 주로 친목과 상부상조에다 약간의 학술적 목적, 대학 운영에 관련된 일부 사항에 관한 협의·건의의 목적으로 조직된 비공식조직이었다. 그런데 새로이 조직되는 교수협의회는 특히 주요 보직 교수를 제외하는 평교수협의회는 권익 단체, 압력 단체의 성격을 띠는 경우가 있다. 개인적 견해로는 교수협의회는 보직자를 포함한 모든 교수가 회원이 되고 친목과 상부상조, 학술적 목적을 위한 조직으로 계속 육성시키고, 교수의 대학 운영에의 참여는 공식적인 교수평의회로 넘기는 것이 좋을 것 같다.

교수평의회의 조직에도 몇 개의 부류가 나타나고 있다. 즉 어떤 대학에서는 교수협의회 속에 대의 기구로 "평의회" 또는 "평의원(원)회(교수라는 말없이)"를 두고 있기도 하고, 또 어떤 대학에서는 교수협의회와 상관없이 독립된 "교수평의회" 규정을 만들고 있는 것 같다. 또 한편으로는 국립대학에서 교육법 117조와 동 시행령 139~142조에 의하여 최고 정책결정기구로 총장 위에 "평의원회"를 두도록 되어 있고 또 자율화 실천 계획(1987. 9. 25)에서 이를 구성하게 되어 있다(교수대표 1/2, 보직교수 및 외부인사 1/2).

여기서 국립대학과 사립대학 간에 용어의 혼동이 있다. 국립대학의 평의원회는 사립대학의 이사회에 준하는 기구이고, 사립대학의 교수평의회나 평의회는 교수대의기구의 성격이다. 필자의 의견을 말해도 좋다면 교수평의회(Faculty Senate 또는 Academic Senate)로 이름 붙이고 대학의 공식기구로서 교수회의 하부기구로 두는 것이 어떨까 생각한다. 국립대학의 평의원회는 혼동을 피하기 위하여 대학평의(원)회 또는 사립대와 같이 이사회로 바꾸는 방안도 생각할 수 있다.

교수회는 현재 대부분의 대학이 구성하고 있는 공식기구이다. 학과 교수회 −단과대 교수회−(전체)교수회로 이어진다. 현재의 교수회가 활성화되지 못하고, 교수가 대학운영에 참여하지 못한다고 느끼기 때문에 권익단체, 압력단체 성격의 비공식 단체가 생긴다고 본다. 이 교수회를 활성화시키고 교수의 욕구를 충족시켜 줄 수 있다면 이중 조직을 둘 필요가 없을 것이다. 행정적인 지시 전달이나 하고 형식적인 사정회로 활용하고 있기 때문에 교수들의 의견이 정책 결정에 반영된다고 볼 수 없다. 교무회의나 학무회의가 있지 않느냐고 반문할지 모르나 교수들은 자기들이 선출하지 않은 학(원·처·소·관)장들을 자신의 대표자로 생각하지 않는다. 그래서 교수협의회를 아예 "평"교수협의회라고 하든가 아니면 보직자를 회원에서 제외시키려는 것이다.

필자 개인의 의견으로는 학과 교수회가 활성화되어야 하고, 단과대 교수회가 주요 결정을 할 수 있어야 한다. 다만 전체 교수회를 자주 할 수 없으므로 학과 교수 대표 또는 단과대 교수 대표로 교수평의회라는 공식적인 대의기구를 구성하는 안을 생각해 본다. 그리고 이 교수평의회에 여러 "분과위원회" 또는 "전문위원회"를 두어 실질적인 일을 하게 하는 것이다. 분과위원회와 전문위원회는 교수평의회에 보고하고, 교수평의회는 전체 교수회에 보고하고 지시 또는 위임을 받은 사항을 수행한다.

필자가 생각하기로는 교수평의회를 구성한다면 보직자를 포함한 전체 교수가 참여하고, 학칙에 명시된 공식적인 기구로서 교수의 의견이 정식으로 대학운영과 정책결정에 반영될 수 있도록 하는 것이다. 교수평의회의 기능과 권한은 각 대학이 정할 일이지만 학술적·교육적·연구적인 사항이 주가 된다. 이것을 나타내 보면 〈그림 18-1〉과 같다.

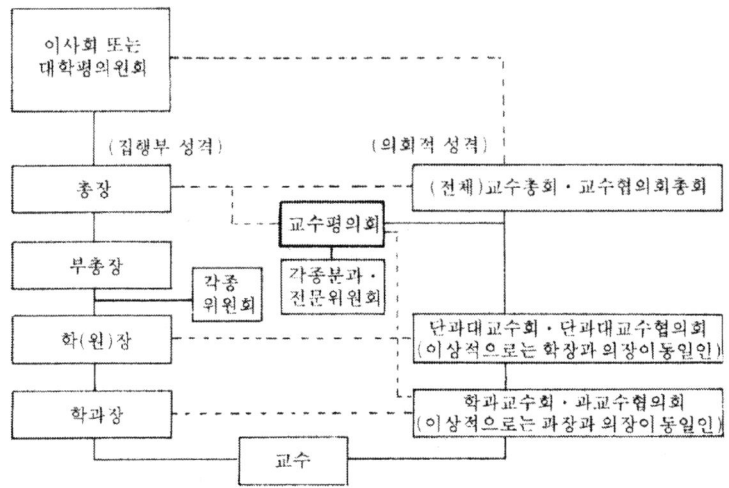

〈그림 18-1〉 교수협의회, 교수평의회, 교수회의 관계

여기서 필자의 몇 가지 의견을 제시하고 글을 맺고자 한다.

첫째, 대학의 목표달성 여부는 주로 교수에게 달려 있기 때문에 교수의 의견은 공식적 통로로 정당하게 대학운영과 정책에 전적으로 반영되어야 한다.

둘째, 대학이 교육적으로 움직여져야지 정치적으로 운영되는 것은 바람직하지 못하다.

셋째, 전문적인 대학 사회가 노조적 성격이 짙게 나타나는 것은 바람직하다고 볼 수 없다.

넷째, 어떤 게임 규칙을 한쪽이 일방적으로 바꾸는 것은 혼란을 가져올 염려가 있다. 규칙을 지켜야 할 상대방의 의견도 존중되어야 한다.

다섯째, 혼란스럽고 감정에 격해 있을 때 혁명적으로 제도를 바꾸는 것보다는 제 정신이고 안정을 찾았을 때 어떤 결정을 하는 것이 더 바람직하다.

여섯째, 지성의 대학 사회에 아무리 혼란이 온다 해도 서로 지켜야 할 최소한의 선은 그어 놓고 그 선을 넘지 않는 범위 내에서 행동해야 한다.

교육은 흔히 오케스트라에 비유된다. 수많은 단원들이 각각 다른 소리를 내는 수많은 악기로 하나의 곡을 연주해 내는 오케스트라, 또는 그 아름다운 오케스트라의 선율에 맞춰 상대방과 손을 마주 잡고 기분 좋게 춤을 추는 파트너십, 아니 그냥 평범한 축구단에 비유해도 좋다. 모든 구성원들이 이와 같이 협동할 때만 조직의 목표인 대학교육의 질도 높아지고 개인의 목표인 삶의 질도 높아져 우리는 서로 행복한 삶을 살 수 있게 된다.

색 인

내용색인

●저 자 소 개●

주삼환(朱三煥)

●약력●

서울교육대학 교육학과 졸업
서울대학교 교육대학원 교육행정 전공(교육학석사)
미국 미네소타 대학교 대학원 교육행정 전공(철학박사)
전 서울 시내 초등학교 교사 약 15년
　　한국교육학회 회원, 한국교육행정학회 회장(1999)
　　미국 오하이오 주립대학교 객원교수(2003~2004)
현 충남대학교 인문대학 교육학과 교수

●저서 및 역서●

『사회과학이론입문』(공역, 한국학술정보(주), 2005)
『한국교육행정강론』(한국학술정보(주), 2005)
『질의 교육과 교육행정』(한국학술정보(주), 2005)
『수업분석과 수업연구』(공저, 한국학술정보(주), 2005)
『교육행정철학』(역, 한국학술정보(주), 2005)
『미국교육행정』(역, 한국학술정보(주), 2005)
『입문 비교교육학』(역, 한국학술정보(주), 2005)
『임상장학』(역, 한국학술정보(주), 2005)
『교육행정사상의 변화』(한국학술정보(주), 2005)
『위기의 한국교육』(한국학술정보(주), 2005)
『교양 인간관계론』(공역, 한국학술정보(주), 2005)
『우리의 교육, 몸으로 가르치자』(한국학술정보(주), 2005)
『전환시대의 전환적 교육』(한국학술정보(주), 2006)
『장학: 장학자와 교사의 상호관계성』(역, 한국학술정보(주), 2006)
『허즈버그의 직무동기이론』(역, 한국학술정보(주), 2006)

『대안적 교육행정학』(공역, 한국학술정보(주), 2006)
『전환적 장학과 학교경영』(한국학술정보(주), 2006)
『교육행정 특강』(한국학술정보(주), 2006)
『올바른 교육행정을 지향하여』(한국학술정보(주), 2006)
『교장의 리더십과 장학』(한국학술정보(주), 2006)
『교장의 질 관리장학』(한국학술정보(주), 2006)
『지방 교육자치와 대학자치』(한국학술정보(주), 2006)
『장학의 이론과 기법』(한국학술정보(주), 2006)
『전환기의 교육행정과 학교경영』(한국학술정보(주), 2006)
『고등교육연구』(한국학술정보(주), 2006)
『교육개혁과 교장의 리더십』(한국학술정보(주), 2006)
『교육조직연구』(한국학술정보(주), 2006)
『선택적 장학』(한국학술정보(주), 2006)
『리더십의 철학』(공역, 한국학술정보(주), 2006)
『교육행정 및 교육경영』(공저, 학지사, 2003, 개

정판)

『미국의 교장』(학지사, 2005)

『교육이 바로 서야』(원미사, 2002)

『교육행정 및 교육경영』(공저, 삼광출판사, 1995)

『장학론』(공저, 한국교육행정학회, 1995)

『장학론』(공저, 한국방송통신대학, 1991)

『인간자원장학론』(공역, 배영사, 1987)

『장학론: 선택적 장학체제』(역, 문음사, 1986)

『장학론』(공역, 학문사, 1984)

『교육정책의 새로운 방향』(역, 교육과학사, 1983)

『교육학개론』(공저, 정민사, 1983)

『장학론』(갑을출판사, 1982)

『신장학론』(역, 교육출판사, 1979)

지방교육자치와 대학자치

• 초판 인쇄	2006년 3월 2일
• 초판 발행	2006년 3월 2일
• 지 은 이	주삼환
• 펴 낸 이	채종준
• 펴 낸 곳	한국학술정보㈜
	경기도 파주시 교하읍 문발리 526-2
	파주출판문화정보산업단지
	전화 031) 908-3181(대표) · 팩스 031) 908-3189
	홈페이지 http://www.kstudy.com
	e-mail(e-Book사업부) ebook@kstudy.com
• 등 록	제일산-115호(2000. 6. 19)
• 가 격	26,000원

ISBN   89-534-4664-3 93370 (Paper Book)
            89-534-4665-1 98370 (e-Book)